불교상담학 연구

불교
상담학
연구

: STUDIES IN BUDDHIST COUNSELING

불교상담 이론과 실제

윤희조 저

불교상담 이론에서
실천적 치유로

불교를 심리학으로 읽고,
상담을 불교로 답하다

씨
아이
알

저자 서문

『불교심리학 연구』를 출판한 지 어느덧 여섯 해가 흘렀다. 그동안의 연구를 바탕으로 이번에는『불교상담학 연구』라는 제목으로 새 책을 출간하게 되었다. 전작에서 과제로 남겨두었던 내용을 이번 저서를 통해 이어가고자 하였다.

『불교심리학 연구』를 통해서 불교심리학과 불교상담학의 큰 틀을 잡았다면, 이번 책은 그 구체적인 내용을 제시하는 동시에 보다 근원적인 물음까지 함께 제시하고 있다. 이로써 불교심리학과 불교상담학의 주제가 한층 더 확장되었다고 할 수 있다. 존재론, 인식론, 진리론 등 불교심리학의 토대를 다룬 장이 있는가 하면, 구체적인 심리치료의 방향을 제시한 장도 포함되어 있다. 각 장의 구체적인 내용은 장별 해제를 통해 확인할 수 있다. 또한『불교심리학 연구』와『불교상담학 연구』간의 연관성을 짚어주는 해제도 덧붙였다.

지금도 여전히 유효한 생각이 있다. 학문은 현대인의 질문에 답하고, 현대사회가 제시하는 문제에 응답할 수 있을 때 비로소 그 시대에 효용을 갖는다. 붓다가 제시한 질문이 그 시대에 효용가치가 있었고, 지금도 여전히 그러하듯, 본서에서 제시하는 질문과 해답이 오늘을 살아가는 현대인의 몸과 마음을 치유하고, 현대사회가 제시하는 문제를 해결하는데 도움이 되기를 바란다. 대나무가 마디를 맺으며 더 높이 자라듯, 언젠가 『선심리학 연구』라는 세 번째 책으로 이 작업을 마무리할 수 있기를 꿈꾸어 본다. 이제 삼부작 중 두 번째 책을 독자 앞에 내놓는다.

본서는 3부로 구성되어 있다. 1부 '불교상담의 주제'는 불교의 근원적인 문제를 다룬다. 심리와 상담의 토대가 되는 존재, 인식, 진리를 다루고 있고, 불교의 목표인 깨달음에 대한 논의도 있으며, 이러한 깨달음을 실현하는 방법으로 삼명, 사념처, 칠각지도 제시하고 있다. 2부는 '불교심리치료'를 다룬다. 업의 관점에서, 사무량심의 관점에서, 몸의 관점에서, 돌봄의 관점에서 불교심리치료를 어떻게 해야 할지를 말하고 있다. 3부 '불교상담과 서구상담'은 불교심리학에 기반한 서구상담의 주제를 다룬다. 불교 성격심리학, 불교 성격발달, 불교 자아심리학, 불교 실존심리학, 불교 영성심리학을 논한다. 이는 서구 심리학의 주요 주제를 불교적 관점에서 어떻게 전개할 수 있는지를 보여주는 시금석이 될 것이다. 마지막으로 융심리학을 다룬다. 프로이트심리학을 다룬 후 곧바로 이어 쓸 것이라 생각했던 주제를 십여 년이 지나서야 마주하게 되었다. 모든 일에는 때가 있고, 시절이 있는 듯하다.

이 책이 나오기까지 많은 분들의 도움이 있었다. 특히 올해 초 원적하신 덕해 큰스님께서는 교육 불사에 큰 뜻을 품으시고 평생을 인재 양성에 힘써오셨다. 그 고귀한 뜻과 헌신이 있었기에 오늘의 작업도 가능했다. 큰스님의 정토왕생을 발원하며 다시 한번 감사와 존경의 마음을 바친다.

다음으로 나의 강의를 듣고 질문해준 원생들에게 감사의 말을 전한다. 원생들의 질문은 나로 하여금 글을 쓰게 만들었고, 새로운 동기를 부여했으며, 대화와 강의를 통해 수많은 영감을 받을 수 있었다. 또한 기꺼이 본서의 출간을 맡아준 도서출판 씨아이알의 김성배 사장님과 최장미 선생님께도 감사드린다. 마지막으로 언제나 도움을 주시는 엄세정 선생님께도 감사드린다.

2025년 9월

윤희조

차 례

제2부

불교심리치료

제3부

불교상담과 서구상담

해 제

해제

1. 본서의 전체적인 틀

본서는 불교상담학을 주제로 다루고 있다. 그러나 보통 생각하듯이 불교상담의 이론과 기법만을 다루지는 않는다. 불교상담을 하기 위해서 필요한 것들 전반을 폭넓게 다룬다. 이러한 것도 필요한가 싶을 정도로 광범위한 주제를 다루고 있다. 상담은 내담자의 문제 하나를 풀기 위해서 접근할 수도 있지만, 내담자의 삶 전체를 바꿀 수도 있다. 불교라는 학문 자체가 삶 전체를 다루는 것이기에 이를 기반으로 하는 불교상담은 또한 삶 전체를 다룰 수 있는 것이다.

그러하기에 『불교상담학 연구』라는 이름으로 본서를 내는 것이 한 편으로는 두렵기도 하다. 내가 불교를 얼마나 잘 이해하고 있는지, 제대로 전달하고 있는지 등 많은 고민이 함께한다. 그럼에도 불구하고 연구 성과를 발표함으로써 불교상담, 불교심리에 관심을 가지는 분들에게 조금이나마 도움이 되고자 한다.

본서는 2019년도 같은 출판사에서 출간한 『불교심리학 연구』의 자매서라고 할 수 있다. 디자인과 편집도 맞추었다. 『불교심리학 연구』와 『불교상담학 연구』를 함께 읽으면 많은 도움이 될 것으로 생각된다.

제1부 '불교상담의 주제'는 불교상담에서 다루는 다양한 주제를 제시하고 있다. **1장**은 불교의 존재론, 인식론, 진리론 등 불교철학 전반을 다루고 있다. 이러한 주제는 불교심리학과 연관되고, 또 불교심리학은 불교상담과 연결되기 때문이다. **2장**은 깨달음을 주제로 다루고 있다. 불교상담에서 깨달음은 궁극적인 목표로 생각될 수 있지만, 궁극적인 목표를 제시하는 것이야말로 현실적인 목표를 설정하는 데 있어 바로미터의 역할을 하기 때문이다. **3장**에서 다루는 무명은 2장의 깨달음과 4장의 수행 양쪽 모두에 걸쳐 있는 주제이다. 무명은 연기의 첫 번째이고, 이를 제거하면 깨달음으로 나아간다. **4장**에서 무명을 제거하는 방법으로 제시하는 것은 사념처 수행을 통해서 오장애를 제거하고 칠각지를 키워나가는 것이다. 각지라는 용어 자체가 깨달음을 돕는 요소이기 때문이다.

제2부는 불교심리치료를 키워드로 하고 있다. **5장** 업의 심리치료는 업의 문제를 어떻게 대처하는지를 다룬다. 업은 내가 지금 만드는 업과 결과로서 받는 업, 즉 내는 업과 받는 업, 두 가지로 볼 수 있다. 특히 받는 업은 서구심리학과 상담에서 다루지 않는 영역으로 불교상담의 중요한 영역이라고 할 수 있다. **6장** 사무량심의 심리치료는 어떤 마음을 내어야 할 것인지에 중점을 두고 있다. 반면 서구심리치료의

제3의 물결에서 중요시한 마음챙김은 부정인지와 부정정서가 더 이상 확산되지 않도록 알아차리는 것에 중점을 두고 있다. 사무량심은 어떤 마음을 낼 것인가에 대한 불교의 해답이다. 이를 불교심리학적으로, 불교상담적으로 다루고 있다.

7장은 마음챙김의 대상인 신수심법 가운데 몸을 다루고 있다. 부정 관이라는 명칭으로 인해서 몸에 대한 부정적인 사고가 불교의 일반적인 견해로 여겨지고 있는데, 이는 유위법 전반에 대한 특징이므로, 몸을 유위법적 특징을 가진 기능적 가능태로 새롭게 정의하고 있다. **8장**에서 붓다는 이러한 몸의 병듦과 죽음을 어떻게 돌보는지를 보여준다. 이는 불교의 상실상담이라고 할 수 있다. 붓다는 임종의 마지막 순간까지를 다음 생에 인간 이상의 존재로 태어날 수 있도록 하는 수행의 시간으로 활용한다.

제3부는 서구상담의 주제를 불교상담의 관점에서 다루고 있다. 서구상담과 불교상담을 비교하는 것이 아니라, 서구상담의 주제를 불교상담의 관점에서 새롭게 해석하고 있는 것이다. 이는 불교를 기반으로 하는 불교상담인 것이다. **9장**은 불교에서 성격의 문제를 어떻게 다룰 것인가에 대한 대답이다. 서구의 주요 심리치료는 성격이론을 가지고 있고, 이는 일종의 인간에 대한 이해이다. 불교에서는 일반인이 모두 가지고 있는 탐진치의 관점에서 성격을 다루고 있다. **10장**은 이러한 탐진치로 이루어진 성격이 범부에서 성인으로 나아가면서 제거되는 것을 성격발달로 보고 있다. 이는 서구심리학과 다른 불교 성격발달의 특징을 제시하는 것이다. **11장**은 불교에서 보는 인간에 대한 본격적인

이해로써 자아의 문제를 다루고 있다. 자아를 포괄적 관점과 본래적 관점에서 정의하고, 또한 자아의 발생, 자아정체성의 문제를 다룬다. 12장에서는 서구의 실존치료가 제시하는 8가지 주제를 불교상담의 관점에서 풀어내고 있다. 이는 단순한 비교가 아니라 실존치료가 제시하는 항목에 대해서 불교는 어떻게 답할 것인가에 대한 하나의 대답이라고 할 수 있다. 13장은 자아와 실존의 문제를 넘어서 영성의 문제를 다루고 있다. 불교에서 영성은 신적인 것과 궁극적 가치라는 두 가지 관점에서 볼 수 있다. 신적인 것은 범천이라는 신의 마음인 사범주이고, 궁극적 가치는 붓다가 실현한 열반, 깨달음이다. 이는 현대사회가 제시하는 수많은 영성의 문제에 대한 불교의 대답이라고 할 수 있다. 마지막 14장은 융심리학을 다루고 있다. 융심리학의 집단적 무의식은 불교의 윤회적 함축을 가진다는 관점을 제시하고 있다. 이는 융에 대한 불교적 이해라고 할 수 있다.

2. 『불교심리학 연구』와 관련성

『불교상담학 연구』1장은 『불교심리학 연구』1장 '불교심리학의 정의와 분류' 앞에 위치한다. 불교심리학의 이론적 근거는 『불교상담학 연구』1장인 '불교 존재론, 인식론, 진리론'에서 제시하고 있다. 불교심리학의 주제인 마음도 존재의 일부분이고, 인간에 의해서 기능하기 때문이다. 불교심리학의 주제인 마음을 다루고 있는 『불교심리학 연구』2장 '불교심리학에서 보는 네 가지 차원의 마음'이 세 번째에 위치한다. 이것이 첫 번째 의미 단락이다.

두 번째 의미 단락은『불교상담학 연구』2장 '불교의 깨달음과 의미 변화', 3장 '무명과 삼명', 4장 '사념처, 오장애, 칠각지'이다. 이는 깨달음, 무명의 제거, 그 방법과 관련된 것으로 불교상담의 궁극 목표와 연관된다.

세 번째 의미 단락은 심리치료라는 키워드를 중심으로 하고 있다.『불교상담학 연구』5장 '업의 심리치료', 6장 '사무량심의 심리치료', 7장 '몸의 심리치료', 8장 '돌봄의 심리치료' 그리고『불교심리학 연구』7장 '무아의 심리학'이다. 불교 심리치료의 세부 주제로 업, 사무량심, 몸, 돌봄, 무아를 다루고 있다.

네 번째 의미 단락은 불교상담의 이론과 실천을 다루고 있다.『불교심리학 연구』8장 '불교상담의 학문적 정체성', 9장 '불교상담의 정의와 이론', 10장 '과정과 기법으로 보는 불교상담방법론', 11장 '불교상담의 두 모델, 사성제모델과 불이모델', 12장 '불교의 언어, 불교상담의 언어'가 여기에 해당한다.

다섯 번째 의미 단락은 불교상담의 관점에서 서구상담의 주제를 다루고 있다. 이 주제에는『불교심리학 연구』3장 '아비담마의 정서심리학', 4장 '번뇌의 심리학'을 필두로『불교상담학 연구』9장 '불교 성격 심리학', 10장 '불교 성격발달', 11장 '불교 자아심리학', 12장 '불교 실존심리학', 13장 '불교 영성심리학'이 포함된다.

여섯 번째 의미 단락은 불교적 관점에서 구체적인 서구의 심리치료이론을 논의하고 있다. 『불교심리학 연구』 13장 '아비담마의 마음과 프로이트의 무의식', 14장 '프로이트의 자아와 아비담마의 마음작용', 15장 '불교와 수용전념치료', 『불교상담학 연구』 14장 '불교적 관점에서 보는 융심리학'이 여기에 해당된다.

일곱 번째 의미 단락은 불교상담 가운데 선상담의 영역에 해당한다. 『불교심리학 연구』 5장 '자성의 의미변화', 6장 '자성의 심리학'이 여기에 해당한다. 이 주제는 혜능을 비롯한 다양한 선사의 선심리학과 선상담, 명상상담 관련 글을 모아 이후에 단행본으로 출간할 예정이다. 일곱 가지 의미 단락은 다음과 같은 표로 나타낼 수 있다.

	의미 단락	해당 장
1	불교상담의 이론적 근거	『불교상담학 연구』 1장, 『불교심리학 연구』 1장, 2장
2	불교상담의 궁극 목표	『불교상담학 연구』 2장, 3장, 4장,
3	불교심리치료	『불교상담학 연구』 5장, 6장, 7장, 8장, 『불교심리학 연구』 7장
4	불교상담	『불교심리학 연구』 8장, 9장, 10장, 11장, 12장
5	서구상담의 주제	『불교심리학 연구』 3장, 4장, 『불교상담학 연구』 9장, 10장, 11장, 12장, 13장
6	서구 심리치료이론	『불교심리학 연구』 13장, 14장, 15장, 『불교상담학 연구』 14장
7	선심리학	『불교심리학 연구』 5장, 6장

3. 장별 해제

1장

본 장은 불교를 존재론, 인식론, 진리론의 차원에서 살펴보고자 한다. 불교심리치료는 불교심리학에 기반하고, 불교심리학의 주제가 되는 마음은 존재론, 인식론, 진리론이라는 불교철학의 영역에 의해서 영향을 받는다.

서양철학의 전통적인 존재론이 실체론적 존재론이라면, 불교철학의 존재론은 생멸론적 법론이라고 할 수 있다. 이러한 법론(法論) 또는 담마로지(dhammalogy)는 비실체성을 특징으로 하며 치유의 가능성, 치유의 근거, 치유의 지향점을 제시하고 있다. 인식론은 감각기능과 감각대상인 십이처(十二處)를 토대로 인식주체의 보편적이고 고유한 인식론으로 성립하게 된다. 매 순간 감각이라는 인식을 통해서 새로운 세계(世界)가 생멸하면서 열리게 되고, 어떤 세계를 개현할지는 인식주체의 선택에 놓이게 된다. 매 순간 현은하는 공간이 상담의 공간이라는 치료적 함의가 나오게 된다.

인식주체가 인간으로 확정되면 사성제가 진리론으로 등장한다. 고성제의 유위법과 멸성제의 무위법은 대응적 진리의 특징을 가지고, 집성제와 도성제는 원인론과 방법론으로 정합적 진리의 특징을 가지며, 사성제 전체는 멸성제의 실현이라는 실현적 진리의 특징을 가진다. 그리고 사성제 각각은 현상론, 원인론, 목적론, 방법론으로 볼 수 있고, 이는 포괄적 진리의 특징을 가진다고 할 수 있다. 사성제는 대응적 진리, 정합적 진리, 실현적 진리, 포괄적 진리의 특징을 가진다.

사성제에서 '성(聖)'은 '고귀한', '성자의'라는 의미와 함께 '고귀함으로', '성자로'로 해석할 수 있다. 전자의 두 해석은 전통적인 해석인 반면, 세 번째 해석은 고를 고귀함으로 또는 성자로 나아가는 촉발자의 역할을 하는 것으로 해석하는 것이다. '성자로 나아가는 괴로움이라는 진리'라는 지향적 해석을 통해서 '고'의 의미를 긍정적으로 해석할 수 있다.

2장

2장에서는 세 가지 주제를 다룬다. 첫째 깨달음은 문제의식과 문제해결의 관점에서 볼 수 있고, 구체적인 맥락적 관점에서 보아야 한다는 것이다. 붓다의 깨달음이라는 구체적인 맥락 하에서 괴로움의 해결이라는 문제의식과 그 해결 과정을 깨달음으로 볼 수 있고, 이를 통해서 붓다의 깨달음은 사성제의 삼전십이행상(三轉十二行相)에 대한 안지혜명광(眼智慧明光)으로 볼 수 있다.

둘째 깨달음의 의미는 변화한다. 붓다의 깨달음을 통해서 새로운 요소, 즉 연기가 추가됨으로 인해서 문제의식이 변화하게 된다. 깨달음의 내용 자체에 대한 추구가 문제의식으로 등장함으로 인해서 대승불교의 깨달음은 사성제와 연기성에 대한 안지혜명광으로 폭이 확대됨을 볼 수 있다. 이는 연기성으로 인해서 나의 괴로움과 타인의 괴로움이 연결되어 있음을 발견하게 되고, 문제의식은 자신의 괴로움의 해결에서 전체의 괴로움의 해결로 변화하게 된다. 문제의식이 변화함에 따라서 깨달음의 의미도 변화하게 된다.

셋째 깨달음의 의미가 변화함에 따라서 불교의 목적론에 해당하는 연기, 무아, 공, 불이, 청정, 자성, 무자성 등의 의미가 변화하는 것을 볼 수 있다. 초기불교에서 괴로움의 근원을 찾는 연결고리로서의 연기가 대승불교에서는 제법의 연결성을 의미하게 된다. 괴로움을 자기 뜻대로 할 수 없음을 의미하는 초기불교의 무아는, 대승불교에서는 사물의 비실체성을 의미하게 된다. 괴로움을 점차적으로 제거하는 과정을 보여주는 공은 사물의 연결성을 의미하는 것으로 바뀌게 된다. 이러한 연결성은 불이라는 측면에서 강조되고, 초기불교에서의 청정과 번뇌의 대립은 대승불교에서는 이러한 대립을 떠난 상태로 나아간다. 부파불교에서 법의 자성, 대승불교에서 법의 무자성, 선불교에서 자성은 각각 법의 특징을 표현한다. 불교에서 목적론의 변화는 가장 중요한 방법론이라고 할 수 있는 빤냐 또는 반야의 의미변화를 가져온다. 괴로움의 원인을 꿰뚫어 아는 것에서 제법의 공성, 무아성, 연기성, 불이성, 무자성성, 자성성을 통째로 아는 것으로 변화하게 된다.

3장

무명을 끊는 것은 깨달음으로 나아가는 것이다. 십이연기의 무명을 사성제에 대한 무지라고 한다면, 사성제를 알면서도 무명을 끊지 못하는 경우를 어떻게 설명할 것인가가 이 장의 문제의식이다. 붓다가 깨달음을 이루게 되는 계기인 삼명(三明)을 통해서 무명을 검토하고자 한다. 우선 무명의 대상과 관련해서 무명은 사성제에 대한 무명, 윤회에 대한 무명으로 나누어 볼 수 있다. 전자는 논리적 해석, 후자는 전통적 해석으로 불린다. 윤회에 대한 무명은 붓다의 깨달음을 기술하는 과정에서 주로 삼명과 함께 사용된다. 삼명 가운데 숙명지와 사생지는 나와 모든 중생의 윤회 과정과 현실을 명확히 아는 것이고, 누진지는 윤회 과정에서의 번뇌, 즉 루(漏)를 다한 것을 아는 것이다.

포괄적 관점에서 무명은 시간적으로는 모든 과거생의 무명, 공간적으로는 모든 중생의 무명을 말한다. 이는 삼명의 반대인 삼무명(三無明) 전체를 말한다고 할 수 있다. 본래적 관점에서 무명은 번뇌라고 정의할 수 있고, 욕루, 유루, 무명루의 세 가지 가운데 무명루(無明漏)에 해당한다고 할 수 있다. 이렇게 되면 무명을 '알려지지 않은 미세한 번뇌'로 정의할 수 있을 것이다. 이는 삼명 가운데 핵심이 누진지이고, 누진지 가운데 핵심이 루에 있고, 루 가운데 핵심이 무명루라는 것에 기인한다. 알 수 없는 수많은 미세한 번뇌 가운데 하나 또는 다수가 십이연기의 첫 번째 각지인 무명이 된다. 십이연기의 무명, 행, 식까지의 연기 과정은 '알지 못하는 미세한 번뇌로 인해서 신구의(身口意) 세 차원에서 조작된 기억'으로 해석할 수 있다. 그리고 삼명을 수행의 방법론의 차원에서 보면, 윤회를 밝히고, 중생과 나의 삶의 본질을 알며, 번뇌로부터 벗어나는 것으로 볼 수 있다. 이는 숙명지, 사생지, 누진지와 연관된 방법론이라고 할 수 있다.

4장

　불교의 궁극적 목표인 깨달음이 방법론과 어떤 관련이 있는지를 살펴보고자 하는 것이 본 장의 목적이다. 초기불교의 수행론을 총망라하고 있는 삼십칠보리분법과 그것의 한 종류인 칠각지에는 '보리'와 '각'이라는 깨달음의 의미가 포함되어 있다. 칠각지는 깨달음으로 이끄는 요소라는 의미이고, 이들 요소들의 관계를 대치적으로 또는 순차적으로 해석할 수 있다.

　대치적 해석은 마음이 나태할 때는 택법각지, 정진각지, 희각지를 수행하고, 마음이 산만할 때는 경안각지, 정각지, 사각지를 수행한다는 것이다. 때에 맞추어 수행이 이루어질 때 깨달음으로 나아간다는 것이다. 이처럼 오장애 가운데 두 가지 장애인 나태와 산만을 대치하고, 의심의 장애는 택법각지가 대치하고, 감각적 욕망과 악의도 대치된다는 것이 칠각지를 대치적으로 해석하는 것이다.

　순차적 해석은 칠각지의 첫 번째 각지인 염각지로부터 순차적으로 나머지 각지를 계발한다는 것이다. 사념처를 통해서 계발되는 염각지를 필두로 해서 택법각지, 정진각지, 희각지, 경안각지, 정각지, 사각지로 점점 더 고요해지는 방향으로 요소들이 계발되어 간다. 깨달음으로 이끄는 요소들을 순차적으로 계발한다는 것이 칠각지에 대한 순차적 해석이라고 할 수 있다.

　삼십칠보리분법은 일곱 가지 범주, 즉 사념처, 사정근, 사여의족, 오근, 오력, 칠각지, 팔정도이지만, 앞의 셋, 그 다음 셋, 마지막 팔정도의 세 그룹으로 나누어 볼 수 있다. 두 번째 그룹에 속하는 오근, 오력,

칠각지는 궁극 목표로 나아가기 위한 마음의 기능, 능력, 요소라고 볼 수 있다. 기능과 능력의 측면에서 다섯 가지로, 요소의 측면에서 일곱 가지로 볼 수 있다는 것이다. 그러므로 칠각지는 오장애를 대치하면서 그 요소를 확보하거나, 사념처를 통해서 그 요소를 순차적으로 계발하는 것이다. 이렇게 될 때 칠각지는 명지(明智)와 해탈을 성취하고, 아나함과 아라한을 성취하고, 삼루로부터 해탈하게 되고, 병으로부터 회복되는 결실을 가지게 된다.

5장

업은 불교심리학의 고유한 개념으로, 서구심리학의 행동 개념과는 차이가 있다. 행동은 행동하는 메커니즘에 중점을 둔다고 한다면, 업은 행동하는 것뿐만 아니라 행동하는 결과를 받는 것과 가치판단까지도 포함한다. 본 장은 행동과 차별되는 업의 심리치유적 가능성을 밝히고자 한다.

불교심리학에서 마음은 내는 마음과 받는 마음으로 구분할 수 있다는 것에 근거하여, 업을 내는 업과 받는 업이라는 두 가지 차원에서 볼 수 있다. 이는 업이 가지는 기능적, 역동적, 능동적 측면을 보여주는 구분이라고 할 수 있다. 이러한 구분은 변화와 치유의 가능성으로 이어지고 이는 심리치료의 토대가 된다. 범부로서 인간은 업을 만드는 존재이면서 업을 받는 존재이다. 오온의 관점에서 보면 오온 전반을 업으로 볼 수 있다. 내는 업의 관점에서 팔정도, 육바라밀, 수이불수(修而不修)라는 초기불교, 대승불교, 선불교의 대표적인 수행법을 분석하고 있다. 받는 업의 관점에서 받는 업을 일곱 가지 측면에서 분석하고 있다. 받는 업은 무기이고, 내는 업과 연관되고, 드러날 때까지 사라지지 않고, 다양한 시간이 걸리고, 다른 유정이 내는 업과 연관되고, 이전 생으로부터 올 수도 있지만, 숙명과는 구분된다.

업의 심리치료와 관련해서 내는 업과 받는 업은 공, 연기, 무아를 전제로 한다. 업을 낼 때는 선업을 내거나, 업을 내더라도 더 이상 업이 되지 않는 업이불업(業而不業)을 목표로 하고, 업을 받을 때는 수순과 인내를 통하여 가능한 한 가볍게 받는 것을 목표로 한다. 지금 현재 업을 내는 것은 미래의 업을 가볍게 받는 동시에 과거의 업을 가볍게 받는 것이 된다. 현재의 업에 대한 태도가 과거와 미래의 업을 동시에 다루는 것이 된다고 할 수 있다.

6장

첫째 사무량심을 대치적 해석과 순차적 해석의 관점에서 살펴보고자 한다. 대치적 해석에 따르면 자비희사(慈悲喜捨)의 네 가지 마음을 내는 것 자체가 불선한 마음을 제거하는 역할을 한다. 자심은 악의를, 비심은 잔인함을, 희심은 싫어함을, 사심은 애욕을 대치한다. 이는 불선한 마음을 자체적으로 제거하는 것이 아니라 반대되는 마음을 냄으로써 제거하는 방향이다. 순차적 해석에 따르면 자심은 토대가 되고, 비심과 희심에서 다양한 경험을 하게 되고, 사심에서 궁극 목표로 나아가는 것을 볼 수 있다. 초기불교에서 자비희사 각각의 마음이 공간적으로 확장되고 대상의 범위가 확장되는 것과, 대승불교에서 중생연,

법연, 무연으로 자비희사 각각의 마음이 심화되는 것에서도 순차적 해석을 볼 수 있다.

둘째 사무량심에 대한 대치적 해석과 순차적 해석 각각을 심리치료적 관점에서 살펴보고자 한다. 사무량심은 무량하기 때문에 어떤 마음을 내더라도 근원적인 마음이 될 수 있고, 사무량심의 대상은 나가 아닌 타인으로부터 시작하여 확장될 수 있고, 사무량심 가운데 자신이 쉽게 낼 수 있는 마음을 지속적으로 내는 것에서 시작하여 나머지 마음으로 확장할 수 있고, 또한 사무량심은 정서치료와 인지치료 모두에 해당할 수 있다.

셋째 경전에서 제시하고 있는 11가지 사무량심의 효과를 심리치료적 관점에서 해석하고자 한다. 생리적 욕구, 안정과 안전에 대한 욕구, 사랑과 인정에 대한 욕구라는 세속적 행복의 기본적인 세 단계의 욕구가 충족되는 것을 볼 수 있다. 특히 두 번째와 세 번째 욕구는 인간적인 차원뿐만 아니라 신적인 차원에서도 충족되는 것을 볼 수 있다. 나아가 영적 심리치료의 방법론으로 삼매를 제시하고, 가장 중요한 이슈인 죽음과 죽음 이후에 대한 분명한 해답을 제시하고, 궁극적으로는 범천에 태어나는 목표를 제시한다.

넷째 사무량심은 사범주로, 두 가지 불교적 영성 가운데 하나인 신성이 인격화된 형태의 영성이라고 할 수 있다. 이는 인간이 낼 수 있는 최고의 마음이라고 할 수 있다. 지금 여기에서 인간이 낼 수 있는 최고의 마음을 내는 것은 과거의 부정한 업의 결과를 최소한으로 받고, 선한 업의 결과를 최대한으로 받도록 한다.

7장

불교에서 몸을 바라보는 관점을 존재론적 관점, 기능적 관점, 가능적 관점으로 제시하고자 한다. 존재론적 관점에서 몸은 불교에서 존재의 특징인 무상·고·무아의 삼법인과 공의 특징을 가진다. 기능적 관점에서 몸은 감각기능, 유기체적 기능, 연기적 기능을 한다. 십이처에서 몸은 감각기능을 하고, 오온과 사념처에서 몸은 살아있는 몸의 기능을 보여주고, 연기에서 몸은 모든 존재뿐만 아니라 몸의 구성 요소들 간에도 연기적 관계가 있는 열린 존재라는 것을 보여준다. 가능적 관점에서 몸은 번뇌와 청정의 가능성, 노병사와 청정범행의 가능성, 고락과 중도의 가능성으로 나아갈 수 있다. 신구의(身口意) 삼업의 차원에서 몸은 번뇌로 나아갈 수도 있고, 청정으로 나아갈 수도 있다. 무기의 차원에서 몸은 청정범행으로 나아갈 수도 있고, 노병사로 나아갈 수도 있다. 중도의 차원에서 몸은 고락으로 나아갈 수도 있고, 중도로 나아갈 수도 있다. 이렇게 되면 몸은 '존재론적 특징을 전제로 하는 기능적 가능태'라고 할 수 있다.

부정관과 고는 불교에서 몸을 바라보는 기존의 대표적인 관점이라고 할 수 있다. 고와 부정은 유위법 전반에 대해서 적용될 수 있는 개념이다. 부정은 모든 유위적 존재가 깨끗하지 않다는 것으로 확장된다. 탐심을 대치하려는 부정관의 의도를 적극적으로 살리면, 탐심의 대상이 될 수 있는 모든 유위적 존재는 깨끗하지 않다고 해야 할 것이다. 이렇게 되면 고는 존재론적 특징이 된다. 그러므로 고와 부정이 아닌 존재론적 관점을 전제로 기능적이고 가능적으로 몸을 바라보는 것이 불교에서 몸을 바라보는 태도일 것이다.

8장

붓다가 문제의식으로 삼고 있는 생로병사 가운데 병과 죽음을 어떻게 다루는지를 실천적 관점에서 살펴보고자 한다. 병자의 돌봄에서는 몸은 병들어도 마음은 병들지 않는다는 가르침과 화살의 비유를 살펴보고자 한다. 병자의 쾌유를 위하여 붓다가 설하는 칠각지와 열 가지 인식을 살펴보고자 한다. 또한 열 가지 인식에서 물질의 변화성으로 인해서 몸은 병드는 것이 당연하지만, 회복의 가능성 역시 있다는 것을 인식하게 되고, 몸을 대하는 태도를 볼 수 있다.

유가족의 돌봄에서 손자에게는 모든 것이 소멸한다고 설하고, 어머니에게는 모든 존재가 죽는다고 설한다. 이는 모든 존재가 법의 특징을 가지고 있다는 것을 보여준다. 사리뿟다의 죽음을 보는 아난에게 붓다는 자등명법등명을 설한다. 이는 살아남은 자가 어떤 태도를 가져야 하는지를 보여준다. 결국 자신과 자신 안의 사념처에서 법의 특징을 보는 것을 목표로 삼아야 한다는 것이다.

임종을 맞이하는 재가자에게 세속에 대한 근심을 놓기를 권한다. 그리고 붓다는 지계에 대하여 묻는다. 이는 삼악도에 떨어지지 않기 위한 대비책이다. 이미 후회할 일을 한 경우에는 참회의 방법을 제시한다. 참회는 자신과 타인에 대해서 과거에 계를 어긴 것을 고백하고 뉘우치는 것과 함께, 미래에 지을 유루행을 예취하여 고백하고 뉘우치는 동시에, 유루행에서 무루행으로 나아가고자 하는 다짐이라고 할 수 있다. 지계가 확보된 이후 임종자가 더 나은 곳으로 나아가기 위해서 법의 특징을 보도록 한다. 법의 특징을 보는 구체적인 방법으로 사념처를 제시한다. 이는 자등명법등명과 동일한 내용이라고 할 수 있다.

결국 붓다는 죽음의 때에 특별한 새로운 것을 설하는 것이 아니라, 일관되고 지속적으로 법의 특징을 보게 한다. 궁극적으로는 이러한 법마저도 집착의 대상이 되어서는 안 된다는 것을 이야기한다. 붓다는 죽음의 때를 법의 특징을 보게 하는 기회로 삼고 있다.

9장

불교적 관점에서 성격에 관한 두 가지 논지, 성격의 정의와 성격의 분류를 제시하고자 한다. 먼저 성격심리학에서 성격에 해당하는 퍼스널리티(personality)는 성격, 인격으로 번역된다. 퍼슨(person)은 인간으로 번역되고, 인간은 오온에 해당한다. 한자어 성격은 유전적 요인[性]과 환경적 요인[格]을 동시에 포함하고 있는 것을 보여준다. 오온은 몸[色]과 마음[受想行識]을 포함하므로 불교의 성격심리학은 몸과 마음을 함께 다룬다. 이러한 논지를 바탕으로 불교심리학에서 성격은 '인간의 몸과 마음과 환경의 영향하에서 인지, 정서, 동기, 행동으로 대표되는 인간의 기능을 일관되고 고유하게 유형화되고 조직화된 형태로 만드는 역동적, 복합적, 내적 기능'으로 정의할 수 있다.

오온은 인간을 기능성의 관점에서 보므로 성격은 일종의 기능이라고 할 수 있다. 몸의 기능과 마음의 기능을 함께 다룬다. 몸의 기능은 신경전달물질의 관점에 따라서 분류할 수 있고, 마음의 기능은 탐진치의 관점에 따라서 분류할 수 있다. 몸의 기능에 따른 성격은 도파민·노르에피네프린 시스템, 세로토닌 시스템, 테스토스테론 시스템, 에스트로겐·옥시토신 시스템에 따른 분류가 가능하다. 마음의 기능에 따른 성격은 탐하는 성격, 성내는 성격, 어리석은 성격으로 분류할 수 있고, 이들은 인지, 정서, 동기, 행동 등의 기능을 고유하고 유형화된 형태로 만든다. 몸의 기능에 따른 성격과 마음의 기능에 따른 성격은 연기적 관계를 가진다.

10장

10장에서는 두 가지를 밝히고자 한다. 첫째 불교의 성격유형은 탐진치의 구성 비율로 볼 수 있다. 성격은 오온 전체를 다루므로 몸과 인지, 정서, 동기 또는 행동이 성격의 구성 요소가 된다. 탐진치의 비율에 따라서 몸과 인지, 정서, 동기 또는 행동이라는 성격의 구성 요소의 비율이 달라지게 된다. 탐은 감각기관의 욕망, 아(我)와 관련된 욕망, 아소(我所)와 관련된 욕망의 셋으로 볼 수 있고, 진은 분노에서 두려움까지, 기쁨에서 슬픔까지의 두 축으로 볼 수 있고, 치는 사고의 차원에서 실체적 사고, 이분법적 사고, 희론적 사고와 같은 실체(實體) 중심의 사고방식과 당위적 사고, 나중심적 사고, 냉소적 사고, 허무적 사고와 같은 집(集) 중심의 사고방식으로 볼 수 있다. 탐은 축적, 진은 반응, 치는 사고로 볼 수 있다. 불교의 성격유형은 크게는 탐중심, 진중심, 치중심의 성격이 있을 수 있고, 세부적으로는 18가지 성격유형이 가능하다.

둘째 불교의 성격발달은 탐진치의 약화, 소멸과 연관해서 볼 수 있다. 불교의 성격발달은 중층적이고, 복합적이고, 비단선적이고, 조건적이고, 특이점을 가진다는 특징이 있다. 성격으로 번역되는 퍼스낼리티(personality)의 퍼슨(person)은 범부를 말하며, 성격은 범부의 기능의 총체라고 할 수 있다. 범부의 성격이 탐진치의 유형화된 패턴이라고 한다면, 성인의 성격은 이러한 탐진치의 유형화된 패턴을 제거하는 형태 또는 이러한 유형화된 패턴으로부터 자유롭게 되는 것이 된다. 범부의 성격을 '인간의 몸과 마음과 환경의 영향하에서 인지, 정서, 동기, 행동으로 대표되는 인간의 기능을 일관되고 고유하게 유형화되고 조직화된 형태로 만드는 역동적, 복합적, 내적 기능'이라고 정의할 수 있는 반면, 성인의 성격은 '인간의 몸과 마음과 환경의 영향하에서 불교적 목표와 연관해서 전체적으로 잘 기능하는 것'이라고 할 수 있을 것이다.

11장

11장에서는 불교에서 자아심리학의 성립가능성을 보고자 한다. 불교의 인간론에서 인간은 기능적 존재이면서 가능적 존재이다. 자아를 나, 인간으로 볼 수 있다면 불교에서 인간은 오온의 기능 집합체로 볼 수 있다. 이러한 기능을 나열적으로 보여줌으로써 자아에 대한 포괄적 정의가 성립한다. 기능의 가능성이 최대한 발현된 것이 인간의 본래적 측면이라는 점에서 자아에 대한 본래적 정의가 성립한다. 이와는 반대로 기능의 발현가능성이 억제되는 것은 자아에 대한 비본래적 정의에 해당한다. 본래적 정의에 의한 오온은 오법온으로, 비본래적 정의에 의한 오온은 오취온으로 부를 수 있다.

또한 자아를 발생적 관점에서 연기론에 따라서 정의할 수 있다. 자아인 명색과 유는 무명과 행, 애와 취에 의해서 발생한다는 자아에 대한 발생적 정의가 성립한다. 사성제적 관점에서 보면 고라는 자아와 집이라는 원인, 멸이라는 자아의 소멸과 소멸로 나아가는 도라는 원인을 자아에 대한 생멸적 정의라고 볼 수 있다.

비본래적 정의와 본래적 정의를 바탕으로 범부의 자아와 성인의 자아를 구분할 수 있고, 이를 바탕으로 자아정체성이 범부와 성인의 두 차원에서 성립함을 볼 수 있다. 범부의 차원에서 자아와 자아정체성은 유위법으로, 세속적 진리의 차원에서 세워지고, 성인의 차원에서 자아와 자아정체성은 무아적 자아로 성립하게 된다. 서구의 자아심리학에서 다루는 자아의 기능과 방어기제는 자아의 원인이 되는 번뇌에서 다룰 수 있을 것이다. 이와 같이 자아의 정의, 자아의 발생, 자아의 정체성, 자아의 기능과 기제를 불교적 관점에서 볼 수 있게 된다. 그러므로 불교의 자아심리학이라는 영역의 성립가능성을 보게 된다.

12장

불교 실존심리학은 불교심리학적 관점에서 실존의 문제를 연구하는 불교심리학의 한 분야라고 할 수 있다. 불교에서 실존적 문제는 괴로움의 문제이다. 이 문제의 해결을 통해서 드러난 인간, 존재, 세계, 시간에 대한 관점을 중심으로 서구의 실존주의가 제시한 문제에 대한 불교심리학적 대안을 제시하고자 한다. 실존은 본질에 앞선다는 테제는 불교에서는 법의 생멸성을 통해서 지금 여기의 존재론으로 드러나고 있다. 불교의 존재론적 특징인 삼법인과 연기의 연결성은 실존주의가 제시하는 의미, 자유, 불안, 죽음, 소외, 치유, 선택의 문제에 대한 불교 실존심리학의 관점을 보여준다.

범부인 인간의 실존적인 상황은 오취온으로 드러난다. 오취온적 상황 하에서 의미는 '나' 중심으로 전개된다. 이러한 '나'의 해체를 통한 의미 해체론으로 나아간다. 이를 통해서 연기의 연결망만이 남게 되고, 이 연결망의 다양성만큼이나 다양한 의미가 관계적 맥락 하에서 성립한다. 의미의 연기성에서 보면 자유는 나로 인한 것이 아니고 존재론적 흐름에 따른 자유이다. 존재론적 불안은 죽음에 대한 실존적이고 근원적인 불안이다. 이는 죽음과 탄생을 단절로 보기 때문에 발생한다. 그러나 존재론적 불안은 먼 죽음이 아니라 지금 여기에서 존재론적 특징으로 인해서 발생하는 불안이다. 이러한 특징을 아는 것 자체가 불안에 대한 대처가 된다. 존재론적인 비고정성은 불안을 비고정화시키고 불안을 더 이상 불안으로 성립시키지 않는다.

실존주의에서 죽음은 의미 없음의 최후의 담지자이다. 이는 죽음을 단절로 보기 때문이다. 죽음을 존재 양태의 변화로 볼 경우 죽음은 일종의 존재가 되고, 의미의 연결성은 확보된다. 죽음은 지금 여기에서 삶에 개입하고 있기 때문이다. 인간은 탄생과 죽음으로 인해서 피투된 존재와 기투될 존재가 아니게 된다. 탄생과 삶과 죽음의 연결성이 확보되게 된다. 이렇게 되면 존재론적 연결성의 관점에서 보면 소외와 단절은 단지 전도된 사유이고, 분별된 사고가 된다.

존재론적 특징과 연결성에 대한 자각은 실존에 대한 불교적 치유로 나아간다. 연기성으로 인해서 인간은 원래 소외될 수 없는 존재이고, 나 중심의 의미는 해체되고, 자유가 아니라 해탈로 나아가고, 죽음이 아니라 존재 양태의 변화로 나아간다. 이처럼 치유는 존재론적 특징과 연결성과 연관되어 있다. 이는 결국 오취온을 기반으로 할 것인가, 존재론적 특징과 연결성을 자각한 오법온을 기반으로 할 것인가 하는 실존적 선택의 문제로 귀결된다. 이러한 선택은 마음으로 연결된다. 마음이 가지는 대표적인 기능 가운데 하나가 결택 즉 선택이기 때문이다. 그리고 마음은 불교심리학의 주제가 된다. 이 지점에서 불교 실존심리학은 불교심리학과 연결된다.

13장

논점은 두 가지이다. 첫째 영성은 신적인 것으로서의 영성, 궁극적 가치로서의 영성이라는 두 가지 관점에서 볼 수 있다. 어원적 관점에서 영성은 신적인 것, 신에게 속하는 것이다. 이는 전통적 의미의 영성이라고 할 수 있다. 가치적 관점에서 영성은 궁극적 가치이다. 이는 현대적 의미의 영성이 추구하는 대상이라고 할 수 있다. 신적인 것은 궁극적 가치에 포함될 수 있지만, 이는 영성의 기원에 해당하므로 분리하여 다룬다. 이를 바탕으로 영성은 '인간이 신적인 것 또는 궁극적 가치를 추구하고 경험하는 것'이라고 정의할 수 있다. 영성은 주체의 차원, 대상의 차원, 경험의 차원에서 볼 수 있다. 즉 영성은 인간이라는 주체가 신적인 것 또는 궁극적 가치라는 대상을 추구하고 경험하는 것이다. 영성을 정의하는 틀 자체는 하나로 볼 수 있지만 신적인 것, 궁극적 가치의 내용은 종교적 배경과 문화적 맥락에 따라서 다양하게 바뀔 수 있다. 불교적 배경에서 신적인 것은 범천에게 속하는 것이고, 궁극적 가치는 붓다에게 속하는 것으로 볼 수 있다.

둘째 불교는 신적인 것으로서의 영성, 궁극적 가치로서의 영성 둘 다를 가지고 있다. 불교에서 신적인 것은 범천에게 속하는 것이고, 신적인 것으로서의 영성은 범천에게 속하는 것을 추구하고 경험하는 것이라고 할 수 있다. 범천에게 속하는 것으로 사범주, 색계사선과 사무색정, 신통을 들 수 있다. 불교에서 궁극적 가치는 붓다에게 속하는 것이고, 궁극적 가치로서의 영성은 붓다의 궁극적 가치를 추구하고 경험하는 것이라고 할 수 있다. 붓다의 궁극적 가치는 깨달음을 기반으로, 깨달음의 출발점이 되는 붓다의 문제의식, 깨달음으로 나아가는 과정인 수행, 깨달음의 내용인 연기와 무아, 깨달음 이후의 실천인 교화행이라고 할 수 있다.

14장

융심리학을 세 가지 관점에서 살펴보고자 한다. 첫째, 콤플렉스는 유위법 또는 번뇌로 볼 수 있다는 점이다. 융은 자신의 심리학을 콤플렉스의 심리학이라고 이름붙일 만큼 콤플렉스가 핵심개념이다. 불교적 관점에서 콤플렉스는 넓은 의미에서는 유위법을, 좁은 의미에서는 번뇌를 의미한다고 할 수 있다. 콤플렉스는 유위법의 특징과 번뇌의 특징을 모두 가질 수 있고, 심·심소의 구분에서 보면 심소 즉 마음작용에 해당한다고 할 수 있다. 콤플렉스의 범주에는 자아, 그림자, 페르조나, 원형이 있다. 자아는 의식의 중심으로 자아콤플렉스라고도 불리고, 페르조나는 사회에서 요구하는 외적 인격으로 기능 콤플렉스이다. 그림자는 억압된 열등한 내적 인격으로 본성에 근원으로 있는 원시적 정신으로서 동물적 충동양식이고, 전형적인 콤플렉스이다. 원형은 태어나면서부터 가지고 있는 인간행태의 선험적 틀로서 무수히 많은 원형이 존재하고, 숙명적으로 나타나는 체험 콤플렉스이다.

둘째, 집단적 무의식은 윤회적 함축을 가진다는 점이다. 융심리학에서 마음의 차원은 의식, 개인적 무의식, 집단적 무의식으로 나누어 볼 수 있다. 그림자는 개인적 무의식의 영역에서 작용하고, 원형은 집단적 무의식의 영역에서 작용한다. 집단적 무의식은 개인적으로 획득되지 않고, 유전 덕택이고, 상속되고, 선재하는 틀이고, 집단적 무의식의 내용인 원형은 선천적으로 주어진 것이고 유전되는 것이다. 이 점에서 집단적 무의식과 그 내용인 원형은 윤회적 함축을 가지고 있다고 할 수 있다. 붓다는 숙명지와 천안지를 통해서 자신과 모든 존재들의 윤회를 직관함으로써 윤회의 실재성을 드러내었고, 융도 윤회를 심리적 실재로 인정하고 있다. 또한 팔식의 이명으로 사용되는 유분식, 이숙식, 유지식에서 윤회적 함축을 볼 수 있다.

셋째, 개성화는 개체성과 전체성, 고유성과 보편성의 관점에서 볼 수 있다는 점이다. 융심리학은 무의식의 의식화를 통해서 의식의 중심인 자아에서 전체정신인 자기로 나아가는 것, 즉 개성화를 목표로 한다. 개성화는 진정한 개인이면서 전체 자기로 나아가는 것이다. 개성화는 고유성과 보편성의 의미에서 개인의 개체성과 전체성을 보여준다고 할 수 있다. 개성화는 개인이 개체로서 고유하게 가지는 번뇌와 마음작용에 대한 이해와 동시에, 인간이 보편적으로 가지는 전체성으로서의 유위법과 마음의 본래의 특징에 대한 이해를 추구한다. 이러한 개성화 과정은 견도에서 수도로 나아가는 불교의 깨달음의 과정으로 볼 수 있다.

제1부

불교상담의 주제

1 불교 존재론, 인식론, 진리론

서구에서 심리학은 1879년 빌헬름 분트(W. M. Wundt)가 자신의 연구실 옆에 세계 최초의 심리학 실험실을 세우면서 철학으로부터 독립을 선언하게 되었다. 심리학은 철학에서 분화한 가장 최근 학문이라 할 수 있으며, 이는 곧 '마음'이나 '의식'에 대한 탐구가 오랫동안 철학의 핵심 주제였음을 보여준다. 분트의 실험실은 새롭게 출발한 심리학이 지향하는 방향성을 상징한다. 즉, 기존의 내성적 방법론을 넘어 과학적이고 실험적인 방법론을 채택한 것이다. 이러한 과학적 방법론의 수용을 통해 심리학은 학문적 신뢰성을 확보하고 독자적 지위를 공고히 하게 되었다. 동시에 심리학은 철학처럼 마음 자체를 탐구하기보다, 과학적 방법론을 적용할 수 있는 연구 영역에 집중하게 되었고, 마음 자체에 근본적인 물음은 여전히 철학의 몫으로 남게 되었다.

불교철학에서 마음에 대한 탐구는 절대적인 비중을 차지하고 있다. 불교에서의 탐구는 마음에 대한 탐구라고 할 정도이다. 그 가운데서도 마음 자체에 대한 탐구는 불교철학의 본래적인 영역을 구축하고 있다.

이러한 상황에서 불교심리치료는 불교심리학을 전제로 하며, 불교심리학은 불교철학을 전제로 한다. 하나의 전제로부터 결론을 도출할 수 있는 연역적 귀결구조를 가진다. 이는 불교철학, 불교심리학, 불교심리치료가 동일한 원리를 기반으로 한다는 것이다. 이렇게 되면 불교철학은 불교심리치료에 대해 중요한 함의를 가질 수 있게 된다. 서구와 달리 철학과 심리치료의 상관관계를 도출하는 것이 어렵지 않으며, 불교철학에 대한 이해는 불교심리치료와 직결되는 관계를 가진다. 이러한 상관관계로 인해 불교철학에 대한 이해는 불교심리치료가 이루어지는 토대를 형성하게 된다.

본 장에서는 불교심리치료를 위한 이론적 토대로서 불교철학의 주제를 다루고자 한다. 불교철학의 주제를 존재, 인식, 진리라는 세 가지 차원에서 다루고자 한다. 이 세 주제를 불교철학의 핵심으로 잡고자 한다. 그리고 이 각각과 불가분의 관계를 가지는 연기, 세계, 인간론을 함께 다루고자 한다. 연기는 존재와 밀접한 관계를 가지고, 세계는 인식과 밀접한 관계를 가지고, 인간론은 진리와 밀접한 관계를 가진다. 또한 각각의 주제에 대해서 이 주제들이 불교심리치료와 연관되는 맥락을 설명할 것이다. 마지막에는 이러한 불교철학적 주제에 대한 탐구를 바탕으로 불교심리치료적 함의를 다루고자 한다.

1. 담마와 연기

1) 온톨로지와 담마로지

불교에서 존재의 문제는 서구의 존재론처럼 철학의 분과 영역의 하나로 성립하지 않았지만, 존재 자체에 대한 물음을 던지는 영역은 불교에서도 존재한다.[1] 존재의 문제, 즉 '무엇이 실제로 존재하는가'라는 물음에 대해서 서구의 전통적인 존재론에서는 실체(substance, ουσια)를, 불교에서는 법(法, dhamma)을 해답으로 제시한다. 서양철학과 불교는 '실제로 존재하는 것' 즉 실재(實在, reality)에 대한 이해를 다르게 하고 있다. 전통적인 존재론에서는 고정불변하는 실체를 실재로 이해하고, 불교에서는 매순간 생멸하는 담마를 실재로 이해하고 있다. '참으로 있는 것이 무엇인가'에 대한 이해에 따라서 실재를 다르게 보고 있는 것이다.

불교에서 담마, 즉 법은 크게 두 가지로 이해할 수 있다. 담마(Dhamma)는 '진리', '규칙', '가르침', '가르침의 말' 등의 의미로 사용된다. 또한 담마(dhammas)는 '사물', '현상'을 가리킨다.[2] 진리, 가르침, 규칙을 의미할 때 담마는 대문자로 시작하고, 물질적, 정신적 영역에서

1 　불교철학에 대한 논의로는 다음을 참조할 수 있다. Ronkin, N.(2005); Premasiri, P. D.(2006); Siderits, M.(2007); Kalupahana, D., Weeraratne, W. G.(1987); 森 章司 (1995).

2 　Gethin, R.(2004) pp.513-542. 불교 전반의 법(法)과 관련된 연구서로는 다음을 참조할 수 있다. 平川彰博士還曆記念会 編(1975). 인도철학 전반의 다르마에 대한 논문 18편이 실려 있는 *Journal of Indian Philosophy 32*(5-6)를 참조할 수 있다.

사물, 현상을 의미할 때 담마는 소문자와 복수형태를 사용한다. 소문자 담마의 '사물', '현상'은 생멸(生滅)하는 사물, 생멸하는 현상을 말한다. 이러한 담마가 불교철학에서는 실재(reality), 즉 참으로 존재하는 것이다. 서양철학에서는 고정불변하고 자기원인적인 실체가 실재인 반면, 불교철학에서는 찰나생멸하는 담마가 실재인 것이다.

서양철학에서 고정불변하는 실체를 실재로 보는 관점을 존재론(ontology)이라고 한다면,[3] 불교철학에서 찰나생멸하는 담마를 실재로 보는 관점을 담마로지(dhammalogy) 또는 법론(法論)이라고 할 수 있다. 찰나생멸하는 담마를 실재로 보는 관점은 이후에 등장하는 불교철학의 모든 개념들에 영향을 끼친다. 모든 불교철학적 개념은 존재의 영역, 즉 법의 영역을 전제로 하기 때문이다. 세계도, 인간도, 마음도 모두 존재의 일종이기 때문이다. 그러므로 법의 특징은 나머지 불교철학적 개념의 특징이기도 하다.

법의 특징은 세 가지 문장[三法印] 또는 네 가지 문장[四法印]으로 표현된다. 제행무상(諸行無常), 일체개고(一切皆苦), 제법무아(諸法無我), 열반적정(涅槃寂靜)이라는 문장으로 표현된다.[4] 법에는 유위법(有爲法)과 무위법(無爲法)의 두 종류가 있다. 여기서 일체는 제행(諸行)을 의미

---

3   현대의 서양철학에서 존재론은 다양하게 전개되고 있으나, 본 장에서는 서양 철학의 전통적인 존재론이라고 할 수 있는 실체론적 존재론을 기반으로 논의를 전개하고자 한다.

4   위제세케라, 이지수 옮김(2005); 김한상(2014); 마성스님(2021). 본 장에서는 사법인을 기준으로 법의 특징을 논의하고자 한다.

하므로 일체개고와 제행개고(諸行皆苦)는 동일한 의미라고 할 수 있다. '행(行)'은 유위법을 의미하고, '열반'은 무위법을 의미한다. 그렇다면 제행무상과 일체개고는 유위법의 특징을 나타낸 것이고, 열반적정은 무위법의 특징을 나타낸 것이고, 제법무아는 유위법과 무위법 모두에 적용될 수 있는 특징이다.[5]

담마의 기본적인 특징인 사법인(四法印) 각각은 심리치료적 함의를 가진다. 무상(無常)은 변화를 말한다. 모든 행(行) 즉 유위법은 변화한다. 모든 만들어진 것[有爲]은 변화한다. 변화는 향상(向上)의 가능성과 향하(向下)의 가능성, 치료와 퇴전의 가능성을 동시에 가진다. 무상으로 인해 변화가 가능하다. 마음을 포함한 모든 담마는 변화 가능하기 때문에 치유 가능한 것이다. 이러한 치유 가능성은 모든 법이 가지고 있는 무아(無我)라는 특징을 전제로 한다. 무아는 비실체적이므로 고정불변이 아니게 된다. 고정불변이 아니므로 모든 법은 변화 가능하다.

일체개고(一切皆苦)에서 일체(一切)는 '제행(諸行)'으로 바꾸어 쓸 수 있고, 행(行)은 모든 유위법을 말하므로, 유위법은 괴로움의 영역이다. 고(苦)는 무상에서 나온다. 무상하기 때문에, 변화하기 때문에 고로 나아간다. 고는 신체적 고통에서 존재론적 괴로움까지 광범위한 스펙트럼을 가진다. 광범위한 영역의 고는 유위법 전체에 해당한다. 이러한 유위법의 세계에 살고 있는 존재들에게 '고'는 정상 상태(normal state)

---

5   제법무아와 관련해서는 다음을 참조할 수 있다. 김한상(2019) pp.115-143.

이다.[6] 이는 또 다른 함의 즉 무위법은 고로부터 벗어나 있다는 것을 말한다. 고(苦)에서 '유위법에서 무위법으로 나아가라'는 명제, '고로부터 벗어나라'는 명제가 성립한다. 열반적정은 심리치료적 지향점을 제시한다고 할 수 있다.

여기서 또 한 가지 심리치료적 함축을 볼 수 있다. 무위법, 유위법 모두 법이다. 둘 다 법이라는 측면에서는 하나이다. 그러나 유위법은 만들어진 상태이므로 무아가 완전히 드러나고 있지 않을 뿐이지 여전히 무아라는 측면에서 유위법과 무위법 모두 하나이고, 비실체성은 모든 법에 해당한다. 무아는 법의 본래적 특징이므로, 이것으로 나아가야 하는 것이다. 이 무아는 모든 법의 특징이므로 이것이 관건이 된다. 무아라는 것이 단순히 무아라는 사실을 기술하는 것을 넘어서 모든 존재의 원래의 상태가 무아이므로, 무아로 나아가야 한다는 함축을 가지게 된다. 좀 더 나아가면 무아라는 법의 특징을 거스르는 유아(有我)로 나아가기 때문에 괴로움이 생긴다. 특히 유위법은 유아적 경향성을 가지고 있으므로 괴로움이 발생하는 것이다. 법의 본래적 특징인 무아를 잘 구현하고 있는 무위법으로 나아가라는 함축이 생긴다.

---

6 고의 스펙트럼에 대해서는 다음을 참조할 수 있다. Boyd W. James(1986); 신경희·윤희조(2022) pp.339-367. 고의 정상성에 대해서는 다음을 참조할 수 있다. Hayes, C. Steven(2002) pp.58-66; Hayes, C. Steven, Strosahl D. Kirk, Wilson G. Kelly(1999); 윤희조(2015) pp.345-349.

2) 담마로지와 동등한 외연을 가지는 연기론

모든 존재의 실재하는 모습은 법론에 의해 드러나고 있다. 이때 법은 생멸한다. 생멸하는 운동에는 하나의 법칙이 있다. 생멸하고 변화하는 법은 '연기(緣起, paṭiccasamuppāda)'라는 법칙성을 가지고 움직인다. 즉 연기는 법의 운동론이라고 할 수 있을 것이다. 모든 법은 '연해서(緣) 생멸한다(起)', 즉 의존적으로 발생한다.[7] 이는 모든 존재에 대해서 적용되므로, 법의 범위와 연기의 범위는 동등하다고 할 수 있다. 존재와 운동이 함께 있는 것이다.

모든 법은 어떤 원인을 가지고 발생하고, 원인 없이 발생하는 것은 없다는 것이다. 무원인의 원인자 또는 자기원인자는 성립하지 않는다. 한 찰나 이전에 멸한 것이 다음 찰나에서 발생하는 것의 원인이 된다면, 두 찰나에 걸쳐서 소멸하고 발생하는 것은 이미 서로 다른 것이 되므로 자기원인은 성립할 수 없다. 찰나의 연속이므로 무원인도 성립할 수 없다.

실체론적 존재론에서는 고정불변의 존재를 다루므로 운동론이 필요하지 않다. 반면 생멸하는 존재를 다루는 담마로지에서는 연기론과

---

7   연기와 관련된 연구로는 다음을 참조할 수 있다. 전재성 지음(1999); 김홍미 (2014) pp.7-50; 이필원(2015) pp.9-34; 三枝充悳(2000). 초기불교와 부파불교에서 연기는 생로병사의 괴로움의 원인을 찾아가는 인과에 초점을 맞추고 있다면, 대승불교에서 연기는 찰나생멸하는 법들의 인과에 초점을 맞추고 있다. 본 장에서 십이연기라고 할 때는 전자의 연기를, 이지연기라고 할 때의 후자의 연기를 말한다.

같은 운동론이 필요하다. 연기는 실재를 생멸하는 존재로 보기 때문에 도출될 수 있는 이론이다. 그러므로 연기론은 불교철학이 가지는 독특한 이론이라고 할 수 있다. 연기론은 법론과 더불어 불교철학을 대표하는 이론이다. 오히려 불교적 관점에서는 연기론이 법론에 우선할 수 있다. 법과 연기는 동전의 양면처럼 외연이 동등하고 함께 등장할 수밖에 없는 이론이다. 이후에 나오는 불교철학적 개념은 모두 여기에서 나온다고 할 수 있을 정도로 핵심적인 이론이다.

연기를 존재 전반으로 확장해서 적용해 보면 '이것이 있을 때 저것이 있고, 이것이 일어날 때 저것이 일어나고, 이것이 없을 때 저것이 없고, 이것이 멸할 때 저것이 멸한다'는 연기의 구절을 통해서 볼 수 있다.[8] '이것', '저것'은 원래 십이연기의 각지(各支)를 대입하는 구조로 되어 있었지만, 후대에는 각지 이외에 존재 전체를 대입하게 된다.[9] 이러한 원인과 결과의 관계가 인간뿐만이 아니라 모든 존재에 대해서 성립하고, 이시적으로 뿐만 아니라 동시적으로도 성립하게 된다는 것이다.

이렇게 되면 모든 사물이 연기적 관계에 놓이게 된다. 이시적 생멸성을 설명하는 동시에 동시적 상의성을 설명하고 있다. 이시적 생멸성의 전형은 붓다가 제시한 생로병사의 원인을 찾아가는 십이연기라고 할 수 있고, 동시적 상의성의 전형은 후대 화엄의 법계연기에서 잘

---

8   SN. II. 65. Imasmiṁ sati idaṁ hōti, imassauppadā idaṁ uppajjāti. imasmiṁ asati idaṁ na hōti, imassa nirōdhā idaṁ nirujjhatī ti; S12:21 「십력 경1(Dasabala-sutta)」
9   '이것'과 '저것'의 불특칭성으로 인하여 '이것'과 '저것'에 어떠한 존재라도 대입할 수 있다는 논의는 다음을 참조할 수 있다. 안옥선(2005) pp.235-244.

드러나고 있다. 모든 존재가 상호 의존하고 있다는 것을 구슬로 만든 그물의 비유에서 볼 수 있고, 티끌의 비유에서도 볼 수 있다. 즉 세계의 모습, 법계(法界)가 이렇게 상호 의존적으로 펼쳐져 있다는 것이다.[10] 초기불교는 이시적 순서에 따른 십이연기에 의한 생로병사의 소멸에 초점을 맞춘다면, 대승불교는 동시적 상호의존성에 초점을 맞추어 세계의 모습을 표현하는 것에 초점을 맞추고 있다고 할 수 있다.

연기론은 법론에서 보여준 존재가 어떻게 운동하는지를 보여주는 것이라고 할 수 있다. 연기론은 법뿐만 아니라 법에서 파생되는 인식, 세계, 인간, 마음에까지 그 운동법칙이 성립한다는 것을 보여준다. 법의 특징이 법에서 파생되는 인식, 세계, 인간, 마음에 영향을 미치는 것이다. 법론이 '생멸'까지만 이야기한다면, 연기론은 '연기적 생멸'을 이야기한다. 생멸에 연기성을 더한 것이다. 법의 생멸은 연기적 관계에 의해서 생멸한다는 것이다. 이는 법의 생멸의 기제를 보여주는 것이다. 연기적 관계에 의해서 모든 존재의 생멸이 설명된다. 존재와 운동이 함께 있는 모습이다. 따라서 연기라는 운동법칙이 존재의 법칙으로까지 나아가게 된다.

모든 존재가 모든 존재에 대해서 연기적 관계를 가지고, 영향을 끼친다는 점에서 심리치료적 함의를 볼 수 있다. 나의 관점에서 나는 모든 과거의 원인의 결과이고, 나는 미래의 모든 결과의 원인이 된다.

---

10 법계연기와 관련해서는 다음의 연구를 참조할 수 있다. 정엄(2005) pp.405-435; 신규탁(2013) pp.113-142; 최연식(2016) pp.245-269.

좀 더 나아가서는 모든 존재는 모든 존재의 원인이면서 결과가 된다. 이처럼 존재와 존재가 연기적 관계에 놓여있음을 아는 것이 중요하다. 관계적 존재에 대한 인식이 첫 번째이다. 현재의 존재가 과거의 결과이면서 미래의 원인이 되기 때문에 현재의 중요성을 볼 수 있다는 것이 두 번째이다. 무상이라는 법의 변화성과 무아라는 법의 비실체성이라는 연기적 관점이 세 번째이다.

2. 인식과 세계

1) 인식주체의 감각기능에 기반한 인식론

법론과 연기론에 의해서 담마는 연기적으로 생멸하지만, 십이처와 십팔계로 분류된다. 담마 가운데 유위법, 즉 일체(一切, sabba)는 감각기능과 감각대상에 따라서 분류된다. 인간의 감각기능과 감각대상으로 유위법을 분류할 수 있다는 것이다. 모든 유위법은 안이비설신의(眼耳鼻舌身意)라는 감각기능과 그 대상인 색성향미촉법(色聲香味觸法)의 열두 가지로 분류할 수 있다. 감각기능과 감각대상은 처(處, āyatana)라는 감각영역을 중심으로 구분된다.

여기에서 몇 가지 함의를 볼 수 있다. 첫째 모든 존재를 의미하는 법이 여기에서는 의(意)라는 감각기능의 감각대상으로 열거되고 있다. 모든 존재를 의미하는 동시에 좁은 의미로 법은 의라는 정신적 감각기능의 대상이 된다는 것이다. 둘째 의(意)를 감각기능으로 보고 있다는 것이다. 의는 법(法)을 감각대상으로 하는 일종의 감각기능이다. 모든 정신작용은 외부적인 감각과 마찬가지로 감각을 바탕으로 한다고 할 수 있다. 셋째 색성향미촉(色聲香味觸)이라는 외부적인 물질을 감각하는 기관인 안이비설신(眼耳鼻舌身)과 내부적인 정신적 대상을 감각하는 기관인 의(意)가 병렬적으로 사용되고 있다는 것이다. 이는 외부감각이든 내부감각이든 감각이라는 측면에서는 동일하다는 것을 보여준다.

더 나아가서 존재론적, 인식론적 함의도 볼 수 있다. 존재론적 관점에서 유위법은 보편적인 특징을 가지는 동시에 구체적으로 분류될 수 있다는 점이다. 인식론적 관점에서는 존재의 분류를 감각기능과 감각대상이라는 인식의 관점에서 분류한다는 점이다. 여기서 일체를 구분하는 기준은 인식주체이다. 인식주체라고 해서 인식주체 개인의 주관적인 기준만은 아니다. 종(種)으로서 인식주체가 가질 수 있는 보편적인 기준이다. 인식주체가 인간이라면 여섯 가지 감각기능을 가지고, 그 고유한 대상을 가진다. 보편적이면서 '고유한' 대상을 가지기 때문에 이들은 분류의 기준이 될 수 있다. 여기에서의 '고유한'은 안이비설신의(眼耳鼻舌身意)라는 감각기능과 그 대상들은 서로가 다른 대상을 감각할 수 없다는 의미이다. 눈이 맛을 감각할 수는 없는 것이다. 만약 눈이 맛을 감각할 수 있다면, 감각기능은 분류 기준으로 성립할 수 없게 된다.

안이비설신(眼耳鼻舌身)이 물질적인 감각기능이라고 한다면, 의(意)는 정신적인 감각기능이라고 할 수 있다. 의에 의해서 정서, 생각, 의도

즉 수상행(受想行)을 감각할 수 있다. 물질과 정신을 감각할 수 있는 감각기능을 병렬적으로 배치하는 것은 불교에서 사물을 바라보는 근원적인 시각을 보여준다. 물질이든, 정신이든 일종의 감각대상이라는 점이다. 그러한 점에서 동등한 지위를 가지고, 일원론으로 나아갈 수 있게 된다.

물질과 정신 모두 감각대상이고, 동등한 지위를 가지므로 하나의 방법론에 의해서 물질과 정신을 함께 보는 것이 가능해진다. 나아가서 이는 심신일원론(mind-body monism)으로 나아가게 되는 근본 원인이 된다. 물질과 정신이 각각의 원리를 가지고 있다면, 이 둘을 하나의 원리에 의해서 병렬적으로 등치하는 것은 불가능하게 된다. 물질과 정신은 각각의 원리를 가진 두 개의 실체가 되기 때문이다. 심신이원론으로 나아가게 된다. 불교에서는 감각기능과 감각대상이라는 하나의 분류 기준에 의해서, 동등한 지위를 가지고 병렬함으로 인해서 이 둘은 심신일원론으로 나아가게 된다. 즉 하나의 원리에 의해서 설명할 수 있게 된다. 이러한 심신일원론은 그 근원을 법의 특징에서 찾을 수 있다. 모든 존재는 찰나생멸하는 법으로 이루어져 있다는 담마일원론(dhammic monism) 또는 법일원론(法一元論)에 기반한다. 모든 존재는 담마라는 하나의 원리에 의해서 이루어져 있고, 이러한 존재를 감각기능과 감각대상이라는 인식 기준으로 분류한 것이다.

이때에 모든 존재가 인간에 의해서 구분된다는 것이 치유적 함의를 가진다. 인간을 넘어선 기준에 따른 분류라고 한다면, 그 기준은 인간에 의해서 변화가 가능하지 않게 된다. 즉 그 기준에 따라서는 치유가 불가능할 수 있다. 그러나 인간을 기준으로 존재가 분류되면 인간에 의해서 변화가 가능하게 된다. 변화가 가능하다는 근본적인 전제 위에, 인간에 의해서 변화가 가능하다는 것으로 나아가게 되는 것이다. 이러한 감각기능과 그 대상에 의한 분류는 인간이라면 보편적으로 가능한 분류이다. 인간을 떠난 분류라고 할 때는 분류 기준에 문제를 제시할 수 있지만, 감각기능에 의한 분류이기에 보편적인 존재의 분류가 가능하다. 즉 모든 이에 의해서 존재가 분류 가능한 것이다. 인간에 의한 치유 가능성이 제시되는 것이다.

2) 매순간 생멸하는 세계

십이처라는 처(處)의 영역에서 계(界)가 펼쳐진다. 세계 가운데 세(世)는 시간을 말하고 계(界)는 공간을 말한다. 세는 과거, 현재, 미래를 말한다. 삼세(三世)는 현재를 중심으로 이전과 이후를 말하는 것으로, 현재를 중심으로 하는 상대적인 개념이다. 계는 인간이 감각기능을 통해서 감각대상을 감각함으로써 만들어지는 감각의 세계를 말한다. 이렇게 되면 감각기능의 육계(六界), 감각대상의 육계, 둘이 감각함으로 만들어지는 육계 모두 합쳐서 십팔계(十八界)가 된다. 계는 하나로 통틀어지는 것이 아니라, 이렇게 18가지로 분류하여 볼 수 있다.[11] 그 가운데 정신적인 감각기능에 의해서 만들어진 세계인 의식계(意識界)

---

11 불교의 인식과 관련해서는 다음을 참조할 수 있다. Jayatilleke, K.N.(2010); 이종 철(1999) pp.207-258; 김재권(1998); Bhatt S. R., Mehrotra, Anu(2000); 권서용(20100).

는 그 범위가 가장 광범위하다고 할 수 있다. 정신의 감각기능인 의(意)에 의해서 감각된[識] 계(界)이다. 즉 의(意)와 식(識)에 의해서 만들어진 세계이다. 우리는 매 순간 의(意)에 의해서 형성된, 감각된 계를 만들어 내고 있다. 그때마다 우리는 새로운 계를 만들어 가는 것이다. 이렇게 새로운 계는 매 순간 생멸하므로, 과거, 현재, 미래의 삼세(三世)에 걸쳐서 만들어지게 된다. 이렇게 모든 감각기능에 의해서 감각대상을 감각하는 것이 매 순간 생멸하면서 이어지는 것이 세계(世界)가 되는 것이다.

　고정불변의 세계가 있고, 그 안에서 인간이 살아가는 것이 아니다. 세계는 인간에 의해서 만들어진다. 나아가서는 모든 유정물이 감각기능을 통해서 감각대상을 인식하면 계(界)가 만들어지게 된다. 이렇게 되면 세계는 인간만의 세계가 있는 것이 아니라 모든 유정물에게 세계가 존재하게 된다. 일수사견(一水四見)라는 말이 성립하게 된다.[12] 나아가서는 육도(六道)의 세계가 성립하게 된다. 이는 감각하는 세계가 어떤 세계인지를 대표적으로 여섯 가지 세계[六道]로 표현한 것이다. 우리가 매 순간 세계를 감각하고, 창조하는 것처럼 이렇게 감각하고 창조하는 세계를 대표하는 것이 육도이다. 또한 보시와 지계로 인해서 천상계를 창조하는 방법을 제시하고, 아미타불을 염불하는 방법을 통

12　효도 가즈오, 김명우·이상우 옮김(2011) pp.100-120. 유식20송에 기반한 세계관, 현대의 양자역학적 세계관의 단초를 불교의 처계에 기반한 세계관에서 볼 수 있다.

해서 정토(淨土)로 나아가는 것을 제시하는 것도 동일한 맥락이라고 할 수 있다.

육도, 천상계, 정토 등의 세계를 감각하고, 창조하는 것은 위와 같은 세계관을 가지고 있기 때문에 가능한 것이다. 감각기능을 통해서 감각 대상을 어떠한 방식으로 감각하는가에 따라서 창조되는 계가 달라지기 때문에 육도, 천상계, 정토 등의 세계를 감각할 수 있다. 수행적으로는 색계사선, 사무색정을 성취함으로 인해서 그 계를 창조하게 되는 것이다. 이처럼 불교에서 다양한 세계가 존재하게 되는 것은 이러한 방식으로 세계관이 성립하기 때문이다.

이렇게 되면 이러한 세계관으로부터 불교심리치료적 함의를 도출할 수 있게 된다. 우리가 어떤 세계를 감각할지는 우리의 선택에 달려 있다. 이는 인간의 자유의지를 존중하는 것이다. 한편 각각의 세계를 감각하고자 할 때, 그 방법론에 대해서도 각각으로 기술할 수 있다. 괴로움에서 벗어나고자 하는 것을 목표로 한다면, 예토에서 정토로 나아가는 방법론을 취할 것이고, 선정수행을 통해서 성취하는 선정의 단계에 따라서 육도 가운데 해당되는 천상의 세계를 감각하게 될 것이고, 이러한 윤회 자체를 벗어나고 싶어 할 경우에는 붓다가 제시한 출세간의 방법론을 취하면 될 것이다.

불교에서는 다양한 세계가 인간의 감각에 의해서 매 순간 펼쳐지게 된다. 이러한 세계가 펼쳐지는 것은 근본 원인인 감각이라고 할 수 있는 일종의 마음에서 시작한다. 이처럼 세계는 불교의 존재론인 담마로지, 법론에서 출발하고, 법의 특징을 전제하는 가운데 세계는 감각에 의해서 매 순간, 무진하게 펼쳐지게 된다는 것을 볼 수 있다. 자신에 의해서 세계가 다양하게 펼쳐질 수 있다는 것을 알게 되면, 자신이 세계를 펼쳐나갈 수 있는 근원적 가능성을 개시하고 있다는 것을 알게 되고, 이를 실현하게 된다.

불교적 관점에서 세계는 감각기능과 감각대상에 의해서 생성되고, 그다음 순간 새로운 식이 생성되는, 즉 식의 생멸을 말한다. 그러므로 불교의 세계는 생멸하는 식의 세계이다. 여기서 심리치료적 함의를 볼 수 있다. 결국 세계는 인간의 감각기능과 그 대상에 의한 세계이고, 식(識)의 세계가 된다. 결국에는 식(識)에 의한 세계이다. 이렇게 되면 식(識)이 우선이 되고, 식이 대부분을 차지한다. 육근, 육경, 육식에서 의-법-식(意-法-識)에 의한 세계가 가장 많은 분량을 차지하게 된다. 의-법-식이 하나의 세계로 등장하는 것이 중요하다. 의-법-식에 의한 정신 현상이 매 순간 발현되는 것이 하나의 세계가 된다. 안이비설신(眼耳鼻舌身)이라는 외부적 대상뿐만 아니라 내부적 대상도 동등한 자격을 가진 하나의 세계라는 것이 중요하다. 매 순간 개현되는 식 자체가 하나의 세계이므로, 매 순간 식(識)을 내는 것이 중요해진다. 단순하게 하나의 생각을 내는 것이 아니라, 하나의 세계가 창조되는 것이다. 매 순간 내는 한 생각, 한 생각이 중요해진다. 정신적 요소가 강조된다. 물질적 요소와 정신적 요소가 동등한 지위를 가지고 있지만, 계에서는 정신적 요소가 훨씬 강조되고 있다. 나아가서는 식일원론(識一元論)으로 나아간다. 왜냐하면 일체의 분류에 의해서 개현되는 세계가 모두 식(識)의 세계이기 때문이다. 이렇게 되면 식을 어떻게 다루는가가 문제가 된다.

이 때문에 육근(六根), 즉 여섯 가지 감각기능이 중요해진다. 여섯 가지 감각기능을 통해서 감각대상을 감각할 때 어떠한 방식으로 감각하는가에 따라서 감각할 수 있는 세계가 달라진다. 육근이 청정으로 나아가는지, 번뇌로 나아가는지가 핵심이 된다. 육근은 감각기능이므로, 감각기능에서의 청정과 번뇌가 관건이 된다. 이는 무아로 나아가는 방법이면서 동시에 보고, 듣고, 생각하는 것에서 탐진치의 왜곡으로 나아가는 방법이다. 육근은 인간에 의한 것이므로, 인간에 의해서 청정으로 나아갈 수도, 번뇌로 나아갈 수도 있다. 즉 모든 번뇌의 유무는 각자에게 달려 있는 것이다. 각자의 감각기능의 문제가 된다.

세계는 존재와 구분된다. 존재를 인식함으로 인해서 세계가 개현되는 것이다. 인식에 의해서 세계가 발생하는 것이다. 인식과 세계는 불가분의 관계를 가지게 된다. 생멸하는 존재가 운동의 법칙인 연기와 불가분의 관계를 가지듯이, 인식에 의해서 세계가 생멸하므로 인식과 세계는 불가분의 관계를 가진다. 존재와 연기는, 붓다도 발견했다고 할 만큼, 원래의 모습일 뿐이지만, 인식과 세계는 인식주체의 인식이 개입된다. 인식주체의 감각기능에 의해서 각각의 세계가 개현하게 된다. 여기서 한 걸음 더 나아가서 인식주체 가운데 인간의 인식과 지향이 개입되면, 진리론으로 나아가게 된다. 붓다는 인간의 진리를 말한다. 존재, 인식, 진리는 순서적으로 전자로 나아갈수록 범위가 넓어지고, 후자로 나아갈수록 인간의 관점으로 수렴한다.

3. 진리와 인간

1) 사성제에 기반한 진리론

불교에서 대표적인 진리인 사성제는 네 가지 고귀한 진리(四聖諦, Four Noble Truth) 또는 네 가지 성자의 진리로 번역된다.[13] 성(聖, ariya) 즉 '아리야'를 '고귀한', '성자의'로 번역한 것이다. 전자로 번역할 경우에는 붓다가 발견한 고귀한 진리는 유위법은 괴로운 것이고, 무위법은 괴로움에서 벗어난다는 것이다. 그리고 괴로움에는 연기의 법칙에 따라서 원인이 있고, 이 원인이 집(集)이라는 것을 발견한 것이다. 집을 없앰으로써 유위법은 무위법으로 나아가고 괴로움은 소멸된다는 것, 유위법에서 무위법으로 나아가는 방법이 있다는 것을 발견한 것이다. 이러한 고집멸도 자체가 붓다가 발견한 성스러운 진리, 성자가 발견한 진리라는 의미이다. 여기에서 '모든 유위법은 괴롭다'는 사실 자체는 진리이다. 이러한 의미에서 '고귀한 진리'이고, 붓다라는 '성자가 발견한 진리'이다.

이와는 달리 '모든 유위법은 괴롭다'는 명제적 진리가 아니라 '괴로움'이라는 유위법 자체만을 고성제로 파악할 경우에는 고(苦)는 성자의 영역이 아닌, 범부의 영역이므로 '고귀한'이라는 용어를 사용할 수 없다는 것이다. 이렇게 될 경우에는 '고귀한 진리'가 아니라 '성자가

---

13 사성제에 대한 연구로는 다음이 있다. 福原亮嚴(1972); 일묵(2020); Anderson, C. S.(1999).

발견한 진리'로 사성제를 해석해야 한다는 것이다.[14]

이러한 해석이 나오게 된 배경에는 네 가지 고귀한 진리 가운데 첫 번째 고귀한 진리인 고성제(苦聖諦)에 대한 이해가 있다. '고' 자체는 세간적인 것이므로 이는 '고귀한 것'과 연관이 없는 것이다. 그러므로 '고'를 고귀하다고 할 수는 없고, '고'는 성자에 의해서 발견되는 진리라는 의미로 사용된다. 예를 들어 손바닥 위의 눈썹은 괴로움이 아니지만, 눈 속으로 들어가면 괴로움이 된다. 이처럼 동일한 괴로움이라고 할지라도, 어디에 있는지에 따라서 고통이 될 수도 있고, 아닐 수도 있다. 성인에게 있어서 고는 고성제가 된다는 것이다. 이처럼 모든 존재를 괴로움으로 볼 수 있는 것[五陰盛苦]은 성인의 마음에 의해서 가능하기 때문에 '성인이 파악한'이라는 자격으로 해석하게 된다. 이렇게 되면 모든 것은 괴로움, 즉 제행개고이지만 이를 '개고'로 파악할 수 있는 사람은 성인뿐이라는 것이다.

만약 고성제에서 '고'의 주어가 '유위법'이 되면 '모든 유위법은 괴롭다'는 것 자체는 일체개고로 삼법인의 하나가 된다. '모든 유위법은 괴롭다'는 것 자체는 고귀한 진리가 되고, 이러한 법의 특징은 성자만이 발견할 수 있으므로 성자가 발견한 진리도 될 수 있다. 즉 두 가지 해석의 차이는 고를 어떻게 해석하는지에 달려 있다고 할 수 있다. 고를 유위법 자체로 해석할 경우에는 '성자가 발견한'으로 해석할 수

---

14   이종철(1998) pp.245-305; 권오민 옮김(2002).

있고, 고의 주어를 유위법으로 해석할 경우에는 '성자가 발견한'과 '고귀한'이라는 두 가지 해석이 모두 가능하게 된다.

이러한 해석과 더불어 제3의 해석이 가능하다. '고귀한'을 '고귀함으로', '성자의'를 '성자로'로 해석할 수 있다. '고귀함으로 나아가는 진리', '성자로 나아가는 진리'라는 의미가 된다. 이는 고귀함, 성인을 지향하는 '방향'의 의미로 해석한 것이다. 이렇게 되면 고성제는 '성자로 나아가게 하는 괴로움이라는 진리', '고귀함으로 나아가게 하는 괴로움이라는 진리'가 된다. 인간에게 괴로움은 실재를 거스를 때 발생한다. 담마의 법칙을 따르고 있지 않을 때, 그 마찰력으로 인해서 괴로움을 느끼게 된다. 또한 실재와 부딪힘으로 인해서 괴로움이 발생한다. 이렇게 괴로움이 발생할 때 괴로움은 실재로 나아갈 수 있는 트리거(trigger), 즉 촉발자의 역할을 할 수 있다. 괴로움이라는 신호로 인해서 '실재'로 나아갈 수 있는 계기가 마련된다고 할 수 있다.

우리가 만나는 모든 비실재적인 상황은 우리로 하여금 실재로 나아가게 하는 신호가 될 수 있다. 이는 모든 것이 깨달음의 소재가 될 수 있다는 선어(禪語)와 일치한다고 할 수 있다. 범부인 상태에서 접하는 모든 것은 유위법이고, 이는 모두 괴로움이기 때문에, 이는 모두 진리로 나아갈 수 있는 촉진자이면서 신호라고 할 수 있다.

이렇게 사성제 가운데 고성제를 '성자 또는 고귀함으로 나아가는 괴로움이라는 진리', '성자 또는 고귀함으로 나아가게 하는 괴로움이라는 진리'라는 해석은 불교심리치료와 접목될 수 있다. 이렇게 해석하면, 불교심리치료에서 괴로움은 단순하게 제거해야 하는 부정적인 것이 아니게 된다. 괴로움은 새로운 방향성을 보여주는 하나의 신호로서 긍정적인 기능을 하게 된다. 지금 당장의 괴로움으로 인해서 화살을 뽑는 것이 중요하지만, 그만큼이나 중요한 것이 이로 인해서 우리가 진리로 나아갈 수 있는 토대가 마련된다는 것이다. 사성제에서 고성제 다음의 삼성제로 나아가게 하는 촉진자의 역할을 하는 것이 괴로움이다. 이는 붓다도 자신과 타인의 생로병사라는 괴로움으로 인해서 진리로 나아가는 길로 접어들게 되는 것과 궤를 같이한다. 괴로움은 괴로움 자체로 있는 것이 아니라, 진리로 나아가게 하는 동력이 된다.

불교에서 진리는 단순히 객관적인 진리의 개념이 아니라, 성인 또는 고귀함이라는 지향점을 가진 진리를 말한다. 이렇게 되면 진리는 인간의 진리가 된다. 범부인 인간이 지향해야 할 목표로서 성인의 진리를 말한다. 그러므로 진리는 목표와 연관되어 있는 진리이다. 목표와 연관이 없는 진리 자체는 이미 법론에서 논의하였기 때문에, 사성제의 진리는 인간의 진리를 말하는 것이 된다. 진리라는 말 자체가 기준을 가지고 있는 용어이므로, 인간이 추구해야 할 기준으로서 '성인(聖人)'이라는 기준을 제시하는 것이다. 성인이라는 지향점, 목표에 부합하는 것은 진리가 되고, 이에 부합하지 않는 것은 비진리가 되는 것이다. '성인으로 나아가는 진리'에서는 성인에 부합하는 것은 모두 진리가 된다. 성인의 상태가 진리인 것은 당연한 것이고, 성인의 상태로 나아가게 하는 방법도 진리가 된다. 게다가 성인으로 나아가게 하는 유발자로서의 괴로움도 진리가 되고, 성인으로 나아가게 하는 괴로움을 발생시키는 원인까지도 진리가 된다. 진리의 포괄범위가 멸도고집(滅

道苦集)의 순서로 점점 확장되고 있다.

또한 사성제의 고집멸도 각각은 괴로움이라는 현상, 원인, 원인의 제거를 통해서 추구하는 목적, 그 방법을 말한다. 이는 각각을 현상론 (phenomenology), 원인론(aitiology), 목적론(teleology), 방법론(methodology) 이라고 할 수 있다. 이들 각각은 하나의 학문영역으로 불릴 만큼 범위가 넓지만, 이를 진리라는 이름으로 포괄하고 있다. 이러한 의미에서 사성제는 포괄적인 진리 개념을 가지고 있다고 할 수 있다. 사성제는 포괄론적 진리(inclusiveness theory of truth)라고 할 수 있다.

진리라는 용어 자체는 서구적 관점에서는 두 가지로 사용된다. 어떤 것과 다른 어떤 것이 부합할 때 진리라고 하고, 어떤 것이 자체적으로 정합적일 때 진리라고 한다. 전자는 어떤 것과 어떤 것이 부합한다, 대응한다는 의미에서 대응론적 진리(correspondence theory of truth)라고 하고, 후자는 어떤 것이 자체적으로 논리적이고 합리적이라는 의미에서 정합론적 진리(coherence theory of truth)라고 한다.[15] 불교의 진리는 우선 사실에 부합한다. 고멸(苦滅)이라는 현상은 붓다가 발견한 사실이고 실재한다. 이러한 의미에서 대응론적 진리에 해당한다. 고와 집이 결과와 원인이라는 점, 멸과 도가 목표와 방법이라는 점은 인과적인 관계, 정합적인 관계를 형성한다는 의미에서 정합론적 진리이다.

그리고 고집멸도가 현상, 원인, 목표, 방법으로 연결되어 있고 이는

---

15   한상기(2014) pp.465-487.

목표를 지향하는 형태로 이루어져 있다. 멸이라는 목표를 실현하는 것이 궁극적인 것이 된다. 목표를 실현하는 것이 진리라는 것이다. 아직 목표로 남아있는 것이 현실화되는 것, 실현되는 것, 존재하게 되는 것이 진리라는 것이다. 이는 '존재'라는 어근에 '진리(sacca)'라는 의미가 포함되어 있는 것과 연관이 있다.[16] 아직 현실화되지 않은 것을 현실화하는 것, 실현되지 않는 것을 실현하는 것, 존재하지 않은 것을 존재하게 하는 것이 진리가 된다. 이를 실현론적 진리(realization theory of truth)라고 할 수 있을 것이다. 이는 진리가 가지는 어원적 의미와 연관된 진리라고 할 수 있다. 이 네 번째 진리론와 첫 번째 진리론, 즉 실현론적 진리와 포괄론적 진리 개념은 불교의 고유한 진리론이라고 할 수 있을 것이다. 서양철학에서도 제시되고 있는 '있는 것은 있고, 없는 것은 없다'는 대응론적 진리에서 출발하여, 있는 것의 원인을 제시하고, 없는 것을 있게 하는 방법을 제시한다는 정합론적 진리를 거쳐서, 없는 것을 있게 하는 실현론적 진리로 나아가게 된다. 진리의 촉발자(trigger)로서 괴로움을 제시한다면, 진리의 실현자(realizer)로서 제시되고 있는 것이 성인 또는 고귀함이다.

2) 기능적 인간과 가능적 인간

사성제의 진리는 존재의 진리를 포함하면서 인간의 진리까지를 말

---

16 水野弘元(2004), pp.323-324; 이노우에 위마라, 카사이 켄타, 카토 히로키 편, 윤희조 역(2017) p.7.

하고 있다. 사성제는 네 가지 측면, 현상론, 원인론, 목적론, 방법론에서 진리를 파악한다. 현상론은 지금의 현실을 고(苦)로 규정하고 있다. 이는 삼법인에서 유위법은 '무상하므로 고이다'에서의 고(苦)와 같은 것이다. 인간의 모든 유위법은 '고'라는 현상, 현실을 가진다는 것이다. 이것이 유위법에 대한 진실이고 진리이고 사실이고 현실이다.

고라는 현상은 모든 인간에게 적용되는 현실이다. 고(苦)를 어원적 관점에서 보면 '바퀴살이 제대로 깎이지 않은 바퀴가 제대로 굴러가지 않는 상태'를 말한다. 이렇게 모든 유위법이 제대로 기능하지 않는 상태를 고라고 한다. 인간도 또한 고라는 것은 기능이 제대로 작동하지 않는다는 의미다. 이는 인간을 기능적 존재로 보기 때문에 가능한 현상 파악이라고 할 수 있다. 인식론에서는 인간의 기능을 감각기능에 초점을 맞추고 있었다. 사성제에서는 이러한 감각기능을 포함한 인간의 전반적인 기능불량을 이야기하고 있다. 고성제에서 인간은 기능적 존재(functional being)라고 할 수 있다.

이러한 기능적 존재의 기능불량의 원인을 제거함으로 새로운 현실에 도달하게 된다. 새로운 현실로서 멸은 '잘 기능하는 상태'라고 할 수 있다. 이는 기능이 잘 발휘되는 것을 방해하는 장애로서 번뇌가 제거된 상태를 말하는 것이다. 이러한 장애가 제거된 상태에서 새로운 현실이 드러나게 된다. 이러한 새로운 현실은 현상을 기술하는 상태가 아니라, 기능이 도달하고자 하는 하나의 목표를 제시하는 것이다. 잘 기능하는 상태를 목표로 제시하고 있는 것이다. 이러한 상태를 실현하는 것(realization)을 인간의 목적으로 제출하고 있는 것이다. 이러한 관점에서 인간을 볼 경우 인간은 가능적 존재(potential being)가 된다. 이러한 목표를 실현할 수 있는 가능적 존재가 된다.

고와 멸은 현재의 현실, 새로운 현실로서 두 가지 현실을 제시한다. 이들 각각의 현실에 따라서 기능적 인간, 가능적 인간이라는 두 가지 인간관을 제시할 수 있는 것이다. 인식론에서는 인식하는 존재, 선택하는 존재라는 인식주체에 대한 관점이 가능하다. 인식론에서는 아직 인간 만에 대한 논의가 아니기 때문에 인식하는 존재, 선택하는 존재는 인식주체 전반에 적용될 수 있다. 인식주체를 인간으로 제한할 경우에는 기능적 존재, 가능적 존재로 볼 수 있을 것이다. 이러한 인식론이 진리론으로 나아가면서 더 구체적으로 기능적 존재, 가능적 존재로 인간을 범주화하게 된다.

4. 불교심리치료적 함의

우선 존재, 인식, 진리라는 키워드를 통해서 불교철학적 주제의 위계를 볼 수 있다. 가장 포괄적인 존재(ontology), 인식이 개입된 존재(epistemized ontology), 인간의 인식이 개입된 존재(human epistemized ontology)라는 순으로 범위가 인간중심으로 좁혀져 나아간다. 이는 붓다가 자신의 문제의식에서 출발하였고, 존재의 법칙까지를 발견한 과정을 보여주는 것이다. 그리고 존재는 연기, 인식은 세계, 진리는 인간론이 함께하는 것을 볼 수 있다.

자신의 괴로움의 해결이라는 관점에서, 치유라는 관점에서 보면 생멸하는 존재, 즉 무상은 치유의 가능성을 보여주고, 무아는 치유의 가능성의 근거를 보여준다. 또한 모든 법이 무아적 특징을 가지고 있다는 것은 모든 법이 무아로 나아갈 수 있다는 치유의 지향점도 제시하는 것이라고 할 수 있다. 치유의 관점에서 볼 때, 존재론에서 이미 치유의 가능성, 치유의 가능근거, 치유의 지향점을 제시하고 있다. 존재, 인식, 진리로 논의가 진행되면서, 이러한 존재론의 특징 위에 세부적인 치유적 함의가 추가되는 것을 볼 수 있다. 근원적인 관점은 이미 존재론적 논의에서 드러나고 이후에 세부적인 항목이 더해진다.

이러한 존재는 인식을 통해서 세(世)와 계(界)가 생멸하면서 개현된다. 감각기능에 따라서 계는 열여덟 가지로 분류되지만 각각의 계는 존재론적 특징에 따라서 매 순간 생멸한다. 매 순간 수많은 세계가 생멸하는 것이다. 인식론에서는 인식이 중요성을 가지게 된다. 존재론적 함축을 전제로 인식론적 함축이 더해진다. 인식에 의해서 세계가 개현되므로 어떤 세계를 개현할 것인지는 인식주체의 책임이 되고, 존재론적인 치유지향점인 무아로 나아가기 위해서는 인식의 육근청정 또는 육근번뇌가 등장하게 된다.

인식주체가 인간으로 확정되면서 진리의 담지자는 성자가 되고, 진리의 지향점은 고귀함이 된다. 사성제 가운데 고성제와 멸성제는 존재론적 특징과 부합한다. '유위법은 괴롭다', '무위법은 청정하다'는 존재론적 특징을 기반으로 유위법 발생의 원인론과 무위법 성취의 방법론을 제시한다. 존재론적 특징 자체를 제시하는 것은 실재와 대응하기 때문에 대응적 진리라고 할 수 있고, 원인론과 방법론은 자체적인 정합성으로 인해서 정합적 진리라고 할 수 있고, 사성제 전체가 멸성제라는 지향점의 실현을 위한 구도로 되어 있다는 측면에서 실현적 진리라고 할 수 있다. 나아가 사성제는 현상론, 원인론, 목적론, 방법론 네 가지 각각이 하나의 학문 영역이라고 할 수 있을 정도로 포괄적 진리라고 할 수 있다. 앞의 두 가지는 서구의 전통적인 진리론이라면, 후자의 두 가지는 불교 고유의 진리론이라고 할 수 있다.

존재, 인식, 진리로 나아갈수록 심리치유적 함축이 추가된다. 마지막의 진리론에서는 가장 많은 함축을 볼 수 있다. 고성제와 멸성제는 존재론적 특징 자체를 말하고 있다. 고성제의 해석에 있어서 '고'를 괴로움이라는 유위법 자체로 볼 경우, '성자에 의해서 발견되는' 괴로움이라는 진리로 해석된다. '고'의 주어를 유위법으로 볼 경우, '유위법은 괴롭다'는 고귀한 진리, 성자가 발견한 진리로 해석된다. 후자의 해석이 '고귀한'과 '성자가 발견한'이라는 두 가지 해석이 모두 가능하다는 점에서 포괄적이지만, '고성제'라는 용어 자체에서 '유위법'을 주어로 찾을 수 있는 근거 제시가 어렵다는 난점이 있다. 하지만 존재, 인식, 진리의 위계를 인정하면, 일체개고 또는 제행개고라는 존재적 특징이 진리론에도 적용될 수 있으므로, 고성제의 '고'를 일체개고 또는 제행개고로 해석할 수 있는 여지가 생긴다.

세 번째 해석인 고성제의 '성'을 '성자로'로 해석하는 것은 지향점을 기반으로 해석한 것이다. 이 해석은 '고귀한', '성자의'를 구분할 필요가 없다. '괴로움이라는 성자로 나아가는 진리' 또는 '성자로 나아가는 괴로움이라는 진리', '괴로움이라는 고귀함으로 나아가는 진리' 또는 '고귀함으로 나아가는 괴로움이라는 진리'로 해석할 수 있다. 이 해석에 의하면 괴로움은 단순히 '범부의 것', '성자가 발견할 수 있는 것'에 머물지 않고 치유적 함의를 가지게 된다. 이는 '치유의 사성제'라고 할 수 있고, 붓다가 추구한 문제의식에도 부합하는 진리론이라고 할 수 있다. 이 해석은 존재론에서부터 볼 수 있는 치유적 관점을 이어받고 있다고 할 수 있다. 존재론이 보여주고 있는 치유의 가능성, 치유의 가능 근거, 치유의 지향점에 더해서 '치유의 출발점'으로서 '고'를 제시하고 있다고 할 수 있다. 범부와 성자의 구분에 중점을 두기보다는 '범부에서 성자로 나아가는 것' 자체에 중점을 두고 있는 지향적 해석이라고 할 수 있다. 이러한 지향적 해석은 실현적 진리와 맥락을 같이한다. 범부에서 성자로 나아가는 것을 지향함으로써 멸성제의 실현으로 나아가는 것이 된다.

사성제가 보여주는 두 가지 현실, 즉 고와 멸은 각각 인간관을 보여준다. 고를 어원에서 보면, 제대로 기능하지 못하는 상태를 의미하므로, 모든 유위법, 그 가운데서도 인간의 상태를 고로 본다는 것은 인간을 기능적 존재로 보는 것을 의미한다. 기능이 잘 작동하지 못하는 존재로 보는 것이다. 기능이 잘 작동하든, 제대로 작동하지 못하든 인간을 기능적 관점에서 보기 때문에 고와 멸의 현실이 있는 것이다. 기능이 제대로 작동하지 못하는 인간의 현실을 고라고 한다면, 제대로 작동하는 현실은 제대로 작동하는 것을 방해하는 장애를 없앤 멸의 상태가 된다. 동시에 인간은 멸로 나아가는 것을 목표로 지향하는 가능적 존재이다. 진리는 목표를 가지므로 목표를 지향하는 인간으로서 가능성 추구의 존재라고 할 수 있다. 두 가지 인간론은 진리론뿐만 아니라 인식론에서도 그 단초를 볼 수 있다. 인식이라는 기능의 관점에서 인이비설신의 라고 하는 여섯 가지 감각기능이 기능하는 존재로 인간을 인식주체로 본 것이고, 이러한 인식에 의해서 만들어지는 세계를 자유의지로 할 수 있다고 할 때, 인간은 선택적 존재이면서 가능적 존재이다. 인식에 의한 계의 선택을 통해서 인간은 가능성을 발현하는 존재이다. 인식론에서 바라본 인간은 감각기능의 청정을 통한 계의 현현이 치유의 방향성이 될 것이다. 그 선택이 청정으로 갈 수도 있고, 번뇌로 갈 수도 있듯이, 진리론에서 인간은 고의 현실에 머물 수도 있고, 멸의 현실에 머물 수도 있다. 인간론 자체에서 이미 심리치료적 함축이 나온다. 기능적 존재이므로 잘 기능하는 것이 치유적 방향이 되고, 가능적 존재이므로 가능성을 실현하는 것이 치유적 방향이 된다.

본 장은 불교철학의 주제를 존재, 인식, 진리를 중심으로 살펴봄과 동시에 그들이 가지는 불교심리치료적 함의에 대해서 살펴보고 있다. 불교의 존재론인 법론이 이후의 불교심리치료까지 영향을 미치는 것을 볼 수 있다. 그리고 인간의 감각기관의 감각기능을 처계로 분류하는 인식의 분류법은 그 어떤 분류법보다 강력한 분류법으로, 보편성과 고유성을 함께 가지고 있는 분류법이라고 할 수 있다. 이러한 인식을 통해서 매 순간 세계가 현현하는 것을 볼 수 있다. 그리고 인식의 중요성을 육근청정과 육근번뇌를 통해서 볼 수 있다.

무엇보다 진리에 있어서 사성제를 대응적 진리, 정합적 진리와 함께 실현적 진리와 포괄적 진리의 측면을 가지고 있다는 것을 논의한 것은 성과라고 할 수 있다. 또 하나의 성과는 사성제에서 '성'을 '고귀한', '성자의'라는 해석과 함께 '성자로'라는 지향적 해석을 추가한 것이라고 할 수 있다. 그리고 존재와 연기, 인식과 세계, 진리와 인간이라는 상응하는 개념을 찾은 것도 성과라고 할 수 있다. 상하와 동등의 위계를 자리매김함으로써 불교철학적 주제의 명료화를 시도한 것도 성과일 것이다. 이를 통해서 불교철학의 존재론인 법론에서부터 진리론까지를 존재론이 가지는 특징과 치유적 함의에 따라서 하나의 관점으로 일관되게 해석할 수 있었다는 것도 성과로 볼 수 있을 것이다.

참고문헌

S = *Saṃyutta-Nikāya*, ed. M.L. Feer, London: PTS, 1884-1904.

권서용(2010), 『다르마키르티와 불교인식론』, 서울: 그린비.

권오민 옮김(2002), 『구사론』, 서울: 동국역경원.

김재권(1998), 「18界 構造로 본 認識現象에 관한 研究」, 서울: 동국대학교 대학원 석사학위논문.

김한상(2014), 「상좌부의 삼상(三相, ti-lakkhaṇa)과 대승의 법인(法印, dharma-uddāna)에 대한 비교연구」, 『보조사상』 41, 서울: 보조사상연구원.

김한상(2019), 「초기 인도불교에서의 제법무아와 열반」, 『인도철학』 56, 서울: 인도철학회.

김홍미(2014), 「고따마 붓다의 정각과 십이연기」, 『불교학연구』 38, 화성: 불교학연구회.

마성스님(2021), 『초기불교사상』, 서울: 팔리문헌연구소.

福原亮嚴(1972), 『四諦論の研究』, 京都: 永田文昌堂.

森 章司(1995), 『仏教教理の研究』, 東京: 東京堂出版.

三枝充悳(2000), 『縁起の思想』, 京都: 法藏館.

水野弘元(2004), 『パーリ語辞典』, 東京: 春秋社.

신경희·윤희조(2022), 「스트레스의학 이론으로 본 둑카와 스트레스」, 『동아시아불교문화』 49, 부산: 동아시아불교문화학회.

신규탁(2013), 「『화엄금사자장』에 나타난 연기 사상」, 『불교문예연구』 창간호, 서울 : 동방문화 대학원대학교 불교문예연구소.

안옥선(2005), 「불교생태학에서 존재 평등의 근거」, 『불교학연구』 10, 화성: 불교학연구회.

위제세케라, 이지수 옮김(2005), 『존재의 세 가지 속성』, 서울: 고요한 소리.

윤희조(2015), 「불교와 수용-전념치료에 대한 재고찰」, 『동서철학연구』 78 호, 대전: 한국동서철학회.

이노우에 위마라·카사이 켄타·카토 히로키 편, 윤희조 역(2017), 『불교심리학사전』, 서울: 씨아이알.

이종철(1998), 「緣起와 苦 – 불교와 형이상학 –」, 『形而上에 대한 동서양의 철학적 접근』, 성남: 한국정신문화연구원.

이종철(1999), 「인식의 生起와 인식주체: 불교와 인식론」, 『동서양의 인식 이론』, 성남: 한국학중앙연구원.

이필원(2015), 「초기불교의 연기이해 – 수행론적 관점에서의 새로운 접근」, 『불교학보』 72, 서울: 동국대학교 불교문화연구원.

일묵(2020), 『사성제』, 서울: 불광출판사.

전재성(1999), 『초기불교의 연기사상』, 서울: 한국빠알리성전협회.

정엄(2005), 「징관의 화엄법계관 – 법계 이해의 세 가지 유형」, 『불교학연구』 12, 화성: 불교학연구회.

최연식(2016), 「한국불교에서의 성기(性起)와 연기(緣起)」, 『불교학보』 74, 서울: 동국대학교 불교문화연구원.

平川彰博士還曆記念会 編(1975), 『仏教における法の研究』, 東京: 春秋社.

한상기(2014), 「토대론 대 정합론 논쟁과 직접적 정당화」, 『동서철학연구』 71, 대전: 한국동서철학회.

효도 가즈오, 김명우·이상우 옮김(2011), 『유식불교, 『유식이십론』을 읽다』, 서울: 예문서원.

Anderson, C. S.(1999), *Pain and Its Ending : The Four Noble Truths in the Theravada Buddhist Canon,* London: Routledge.

Bhatt S. R., Mehrotra, Anu(2000), *Buddhist Epistemology,* Connecticut: Greenwood Press.

Boyd W. James(1986), "Suffering in Theravāda Buddhism", Tiwari N. Kapil (Ed.), *Suffering: Indian Perspectives*, Delhi: Motilal Banarsidass.

Gethin, R.(2004). "He who sees Dhamma sees Dhammas: Dhamma in Early Buddhism", *Journal of Indian Philosophy 32*. Netherland: Kluwer Academic Publishers.

Hayes, C. Steven(2002), "Buddhism and acceptance and commitment therapy", *Cognitive and Behavioral Practice 9*(1), New York: Association for Behavioral and Cognitive Therapies.

Hayes, C. Steven, Strosahl D. Kirk, Wilson G. Kelly(1999), *Acceptance and Commitment Therapy: An Experiential Approach to Behavior Change*, New York: The Guilford Press.

Jayatilleke, K. N.(2010), *Early Buddhist Theory of Knowledge*, New Delhi: Motilal Banarsidass.

Kalupahana, D., Weeraratne, W. G.(1987), *Buddhist Philosophy and Culture*, Sri Lanka: Vidyalankara Press.

Premasiri, P. D.(2006), *Studies in Buddhist Philosophy and Religion*, Sri Lanka: University of Peradeniya.

Ronkin N.(2005), *Early Buddhist Metaphysics*, Oxford: RoutledgeCurzon.

Siderits, M.(2007), *Buddhism as Philosophy*, Indianapolis: Hackett.

2 불교의 깨달음과 의미변화

        종교로서 불교는 붓다의 깨달음이라는 사건을 통해서 성립하게 된다. 깨달음을 성취한 자, 즉 붓다가 존재하고, 깨달음의 내용으로서 법이 존재하고, 이러한 깨달음을 실현하는 타자들, 즉 승가가 존재함으로써 불교라는 하나의 종교가 성립하게 된다. 이를 통해서 불교는 단순히 하나의 사상이 아니라 이론과 실천, 나아가서는 사회조직으로 성립하게 된다. 그러나 이러한 깨달음을 과학적인 방법으로 증명할 수는 없다. 단지 그의 깨달음으로 인해서 그 자신의 삶이 혁명적으로 변하게 되고, 자기 스스로가 그 자신의 말을 증명하게 된다. 즉 스스로가 드러내는 모습을 보게 될 뿐이다.

    그리고 그가 제시한 길을 따라서 실천했을 때 많은 이들이 그와 같은 삶을 살게 된다는 것을 역사적으로 보게 된다. 이러한 변화의 역사를 통해서 붓다의 깨달음에 대한 믿음이 생기게 되고, 나 자신도 그러한 변화를 추구하고 싶다는 의도를 가지고, 앎과 실천을 추구하고 그 사회의 일원이 되게 된다. 이러한 앎은 기존의 이론적인 앎과는 다른 종류의 앎이다. 단순히 인지적 차원의 변화를 추구하는 것이 아니라, 내 삶 전반의 변화를 추구하기 때문에 변화를 요구하는 지평은 광범위해지게 된다. 인식의 차원을 넘어서게 되는 변화를 요구하게 된다. 이는 각자가 바라는 변화가 어떤 지평 위에 있는지에 따라서 달라지는 것이고, 각자의 맥락에 따라서 달라지는 것이라고 할 수 있다. 이러한 변화에 대한 추구의 결과를 불교에서 다양한 용어로 표현하고 있다.

본 장은 붓다의 깨달음이라는 사건을 통해서 깨달음의 의미를 살펴보고자 한다. 깨달음은 맥락에 따라서, 문제의식에 따라서 정의될 수 있음을 보고자 한다. 문제의식이 변화함에 따라서 깨달음을 비롯한 불교의 목적론과 관련된 개념들이 변화하는 것을 볼 수 있다. 열반, 해탈, 연기, 무아, 공이 초기불교에서 대승불교로 나아가면서 내용이 바뀌는 것을 보게 될 것이다. 이에 대한 정확한 이해는 목적을 전제로 하는 모든 방법론적 논의의 토대가 될 수 있다. 예를 들어 불교에서 도성제는 멸성제를 전제로 할 때 의미가 있는 것이다. 방법론은 방법론 그 자체로 성립하지 않기 때문이다. 방법론은 목적론을 내재적으로 포함하고 있는 용어이다. 그러므로 목적론에 대한 정확한 인식은 방법론의 토대가 된다고 할 수 있다. 불교 안에서 목표가 일의적으로 사용되지 않음을 보임으로 인해서 이후의 방법론과 관련된 논의가 명확해지게 된다. 목표의 다의성으로 인해서 이후의 다양한 방법론의 방향성을 명확하게 할 수 있게 될 것이다.

1. 붓다의 깨달음

1) 깨달음의 사건

그날 밤 붓다는 깨달음을 얻었다고 전해진다.[1] 깨달음의 사건은 붓다가 고행을 포기하면서 시작된다. 붓다는 우유죽을 드시고 자리에 앉는다. 그러나 이내 자리를 한 번 옮긴다. 그리고 깨달음을 얻지 않고서는 일어나지 않겠다는 결심을 하고 선정에 든다. 이 선정의 방법은 붓다가 농경제에서 들었던 선정을 기억한 것이다. 붓다는 최고의 선정을 이룬 알랄라깔라마와 웃따까라마뿟따라는 두 스승으로부터 배웠지만, 이 선정을 기억하면서 선정에 든 것이 아니라, 자신이 어릴 때 농경제에서 들었든 선정을 기억하면서 선정에 든다. 여기서 일단 네 가지 점을 살펴볼 수 있다. 먼저 고행을 포기했다는 것이다. 이는 오비구를 만났을 때 붓다가 가장 먼저 한 이야기이기도 하다.[2] 고행도, 선정의 즐거움도 깨달음에 도움이 되지 않았기 때문에 포기한 것이다. 두 번째와 세 번째는 우유죽을 드시고 자리를 옮겼다는 것이다. 깨달음에 몸의 기력과 자리도 중요하다. 네 번째로 깨달음으로 이끄는 선정이

---

1   깨달음과 관련된 단행본으로는 다음이 있다. 김호성 엮음(1992); 정준영, 김호귀, 박태원, 성해영, 윤호균(2014); 불교학연구회 지음(2018); 신규탁 외 지음(2013); 日本仏教学会編(1979). 이들 저서는 불교의 각 분야에서 주장하는 깨달음을 논의하고 있다. 본 장과 같이 깨달음의 의미가 변화할 수 있고, 그 변화의 근거를 제시할 수 있는 거시적 관점에서 다루고 있지는 않다. 이처럼 분야별로 깨달음에 관한 논의를 진행하는 것은 본 장이 주장하는 깨달음의 의미가 변화할 수 있다는 것을 보여주고 있는 것이라고 할 수 있다.

2   『마하박가-율장대품』 p.104.

따로 있을 수 있다는 것이다. 두 스승으로부터 배운 팔선정, 구선정이라는 최고의 선정이 깨달음으로 나아가게 하는 것이 아니라, 농경제때 들었던 초선의 경험이 깨달음으로 나아가게 한 것이다. 깨달음의과정은 마라로 대표되는 탐진치의 소멸이다. 마라는 공포와 애욕을불러일으키려 하지만 붓다는 매번 마라 빠삐만과 그 딸을 알아차리고,탐진치를 매번 소멸한다. 깨달음 이후에도 붓다는 선정에 머문다. 이러한 과정을 붓다는 지속적으로 유지한다. 깨달음의 과정에서 붓다에게 이제까지 한 번도 경험해보지 못한 생각, 즉 연기가 떠오른다. 이는깨달음의 내용이기도 하다. 붓다는 깨달음이라는 사건을 통해서 이제까지 한 번도 경험해 보지 못한 변화를 경험한다.

깨달음의 내용인 연기는 붓다의 문제의식과 맞닿아 있다. 연기는생로병사우비고뇌라는 괴로움으로부터 시작한다. 이러한 괴로움을 해결하기 위해서 붓다는 유→취→애→수→촉→육입→명색→식→행→무명으로 원인을 찾아간다. 괴로움의 원인에는 집착이 있고,그 집착은 좋아하는 것이 원인이 되고, 좋아하는 것은 느낌이 원인이된다. 느낌은 접촉에 의해서 발생하고, 이러한 접촉은 감각기관에서생기고, 이러한 감각기관이 기능하기 위해서는 몸과 마음이 있어야되고, 몸과 마음은 지금 활동하고 있는 식이 있어야 가능하고, 식은또한 다양한 활동을 가지고 있다. 이러한 다양한 활동은 무지로 인해서 발생하게 된다. 이처럼 붓다는 자신이 깨달은 내용을 반추해 본다.붓다는 이를 21일 동안 철저하게 살펴본다. 『율장』에서 붓다는 '위없이 바르고 원만한 깨달음'을 얻은 직후에 연기를 순관·역관한다. 무명으로부터 연기의 나머지 각지가 생하고, 무명이 소멸하면서 나머지 각지가 멸하는 과정을 본다. 아무리 봐도 자신이 깨달은 것은 이것이라는 것을 철저히 인식한다. 연기의 마지막 각지인 무명(無明)은 사성제에 대해서 무지한 것을 말한다. 괴로움의 궁극적인 원인의 자리에 사성제에 대한 무지가 놓여 있다. 붓다의 깨달음의 내용이 연기라고 할지라도, 연기 안에 사성제가 포함되어 있는 것을 볼 수 있다. 그러므로 붓다의 깨달음의 내용을 연기 또는 사성제로 볼 수 있다. 사성제에 대한 무지[無明]는 괴로움의 원인이 되고, 반대로 사성제에 대한 앎[明]은 괴로움을 제거하는 원인이 된다. 동일한 연기, 사성제가 괴로움의 원인이 되기도 하고, 괴로움의 해결책이 되기도 한다. 즉 괴로움의 발생과정과 소멸과정에 대한 인식이 없이는 괴로움에서 벗어날 수 없다는 것이다.

붓다는 첫 설법에서 중도, 팔정도를 설명하고 사성제를 설명한다. "네 가지 거룩한 진리에 대하여 나의 앎과 봄이 세 번 굴린 열두 가지 형태[三轉十二行相]로 있는 그대로 완전히 청정하였기 때문에 나는 위없이 바르고 원만한 깨달음을 바르게 원만히 깨달았다고 선언했다."고 한다. '사성제에 대한 나의 앎과 봄, 즉 지견(知見)을 삼전(三轉)한 경우에 무상정등각을 정등각한다'고 선언할 수 있다고 한다.[3] 고성제에 대해서는 '이것은 고성제이다', '이 고성제는 상세히 알려져야 한

---

3 『마하박가-율장대품』 p.107.

다', '이 고성제는 상세히 알려졌다'는 삼전이 있고, 집성제에 대해서는 '이것은 집성제이다', '이 집성제는 제거되어야 한다', '이 집성제는 제거되었다'는 삼전이 있고, 멸성제에 대해서는 '이것은 멸성제이다', '이 멸성제는 실현되어야 한다', '이 멸성제는 실현되었다'라는 삼전이 있고, 도성제에 대해서는 '이것은 도성제이다', '이 도성제는 닦여야 한다', '이 도성제는 닦였다'라는 삼전이 있다. 사성제를 삼전십이행상(三轉十二行相)으로 알아야 한다는 것이다.[4] 삼전십이행상은 붓다의 깨달음의 성취과정이라고 할 수 있다. 네 가지 측면에서 세 가지 단계를 거치면서 철저하게 괴로움 자체를 알고, 방법을 통해서 원인을 제거하고, 제거한 결과를 성취한다.

붓다는 사성제를 "이와 같이 '이것이 괴로움의 거룩한 진리이다'라고 예전에 들어보지 못한 것에 관하여 나에게 눈이 생겨났고, 앎이 생겨났고, 지혜가 생겨났고, 명지가 생겨났고, 광명이 생겨났다."[5]라고 설명한다. 고성제를 비롯한 나머지 성제에 대해서도 동일한 정형구가 사용되고 있다. 여기에서 사성제를 깨달았다고 할 때, 그 구체적인 모습이 제시되고 있다. '눈이 생겨났고, 앎이 생겨났고, 지혜가 생겨났고, 명지가 생겨났고, 광명이 생겨났다'는 구절이 깨달음에 대한 구체적인 표현이라고 할 수 있다. '눈이 생겨났고[眼]'는 '보는 눈이 떠진 것'이고, '앎이 생겨났고[智]'는 '알게 된 것'이고, '지혜가 생겨났고[慧]'는 '꿰뚫

---

4 『마하박가-율장대품』 pp.105-107.
5 『마하박가-율장대품』 p.105.

어 알게 된 것'이고, '명지가 생겨났고[明]'는 '그것에 대해서 밝아진 것'이고, '광명이 생겨났다[光]'는 '훤하게 알게 된 것'을 말한다. 점점 더 '속까지 알게 되고, 분명하게 알게 되고, 뚜렷하게 알게 되고, 훤히 알게 되고, 백일하에 알게 되는 것'이다. 이는 붓다의 깨달음의 사건의 마지막이다. 붓다는 안지혜명광(眼智慧明光)을 통해서 이러한 사건이 스스로에게 분명하게 된다.[6] 삼전십이행상 각각에 대해서 안지혜명광(眼智慧明光)으로 알아야 한다는 것이다. 사성제 각각에 대해서 알고, 제거하고, 실현하고, 수행하는 것에 대해서 눈뜨고, 알고, 꿰뚫고, 밝고, 훤해야 한다는 것이다. 사성제에 대해서 네 가지 동사의 행위를 하고, 이 전체에 대해서 안지혜명광을 하는 것이 붓다의 깨달음이라고 할 수 있다. 삼전십이행상을 통해서 괴로움의 원인을 제거하게 되고, 이렇게 제거된 상태를 안지혜명광를 통해서 훤하게 아는 것이 된다. 깨달음은 단순동사가 아니라, 복합동사가 된다.

결국 붓다의 깨달음의 내용은 연기를 통해서 사성제로 나아간다. 그러므로 붓다는 자신의 가장 큰 가르침을 사성제로 보고 있다. 괴로

---

6 자신이 첫 설법을 사명외도 우빠까에게 '나는 일체를 극복한 자, 일체를 아는 자이다. 일체의 사실에 오염되지 않았고, 일체가 버려졌고 갈애가 부수어져 해탈되었다. 스스로 곧바로 알았으니 누구를 스승으로 삼으랴? 나에게는 스승도 없고 그와 유사한 것도 없고 천상과 인간의 세계에서 나와 견줄 만한 이 없네. 난 참으로 세상에서 거룩한 님, 위없는 스승이고 유일한, 올바로 원만히 깨달은 자로서 청량한 적멸을 얻었다. 진리의 수레바퀴를 굴리기 위하여 까씨 국으로 가네. 눈먼 세계에서 불사의 북을 두드리리'라고 이야기한다. 이렇게 자신만만하게 이야기할 정도로 붓다는 자신을 철저하게 살펴본 것이다. 『마하박가-율장대품』 pp.101-102.

움의 해결이 붓다의 문제의식이라면, 이를 해결하는 것이 가장 큰 이론이고, 가장 큰 체계일 수밖에 없다. 연기를 통해서 괴로움의 현상과 원인을 알게 되고, 사성제를 통해서 괴로움의 현상과 원인을 포함하면서도 방법론이 추가된다. 사성제의 마지막인 열반은 사성제의 목적론이면서 연기의 목적론이기도 하다. 결국 연기와 사성제는 열반으로 나아간다. 둘 다 괴로움이라는 문제의식을 해결하는 방향으로 나아간다.

여기서 깨달음, 연기, 사성제, 열반의 관계를 볼 수 있다. 연기의 끝에 사성제가 연결되어 있고, 사성제의 끝에 열반이 연결되어 있다. 연기, 사성제, 열반의 순서를 따라서 괴로움이라는 문제의식이 해결되는 과정을 볼 수 있다. 이러한 전체를 붓다의 깨달음, 깨달음의 사건이라고 할 수 있다. 붓다의 깨달음, 깨달음의 사건이라고 부르는 것은 깨달음이 무맥락적이지 않다는 것을 보여주기 위해서이다. 깨달음은 괴로움의 소멸이라는 문제의식하에서 이루어진 사건이다. 붓다의 깨달음의 사건은 문제를 해결한 사건이다. 붓다의 문제의식으로 인해서 이러한 방식의 맥락이 연결된다고 할 수 있다.

붓다의 깨달음이라는 사건으로 인해서 불교는 시작된다. 이 깨달음을 맥락 속에서 보아야 한다. 무전제의 깨달음이 아니라 맥락 속의 깨달음(enlightenment in context)이고, 붓다라는 구체적인 사람에 의한 깨달음(enlightenment in a specific person)이다. 붓다가 깨달음을 추구한 원인이 있고, 그 결과로서 깨달음을 얻게 된다. 붓다가 성취한 깨달음이 보편적인 성격을 가질 수 있다고 할지라도, 깨달음으로 나아가는 과정은 구체적인 맥락 속에 존재한다. 그리고 붓다의 문제의식은 문제의

해결 즉 괴로움의 해결이다. 괴로움의 문제를 해결한 사건을 깨달음이라고 지칭할 수 있다. 깨달음을 맥락 속에서 보아야 한다는 것이 첫 번째라면, 두 번째는 문제의식의 관점에서 보아야 한다는 것이다.

깨달음의 출발점은 붓다의 문제의식이라고 할 수 있다. 어떤 문제의식을 가지는가에 따라서 다른 해결방식이 도출될 수 있기 때문이다. 붓다처럼 괴로움의 해결이라는 문제의식은 괴로움의 원인을 연기관계를 통해서 추적해 나가고, 그 결과 궁극적으로는 사성제에 대한 무지에 이르게 되고, 사성제는 삼전십이행상에 의해서 알아야 하고, 끊어야 하고, 실현해야 하고, 수행해야 하는 것이다. 즉 이 가운데서 앎이 사분의 일을 차지하고 지단증수(知斷證修) 넷이 함께 이루어지고 각각에 대해서 안지혜명광이 이루어질 때, 깨달음이 이루어진다. 이러한 깨달음이라는 동사는 단순한 앎보다 외연이 넓은 동사이다. 이처럼 초기불교에서 붓다의 깨달음은 연기와 사성제에 대한 삼전십이행상과 안지혜명광이 함께 있는 것을 말한다고 할 수 있다. 이러한 깨달음을 '위없이 바르고 원만한 깨달음'이라고 한다.[7]

2) 깨달음의 의미

'깨닫다'는 동사에서 '깨'는 '보다'는 의미가 있고, '닫'은 '말', '의미'를 뜻한다. '깨닫다'는 '말 또는 의미를 이해하다'는 뜻이 된다.[8] 다른

7   『마하박가-율장대품』 p.107.
8   徐廷範(2003) p.111.

사전에서 '씨돋다'는 '깨다'의 옛말인 동사 '씨-'와 "달리다"의 의미를 지닌 동사 '돋-'의 어간이 결합한 비통사적 합성어이다.[9] 여기서 깨닫다는 '깨어서 달리다'는 의미가 된다. 깨어나는 것이 쭉 지속되는 것을 말한다. 산스크리트어 어근 붓(√buddh)은 '깨어나다', '아침에 눈뜨다'는 의미이다. 붓다(buddha)는 깨어난 자, 눈뜬 자를 의미한다. 한자 불(弗)은 삐친 막대기를 곧은 막대기와 묶어서 바르게 한다는 의미가 포함되어 있다. 삐뚤어진 상태에서 바른 상태로의 변화를 말한다. 불(弗)의 용례를 보면 '떨어내다', '털어내다'는 의미를 가진다. 그러므로 불(佛)은 떨어낸 사람, 털어낸 사람이라는 의미이다. 먼지를 떨어낸 사람, 번뇌를 털어낸 사람을 말한다. 어원을 붓다에 대입하면 사성제로 번뇌를 털어낸 자가 된다. 사성제로 탐진치를 떨어내고 난 이후에 새롭게 깨어난 자, 눈뜬 자가 된다. 깨달음이라는 동사를 어원에서 보면 '알다', '깨어나다', '바르게 하다', '떨다, 털다'는 의미를 가진다. 깨달음의 어원을 전자의 두 가지와 후자의 두 가지로 묶어서 볼 수 있다. '알다', '깨어나다'라는 의미는 국어와 산스크리트어의 이해이고, '바르게 하다', '떨다, 털다'는 한자에 의한 이해이다.

이처럼 깨달음을 두 가지로 해석할 수 있는 근거는 열반으로 나아가는 과정에서 찾아볼 수 있다. 예류과에서부터 해탈이라는 용어를 사용할 수 있게 된다. 해탈에는 혜해탈과 심해탈이 있다. 혜해탈의 대표는

---

9 https://opendict.korean.go.kr/dictionary/view?sense_no=8545&viewType=confirm
씨돋다(15~18세기) > 씨닷다(18~19세기) > 쌔닷다(19세기) > 깨닫다(20세기~현재)

유신견으로부터 해탈이다. 유신견은 열반으로 나아가기 위해서 벗어나야 하는, 해탈해야 하는 10가지 족쇄 가운데 첫 번째 족쇄이다. 혜해탈과 심해탈을 모두 이룬 경우를 열반이라고 할 수 있다. 열반은 탐진치의 소멸이므로 혜해탈과 심해탈을 모두 이룬 것을 말한다. 그래서 열반을 혜열반, 심열반으로 구분하지 않는다.

초기불교의 사성제와 연관해서 열반(涅槃, nibbāna)은 가장 궁극적인 목표이다. 어원적으로 '소멸하다'는 의미를 가지는[10] 열반은 괴로움의 원인으로서 탐진치의 소멸을 의미한다. 붓다가 경험한 깨달음의 과정은 탐진치를 소멸하는 과정이라고 할 수 있다. 열반은 탐진치가 소멸된 상태라고 할 수 있다.[11] 열반은 괴로움의 해결, 즉 붓다의 문제의식의 해결이다. 붓다의 문제의식이 괴로움의 소멸이기에, 괴로움의 원인을 제거하는 열반은 문제의식의 해결이라고 할 수 있다. 연기, 사성제, 열반으로 이어지는 문제의식을 해결하는 과정의 끝에 있는 것이 열반의 실현이라고 할 수 있다. 열반과 함께 사용되는 용어로 해탈(解脫, vimokkha, vimutti)이 있다. 해탈은 '무엇으로부터 벗어나는 것'을 의미한다. 해탈은 풀려남(release), 벗어남, 끄달리지 않음을 말한다.[12] 소멸

---

10 PED p.365, I. Etymology.
11 열반은 초기불교 이래 불교의 궁극의 목표이다. 이는 지속적인 탐진치의 소멸과정을 통해서 이루어진다. 괴로움의 소멸이라는 문제가 해결된 상태를 표현하는 가장 적합한 용어라고 할 수 있다. 열반 관련 단행본으로 다음이 있다. 레디 사야도·마하시 사야도, 정명스님 옮김(2018); Asanga Tilakaratne, 공만식·장유진 옮김(2007); 테오도르 체르바스키, 연암종서 옮김(1994); 박정록(2002); 황순일(2003); 김한상(2016).

은 벗어나는 것의 궁극이라고 할 수 있으므로, 해탈 가운데 가장 궁극적인 형태가 소멸 즉 열반이라고 할 수 있다. 해탈은 범부, 욕계로부터 벗어나는 것이 가장 기본적인 의미이므로 성인(聖人)의 초입에 드는 것을 말한다. 초입에 든 성인은 탐진치를 점점 더 미세한 수준에서 제거하게 되고, 이러한 탐진치라는 번뇌를 모두 제거한 상태가 열반이 된다. 열반은 해탈의 범주에 포함된다. 해탈이 좀 더 넓은 의미라고 할 수 있다. 해탈 가운데 가장 전형적인 것을 열반이라고 할 수 있다.

혜해탈과 심해탈은 해오(解悟), 증오(證悟)와 비교할 수 있다. 해오는 이해하는 것과 연관되고, 증오는 경험하고 체험하는 것과 연관된다. 깨달음의 두 가지 어원적 해석 가운데 해오는 전자에 해당되고, 증오는 후자에 해당된다고 할 수 있다. 혜해탈이 전자에 해당되고, 심해탈이 후자에 해당되는 것과 비교할 수 있다. 혜해탈과 심해탈의 경우도 해오와 증오[解證]의 순서이다. 즉 혜해탈에서 심해탈로 나아간다. 머리에서 몸으로 가는 것이다. 혜해탈과 심해탈[慧心]에는 이둔(利鈍)의 차이가 있다. 머리로는 이해가 되는데, 몸으로는 안 되는 것을 말한다. 혜로는 벗어났지만 몸으로는 벗어나지 못한 것을 말한다. 이러한 경우 깨달음은 심해탈까지 나아가야 이루어진다고 할 수 있다. 오히려 증오와 심해탈[證心]이 오랜 시간을 요할 수 있다. 둔하기 때문에 거친 것에서 미세한 것까지 모두 여기에 포함된다. 머리로는 감당할 수 없는

---

12   PED p.632.

격정적인 정서에서부터 머리로 인지할 수 없을 정도의 미세한 정서까지가 심해탈의 영역이고, 증오의 영역이다. 그러므로 심해탈을 몸해탈이라고도 할 수 있다. 심은 육근의 각각에 내재하고 있기 때문이다. 미세한 것은 몸의 매개를 통해서 제거할 수 있고, 큰 것도 몸을 통해서 경험하고 제거할 수 있다. 혜해탈의 범위를 넘어서거나 모자라는 경우는 심해탈에서 다룰 수 있다.

해오와 증오의 구분은 이미 깨달음의 어원 속에 있다고 할 수 있다. 둘의 의미의 계기가 깨달음에 함께 있다. 사성제의 경우에도 이 둘의 의미가 있다. 고성제는 아는 것이고, 집, 도, 멸은 떨어내는 것, 변화하는 것을 의미한다. 도성제를 통해서 떨고 집성제를 끊고 멸성제를 실현하는 것이다. 네 가지 동사이지만 두 가지 의미로 크게 구분할 수 있다. 첫 번째 의미는 아는 것이고, 두 번째 의미는 떨어내는 것을 말한다. 해오와 증오를 말한다. 즉 오(悟)에는 해와 증이 있다. 해오한 것을 증오하는 것이 아니라, 해오와 증오는 내용이 서로 다르다. 해오에 깊이를 더하면 증오가 되는 것이 아니라 내용이 서로 다르다. 해오의 대표적인 것이 유신견, 아견을 제거하는 것, 무아를 이해하는 것이다. 해는 원인을 알아가는 작업이다. 증은 등(登)과 마찬가지로 올라가는 작업이다.

해와 증은 서로 다르지만 하나의 지평 위에서 움직인다. 문제해결이라는 목적을 위해서 하나의 지평 위에 있는 것이지, 둘이 다른 지평 위에 있는 것은 아니다. 다른 지평 위에 있으면 문제가 해결로 나아가지 못한다. 둘은 별개이면서 하나의 지평 위에 있는 것이다. 이때의 증(證)은 올라가는 것으로 등(登)과 같은 의미이다. 부지런한 올라가고, 부지런히 떨어내는 것을 말한다. 해오와 증오는 대승불교에서 만들어진 용어이지만, 초기불교에도 적합하다.[13] 해오는 예류과에서 유신견, 의심, 계금취견을 제거하는 것을 말하고, 증오는 이후에 7가지 족쇄를 없애는 것을 말한다. 이렇게 해오와 증오는 하나의 지평 위에 놓여있지만, 둘은 서로 다른 것이다. 해오 없이 증오가 있을 수 없고, 증오 없이 해오는 가는 도중일 뿐이다. 이렇게 되면 둘이 함께 있어야 원만한 깨달음[圓悟]이 가능해진다.

그러므로 해오와 증오가 따로 있는 것이 아니다. 오 안에 해와 증이 포함되어 있다. 해증이 함께 가야 '오(悟)'가 되는 것이다. 즉 해증등학(解證等學)이라는 말이 성립할 수 있다. 사성제에 의해서 깨달음이 성립한다면, 이는 해증이 등학인 것을 말한다. 해는 증이 있어야 제대로 되고, 증 안에는 해가 포함되어 있다. 이는 혜능의 정혜등학(定慧等學)과 같은 논리라고 할 수 있다.[14] 해증으로 오(悟)를 등학할 때, 이 오를 안지혜명광으로 볼 수 있어야 한다. 이것으로 나아갈수록 해증이 더욱 분명해진다. 밝아지고 흰해지고 백주처럼 된다. 예를 들어 해탈 다음에 해탈지견(解脫知見)이 오는 것과 같은 맥락이다. 또는 예를 들어 붓다가 오도송에서 집을 짓는 자를 알았기 때문에 윤회를 끊은 것과 같

---

13 이러한 관점에서 해오를 다루고 있는 논문으로 다음이 있다. 김준호(2018).

14 T.48.2008.352c14-16. 定慧一體。不是二。定是慧體。慧是定用。即慧之時定在慧。即定之時慧在定。若識此義。即是定慧等學。

은 맥락이다. 이렇게 될 때 해중으로 인해서 증득이 이루어지게 된다. 여기서 증득은 증을 아는 것을 의미한다. 증득(證得)은 이미 오른 것, 올라와서 얻은 것을 말한다.[15] 연기, 사성제, 삼전십이행상, 안지혜명광으로까지 나아가야 깨달음, 즉 원오(圓悟)라고 한다. 이 구조에서 보면 해와 증은 삼전십이행상까지를 말하고, 안지혜명광까지 나아가야 깨달음이 된다. 이때의 깨달음은 증보다 한 단계 나아간 증득의 의미로 볼 수 있고, 바르고 원만한 깨달음이라고 할 수 있다. '바르고'는 올바른 방법론을 통한 것을 말하고, '원만한'은 해증(解證), 혜심(慧心)을 모두 오하고 해탈한 것을 말한다. 그러므로 깨달음은 붓다의 사건 전체, 즉 과정과 결과를 동시에 말한다. 사건의 결과만 따로 말하자면 원오라고 할 수 있다.

초기불교의 깨달음의 결과, 즉 원오는 해오와 증오가 함께 있고, 내용은 연기와 이와 연결된 사성제라고 할 수 있고, 깨달음의 과정은 탐진치의 소멸과정이라고 할 수 있고, 이러한 과정은 혜해탈과 심해탈의 과정, 해오와 증오의 과정이라고 할 수 있고, 탐진치가 소멸된 상태를 열반이라고 할 수 있다. 열반은 사성제의 마지막 실현상태라고 할 수 있다. 깨달음은 어원적으로 크게 두 가지 의미를 가지지만, 오와 해탈의 각각의 두 가지 계기와 연결된다. 붓다의 깨달음의 사건은 맥락적 관점에서 보아야 하고, 문제의식의 관점에서 보아야 한다는 전제

---

15 최봉수(1990) pp.225-226. 증득(證得, sacchikaroti)은 어원적으로 '눈(akkhi, aksi)을 갖추어(sa) 작용한다(karoti)'는 의미이다. 증을 눈으로 보는 것이 증득이다.

하에서 볼 때 제대로 볼 수 있을 것이다. 따라서 초기불교의 붓다의 깨달음을 초기불교적 용어로 표현하면, 사성제의 삼전십이행상을 안지혜명광하는 것을 말한다. 이러한 과정을 혜해탈과 심해탈, 해오와 증오로 표현한 것이고, 이러한 과정의 결과를 열반, 원오로 표현한 것이다.

2. 대승불교의 깨달음

1) 깨달음의 의미변화

문제의식을 괴로움의 해결로 잡으면, 그 괴로움의 문제가 해결된 것을 깨달음이라고 할 수 있다. 문제(problem)가 있으면 문제풀이(problem solving)가 있다. 문제가 바뀌면 문제풀이도 바뀐다. 붓다 자신이 제시한 문제를 본인 스스로 해결하기 때문에 붓다의 깨달음이라고 한다. 붓다는 괴로움의 소멸로 나아가는 문제의식을 가졌기에 사성제와 같은 방식의 문제풀이법이 도출되는 것이다.

'괴로움의 소멸'이라는 주제가 초기불교의 문제의식이라면, 이러한 괴로움이 모든 존재에게 있는 것이고, '모든 존재의 괴로움의 소멸', '모든 존재의 깨달음의 추구'를 문제의식으로 가진다면 다른 해법이 제시될 수 있다. 어떤 과정을 통해서 '괴로움의 소멸'이 '모든 존재의 괴로움의 소멸'로 나아갔는지에 대해서 살펴볼 수 있을 것이다. 예를 들어 붓다 개인의 괴로움의 소멸이라고 할 경우 자신의 탐진치를 소멸하는 것에 의해서 열반으로 나아갈 수 있을 것이다. 그러나 붓다가 발견한 연기법에 의하면 개인은 타인과 연기적 관계에 놓여 있게 된다. 이렇게 되면 타인의 괴로움에 의해서 언제든 나의 괴로움은 영향을 받을 수밖에 없게 된다. 나의 괴로움의 소멸은 타인의 괴로움이 소멸될 때 비로소 소멸될 수 있는 것이다. 아이러니하게도 붓다의 문제의식은 문제의 해결로 인해서 문제의식이 달라지게 된다.

자신의 괴로움의 소멸은 타인의 괴로움의 소멸과 함께할 때 가능해진다는 것으로 확대된다. 이렇게 되면 '자신의 괴로움의 소멸'은 '타인의 괴로움의 소멸'과 연기하게 된다. 이러한 연기성에 대한 철저한 자각과 괴로움의 소멸이 함께할 경우에 '자신과 타인의 괴로움의 소멸'로 나아가게 된다. 초기불교에서 대승불교로 나아가면서 깨달음의 의미는 확장된다. 초기불교에서는 괴로움을 알고, 제거하고, 노력하고, 실현하는 것을 안지혜명광하는 것이 깨달음이었다면, 대승불교에서는 여기에 더해서 두 번째 의미의 연기성을 자각하는 것을 포함하게 된다. 두 번째 의미의 연기는 모든 존재들은 연기적 존재라는 것을 의미한다. 연기는 괴로움의 원인을 추적하는 것인 동시에 모든 존재의 연기적 관계성까지 포함하므로, 초기불교의 문제의식이 대승불교로 나아가면서 더 철저하게 된다고 할 수 있다. 초기불교에서 괴로움의 원인을 추적하는 역할을 하는 연기가 대승불교에서 모든 존재의 연기적 관계성의 의미로 확장된다. 대승불교적 의미의 연기를 연기성이라고 할 수 있다.

이렇게 되면 깨달음은 초기불교와 대승불교 두 가지로 나누어 볼 수 있다. 초기불교의 문제의식과 대승불교의 문제의식이 다르기 때문에 깨달음의 의미도 달라지게 된다. 전자에서 깨달음이 사성제의 삼전십이행상에 대한 안지혜명광이라면, 후자에서는 사성제와 연기성에 대한 안지혜명광이라고 할 수 있다. 초기불교의 연기는 사성제에 포함되어 있는 반면, 대승불교에서는 연기성의 의미가 추가된다고 할 수 있다. ① 초기불교와 대승불교 모두에 포함되는 것이 안지혜명광이다. ② 대승불교는 연기성을 추가적으로 포함한다. ③ 이로 인해서 괴로움의 소멸이 모든 존재에게, 전면적으로 확대된다.[16] ④ 깨달음이라는 의미의 폭이 넓어질 가능성과 좁아질 가능성을 동시에 포함한다. 넓어지는 것은 사성제와 연기성을 모두 포함한다는 의미이고, 좁아지는 것은 대승불교에서 추가된 연기성에만 중점을 맞출 수 있다는 의미이다. 즉 대승불교의 깨달음의 특이성으로 추가된 연기성에 중점을 둠으로 인해서 사성제를 소홀히 하는 것이 가능하다. 이렇게 되면 연기성의 인식, 즉 앎에 중점을 두게 된다. 사성제에서는 앎이 사분의 일이므로 깨달음의 외연이 오히려 좁아지게 된다. 초기불교에서 대승불교로 가면서 깨달음의 의미의 폭이 확장되어야 함에도 불구하고, 좁아질 수 있는 가능성이 생기게 된다. 깨달음의 의미의 변화는 맥락적이고, 문제의식의 변화에 기인한다고 할 수 있다. 깨달음 자체에 대한 의문이

---

16 이로 인해서 대승불교의 특이성이 전면으로 드러나게 된다. 교리뿐만 아니라 방법론에서도 드러난다. 특히 보살의 이상이 새롭게 정립되고, 지옥이 텅빌 때까지 성불을 미루고자 하는 서원이 등장한다. 모든 존재의 괴로움의 소멸이 대승불교 전반의 모토로 등장한다.

문제의식이라면 좁아질 가능성으로 나아갈 수 있고, 모든 존재의 괴로움의 소멸이 문제의식이라면 넓어질 가능성으로 나아갈 수 있다.

2) 목적론의 변화

문제의식의 변화로 인해서 깨달음의 의미가 변화하는 것을 볼 수 있다. 불교의 목적론에 해당하는 보리, 연기, 불이, 무아, 공, 청정, 불성, 자성, 무자성의 의미가 변화하는 것을 볼 수 있다. 목적론의 변화는 문제의식의 변화에 기인한 것이고, 구체적으로는 방법론에 해당하는 빤냐 또는 반야의 의미의 변화에서 볼 수 있다. 붓다에 의해서 초기불교의 문제의식이 해결됨으로 인해서 대승불교의 문제의식은 달라지게 된다.

붓다 스스로 선언하는 '위없이 바르고 원만한 깨달음'[17]의 성취는 이후 대승불교의 최고의 목표가 된다. 초기불교에서 붓다는 괴로움의 소멸이 목표인데 반해, 대승불교에서는 붓다가 되는 것이 목표가 된다. 둘은 언뜻 보기에는 비슷해 보이지만 목표가 다르다. 붓다는 괴로움의 소멸을 목표로 하기 때문에 사성제를 통하여 알고, 노력하고, 제거하고, 실현하는 과정을 거친다. 대승불교에서는 붓다를 가장 붓다답게 하는 것을 '위없이 바르고 원만한 깨달음'의 성취로 보고 이를 추구하고자 한다. 즉 깨달음의 상태를 성취하고자 한다. 붓다가 추구한 문제

---

17 『마하박가 - 율장대품』 p.107.

의식하에서 깨달음이 드러나는 것과 붓다의 깨달음 자체를 추구하는 것의 차이라고 할 수 있다. 이러한 깨달음을 추구하기 위해서는 수행이 이루어져야 하고, 이러한 수행은 6년 동안의 수행만으로 이루어질 수 없고, 과거 보살 시절의 수행을 통해서 이루어지게 된다는 것으로 나아가게 된다. 이러한 과거의 보살의 수행은 바라밀수행으로 정착된다. 바라밀은 극단적인 완성으로 나아가게 된다. 이러한 바라밀 가운데 반야바라밀이 중시된다.

초기불교에서는 계정혜의 방법론을 통해서 열반으로 나아간다. 초기불교적 의미에서 깨달음을 열반이라고 할 수 있다면, 빤냐는 '꿰뚫어 아는 것'이다. 그러므로 빤냐를 통해서 괴로움의 원인을 꿰뚫어 알게 된다. 대승불교적 의미에서 깨달음을 보리라고 할 수 있다면, 반야는 '통째로 아는 것'이다.[18] 반야는 제법의 공성(空性)을 아는 것을 말한다. 반야의 방법론은 통째로 보는 것이다. 통째로 보기 때문에 제법의 공성을 아는 것이지, 부분적으로 보아서는 제법의 공성이 드러나지 않는다. 그러므로 반야의 방법론으로 보리로 나아가게 된다. 반야를 통해서 아뇩다라삼먁삼보리로 나아가는 것이다. 제법의 무실체성을 끝없이 아는 것으로 아뇩다라삼먁삼보리로 나아간다.

초기대승불교의 깨달음은 반야에 대한 이해를 통해서 다른 모습을

---

18 '꿰뚫어'와 '통째로'를 구분할 수 있다. '꿰뚫어'는 괴로움의 근원으로 나아가는 수직적 구조라면, '통째로'는 법의 특징을 보는 수평적 구조라고 할 수 있다. 대승불교에서 붓다의 특징으로 제시하는 일체지, 일체종지도 법을 '통째로' 아는 것으로 볼 수 있다.

취하게 된다. 빤냐에 대한 새로운 해석이 이루어진다. 반야경계통의 반야바라밀에 의하면 깨달음을 탐진치의 제거와 다른 방식으로 해석하게 된다. 불이(不二)를 바탕으로 탐진치를 본다. 탐진치와 그 대치법이 불이적 차원에 놓여있기 때문에 이들의 제거가 아니라 불이성을 인식함으로써, 법의 성질로는 하나라는 것을 인식함으로써, 무자성이라는 것을 인식함으로써, 탐진치의 비실체성을 인식함으로써 탐진치를 제거하려고 한다. 탐진치의 제거의 관점이 달라지게 된다. 비실체성, 무아성의 자각으로 인해서 탐진치를 제거하는 방향으로 나아간다. 이러한 비실체성, 무아성, 공성, 법성의 자각이 대승불교에서는 '깨달음'이 된다. 깨달음의 내용이 달라진다. 법을 무위법, 유위법으로 구분하는 것이 아니라, 무자성으로 하나로 본다. 그로 인해서 연기의 내용도 달라진다.

연기는 두 가지 계기를 가진다.[19] 십이지연기처럼 각지의 순차적 연기과정을 보여주는 연기가 있는 반면, 이것이 있으면 저것이 있고 저것이 있으면 이것이 있다는 방식의 법의 연기된 모습을 보여주는 연기가 있다. 전자는 초기불교에서 초점을 맞추고 있는 연기에 대한 이해라면, 후자는 대승불교에서 초점을 맞추고 있는 연기에 대한 이해라고 할 수 있다. 전자가 괴로움, 즉 생로병사의 원인을 추적하는 문제해결의 방법이라면, 후자는 깨달음의 상태에서 드러난 존재의 모습이라고

---

19 연기와 관련해서 다음의 연구가 있다. 전재성(1999); 김홍미(2009); 김홍미(2012); 김홍미(2014); 이필원(2015).

할 수 있다. 전자를 연기라고 한다면, 후자는 연이생법(緣已生法)이라고 할 수 있다. 연기된 법의 모습을 보여준다. 대승불교의 연기(緣起)는 생로병사의 원인을 추적하는 고리로서 역할보다는 모든 존재의 연기적 관계성을 표현한다. 문제의식이 바뀜에 따라서 연기에 대한 이해가 달라진다. 괴로움의 해결에 초점을 맞추면 전자의 모습에 초점을 맞추게 되고, 깨달음이 무엇인가에 초점을 맞추면 후자의 깨달음의 상태에서 보는 법의 모습이 연기에 대한 이해가 된다.

불이(不二)는 연기되어 있는 모습을 말하며, 초기대승불교의 『유마경』에서 중시된다.[20] 비실체적으로 있는 것이 어떻게 있는가에 대해서 상호의존적으로 있다고 할 때는 '연기적'으로 있다고 할 수 있고, 둘이 아닌 연결되어 있다고 할 때는 '불이적'으로 있다고 할 수 있다. 불이는 둘이 아니고, 연결성을 이야기한다. 연기가 상호의존성에 중점이 있다면, 불이는 연결성에 중점이 주어진다. 제법이 연결되어 있으므로 대립과 반대는 모순으로 나아가지 않는다. 반대는 연결되어 있고, 모순은 성립하게 된다. 논리의 세계에서는 모순이 성립하지 않지만, 비실체적인 법의 세계에서는 모순이 성립하게 된다. 이는 실체적인 고정점이 존재하지 않기 때문에 가능한 것이다.

무아(無我)의 내용도 달라진다.[21] 붓다는 두 번째 법문에서 무아·무

---

20 정호영(2011); 화공스님(2014); 윤희조(2018).
21 무아에 관한 주요 논저로 다음이 있다. 임승택(2017); 이은정·임승택(2015); 정승석(1999); 이태승(1999); 김성철(2013).

상·고를 설한다. 색수상행식에 대해서 나가 있으면 내 마음대로 되어야 되는데, 그렇게 되지 않는다는 것을 통하여 무아를 증명한다. 오온 각각은 '나의 것이 아니고, 내가 아니고, 나의 자아가 아니다.'[22] 그리고 무상하므로 괴롭다는 것으로 나아간다. 무아이기 때문에 나 뜻대로 되지 않고, 무상하기 때문에 괴롭다는 고의 현실을 설명하는 초기불교와 달리, 대승불교에서 무아는 공(空)과 같은 용어로 사물의 비실체성을 의미한다. 현대의 심리학적 이해에 따르면 인지, 정서, 성격의 무아로까지 의미의 영역이 확대된다.[23] 무아는 연기를 가능하게 하는 전제로 볼 수 있다. 즉 무아의 비실체성으로 인해서 연기가 가능하다는 것이다. 반대로 연기이기 때문에 무아이다로 나아갈 수 있다. 둘 다 가능하게 된다. 초기불교에서 무아는 괴로움의 이유를 설명하는 방식으로 사용되는 반면, 대승불교에서 무아는 대승불교의 연기에 대한 이해와 맞물려간다. 초기불교에서 무아는 괴로움의 문제해결과 연결되는 반면, 대승불교의 무아는 깨달은 상태에서 보는 법의 특징이 된다. 삼법인의 하나로서 무아는 초기에서부터 나오지만 대승불교에서 무아는 법의 전형적인 특징으로 사용된다.

공(空)의 경우도 성격이 달라진다.[24] 초기불교에서 공은 「소공경」을

---

22 『마하박가 – 율장대품』 pp.111-113. 삼법인의 경우도 초기에는 사성제를 위한 방법론이지만, 후기로 가면 이는 사물의 특징을 보여주는 것이 된다. 사물의 무아성, 비실체성을 보여주는 특징으로 나아간다.
23 윤희조(2019) pp.189-211.
24 초기불교의 공에 대한 연구로는 다음이 있다. 담마끼띠(2014); 이은주(2010); 박재은(2018).

통해서 알 수 있듯이, 결핍과 결여의 의미로 사용된다. 「소공경」에서 '여실하고 전도됨이 없고, 청정한 공성이 나타난다'라는 표현은 앞으로의 수행과정 하나하나에 대한 설명이 끝날 때마다 언급되고 있다.[25] 이것은 '공성'이라는 말이 「소공경」에서는 수행이 끝났을 때에 나타나는 최종적인 깨달음의 경지가 아니라, 수행의 과정에 있는 각각의 경지를 가리키고 있다는 것을 의미하고 있다.[26] 탐진치가 점점 더 결여되는 모습, 이로 인해서 선정으로 나아가는 과정을 설명하는 수행론적 공인 반면, 대승불교에서는 모든 사물의 공성, 즉 비실체성을 이야기한다. 대승불교에서 공은 무아와 동격으로 다루어진다. 초기불교에서 탐진치를 제거하는 과정에서 사용되는 공이, 대승불교에서는 사물의 특징으로 드러난다. 사물의 무실체성, 나아가서는 사물의 원래 모습을 나타내는 용어로 공을 사용한다. 여기서도 공은 깨달음에서 보는 사물의 상태이다. 공(空)이 제법이 연결되어 있는 상태라면, 공성은 제법이 연결되어 있는 상태의 특징을 가리킨다고 할 수 있다. 이렇게 사용되는 공은 대승불교로 나아가면서 대승불교의 무아와 같은 역할을 하게 된다. 공은 모든 존재가 가지고 있는 특징이 된다. 즉 제법공성이라는 의미를 가지게 된다. 공은 단순히 결여의 의미가 아니라, 모든 존재가 가지고 있는 비실체성을 나타낸다. '공성'이라는 말이 단순히 실체의 결여를 의미한다기보다는 종교 실천에서 긍정적, 적극적인 측면을 가

---

25 『맛지마 니까야』 제4권, pp.231-244.
26 立川武蔵(2003) pp.95-96; 아날라요, 이성동·윤희조 옮김(2018).

리키는 것이다.[27] 대승불교에서 무아와 공은 단순히 부정적인 표현이 아니라, 궁극으로는 사물의 실재의 모습을 표현하는 긍정적인 의미로 사용하게 된다.

청정(淸淨, visuddhi)은 삼성(三性, 善, 不善, 無記)의 관점에서 보면 선과 무부무기를 통칭한다. 번뇌는 불선과 유부무기를 합한 것을 지칭한다. 불선으로 나아갈 수 있는 가능성을 포함하고 있는 유부무기(有覆無記)부와 불선을 합쳐서 번뇌라고 한다면, 청정은 선으로 나아갈 수 있는 가능성을 포함하고 있는 무부무기(無覆無記)와 선을 합쳐서 부르는 것이라고 할 수 있다. 번뇌[染]와 청정[淨]은 선, 불선보다 범위가 넓다고 할 수 있다. 번뇌와 청정으로 불교심소학의 전체 심소를 포괄할 수 있게 된다. 전형적인 청정은 사성제의 관점에서 멸에 해당한다고 할 수 있다. 그리고 이러한 청정으로 나아가는 방법론 또한 청정에 해당한다고 할 수 있다. 즉 멸과 도가 청정에 해당한다고 할 수 있다. 번뇌의 경우도 전형적인 의미의 번뇌는 집(集)에 해당하지만, 집의 결과로서 고(苦)도 또한 부수적 의미로서 번뇌에 해당한다고 할 수 있다.[28] 사성제 체계에서 번뇌의 심리학이 고·집에 해당한다면, 청정의

---

27 立川武蔵(2003) pp.106-107.
28 이러한 의미 사용법은 스트레스에 대해서도 볼 수 있다. 최근 들어 사성제의 고를 스트레스로 번역하는 경우가 있을 정도로 불교적 개념과 유사하다. 스트레스의 원인, 즉 스트레스원(stressor)과 이로 인한 스트레스 반응(stress response)을 모두 스트레스로 정의한다. 스트레스의 원인, 상태, 결과를 스트레스로 정의한다. 이는 사성제에서 고와 집을 번뇌로 정의하는 것과 유사하다. 신경희(2016) pp.32-33.

심리학은 멸·도에 해당한다고 할 수 있다.

청정을 열반으로 해석할 경우에는 멸에 해당한다. 또한 청정을 번뇌가 제거된 상태로 본다면 집이 제거된 상태인 멸을 의미할 수 있다. 본래적 의미의 청정은 멸을 의미한다. 도는 멸로 나아가기 때문에 청정이라고 한다. 즉 청정은 멸이지만, 도를 청정이라고 부를 수 있는 이유는 멸로 나아가기 때문이다. 그러므로 청정은 무위법과 무루유위법의 영역이라고 할 수 있다. 또한 청정의 영역으로는 세간적 영역과 출세간적 영역을 볼 수 있다. 전형적 의미에서 청정은 멸이라는 출세간적 영역을 말한다. 이러한 출세간을 지향하는 세간적인 노력도 또한 청정이라고 할 수 있다. 그러므로 세간적 청정과 출세간적 청정을 나누어 볼 수 있다. 출세간적 청정은 세간적 청정에 대해서 방향성을 제공한다고 할 수 있다. 이와는 달리 청정은 염오의 반대가 아니라 염오와 청정이라는 반대를 떠나 있는 상태, 반대가 성립하지 않는 상태를 말하기도 한다. 즉 청정은 법의 원래 상태가 드러난 청정한 상태, 무아의 상태를 말한다. 육근청정(六根淸淨)이라고 할 때도 깨끗한 것만을 감각한다는 의미가 아니라, 안이비설신의라는 여섯 가지 감각기관이 무아적 기능을 하는 것을 말한다. 이때의 청정은 무아의 상태라고 할 수 있다.

불성(佛性)에 대한 논의는 대승불교에서 새롭게 등장한다. 붓다의 원래 모습에 대한 성질을 보는 것이다. 불성은 붓다가 될 수 있는 가능성에 대한 논의라고 할 수 있다.[29] 대승불교에서는 붓다가 되는 것이 목표이기 때문에 이러한 논의가 가능하게 된 것이다. 붓다의 본성에 대한 논의는 붓다가 되고자 하는 목표의 표현이라고 할 수 있다. 보살의 수행과정을 살핌으로써 붓다가 될 수 있는 가능성, 즉 서원과 수기가 등장한다. 대승불교에서는 붓다가 되고자 하기 때문에 붓다가 되기 위한 가능성을 수기 받는 것이 중요하고, 보살의 수행이 중요하게 대두된다. 깨달음이라는 붓다의 본성이 궁금하기 때문에 불성이 등장하게 된다. 대승불교에서 이러한 가능성으로 불성이 등장하는 것을 볼 수 있다. 초기불교에서는 불성이 중요하게 등장하지 않는다. 붓다와 마찬가지로 각자 자신의 괴로움을 해결하면 되는 것이고, 붓다의 가르침에 따르면 되는 것이다. 붓다 또한 자신을 아라한으로 여기기 때문이다.

　이러한 불성을 보는 것은 견성(見性)이다. 보는 것의 대상으로 성(性)을 제시한 것이 견성이 된다. 이러한 불성의 실현은 성불(成佛)이 된다. 선불교의 모토인 견성성불(見性成佛)은 대승불교의 전통을 잇고 있다고 할 수 있다. 불성에 대한 강조는 자신이 가지고 있는 불성[自佛性]에 대한 강조로 나아간다. 붓다의 깨달음이 아니라 자신의 깨달음이 중요하므로, 불성과 자성이 비교된다. 결국에는 불성을 통해서 자신의 불성을 드러내는 것이 목표가 되므로 자불성, 즉 자성(自性)이 중시된다. 즉 붓다의 문제가 아니라 너 자신의 문제를 해결하라는 것이 된다. 그래서 자불성이라는 용어가 나온다. 자신 안에 있는 불성인 것이지, 외불성이 아니다. 너 밖의 불성은 의미가 없다는 것이다. 자성에서 자

29　불성론과 관련된 논저로는 다음이 있다. 금강대학교 불교문화연구소 편(2017); 시모다 마사히로 외, 김성철 옮김(2015); 라이용하이, 법지 옮김(2017).

신의 문제를 해결하는 것이라면, 자신의 문제가 가진 보편성은 성불에서 볼 수 있다. 자신의 문제의 해결이라고 할지라도, 이는 붓다의 문제와 동일한 것이기에 성불로 나아간다. 성불이 아닌 성자(成自)로 나아가게 된다. 부처가 된다고 할 때, 중요한 것은 너가 부처이다는 것이지, 너가 빠진 부처는 허상일 뿐이라는 것이다. 이러한 견성성불의 모토는 대승불교의 문제의식인 붓다의 깨달음의 성취를 가장 잘 보여주고 있다고 할 수 있다.

자성(自性)은 학파에 따라서 의미의 변천을 거듭한다. 부파불교에서 자성은 법의 특징을 가리킨다. 이때 법은 법의 공통된 특징을 가지는 동시에, 자신의 고유한 특징을 가진다. 무아의 특징은 모든 법의 특징이므로 공상(共相)으로 불리고, 자신의 고유한 특징은 자상(自相) 또는 자성으로 불린다. 이러한 자상에 의해서 법은 자신의 고유성을 발휘하게 된다. 이러한 법의 자상 또는 자성은 법을 실체화할 수 있다는 반론에 마주치게 된다. 법의 실체화는 대승불교의 반야부계통의 나가르주나에 의해서 가장 극렬하게 비난을 받는다. 그러므로 법은 자성을 가지는 것이 아니라, 무자성을 가지는 것으로 나아간다. 실체화된 자성은 존재하지 않고 법은 무상고무아라는 차원에서 하나일 뿐이다. 즉 법의 무자성을 주장하게 된다. 이는 법무아(法無我)의 또 다른 표현이라고 할 수 있다.

대승불교에서 법의 특징은 무자성(無自性)이다. 문제가 되는 것은 부파불교와 대승불교에서 자성을 바라보는 관점이다. 부파불교에서 자성은 법의 고유한 특징을 의미한다. 법은 구별되는 특징인 자성과 공통된 특징인 공성(共性)을 동시에 가진다는 것이 부파불교의 입장이다. 그러나 구별되는 특징인 자성을 구분할 수 있는 고정점이 존재할 수 없는 비실체적인 법으로 인해서 자성은 엄밀한 의미에서 존재하지 않는다는 것이 나가르주나의 입장이다. 대승불교 특히 나가르주나에서 자성은 고정불변하는 실체를 의미한다. 고정불변의 실체로서 자성은 존재하지 않는다는 의미에서 나가르주나에게 법은 무자성이다. 짠드라끼르띠에 의하면 무자성은 자성이게 된다. 무자성이 법의 고유한 성질이 된다. 법의 무자성이 법의 고유한 성질 즉 자성이라는 것이다. 이렇게 되면 자성은 부파불교의 고유명사가 아니라, 일반명사로 고유한 성질이라는 의미로 사용되게 된다. 법에 대해서 자성과 무자성이 동시에 성립하게 된다.

선불교로 나아가면 모든 법의 원래의 특징인 공성(空性)이 법의 원래의 성질 즉 자성(自性)이 된다. 부파불교의 공성(共性)과 선불교의 공성(空性)이 동일한 것을 지칭한다고 할 수 있다. 서로 다른 용어가 동일한 것을 지칭할 수 있는 반면, 동일한 용어가 다양한 의미로 사용되는 것을 볼 수 있다. 부파불교에서 자성은 법을 구분하게 하는 고유한 특징, 나가르주나에서 자성은 고정불변의 실체, 선불교에서 자성은 법의 원래 그러한 특징을 가리킨다. 반면 부파불교에서 자성과 상반되는 공성(共性), 나가르주나의 무자성(無自性), 선불교의 자성(自性)은 동일한 것을 가리킨다. 부파불교, 대승불교, 선불교에서 자성은 다른 의미로 사용되고 있으므로 '무자성의 자성'이라는 용어가 성립할 수 있다.[30] '실체 없음이 법의 원래의 모습이다'라는 테제가 성립하게 된다. 그러므로 법에 대해서 무자성, 자성이라는 용어를 함께 사용할 수 있게 된다.

대승불교에서는 연기, 무아, 공 등의 의미가 변화하는 것을 볼 수 있다. 초기불교에서 깨달음의 전형적인 모습을 보여주는 열반이 대승불교의 핵심용어로 사용되지 못하고 있다. 왜냐하면 열반에는 초기불교적 문제의식과 그 해결이 전형적으로 담겨있기 때문이다. 해탈은 열반을 포함하지만 해탈은 벗어나는 것, 자유롭게 되는 것을 의미한다. 대승불교에서 모든 사물은 연기적 관계에 있으므로 생멸이 불가능하다. 불생불멸이다. 불생불멸은 연기적 관계성을 표현하는 용어라고 할 수 있다. 이러한 연기성을 없애는 것은 불가능하다. 단지 연기성에 대한 태도가 문제가 된다. 연기성을 받아들이면서도 이로부터 자유로운 것이 문제가 된다. 대승불교에서는 이러한 자유가 해탈이 된다. 탐진치로부터 자유로워지는 것이지 소멸이 아니다. 소멸과 자유로움의 차이라고 할 수 있다. 초기불교에서는 전자가 강조된다면, 대승불교에서는 후자가 강조된다고 할 수 있다.

---

30 부파불교, 대승불교, 선불교의 자성의 의미변화에 대해서 다음의 논문을 참조할 수 있다. 윤희조(2016) pp.153-180.

본 장에서는 불교의 깨달음을 붓다의 깨달음의 사건이라는 맥락하에서, 문제의식의 관점에서 살펴보고 있다. 깨달음은 문제의식과 맥락에 따라서 다양한 의미 전개가 가능하다. 괴로움의 해결이라는 문제의식을 중심으로 초기불교의 깨달음을 사성제의 삼전십이행상에 대한 안지혜명광으로 볼 수 있다. 이는 붓다의 깨달음을 괴로움의 소멸이라는 문제에 대한 해결책 제시라는 관점에서 본 것이라고 할 수 있다. 괴로움의 소멸이라는 문제를 해결함으로 인해서 문제의식이 달라지게 된다. 연기성에 대한 이해가 새롭게 추가됨으로 인해서 연기성을 포함한 새로운 문제의식이 발생하게 된다. 이는 대승불교의 문제의식이 된다. 연기성의 사실로 인해서 나의 괴로움이 타인의 괴로움과 연결되어 있으므로, 모든 이의 괴로움의 소멸이 나의 괴로움의 소멸이 된다. 대승불교의 깨달음은 사성제와 연기성에 대한 안지혜명광으로 볼 수 있게 된다. 연기성이 새롭게 추가되는데, 이때의 연기성은 사물이 연기되어 있는 모습을 말한다.

문제의식이 바뀜으로 인해서 불교의 목적론에 해당하는 연기, 무아, 공, 불이, 청정, 자성, 무자성 등의 의미가 변화한다. 붓다의 문제의식과 문제해결이 새로운 문제의식과 문제해결로 나아간다. 이러한 목표의 변화는 방법론의 변화를 가져온다. 초기불교에서는 계정혜 삼학의 방법론에서 볼 수 있고, 대승불교에서는 육바라밀의 방법론에서 볼 수 있다. 혜, 즉 빤냐는 괴로움의 원인을 꿰뚫어 보는 것을 말한다. 괴로움의 원인을 찾아서 이를 소멸하는 것이 열반, 즉 깨달음으로 나아가는 것이므로, 빤냐는 '꿰뚫어 본다'는 의미가 된다. 반면 대승불교에서 반야바라밀은 '통째로 보는 것'을 말한다. 이는 제법의 공성, 무아성, 불이성. 연기성을 보는 것을 말한다. 이러한 반야바라밀을 통해서 보리, 즉 깨달음으로 나아간다.

참고문헌

PED = *The Pali Text Society's Pali-English Dictionary*, ed. by T. W. Rhys Davids and William Stede, London: The Pali Text Society, 1921-5/1986.

T.48.2008. = 『六祖大師法寶壇經』

『마하박가-율장대품』= 전재성 옮김(2014), 『마하박가-율장대품』, 서울: 한국빠알리성전협회.

『맛지마 니까야』= 대림스님 옮김(2012), 『맛지마 니까야』제1-4권, 울산: 초기불전연구원.

Asanga Tilakaratne, 공만식·장유진 옮김(2007), 『열반 그리고 표현불가능성』, 서울: 씨아이알.

금강대학교 불교문화연구소 편(2017), 『불성·여래장 사상의 형성 수용과 변용』, 서울: 씨아이알.

김성철(2013), 「여래장사상에서 자아와 무아」, 『인도철학』37, 서울: 인도철학회, pp.115-140.

김준호(2018), 「초기불교의 해오(解悟)」, 『불교학연구』54, 화성: 불교학연구회, pp.1-19.

김한상(2016), 「두 가지 언어로 표현된 초기 불교의 열반」, 『불교학연구』48, 화성: 불교학연구회, pp.283-309.

김호성 엮음(1992), 『깨달음, 돈오점수인가 돈오돈수인가』, 서울: 민족사.

김홍미(2014), 「고따마 붓다의 정각과 십이연기」, 『불교학연구』38, 화성: 불교학연구회, pp.7-50.

김홍미(2012), 「사성제와 연기법의 결합에 대하여-초기불전을 중심으로-」, 『인도철학』35, 서울: 인도철학회, pp.115-149.

김홍미(2009), 「상윳따 니까야 인연상응(Nidana-Samyutta)의 연기 유형」, 『인도철학』 26, 서울: 인도철학회, pp.177-209.

라이융하이, 법지 옮김(2017), 『중국 불성론』, 서울: 운주사.

레디 사야도·마하시 사야도, 정명스님 옮김(2018), 『초기불교 열반이란 무엇인가?』, 서울: 푸른향기.

立川武蔵(2003), 『空の思想史』, 東京: 講談社.

박재은(2018), 「초기불교 공(空) 개념의 수행적 성격 – 빠알리 니까야를 중심으로 –」, 『인도철학』 52, 서울: 인도철학회, pp.209-243.

박정록(2002), 「열반개념의 변화와 불교윤리」, 『철학논구』 30, 서울대학교 철학과, pp.141-172.

불교학연구회(2018), 『깨달음 논쟁 – 깨달음이란 무엇인가?』, 서울: 운주사.

徐廷範(2003), 『國語語源辭典』, 서울: 보고사.

시모다 마사히로 외, 김성철 옮김(2015), 『여래장과 불성』, 서울: 씨아이알.

신경희(2016), 『통합스트레스의학』, 서울: 학지사.

신규탁 외(2013), 『깨달음 총론』, 서울: 범성.

아날라요, 이성동·윤희조 옮김(2018), 『자비와 공』, 서울: 민족사.

윤희조(2018), 「불교상담의 두 모델, 사성제모델과 불이모델」, 『동서철학연구』 88, 대전: 한국동서철학회, pp.77-97.

윤희조(2019), 「불교철학과 기초심리학의 관점에서 본 무아의 심리학」, 『철학논총』 95, 대구: 새한철학회, pp.189-211.

윤희조(2016), 「자성(自性)의 의미변화에 관한 일고찰 – 『구사론』, 『중론』, 『단경』을 중심으로」, 『동서철학연구』 81, 대전: 한국동서철학회, pp.153-180.

이은정·임승택(2015), 「무아의 치료적 가능성에 대한 고찰」, 『동아시아불교문화』 23, 부산: 동아시아불교문화학회, pp.451-482.

이은주(2010), 「위빠사나 명상 수행을 통한 공성의 이해」, 『인도철학』 28, 서울: 인도철학회, pp.29-63.

이태승(1999), 「無我에 관한 中觀派의 解釋 : 淸弁·月稱·吉藏의 『中論』 제18장 해석」, 『밀교학보』 1, 위덕대학교 밀교문화연구원, pp.85-118.

이필원(2015), 「초기불교의 연기이해 - 수행론적 관점에서의 새로운 접근」, 『불교학보』 72, 서울: 동국대학교 불교문화연구원, pp.9-34.

日本仏教学会編(1979), 『悟りと救い』, 京都: 平楽寺書店.

임승택(2017), 「무아에 대한 형이상학적 해석의 양상들 - 니까야(Nikaya)에 나타나는 실천적 무아와 비교를 위한 시론」, 『인도철학』 51, 서울: 인도철학회, pp.101-138.

전재성(1999), 『초기불교의 연기사상』, 서울: 한국빠알리성전협회.

정승석(1999), 『윤회의 자아와 무아』, 서울: 장경각.

정준영 외 4인(2014), 『깨달음, 궁극인가 과정인가』, 서울: 운주사.

정호영(2011), 「불이不二의 근거와 언어와 침묵의 문제 - 『유마경』 「입불이법문품」의 경우 -」, 『인문학지』 43, 충북대학교 인문학연구소, pp.77-91.

최봉수(1990), 「원시불교의 오안설에 대하여」, 『한국불교학』 15, 서울: 한국불교학회, pp.203-226.

테오도르 체르바스키, 연암종서 옮김(1994), 『열반의 개념 - 緣起와 涅槃의 새로운 槪念』, 서울: 경서원.

화공스님(2014), 『유마경과 이상향』, 서울: 민족사.

황순일(2003), 「테라바다(Theravada)에서 찰라설과 열반」, 『인도철학』 13, 서울: 인도철학회, pp.207-234.

https://opendict.korean.go.kr/dictionary/view?sense_no=8545&viewType=confirm (2025년 9월 18일 검색)

3 무명과 삼명

붓다는 연기를 통해서 깨달음을 얻는다. 또한 연기는 깨달음의 내용이기도 하다. 붓다는 깨달음을 얻은 직후 연기를 설하고 있고, 칠일에 걸쳐서 연기를 숙고하고 있는 것을 볼 때 연기는 붓다의 깨달음과 직결된다는 것을 알 수 있다. 이처럼 연기는 붓다의 핵심 이론의 하나라고 할 수 있다. 그렇다면 붓다가 연기를 통해서 깨달은 방식을 우리가 알 수 있다면, 우리도 연기를 통한 깨달음이 가능할 것으로 생각된다.

연기를 이해하는 데 있어서 첫 번째 각지인 무명에 대한 이해가 쉽지 않다. 무명을 단순히 무지라고 번역할 경우에는 무엇에 대한 무지인지가 명확하지 않다. 교의적으로 사성제에 대한 무지라고 할지라도, 사성제를 알고 있을지라도 무명을 끊지 못하는 경우를 어떻게 설명할 것인지가 문제가 된다. 그렇다면 사성제를 어떻게 이해하여야 하는지가 문제가 된다.

이를 위해서 붓다가 실제로 깨달음을 얻게 되는 삼명을 통해서 사성제를 살펴볼 필요가 있다. 삼명을 통해서 사성제를 이해하고, 무엇이 빠졌기에 '사성제를 알고도 무명을 제거하지 못하는지'를 보고자 한다. 이러한 논의는 불교의 핵심교의인 연기와 사성제에 대한 새로운 이해를 가능하게 할 것이다. 또한 무명에 대한 이해는 붓다의 문제의식인 노병사를 해결하는 데 핵심적인 역할을 하기 때문에 매우 중요한 사안이라고 할 수 있다. 먼저 연기에 대한 전반적인 이해를 제시하고, 무명을 삼명과 번뇌를 중심으로 이해하고자 할 것이다. 이는 무명에 대한 포괄적 정의와 본래적 정의와 연결될 것이다. 그리고 무명 이후의 각지인 행과 식을 살펴볼 것이다. 마지막으로 삼명 각각을 번뇌를 제거하는 방법론의 차원에서 살펴보고자 한다.

1. 문제의식의 관점에서 본 연기

사문유관을 통해서 붓다는 노병사(老病死)를 문제의식으로 가진다. 붓다는 이에 대한 해결책을 찾고자 한다. 연기의 마지막 각지(各支)가 노병사가 되는 것은 붓다의 문제의식을 드러내는 것이다. 이를 출발점으로 나머지 각지를 찾아나가는 방법론을 택한다. 이렇게 찾아가는 방법론을 연기(緣起)라고 한다. 무엇에 연하여 노병사가 발생하는지를 원인과 결과의 고리를 통해서 거슬러 올라간다. 연기의 방법론은 붓다의 문제의식에 따른 해결방법론이다. 노병사의 해결이라는 문제의식을 붓다가 가졌기에 연기라는 방법론이 나올 수 있었던 것이다. 그러므로 문제해결이라는 차원에서 연기를 살펴보아야 한다.

붓다는 깨달음을 얻은 이후에 순관(順觀)과 역관(逆觀)의 방식으로 연기의 각지(各支)를 하나하나 따져간다. 붓다는 노병사의 원인을 무명(無明)으로까지 추적한다. 즉 무명에 의해서 노병사가 생긴다는 것이다. 무명에 의해서 노병사가 발생한다는 것을 철저하게 알게 된 것이다. 이러한 원인을 알았기에, 붓다는 원인을 제거하고자 한다. 원인을 제거함으로 최종결론인 노병사도 제거할 수 있게 된다. 무명을 제거함으로 행(行)이 제거되고, 행을 제거함으로 식(識)이 제거되고, 식이 제거됨으로 명색(名色)이 제거되고, 명색이 제거됨으로 육입(六入)이 제거되고, 육입이 제거됨으로 촉(觸)이 제거되고, 촉이 제거됨으로 수(受)가 제거된다. 수가 제거됨으로 애(愛)가 제거되고, 애가 제거됨으로 취(取)가 제거되고, 취가 제거됨으로 유(有)가 제거되고, 유가 제거됨으로 생(生)이 제거되고 생이 제거됨으로 노병사(老病死)가 제거된다는 것이다.[1] 여기서 제거된다는 말 대신 해결이라는 말을 사용할 수 있다. 제거(elimination)는 연기의 역관의 관점에서 사용한 용어이지만, 제거가 무화(無化)를 의미할 수 있으므로 문제의식의 관점에서 해결한다(solve)는 용어를 사용할 수 있다. 붓다를 문제해결사(problem solver)로 본다면, 원인을 해결함으로써 결과를 해결하는 방식을 취하고 있는

---

1   S12:1 「연기 경(Paṭiccasamuppāda-sutta)」, 『상윳따 니까야』 제2권, pp.86-87.

것이다. 원인을 해결함으로써 그 이후의 원인이 연속적으로 해결되는 것을 볼 수 있다.

전통적으로 십이연기는 삼세에 걸친 연기를 말한다. 삼세라고 할 때 세(世)에는 두 가지 의미가 가능하다. 과거생, 현재생, 미래생이라는 의미가 가능하고, 과거, 현재, 미래의 시간을 의미할 수도 있다. 현재 이전의 시간, 즉 과거 가운데 과거생의 시간이 존재하므로, 후자의 시간관이 폭넓은 시간관이라고 할 수 있다. 현재생이든, 과거생이든 어떤 하나의 생 안에서 과거, 현재, 미래라고 할 때는 후자의 시간관이 좁은 시간관으로 역할을 할 수도 있다. 연기를 과거생, 현재생, 미래생이라는 윤회를 통한 연기로 볼 수도 있고, 현재생에서의 과거, 현재, 미래의 연기로 볼 수도 있다. 두 가지 경우 모두 가능하다. 과거생의 윤회가 지금 현재생에도 영향을 끼치고 있고, 현재생도 또한 윤회의 한 고리라면 십이연기를 과거생, 현재생, 미래생으로 해석할 수 있는 가능성과 현재생에서의 과거, 현재, 미래의 십이연기로 볼 수 있는 가능성이 함께 있다고 할 수 있다.

이 두 가지 가능성을 동시에 살리면 연기의 의미는 다음과 같이 볼 수 있을 것이다. 현재의 나, 즉 명색(名色)은 감각기관[六入]을 통해서 지속적으로 내부, 외부 대상의 접촉[觸]을 통해서 느낌[受]을 만들어내고, 이에 대해서 오호[愛]를 만들고 집착하는 것[取]을 지속[有]하게 되면 노병사(老病死)를 일으킨다[生]. 이러한 연기적 과정을 우리가 지속한다는 것이다. 이러한 지속은 생사를 넘어서 윤회의 과정까지 지속된다. 그리고 이러한 감각기관의 감각기능은 식(識)과 명색의 상호작용을 통해서 지속적으로 만들어진다. 식은 수많은 행(行)에 의해서 영향을 받고, 이 행은 궁극적으로 무명(無明)에 의해서 만들어진다. 결국 수많은 행에 의해서 이 몸과 마음의 집합체가 만들어지고, 이로 인해서 집착이 발생하고 이 집착이 노병사를 일으킨다. 연기의 첫 번째 각지인 무명도 붓다의 문제의식의 관점에서 살펴보아야 한다. 붓다가 실제로 깨닫는 시점에서 무명을 어떻게 보고 있는지를 살펴보도록 하겠다.

2. 무명

붓다는 바르고 원만한 깨달음을 얻은 직후 칠일 동안 가부좌를 하고 해탈의 지복을 누리면서 연기법을 순관하고 역관한다.[2] 칠일 동안 초저녁, 한밤, 새벽 마다 연기의 순관과 역관을 사유한다. 이때 무명 즉 '아윗자(avijjā)'에서 '윗자'는 '알다'라는 의미이고 '아'는 '부정'의 의미를 가진다.[3] '윗자'를 명(明)으로 번역한 것이다. 어근 비드(√vid)는 '알

---

2   『마하박가-율장대품』 p.81.

3   PED p.85. Avijjā Avijjā Avijjā (f.) [Sk. avidyā; fr. a + vid] ignorance; the main root of evil and of continual rebirth (see paṭicca -- samuppāda, cp. S ii.6, 9, 12; Sn p. 141 & many other passages). See on term Cpd. 83 n. 3, 187 sq, 262 sq. & for further detail vijjā. avijjā is termed an anusaya (D iii.254, 282; S iv.205, 208 sq., 212); it is one of the āsavā (Vin iii.4; D i.84; iii.216; It 49; Dhs 1100, 1109), of the oghā (D iii.230, 276; Dhs 390, 1061, 1162), of the nīvaraṇāni (S ii.23; A i.223; It 8; Dhs 1162, 1486), of the saṇyojanāni (D iii.254; Dhs 1131, 1460).

다와 관련된 의미를 가진다. 수(受, vedanā)의 어근도 동일하다. 느낌도 아는 것과 연관되지만 다른 방식의 앎인 것이다. 명으로 번역한 앎도 고유한 의미가 있다고 할 수 있다.

무명을 단순히 '알지 못함'으로 번역하면 이는 축자적으로 무명을 해석한 것이라고 할 수 있다. 행을 만드는 것이 무지(無知, ignorance)가 된다. 무지가 행을 만들므로, 무지를 앎[知]으로 바꾸면 무명이 명(明)으로 나아가게 되고, 이를 통해서 행이 소멸된다는 것이다. 이때 알게 되는 것이 '사성제에 대한 앎'이라는 것이다. 교리적으로 십이연기의 첫 번째 각지인 무명은 '사성제에 대한 무지'로 알려져 있다.

> 비구들이여, 그러면 어떤 것이 무명인가? 비구들이여, 괴로움에
> 대한 무지, 괴로움의 일어남에 대한 무지, 괴로움의 소멸에 대
> 한 무지, 괴로움의 소멸에 이르는 여덟 가지 바른 길에 대한
> 무지이다. 비구들이여, 이를 일러 무명이라 한다.[4]

사성제, 즉 고집멸도(苦集滅道)에 대한 앎을 통해서 행이 사라지게 된다는 것이다. 이러한 해석은 논리적 해석으로 십이연기를 이론적으로 설명할 때 주로 사용되는 방식의 설명이다.[5] 그러나 실제로 사성제

---

4 S12:2「분석 경(Vibhaṅga-sutta)」, 『상윳따 니까야』 제2권, p.101; S56:17「무명 경
   (Avijjā-sutta)」, 『상윳따 니까야』 제6권, p.399; S38:9「무명 경(Avijjā-sutta)」, 『상윳
   따 니까야』 제4권, p.518.
5 服部 弘瑞(1997) p.106. 이 논문에서는 무명(avijjā)을 네 가지로 분류하고 있다.
   첫 번째 불교교리에 대해서 무지한 것, 두 번째 생사윤회의 근원으로서 무명

에 대한 앎이 행의 소멸로 나아가지 못하는 경우가 대부분이다. 이런 경우 그 대답으로 제시되는 것이 사성제를 철저하게 알지 못해서 명으로 나아가지 못한다는 것이다. 그러나 여기서 중요한 것은 이때 말하는 사성제는 무엇이고, 무명의 대상이 되는 사성제가 무엇인지, 안다는 의미는 무엇인지에 대한 것이다.

만약 단순한 '앎'에 의해서 무명이 명으로 나아간다면, 초기불교부터 후대에 이르기까지 존재하는 수많은 수행 전통이 필요 없게 된다. 여기에서 단순한 앎이 아닌 수행에 의한 앎이 필요하다고 할 수 있다. 이러한 앎이 명이 가지는 앎의 고유한 의미의 일부라고 할 수 있다. 그러나 이렇게 되면 앎은 또 다른 종류의 앎이 된다고 할 수 있다. 이를 위해서 붓다의 깨달음의 현장에서 설명되고 있는 삼명(三明, tevijja)과 연관해서 무명을 살펴보아야 할 것이다.[6]

무명의 대상과 관련해서 『잡아함경』 298경에서는 사성제 이외에 다양한 대상을 설하고 있다. 무명을 전제·후제·전후제, 내·외·내외, 업·보·업보, 불·법·승, 고집멸도, 인·인소기법, 선·불선, 죄·무죄, 습·불습, 열·승, 염오·청정, 분별·연기 등을 알지 못하는 것으로 설명한다.

을 위치짓는 동시에 삼세에 관한 명지인 삼명을 설하는 것, 세 번째 첫 번째 의미로도, 두 번째 의미로도 해석가능한 것, 네 번째 칠수면, 칠결, 오상분결, 사액, 사폭류, 삼류와 같이 체계화된 번뇌의 하나로 설해지는 것이 있다. 무명 이해의 변천과 관련해서는 다음을 참조할 수 있다. 金沢 豊(2009) pp.20-34.

6　이러한 주장은 다음에서도 볼 수 있다. 권오민(2007) pp.7-50.

이른바 '무명을 인연하여 행이 있다'고 한다면 그 어떤 것을 무명(無明)이라 하는가? 만일 과거를 알지 못하고 미래를 알지 못하고 과거와 미래를 알지 못하며, 안을 알지 못하고 밖을 알지 못하고 안팎을 알지 못하며, 업(業)을 알지 못하고 과보(果報)를 알지 못하고 업과 과보를 알지 못하며, 부처님을 알지 못하고 법을 알지 못하고 승가를 알지 못하며, 괴로움을 알지 못하고 발생을 알지 못하며, 소멸을 알지 못하고 길을 알지 못하며, 인(因)을 알지 못하고 인이 일으키는 법을 알지 못하며, 착함과 착하지 않음을 알지 못하고, 죄가 있고 죄가 없음과 익히고 익히지 않음과 못나고 뛰어남과 더럽고 깨끗함과 분별과 연기를 모두 알지 못하며, 육촉입처를 사실 그대로 깨달아 알지 못하고, 그것을 그것이라고 알지 못하고 보지 못하며, 빈틈 없고 한결같음[無間等]이 없어 어리석고 컴컴하며, 밝음이 없고 크게 어두우면 이것을 무명이라고 하느니라.[7]

전제와 후제는 시간을 말한다. 과거세에서 미래세까지를 말한다. 내외는 자신과 타인을 모두 포함하는 말이다. 자신과 모든 대상에 대해서 과거세에서 미래세까지 업·보, 인·인소기법, 선·불선, 죄·무죄, 습·불습, 열·승, 염오·청정, 분별·연기를 알지 못하는 것이다. 이때 모르는 대상을 세 가지로 분류해 볼 수 있다. 업보, 인과와 같은 원인과 결과

---

7   T2.99.85a16-25. 『잡아함경』 298 「법설의설경(法說義說經)」 謂緣無明行者。彼云何無明? 若不知前際, 不知後際, 不知前後際, 不知於內, 不知於外, 不知內外, 不知業, 不知報, 不知業報, 不知佛, 不知法, 不知僧, 不知苦, 不知集, 不知滅, 不知道, 不知因, 不知因所起法, 不知善不善, 有罪無罪, 習不習, 若劣若勝, 染污清淨, 分別緣起, 皆悉不知 ; 於六觸入處, 不如實覺知, 於彼彼不知, 不見, 無無間等, 癡闇, 無明, 大冥, 是名無明。

의 관계, 불법승, 고집멸도와 같은 불교의 교리, 선·불선, 죄·무죄, 습·불습, 열·승, 염오·청정, 분별·연기와 같은 이분법적 계열를 알지 못하는 것이다. 첫째는 윤회하는 모습을 알지 못하는 것이고, 두 번째는 붓다의 가르침을 알지 못하는 것이고, 셋째는 이분법적인 중생의 삶의 모습과 사고방식을 알지 못하는 것이다. 이들은 붓다의 삼명과 연결되어 있다. 사성제는 붓다의 가르침 가운데 하나로 위치하고 있다. 그러므로 이 경전에 의하면 무명을 단순히 사성제를 모르는 것만으로 보는 것은 무명의 대상을 너무 단순화한 것이라고 할 수 있다.

무명의 의미를 삼명의 관점에서 세 가지 예를 통해서 직접적으로 볼 수 있다. 삼명은 원래 브라흐만교에서는 '세 가지 베다에 대한 앎'을 의미한다. 이러한 의미를 붓다는 불교적 의미로 해석한다.[8] 기존의 삼명의 의미를 붓다가 어떻게 사용하는지가 관건이 된다. 붓다의 삼명은 숙명수념지(宿命隨念智, pubbe-nivāsānussati-ñāṇa), 유정사생지(有情死生智, sattānaṃ cutupapāta-ñāṇa), 누진지(漏盡智, āsavānaṃ khaya-ñāṇa)의 세 가지이다. 줄여서 숙명지, 사생지, 누진지라고 하고, 육신통의 관점에서 보면 각각은 숙명통(宿命通), 천안통(天眼通), 누진통(漏盡通)에 해당한다. 숙명수념지와 숙명통, 누진통과 누진지는 유사한 이름을 가지고 있는 반면, 유정사생지와 천안통은 이름을 달리 한다. 천안은 사물과 존재의 본질을 꿰뚫어 볼 수 있으므로 존재의 생사를 꿰뚫어 볼 수

---

8   D13 「삼명경(Tevijja-sutta)」

있다는 전제가 함의되어 있다고 할 수 있다. 이 세 가지를 통해서 무명을 살펴볼 수 있을 것이다.

> 비구들이여, 그와 같이 비구는 여러 전생을 기억해 낸다. 즉 한 생, 두 생, 세 생, 네 생, 다섯 생, 열 생, 스무 생, 서른 생, 마흔 생, 쉰 생, 백 생, 천 생, 백 천생, 수많은 무너지는 겁, 수많은 이루어지는 겁, 수없이 무너지고 이루어지는 겁에 대해 기억한다. '거기에서 이름은 이러했고, 가문은 이러했고, 피부색은 이러했고, 음식은 이러했고, 즐거움과 괴로움의 경험은 이러했고, 목숨의 마침은 이러했으며, 그와 같이 그곳에서 죽어 저곳에 태어나 거기에서의 이름은 이러했고, 가문은 이러했고, 피부색은 이러했고, 음식은 이러했고, 즐거움과 괴로움의 경험은 이러했고, 목숨의 마침은 이러했으며, 그와 같이 거기에서 죽어 다시 태어났다'라고 이처럼 특징을 지닌, 내력을 지닌, 다종 다양한 전생의 거처를 기억해 낸다.[9]

숙명지는 과거생 자체를 아는 것을 말한다. 다양한 과거의 생을 살았다는 것을 확실히 아는 것이다. 이때의 아는 것을 기억한다는 용어로 표현하고 있다. 이러한 기억은 지금의 일상적인 인식기능으로는 알 수 없고, 일상적이지 않은 인식과정을 통해서 알 수 있다.[10] 인식되지 않는다는 측면에서 과거생은 심리적인 관점에서 보면 무의식의 일

---

9   M39 「앗사뿌라 긴 경(Mahāassapura-sutta)」, 『맛지마 니까야』 제2권, pp.256-257; M71 「왓차곳따 삼명 경(Tevijjavaccha-sutta)」

10   대림스님·각묵스님 옮김(2002) pp.409-487.

원이라고 할 수 있다. 여기서 무의식은 의식이 없는 것이 아니라, 의식되지 않을 만큼 미세한 의식을 의미한다. 무의식을 구성하는 다양한 구성요소 가운데 과거생도 또한 무의식적인 요소라고 할 수 있다. 이러한 과거생에서 쌓인 행이 현재의 행의 원인이 된다는 것을 볼 수 있다. 연기를 벗어남으로 인해서 윤회를 끊는 것이 불교의 목표라면, 연기가 이어지는 한 윤회가 지속된다는 것이다. 윤회가 지속되는 한, 윤회로 인해서 지난 생이 현재의 생과 연기적 관계에 있는 것은 당연한 귀결이라고 할 수 있다.[11] 다음으로 사생지를 살펴볼 수 있다.

> 비구들이여, 그와 같이 비구는 인간을 뛰어넘은 청정한 천신과 같은 눈으로 중생들을 본다. 죽어감, 태어남, 열등함, 수승함, 아름다운 용모, 추한 용모, 즐거운 곳, 고통스러운 곳에 그대로의 업에 따라가는 중생들을 알아차린다. '참으로 그대들이여, 이러한 중생들은 몸에 의한 악한 행위를 지녔고, 말에 의한 악한 행위를 지녔고, 마음에 의한 악한 행위를 지녀 성인을 비방하고, 삿된 견해를 지녀 삿된 견해의 업을 받는다. 그들은 몸이 무너져 죽은 후 고통스러운 곳, 비참한 곳, 험난한 곳, 지옥에 태어난다. 혹은 다시 그대들이여, 이러한 중생들은 몸에 의한 선한 행위를 지녔고, 말에 의한 선한 행위를 지녔고, 마음에 의한 선한 행위를 지녀 성인을 비방하지 않고, 바른 견해를 지녀

---

11 초기불교에서 윤회와 관련된 서적으로 다음의 두 권을 소개할 수 있다. David J. Kalupahana(2006); Bhikkhu Analayo(2018). 국내 논문으로는 다음의 두 편을 들 수 있다. 김준호(2010) pp.95-117; 임승택(2015) pp.1-31.

바른 견해의 업을 받는다. 그들은 몸이 무너져 죽은 후 좋은 곳에 나아가 하늘세계에 태어난다'라고, 이와 같이 인간을 뛰어넘은 청정한 천신과 같은 눈으로 중생들을 본다. 죽어감, 태어남, 열등함, 수승함, 아름다운 용모, 추한 용모, 즐거운 곳, 고통스러운 곳에 그대로의 업에 따라가는 중생들을 알아차린다.[12]

사생지는 육신통의 관점에서 천안통, 천신의 눈을 말한다. 천안통의 경우는 천신의 눈을 통해서 보기 때문에 물질적인 것에 의해서 걸리지 않는다. 바로 꿰뚫어볼 수 있는 것이다. 꿰뚫어보는 앎, 통찰지를 말하는 빤냐(paññā, penetration)도 여기에 해당한다고 할 수 있다.[13] 이러한 천안통은 모든 사물의 본질을 꿰뚫어 보는 것을 말한다. 이러한 본질을 꿰뚫어볼 때 행(行)이 생기지 않고, 반대로 꿰뚫어보지 못할 때 행이 생긴다는 것이다. 사물의 본질을 제대로 파악하지 못할 때 행이 발생하게 되는 것이다. 사생지로 중생의 삶의 본질이 윤회에 있음을 본다.

모든 중생의 행위를 '몸에 의한 악한 행위', '말에 의한 악한 행위', '마음에 의한 악한 행위'라는 신구의(身口意) 삼업의 차원에서 이야기하고, 여기에 '견해의 업'이 추가되고 있다. 이는 무명에서 행으로 나아갈 때 신구의 삼업의 행이 중요한 역할을 하는 것을 암시하고 있는 것이라고 볼 수 있다. '죽어감, 태어남, 열등함, 수승함, 아름다운 용모,

---

12 M39 「앗사뿌라 긴 경(Mahāassapura-sutta)」, 『맛지마 니까야』 제2권, pp.257-258;
    M71 「왓차곳따 삼명 경(Tevijjavaccha-sutta)」
13 무명과 빤냐의 관계에 대해서는 다음의 논문을 참조할 수 있다. 이은정(2019)
    pp.1-32.

추한 용모, 즐거운 곳, 고통스러운 곳', 즉 생사, 우열, 미추, 고락의 이분법에 의한 업에 따라서 중생을 본다. 이는 중생의 삶이 이분법에 의해서 움직이고 있다는 것을 꿰뚫어 보여준다고 할 수 있다.

> 비구들이여, 마치 산속 깊은 곳에 맑고 투명하고 깨끗한 호수가 있는데, 눈 있는 어떤 사람이 그곳 둑에 서서 조개껍데기, 자갈, 조약돌, 움직이거나 가만히 서 있는 물고기 떼를 보는 것과 같다. 그에게 이런 생각이 들 것이다. '이 호수는 참 맑고 투명하고 깨끗하구나. 여기 이런 조개껍데기가 있고, 자갈도 있고, 조약돌도 있고, 물고기 떼도 있어 움직이기도 하고 가만히 서 있기도 하는구나.'라고. 비구들이여, 그와 같이 비구는 '이것이 괴로움이다.'라고 있는 그대로 철저히 안다. '이것이 괴로움의 일어남이다.'라고 있는 그대로 철저히 안다. '이것이 괴로움의 소멸이다.'라고 있는 그대로 철저히 안다. '이것이 괴로움의 소멸에 이르는 길이다.'라고 있는 그대로 철저히 안다. 그는 이와 같이 알고 이와 같이 볼 때 그는 감각적 쾌락에 기인한 번뇌에서 마음이 해탈한다. 존재에 기인한 번뇌에서도 마음이 해탈한다. 무명에 기인한 번뇌에서도 마음이 해탈한다. 해탈했을 때 해탈했다는 지혜가 생긴다. '태어남은 다했다. 청정범행은 성취되었다. 할 일을 다 해 마쳤다. 다시는 어떤 존재로도 돌아오지 않을 것이다.'라고 안다.[14]

---

14   M39 「앗사뿌라 긴 경(Mahāassapura-sutta)」, 『맛지마 니까야』 제2권, pp.259-260; M71 「왓차곳따 삼명 경(Tevijjavaccha-sutta)」에서는 다음과 같이 나온다. "왓차여, 나는 모든 번뇌가 다하여 아무 번뇌가 없는 마음의 해탈[心解脫]과 지혜에 의한 해탈[慧解脫]을 바로 지금·여기에서 스스로 깨달아 알고 체득하고 성취

누진지는 삼명 가운데서도 가장 중요한 지(智)로 알려져 있다. 붓다는 초저녁에 숙명지, 한밤에 사생지, 새벽에 누진지를 통해서 깨달음을 얻는다.[15] 누진지 가운데 사성제에 초점을 맞추어 무명을 해석하는 것이 논리적 해석이다. 무명의 의미를 사성제에 초점을 맞추고 있는 것이다. 이는 마지막 누진지를 통해서 깨달음을 얻었기 때문에 누진지가 깨달음으로 이끈다는 주장이다. 최종적으로 누진지의 사성제에서 깨달음을 얻었기에 이것이 핵심이라는 것이다. 이와는 달리 전통적 해석은 삼명, 즉 숙명지, 사생지, 누진지 모두가 깨달음으로 이끌었다는 주장이다.[16] 사선(四禪)에서 숙명지로 마음을 향하게 하고, 숙명지에서 사생지로 마음을 향하게 하고, 사생지에서 누진지로 마음을 향하게 하는 것으로, 선정과 숙명지, 사생지, 누진지는 연결되어 있다는 것이다.

전통적 해석에서는 사성제에서 괴로움의 원인을 자신과 중생의 윤회로부터 발생하는 괴로움까지로 확대 해석하여야 한다는 부담이 있

해 머문다." 누진지의 핵심은 '번뇌로부터의 해탈'에 있다는 것을 볼 수 있다.

15 M36 「삿짜까 긴 경(Mahāsaccaka-sutta)」

16 이에 대한 근거문장으로 다음 문장을 들 수 있다. M39 「앗사뿌라 긴 경(Mahāassapura-sutta)」 "그는 이와 같이 마음이 집중되고, 청정하고, 깨끗하고, 흠이 없고, 오염원이 사라지고, 부드럽고, 안정되고, 흔들림이 없는 마음으로써 전생을 기억하는 지혜[宿命通]로 마음을 이끌어 내고 향하게 한다.", "그는 이와 같이 마음이 집중되고, 청정하고, 깨끗하고, 흠이 없고, 오염원이 사라지고, 부드럽고, 안정되고, 흔들림이 없는 마음으로써 중생들의 죽음과 삶에 관련한 지혜[天眼通]로 마음을 이끌어 내고 향하게 한다.", "그는 이와 같이 마음이 집중되고, 청정하고, 깨끗하고, 흠이 없고, 오염원이 사라지고, 부드럽고, 안정되고, 흔들림이 없는 마음으로써 모든 번뇌를 소멸하는 지혜[漏盡通]로 마음을 이끌어 내고 향하게 한다."

다. 또한 자신과 중생이 윤회하는 과정에서 쌓은 괴로움의 원인을 제거해야 한다는 것으로 사성제의 멸을 해석하여야 한다는 것도 부담으로 작용할 수 있다. 그러나 윤회도 또한 붓다가 본 진리라면 이를 설명하지 않는 것이 오히려 문제가 될 수 있다는 주장을 통해서 논리적 해석을 반박할 수 있다. 또한 논리적 해석에 대해서 십이연기에 대한 주지주의적 해석, 순환논증의 오류, 선결문제요구의 오류라는 비판이 가능하지만, 윤회 없이 십이연기를 설명할 수 있다는 것이 장점이 될 수 있다. 각각의 해석 모두 장단점을 가지고 있다. 이러한 해석의 접합점을 찾을 수 있을 것이다. 즉 사성제를 윤회적 관점에서, 또는 윤회를 사성제적 관점에서 이해할 수 있는 가능성이 있다.

먼저 무명을 포괄적 관점과 본래적 관점에서 이해할 수 있을 것이다. 포괄적 관점은 피정의항이 포함하는 범주를 포괄하는 방식으로 피정의항을 이해하는 것이고, 본래적 관점은 피정의항의 핵심을 이해하는 방식이다. 포괄적 관점에서 무명을 볼 경우, 무명은 삼명의 반대인 삼무명(三無明) 전체를 말한다고 할 수 있다. 포괄적 관점은 무명의 범주를 열거하는 것이므로, 시간적으로는 과거의 모든 생에 대한 무명과 공간적으로는 현재의 모든 중생에 대한 무명이 포함된다. 즉 삼명 가운데 숙명지와 사생지의 범주에 해당한다고 할 수 있다. 본래적 관점에서 무명을 이해할 경우에는 무명을 번뇌, 번뇌 가운데서도 무명루로 이해할 수 있다. 본래적 관점은 붓다의 원래의 의도, 즉 문제의식과 연관이 있다. 붓다는 본래 노병사의 문제를 해결하고자 하였고, 이를 위해서는 그 원인을 찾아서 제거하는 것에서 해답을 구하고 있다. 그 원인으로 등장하는 것이 무명이고, 무명의 원인은 삼명 가운데 숙명지와 사생지에서 볼 수 있는 윤회이고, 윤회의 원인은 누진지에서 볼 수 있는 삼루이다. 그리고 삼루 가운데 더 핵심인 무명루를 무명의 본래적 정의라고 할 수 있을 것이다. 즉 무명의 포괄적 정의는 삼무명(三無明)이라고 할 수 있고, 무명의 본래적 정의는 무명루(無明漏)라고 할 수 있다.

십이연기에서는 궁극적으로 '자신과 중생을 윤회하게 하는 루'를 괴로움의 근본원인으로 보고 있다. 루가 제거되지 않고 계속 남아있는 한, 이는 행과 식을 통해서 명색에 지속적으로 작용하게 된다. 루(漏, āsava)는 어원적으로 배에 물이 배어드는 것, 술항아리에서 거품이 배어나는 것을 말한다.[17] 누진(漏盡)은 심신이라는 술항아리에서 발효액이 더 이상 배어나지 않는 것, 다 배어나온 것을 말한다. 그리고 배의 비유에서 보면 배에 물이 더 이상 배어들지 않는 상태를 말한다. 안에 있는 번뇌가 제거되고, 밖에서 번뇌가 들어오지 않는 상태를 말한다. 윤회와 관련해서 이 비유를 보면 윤회는 전생에서 이번 생으로 번뇌가 배어들고, 이번 생에서 다음 생으로 번뇌가 배어나는 것을 말한다.

루에는 욕루(欲漏), 유루(有漏), 무명루(無明漏)의 삼루가 있다. 루는 다양한 번뇌 가운데 하나의 종류이면서, 윤회와 연관된 번뇌이다.[18] 욕

---

17 榎本 文雄(1981) pp.939-936; 榎本 文雄(1978) pp.158-159.
18 루 이외에도 폭류(ogha, 暴流), 속박(yoga, 軛), 매듭(gantha, 繫), 취착(upādāna, 取), 장애(nivaraṇa, 蓋), 잠재성향(anusaya, 隨眠), 족쇄(saṁyojana, 結), 오염(kilesa, 染, 煩惱) 등이 가능하다. 이들의 양상에 대해서는 다음의 논문을 참조할 수 있다.

루는 감각적 욕망의 번뇌 또는 욕계 존재의 번뇌, 유루는 존재의 번뇌 또는 색계와 무색계 존재의 번뇌를 말한다. 이들은 자신이 욕계, 색계, 무색계 존재로 윤회하면서 경험한 번뇌를 말한다. 무명루는 알려지지 않은 번뇌를 말한다. 무명루는 욕루, 유루 말고도 알려지지 않은 미세한 번뇌를 말한다. 이렇게 되면 지금 현재도 윤회의 과정이라고 하면, 세 가지 번뇌를 통해서 모든 번뇌를 포함하는 것이 된다.

누진지라는 이름에서 알 수 있듯이, 번뇌가 핵심이다. 그런데 이 번뇌는 알 수 없는 번뇌라는 것이다. 일상적 인식에서는 알 수 없는 번뇌이다. 왜냐하면 이때의 번뇌는 비일상적인 인식과정을 통해서만 알 수 있는 윤회와 연관되어 있기 때문이다. 이러한 의미에서 무명은 '알려지지 않은 미세한 번뇌'라고 할 수 있다.[19] 무명을 '알지 못함', '무지'로 번역하기보다는 '번뇌에 대한 무지'라고 해야 할 것이다.

이처럼 알 수 없는 수많은 미세한 번뇌가 원인이 되어 십이연기의 나머지 각지를 일으킨다. 알 수 없는 수많은 미세한 번뇌 가운데 어떤 하나 또는 다수가 무명이라는 첫 번째 각지가 된다. 여기서 알 수 있듯이 무명은 하나의 단일 요인이 아니라고 할 수 있다. 수많은 요소라고

윤희조(2018) pp.215-243.

19 연기의 첫 번째에 놓여 있는 무명은 윤회의 원인이기도 하다. 알려지지 않은 미세한 번뇌가 윤회의 원인 역할을 한다. 이들이 무명행식을 거쳐, 명색에 영향을 주기 전까지의 과정이 윤회의 주체로서 역할을 한다. 이들은 일상적 인식과정에서는 알려지지 않을 만큼 미세하기 때문에 일상적 인식 과정에서는 인식되지 않는다고 할 수 있다. 그러므로 거친 인식과정에 의해서 만들어진 '나'는 윤회의 주체의 역할을 할 수 없다고 할 수 있다.

할 수 있다. 이러한 요소를 하나의 단어로 부르고 있는 것이지, 하나의 단일 요소라고 할 수는 없을 것이다. 그러므로 이들 전체를 제거할 경우에 나머지 각지가 사라진다고 할 수 있다. '안다'라고 할 때, 이러한 알 수 없는 번뇌까지를 알고 제거하는 것을 말한다. 무명은 근본원인과 같은 역할을 한다. 근본원인이라고 해서 신(神)과 같은 하나의 단일한 원인을 말하지 않는다. 무명도 또한 연기의 고리에 의해서 연결되어 있다.[20] 무명이 십이연기의 첫 번째 고리이기에 무명 이전에는 연기적 고리가 존재하지 않는 것으로 보이지만, 실제로는 무명도 또한 연기의 하나의 각지이므로 무명도 또한 연기의 하나의 고리로 보아야 한다.

사성제의 관점에서 무명을 다음과 같이 볼 수 있을 것이다. 숙명지와 사생지를 통해서 본 자신과 중생의 윤회의 과정은 현재의 괴로움의 현상 자체인 고성제로도 볼 수 있고, 또한 윤회의 과정은 노병사라는 현상의 원인으로도 볼 수 있다. 숙명지와 사생지는 고성제, 집성제라고 할 수 있다. 누진지에서 번뇌를 제거하는 과정은 도성제에 해당하

---

20 「무명 경(Avijjā-sutta, A10:61)」에서는 '조건이 있기 때문에 무명은 있다.'라고 꿰뚫어 알아야 한다면서, 붓다는 무명의 자양분을 오장애라고 대답한다. 그리고 오장애의 자양분은 신구의(身口意)로 짓는 나쁜 행위이고, 신구의로 짓는 나쁜 행위의 자양분은 감각기능을 단속하지 못함이고, 감각기능을 단속하지 못함의 자양분은 마음챙기지 못하고 알아차리지 못함이고, 마음챙기지 못하고 알아차리지 못함의 자양분은 지혜 없이 마음에 주의를 기울임이고, 지혜 없이 마음에 주의를 기울임의 자양분은 믿음 없음이고, 믿음 없음의 자양분은 정법을 배우지 않음이고, 정법을 배우지 않음의 자양분은 참된 사람을 섬기지 않음이라고 대답한다.

고, 심해탈과 혜해탈을 이루는 것은 멸성제에 해당한다고 할 수 있다. 누진지에서 제시되고 있는 삼루는 집성제에 해당한다고 할 수 있다. 윤회를 포함한 전체 과정에 대해서 사성제적 관점이 적용될 수 있는 것을 볼 수 있다.

또한 연기의 관점에서 사성제와 무명을 다음과 같이 볼 수 있을 것이다. 연기의 각지 하나하나가 괴로움이라는 사성제의 고성제의 원인을 찾는 과정이므로, 연기의 첫 번째 각지인 무명은 집성제에 해당한다. 그러므로 무명은 집성제, 즉 번뇌의 일종이 된다. 번뇌 가운데서도 무명루가 핵심이라고 할 수 있다. 무명루는 미세하기 때문에 알려지지 않은 번뇌를 말한다. 그러므로 무명은 번뇌의 일종이고, 미세한 번뇌로 볼 수 있다. 무명루는 무명이 번뇌에 포함된다는 것을 용어 자체에서 보여주고 있다. 미세한 번뇌는 연기과정을 거치면서 이후의 각지에서 점점 더 증강하게 된다. 이러한 배경하에서 무명에서 이어지는 각지인 행과 식을 살펴볼 수 있다.

3. 행과 식

물질적 요소와 정신적 요소가 결합되어 있는 명색(名色)은 순수한 물질과 정신의 차원을 벗어나 식과 행에 의해서 물들어 있는[染] 존재가 된다. 이는 인간은 백지상태로 태어나거나 존재하는 것이 아니라, 수많은 행이 선입견(先入見)과 선입행(先入行)으로 존재하고 있다는 것을 보여준다. 그러므로 인간의 이러한 선입견행(先入見行)이 이후의 삶의 노병사를 결정짓는다고 할 수 있다. 그러므로 노병사의 원인은 과거의 행식(行識)에 의해서 이루어진다고 할 수 있다.

인간은 순수의식의 존재가 아닌 수많은 행에 의해서 연기의 고리로 연결되어 있는 존재이다. 이러한 실존적 조건에 의해서 인간은 노병사라는 실존적 현실을 경험하게 되는 것이다. 인간의 행은 신구의(身口意)라는 세 가지 차원에서 만들어진다. 마음과 행동과 말에 의해서 만들어진다.

> 비구들이여, 그러면 어떤 것이 의도적 행위들[行]인가? 비구들
> 이여, 세 가지 의도적 행위가 있나니 몸의 의도적 행위, 말의
> 의도적 행위, 마음의 의도적 행위이다. 비구들이여, 이를 일러
> 의도적 행위들이라 한다.[21]

이는 무명에서 사생지를 설명할 때, 신구의 세 가지 차원에서 중생의 행위를 설명하는 것과 연결된다. 행(行, saṅkhārā)은 크게 세 가지 용례를 통해서 볼 수 있다. 오온의 행(行), 신구의 삼업의 행(行), 십이연기의 행(行)이 그것이다. 세 가지가 다른 용례로 사용되고 있다고 할지라도, 공통점이 있기 때문에 동일한 용어를 사용할 것이다. 오온의 행은 오온의 다양한 기능 가운데 행의 기능을 말한다. 행의 원어

---

21 S12:2 「분석 경(Vibhaṅga-sutta)」, 『상윳따 니까야』 제2권, pp.100-101.

[saṅ+kṛ]로 볼 때[22] '상(saṅ)의 작용을 하는 것'을 말한다. 이때의 상을 어떻게 볼 것인지가 문제가 된다. 상은 '함께'라는 의미로 함께 작용함으로 다양한 작용을 만들어 내는 것을 의미한다. 끄리(kṛ)가 무엇인가를 '하는 것'이라면, 상(saṅ)은 '무엇인가를 할 때 작용을 가하는 것'을 말한다. 이때의 작용은 조작(operation)이고, 의도(intention)라고 할 수 있다. 조작은 나쁜 의미에서의 조작이 아니라, 원래의 방향과는 다른 방향으로 무엇을 하는 것 전체를 말하는 것이다. 즉 무엇을 있는 그대로(如理作意) 하는 것이 아니라, 비여리작의(非如理作意)한 방향으로 하는 것이다. 오온의 관점에서 행은 의도(思, cetanā, intention)로 볼 수 있다. 의도는 동기(motivation)를 말한다. 이러한 동기에는 다양한 욕구(desire)가 포함된다. 이처럼 의도, 동기, 욕구의 영역이 행의 영역이다. 또한 오온에 대해서 위의 '조작'이라는 의미를 대입하면, 오온 가운데 마음작용 또는 심소(心所, cetasika)의 영역에 해당하는 수(受)와 상(想)은 행의 영역에 포함된다. 행 가운데 수와 상의 작용이 특별하기 때문에 따로 구분하여 오온의 하나로 구분하고 있다. 행의 의미에서 보면 수·상 둘 다 행의 범주에 포함된다. 좀 더 나아가서 오온 전체가 행의 범주에 포함된다. 물질성이라고 할 수 있는 색(色)과 마음성이라고 할

---

22 PED p.665. Sankhāra Sankhāra Sankhāra [fr. saṇ+kṛ, not Vedic, but as saṇskāra Epic & Class. Sk. meaning "preparation" and "sacrament," also in philosophical literature "former impression, disposition," cp. vāsanā] one of the most difficult terms in Buddhist metaphysics, in which the blending of the subjective : objective view of the world and of happening, peculiar to the East, is so complete, that it is almost impossible for Occidental terminology to get at the root of its meaning in a translation.

수 있는 식(識)도 행에 포함된다고 할 수 있다. 물질성에는 크게 시간성과 공간성이 있는데, 시간성은 변화, 공간성은 변괴를 말한다. 시간에 따라서 변화하고, 공간에 따라서 파괴되는 측면을 말한다. 이러한 변화도 일종의 조작이라고 할 수 있다. 그리고 마음의 경우도 심의식(心意識) 모두 변화와 연관되어 있다. 집기(集起)하는 심, 사량(思量)하는 의, 요별(了別)하는 식이 모두 변화, 조작과 관련된다고 할 수 있다. 이러한 의미에서 오온 전체를 행이라고 부를 수 있다. 그러므로 오온이 행이 되면, 이러한 행의 대표를 취(取)라고 하여 오취온(五取蘊)이라고 부른다. 이렇게 되면 일체행고(一切行苦)가 이해가 된다.[23] 일체행이라고 할 때, 행을 오온으로 볼 수 있기 때문에 가능한 것이다.

그리고 행이 미치는 영역은 신구의(身口意) 삼업(三業)이다. 행을 다른 말로 업이라고 한다. 이때의 업은 사고 작용부터 사회 활동까지를 말한다. 가장 내밀한 부분부터 가장 드러나는 부분까지를 모두 포함한다. 모든 활동을 업이라는 용어로 사용하고 있다. 업과 행은 다루고 있는 영역이 같기 때문에 행과 업을 동의어로 함께 쓸 수 있다. 신구의(身口意)는 오온의 활동 전체를 말한다. 오온은 물질적 요소와 정신적 요소 둘로 나누어지지만, 활동은 신구의 세 가지 활동으로 구분된다. 오온의 행, 신구의의 행이라는 행의 두 가지 용례를 바탕으로 십이연

---

23   일체개고(一切皆苦)의 원어는 'sabbe saṅkhārā dukkhā'이다. 축자적으로 번역하면 '일체행고(一切行苦)'이다. 일체가 의미하는 바가 행의 범주에 해당한다는 것이다.

기의 행을 살펴볼 수 있을 것이다. 경전에서는 세 번째 각지인 식을 육식(六識)으로 말하고 있고, 아비담마에서는 식을 재생연결식으로 보고 있다.[24]

> 비구들이여, 그러면 어떤 것이 의식[識]인가? 비구들이여, 여섯 가지 의식의 무리가 있나니 눈의 의식, 귀의 의식, 코의 의식, 혀의 의식, 몸의 의식, 마노의 의식이다. 비구들이여, 이를 일러 의식이라 한다.[25]

육식은 삼세를 과거, 현재, 미래로 보고 있고, 재생연결식은 삼세를 과거생, 현재생, 미래생으로 보고 있기 때문이다. 과거, 현재, 미래의 시간으로 보면 식과 명색은 과거의 행을 바탕으로 현재 상호작용하면서 미래의 각지를 만들어내는 것이 된다. 그리고 과거생, 현재생, 미래생의 시간으로 보면 현재생의 식은 과거생의 재생연결식으로 명색에 영향을 끼치고 미래생의 각지를 만들게 된다. 식을 재생연결식으로 보는 것은 십이연기를 과거생, 현재생, 미래생의 관점에서 보는 것이다. 이는 숙명지와 사생지의 관점에서의 이해라고 할 수 있다. 숙명지와 사생지는 과거생에 대한 앎이므로 재생연결식으로 볼 수 있다.

재생연결식의 관점에서 식을 보면 윤회의 과정이 포함될 수 있는

---

24 대림스님·각묵스님 옮김(2002) p.664; 마하시 아가 마하 빤디따, 김한상 옮김 (2014) pp.74-79.
25 S12:2 「분석 경(Vibhaṅga-sutta)」, 『상윳따 니까야』 제2권, p.99.

장점이 있는 반면, 이러한 관점은 십이연기를 발생론적 관점에서 보기 때문에 십이연기의 현재적 중요성이 부각되지 못한 측면이 있다. 십이연기를 현재생에서 과거, 현재, 미래의 삼세에 걸쳐서 작동하고 있는 것으로 본다면 연기의 순관과 연기의 역관이 나의 현재생의 문제가 될 수 있다. 현재생에서 가능하기 때문에 붓다도 또한 자신의 현재생에서 연기의 역관을 한 것이다.

십이연기의 과거, 현재, 미래의 관점에서 본다면 두 번째 각지의 식은 재생연결식 뿐만 아니라 이숙식, 유지식으로까지 볼 수 있다. 이숙식은 재생연결식과 마찬가지로 아비담마에서 사용되는 개념인 반면,[26] 유지식은 유식학에서 사용되는 개념이다. 이숙식은 과거의 식의 결과로서의 마음으로, 기억으로 저장되는 식을 말한다. 선악의 관점에서 보자면 무기이지만, 이전의 행의 결과로서의 식으로, 기억으로 저장된다. 이때의 이숙식은 저장된 식이 된다. 식은 작용의 과정과 작용의 결과를 동시에 가리키는데, 여기서는 작용된 것을 말한다. 식과 명색은 상호작용하므로, 명이라는 정신적 요소와 연관해서는 이숙식, 즉 기억과 관련이 있다고 할 수 있고, 색이라는 물질적 요소와 관련해서는 유지식, 즉 신체를 유지하는 식과 관련이 있다고 할 수 있다. 유지식과 이숙식 그리고 재생연결식 3가지가 명색에 영향을 끼치는 주요한 식이라고 할 수 있다.

---

26 식을 이숙식으로 보는 관점은 다음에서도 볼 수 있다. 대림스님·각묵스님 옮김(2002) p.662.

무명에 의한 행이 식에 영향을 미치고 이 식은 명색과의 상호작용을 통해서 나머지 각지를 만들어낸다. 순서상으로는 무명이 첫 번째에 오지만, 근간으로 보면 명색이 근간이 된다. 명색에 무명과 행으로 인한 식이 지속적으로 자양분을 제공하고, 이렇게 제공된 자양분을 통해서 명색이 나머지 각지를 지속적으로 발생시키게 되는 것이다.[27] 이러한 자양분을 통해서 식은 지속적으로 명색과 상호교류하면서 지속적으로 연기의 나머지 각지를 만들어 낸다.

무명·행·식까지의 연기과정을 연속적으로 해석하면, '알지 못하는 미세한 번뇌로 인해서 신구의 세 차원에서 조작된 기억'이 된다. 이것이 명색과 상호작용하면서 나머지 각지를 지속적으로 생산해낸다. 이러한 생산으로 인해서 윤회가 지속된다. 윤회에 의해서 현재생이 시작되었지만, 현재생도 또한 윤회의 한가운데에서 윤회를 지속적으로 재생산하는 윤회의 고리 역할을 하고 있다. 이렇게 해석할 수 있다면 이를 바탕으로 무명행식의 과정에 대한 변화의 가능성을 추구할 수 있을 것이다.

---

27 자양분에 관해서는 다음의 논문을 참조할 수 있다. 大森 一樹(2008) pp.332-335.

4. 삼명의 방법론

붓다는 노병사의 가능근거로서의 윤회를 제거함으로 인해서 노병사의 문제를 해결한다. 노병사가 그 자체로 성립하는 것이 아니라, 윤회라는 조건 위에서 성립하는 것이고, 이러한 조건을 제거함으로 인해서 노병사를 해결한 것이다. 붓다는 원인과 결과의 연기적 관계를 통해서 근본원인으로까지 거슬러 올라간 이후에 자신의 십이연기의 그물망에 더 이상 걸리지 않게 된다. 이러한 연기의 그물망은 나머지 중생들에게는 여전히 존재하지만, 붓다는 자신의 연기망에서 벗어난다. 무명은 하나의 단일한 무명이 아니고 다양한 요소들이 연결되어 있는, 연기되어 있는 것으로 보아야 한다. 무명과 명의 대조에서 무명에서 명으로 나아가는 방법론이 도출된다고 할 수 있다. 무명에서 명으로 나아가게 하는 것을 삼명을 통해서 살펴보기 때문에 삼명의 방법론이라고 할 수 있다.

명을 삼명에 맞추어 세 가지로 해석할 수 있을 것이다. 첫 번째는 밝히는 것(lighten)이 명이라고 할 수 있다. 이때 밝히는 것은 어둠을 밝히는 역할을 한다. 어둠의 반대인 밝음의 의미로 명을 드러낸 것이다.[28] 이러한 명은 이제까지 의식화되지 않은 것을 의식화하는 작업이라고 할 수 있다. 의식의 빛에 의해서 드러나지 않은 무의식 또는 잠재

---

28 한자어 명(明)은 어원적으로 보면 창문을 통해서 달빛이 들어오는 것을 의미한다. 빛이라는 의미가 어원적으로 이미 존재한다고 할 수 있다. 하영삼(2014) p.234.

의식을 밝히는 것을 말한다. 이러한 무의식은 과거의 생에 걸친 무의식으로까지 나아갈 수 있다. 이러한 전체적인 스케일의 가능성을 불교에서는 숙명지로 보고 있다. 이전 생의 무명의 어둠을 밝히는 것을 말한다. 윤회의 과정을 밝히는 것이다. 숙(宿)을 밝히는 것을 말한다. 이때의 숙은 자체적으로 과거라는 의미와 함께 어둠(暗)이라는 의미를 함께 가지고 있으므로 이러한 해석의 가능성이 있다고 할 수 있다. 또한 지금 현재생도 윤회의 한 가운데라는 것에 대해서 철저하게 인식하는 것이 또한 윤회를 밝히는 것이다. 과거의 윤회를 아는 것은 현재도 또한 윤회의 한 과정이라는 것에 대한 철저한 앎으로 이어진다. 이것을 밝힘의 방법론이라고 할 수 있다.

두 번째로 아는 것(know)이 명이라고 할 수 있다. 이때 무명은 무지로 번역하고, 명을 지(知)로 이해하는 것이 된다. 이는 천안통, 사생지와 관련된다고 할 수 있다. 천안통은 본질을 꿰뚫는 시선으로 이해할 수 있으므로 존재의 삶의 과정을 있는 그대로 직관하는 것이 된다. 이러한 이해는 신적인 존재는 물질에 의해서 방해받지 않기 때문에 본질을 꿰뚫어보는 것이 가능하다는 전제 위에 성립하는 것이다. 중생을 분별적으로 보지 않고, 무분별(indifference)하게 보아야 한다. 연기는 좋은 것과 나쁜 것 두 가지에 의해서 모두 연기가 된다. 관계가 없을 때 연기적 관계가 사라지게 된다. 무분별하면 원인과 결과를 따로 구분할 수 없게 된다. 나와 연관이 없다, 나와 무관하다고 할 때, 연기가 다하게 된다(盡). 이러한 것을 철저히 아는 것을 앎의 방법론이라고 할 수 있다.

세 번째 해석으로는 맑히는 것(purify)을 의미할 수 있다. 이는 누진의 축자적 해석과 연관되어 있다. 누를 다하는 것을 말한다. 이때 다한다는 것은 해결한다(solve)는 의미이다. 여기서 해결한다는 의미는 연기적 관계를 제거하다(eliminate) 또는 연기적 관계로부터 자유롭다(liberate)는 의미로 볼 수 있다. 맑히는 방법에 대한 이해는 단순히 깨끗하게 하는 것에 초점이 있는 것이 아니다. 더 이상 연기적 관계에 얽히지 않게 되는 것에 초점이 있다. 세 번째 해석으로서 맑힌다는 해석은 깨끗하게 하는 것과는 의미를 달리한다고 할 수 있다. 깨끗하게 하는 것은 연기의 한 극단으로 가는 것일 뿐이다. 정(淨)과 부정(不淨) 둘을 함께 벗어나야 한다. 둘로부터 자유롭게 되는 것이다. 또한 맑히는 것은 번뇌를 다루는 것이다. 이 번뇌로 인해서 윤회는 지속된다. 윤회의 근본원인으로서의 번뇌를 해결하는 것이다. 이를 맑힘의 방법론이라고 할 수 있다.

삼명의 방법론은 윤회를 밝히고, 중생과 나의 삶의 본질을 알고, 번뇌로부터 맑아지는 것이다. 이를 삼명의 방법론이라고 부를 수 있다. 또한 이는 삼명의 차원에서 숙명지, 사생지, 누진지와 연관해서 살펴본 방법론이다. 삼명의 방법론과 더불어 모든 번뇌(asava, 漏)를 끊는 방법을 볼 수 있다. 루에는 가장 전형적인 형태의 누를 다룰 수 있는 반면, 일체의 번뇌를 가장 광범위하게 포괄하는 루도 있다. 「일체번뇌경」에서는 번뇌의 종류에 따라서 각각에 맞는 대처 방법을 제시한다.

관찰에 의해 끊어지는 번뇌가 있고, 수호에 의해서 끊어지는 번뇌가 있고, 수용에 의해서 끊어지는 번뇌가 있고, 인내에 의해서 끊어지는 번뇌가 있고, 피함에 의해서 끊어지는 번뇌가 있고, 제거에 의해서 끊어지는 번뇌가 있고, 닦음과 익힘에 의해서 끊어지는 번뇌가 있다.[29]

관찰, 수호, 수용, 인내, 피함, 제거, 닦음의 방법을 제시한다. 이는 모든 번뇌를 제거하는 방법에 따라서 분류하고 있다. 그렇다면 관찰하지 않음, 수호하지 않음, 수용하지 않음, 인내하지 않음, 피하지 않음, 제거하지 않음, 수행하지 않음으로 인해서 번뇌가 생긴다. 여기에서 볼 때 누진에서 '다한다'는 것이 반드시 제거를 의미하지는 않는다. 다하는 방식에 대해서는 위에서 본 일체번뇌를 다루는 방식에서 그 예를 볼 수 있다. 제거의 방식은 다양한 방식 가운데 하나의 방식이다. 일곱 가지 번뇌를 다루는 방식을 포괄하는 것을 '해결하다'는 용어로 사용할 수 있다.

무명이 무명인 이유는 번뇌에 있다고 할 수 있다. 번뇌로 인해서 이 삼명을 알지 못하고, 삼무명으로 인한 무명으로 인해서 십이연기의 나머지 각지가 발생하게 된다. 무명을 무명이게끔 하는 번뇌 가운데 가장 근본이 되는 것이 무명루가 된다. 무명루는 무명의 근원이 된다.

---

29 M2「모든 번뇌의 경(Sabbāsava-sutta)」,『맛지마 니까야』제1권, p.174; A6:58「번뇌 경(Āsava-sutta)」. 루와 관련해서 다음의 논문을 참조할 수 있다. 윤응열(각성)(2008) pp.109-145; 우동필(2014) pp.173-216.

알려지지 않은 미세한 번뇌가 가장 근원적인 원인이 된다. 무명루는 무명이 루가 된다는 것을 보여준다. 이렇게 되면 무명은 무명루가 된다. 무명이 일종의 번뇌라는 점이 분명해진다. 또한 무명의 핵심이 무엇인지를 따라서 정의하면, 즉 본래적 정의에 의하면 무명은 무명루라고 정의할 수 있을 것이다. 무명에는 어떤 것들이 있는지에 따라서 정의하면, 즉 포괄적 정의에 의하면 무명은 삼무명이라고 할 수 있다는 것을 알 수 있다. 무명의 두 가지 정의가 분명해진다.

본 장은 십이연기의 첫 번째 각지인 무명에 대한 이해를 추구하고 있다. 무명을 단순히 사성제에 대한 무지로 이해할 경우에는 붓다의 깨달음의 내용인 십이연기를 설명하기에는 부족하다는 것이 문제의식이었다. 삼명을 통해서 무명을 밝힘으로 인해서 무명의 의미가 좀 더 분명하게 드러나게 된다. 윤회의 과정, 중생의 삶, 번뇌를 알지 못하는 것이 무명이고, 이러한 삼명을 사성제의 관점에서 볼 수 있다. 삼명에 반대되는 삼무명은 무명에 대한 포괄적 정의라고 할 수 있고, 번뇌 가운데 무명루는 무명에 대한 본래적 정의라고 할 수 있다. 그리고 번뇌를 제거하는 방법으로 삼명의 방법론을 제시하고 일체번뇌에 대해서는 일곱 가지 방법론을 제시하고 있다. 붓다는 노병사라는 현실을 윤회로부터 벗어남을 통해서 해결한다. 그러므로 연기의 첫 번째 각지에는 윤회의 원인이 놓여 있다. 윤회의 원인은 윤회를 일으키는 알려지지 않을 만큼 미세한 번뇌이다. 붓다는 이러한 번뇌를 제거하는 방법을 삼명을 통해서 보여주고 있다. 이러한 삼명의 방법론은 윤회의 한가운데 있는 우리에게 여전히 유효한 방법일 것이다.

참고문헌

A6:58 「번뇌 경(Āsava-sutta)」

A10:61 「무명 경(Avijjā-sutta)」

D13 「삼명경(Tevijja-sutta)」

M2 「모든 번뇌의 경(sabbāsava-sutta)」

M36 「삿짜까 긴 경(Mahāsaccaka-sutta)」

M39 「앗사뿌라 긴 경(Mahāassapura-sutta)」

M71 「왓차곳따 삼명 경(Tevijjavaccha-sutta)」

PED = *The Pali Text Society's Pali-English Dictionary*, ed. by T. W. Rhys Davids and William Stede, London: The Pali Text Society, 1921-5/1986.

S12:1 「연기 경(Paṭiccasamuppāda-sutta)」

S12:2 「분석 경(Vibhaṅga-sutta)」

S38:9 「무명 경(Avijjā-sutta)」

S56:17 「무명 경(Avijjā-sutta)」

T2.99.298.『잡아함경』「법설의설경(法說義說經)」

『마하박가-율장대품』 = 전재성 역주(2014), 『마하박가-율장대품』, 서울: 한국빠알리성전협회.

『맛지마 니까야』 = 대림스님 옮김(2012), 『맛지마 니까야』 제1-4권, 울산: 초기불전연구원.

『상윳따 니까야』 = 각묵스님 옮김(2009), 『상윳따 니까야』 제1-5권, 울산: 초기불전연구원.

榎本 文雄(1978), 「asrava について」, 『印度學佛教學研究』 27卷1号, pp.158-159.

榎本 文雄(1981), 「仏教における三明 (tisso vijja) の成立」, 『印度學佛教學研究』 29卷2号, pp.939-936.

권오민(2007), 「4聖諦와 12緣起」, 『한국불교학』 47, 서울: 한국불교학회, pp.7-50.

김준호(2010), 「초기불교 윤회설의 한 단면」, 『동아시아불교문화』 5, 부산: 동아시아불교문화학회, pp.95-117.

金沢 豊(2009), 「無明理解の変遷 : パーリ『相応部』から『中論頌』注釈書まで」, 『龍谷大学大学院文学研究科紀要』 31, pp.20-34.

대림스님·각묵스님 옮김(2002), 『아비담마 길라잡이 2』, 울산: 초기불전연구원.

大森 一樹(2008), 「Samyutta-Nikayaにおける縁起の根拠としての四食」, 『印度學佛教學研究』 57巻1号, pp.332-335.

마하시 아가 마하 빤디따, 김한상 옮김(2014), 『마하시 사야도의 12연기』, 서울: 행복한 숲.

服部 弘瑞(1997), 「原始仏教に於ける無明(avijja)の語義に就いて」, 『パーリ学仏教文化学』 10巻, pp.105-111.

우동필(2014), 「『MN 9경』과 『중아함 29경』에 나타난 무명과 누의 해석 문제」, 『선문화연구』 16, 서울: 한국불교선리연구원, pp.173-216.

윤응열(각성)(2008), 「초기경전에 나타난 āsava의 특성에 대한 고찰」, 『불교문화연구』 9, 서울: 동국대학교 불교사회문화연구원, pp.109-145.

윤희조(2018), 「영역과 정의의 관점에서 보는 번뇌의 심리학」, 『동서철학연구』 89, 대전: 한국동서철학회, pp.215-243.

이은정(2019), 「무명(avijjā)과 그 극복방안으로서의 반야(paññā)에 대한 고찰 – 초기불교의 연기설(paṭiccasamuppāda)을 중심으로」, 『불교학연구』 58, 화성: 불교학연구회, pp.1-32.

임승택(2015), 「무아·윤회 논쟁에 대한 비판적 검토 – 초기불교를 중심으로 –」, 『불교학연구』 45, 화성: 불교학연구회, pp.1-31.

하영삼(2014), 『한자어원사전』, 부산: 도서출판3.

Bhikkhu Analayo(2018), *Rebirth in Early Buddhism and Current Research*, Boston: Wisdom Publications.

David J. Kalupahana(2006), *Karma and Rebirth Foundations of Buddha's Moral Philosophy*, Colombo: Buddhist Cultural Centre.

4 사념처, 오장애, 칠각지

붓다의 가르침은 괴로움과 괴로움의 소멸을 이야기한다. 괴로움을 소멸하는 방법론으로는 괴로움의 원인을 찾아서 이를 제거하는 방법을 제시하고 있다. 괴로움의 원인으로 제시되고 있는 것이 번뇌이다. 번뇌는 다양한 이름으로 불리고 있다. 다양한 이름으로 불린다는 것은 오온 안에서 다양한 작용을 하고 있다는 의미이다. 오온을 기능적인 관점에서 볼 때, 번뇌는 각각의 오온에 대해서 기능을 방해하는 역기능을 하고 있는 것이다.

이러한 번뇌 가운데 대표적인 것이 오장애이다. 장애는 덮고 있는 것이다. 기능적으로 보면 기능이 제대로 발휘되지 못하도록 방해하고, 덮고, 가리고 있는 것을 말한다. 장애[蓋]는 기능적 관점에 부응하는 번뇌의 개념이라고 할 수 있다. 장애의 함의 속에는 장애를 제거하면, 기능이 제대로 발휘될 수 있다는 것이 전제되어 있다고 할 수 있다. 이러한 장애를 중심으로 장애가 제대로 제거될 수 있도록 하는 방법론과 이를 통해서 드러나는 것이 무엇인지를 살펴보고자 한다.

오장애는 기존에는 오장애를 가라앉힘으로써 선정에 든다는 방향성이 강조되어 왔다. 본 장은 이러한 방향성과 함께 오장애를 사념처를 통해서 제거함으로써 칠각지로 나아가는 방향성을 제시하고자 한다. 오장애로부터 선정으로 나아갈 수도 있고, 깨달음으로 나아갈 수도 있다. 칠각지가 두 가지 방향성을 모두 가지고 있다는 것, 즉 칠각지에 대한 대치적 해석과 순차적 해석을 드러냄으로써 오장애, 사념처, 칠각지의 관계에 대한 이해를 높이고자 한다.

1. 칠각지의 의미

칠각지[七覺支, satta-bojjhaṅga, seven factors of awakening]라는 용어는 문자적으로 보면 '깨달음은 일곱 가지 요소로 이루어져 있다'는 의미가 있다.[1] 빨리어 보장가(bojjhaṅga)는 보디(bodhi)와 앙가(aṅga)의 복합어로서, 보디는 깨달음[覺], 앙가는 요소[支]를 의미한다. 칠각지는 염각지(念覺支, sati-sambojjhaṅga), 택법각지(擇法覺支, dhamma-vicaya-sambojjhaṅga), 정진각지(精進覺支, viriya-sambojjhaṅga), 희각지(喜覺支, pīti-sambojjhaṅga), 경안각지(輕安覺支, passaddhi-sambojjhaṅga), 정각지(定覺支, samādhi-sambojjhaṅga),

---

1   PED p.491. Bojjhanga [bodhi+anga; cp. BSk. bodhyanga, e. g. Lal. Vist. 37, where the 7 are given at Divy 208] a factor or constituent of knowledge or wisdom.

사각지(捨覺支, upekkhā-sambojjhaṅga)의 일곱 가지 요소로 구성되어 있다.[2] 알아차림을 확립하는 것은 염각지이고, 알아차리면서 지혜로써 그 법을 관찰하고 점검하고 탐구하는 것은 택법각지이고, 탐구하면서 지칠 줄 모르게 정진하는 것은 정진각지이고, 정진이 생겨서 출세간적인 기쁨이 생기는 것은 희각지이고, 기쁨을 느껴 몸도 편안하고 마음도 편안한 것은 경안각지이고, 몸이 편안하고 즐거워 마음이 삼매에 드는 것은 정각지이고, 삼매에 들어 안으로 평정하게 되는 것은 사각지이다.[3] 경전에서는 '깨달음으로 인도한다'는 의미에서 '깨달음의 요소[覺支, bojjhaṅga]'라고 한다.

세존이시여, '깨달음의 요소, 깨달음의 요소'라고들 합니다. 세
존이시여, 어째서 깨달음의 요소라고 합니까? 비구여, '깨달음

---

2 깨달음의 요소가 합성어로 사용될 때는 sambojjhaṅga로 나타나고, 단독으로 사용될 때는 bojjhaṅga로 나타난다. 이러한 차이만 있을 뿐이지 sambojjhaṅga와 bojjhaṅga는 동의어로 사용된다. 『상윳따 니까야』 제5권 pp.289-290. 일곱 가지 깨달음의 요소[七覺支]를 다음과 같이 제시하고 있다. "여기 비구는 떨쳐버림을 의지하고 탐욕의 빛바램을 의지하고 소멸을 의지하고 철저한 버림으로 기우는, 마음챙김의 깨달음의 요소[念覺支]를 닦는다. … 법의 간택하는 깨달음의 요소[擇法覺支]를 … 정진의 깨달음의 요소[精進覺支]를 … 희열의 깨달음의 요소[喜覺支]를 … 고요함의 깨달음의 요소[輕安覺支]를 … 삼매의 깨달음의 요소[定覺支]를 … 평정의 깨달음의 요소[捨覺支]를 닦는다." S46:1 「히말라야 경(Himavanta-sutta)」, 『상윳따 니까야』 제5권, pp.289-290.

3 M118. 「들숨날숨에 대한 마음챙김 경(Ānāpānassati-sutta)」 『맛지마 니까야』 제4권, pp.194-196. 칠각지에 대한 설명은 이후에 설명할 순차적 해석에 기반해서 이루어지고 있다. 사념처 수행을 통해서 칠각지가 생기고 성취되는 과정에서 이러한 설명이 이루어지고 있다. 이러한 설명은 다음에서도 볼 수 있다. S46:3 「계(戒) 경(Sīla-sutta)」

으로 인도한다.'고 해서 깨달음의 요소라 한다.[4]

46번째 상윳따인 「깨달음의 요소 상윳따」는 전체에 걸쳐서 '깨달음으로 인도한다'고 하므로 깨달음의 요소라고 한다. '깨달음의 요소'의 의미는 깨달음의 상태를 구성하는 것이 아니라 깨달음으로 이끄는 것이라는 것을 보여준다. 일곱 가지 요소들이 깨달음으로 이끄는데, 이들 일곱 가지 요소들 사이의 관계가 문제가 될 수 있다. 이들 일곱 가지 요소를 순차적으로 계발함으로써 깨달음으로 이끄는지, 깨달음을 가로막고 있는 것들을 일곱 가지 요소들이 대치함으로써 깨달음으로 이끄는지에 따라서 칠각지를 두 가지 의미로 볼 수 있을 것이다. 즉 깨달음과 일곱 가지 요소들의 관계를 '이끎', '인도'로 정리할 수 있고, '이끎', '인도'가 순차적인 이끎, 인도인지, 대치적인 이끎, 인도인지를 구분하여 살펴볼 수 있다.

깨달음은 칠각지의 각(覺), 보장가(bojjhaṅga)의 보디(bodhi)로 번역되고 있다.[5] 각, 보디, 깨달음이 같은 용어로 사용된다. 그러면 깨달음의 내용이 무엇인가가 문제가 된다. 셋 모두 '알다'라는 의미에서 파생된 것이다. 어느 정도의 앎인지, 어떤 방식으로 아는지, 무엇을 아는지가

---

4   S46:5 「비구 경(Bhikkhu-sutta)」, S46:21 「bodhanā-sutta(깨달음 경)」 'bojjhaṅgā, bojjhaṅgā'ti, bhante, vuccanti. kittāvatā nu kho, bhante, 'bojjhaṅgā'ti vuccantī'ti? "'bodhāya saṃvattantī'ti kho, bhikkhu, tasmā bojjhaṅgāti vuccanti.

5   칠각지와 관련된 연구로는 다음이 있다. 정민선·정준영(2020) pp.43-68; 김창일(2010) pp.11-50.

문제가 된다. 무엇을 아는지, 즉 앎의 내용은 붓다의 문제의식과 관련이 있다. 수많은 앎 가운데 특정한 앎을 알게 되는 것은 앎의 주체가 무엇을 문제로 삼는지에 달려 있다. 붓다는 '괴로움을 어떻게 해결할 것인지'가 문제였다. 이 문제에 대한 해답으로 알게 된 것이 '연기'이고, '사성제'이다. 괴로움을 해결하기 위해서는 원인을 알고 이를 제거하면 된다는 생각을 전제로 괴로움의 원인을 추적하는 과정이 연기의 과정인 것이고, 이러한 괴로움을 해결하는 방법, 괴로움의 현상, 괴로움의 원인, 괴로움이 제거된 상태까지를 아는 것이 사성제이다. 사성제는 괴로움에 대해서 알려면 이렇게 네 가지 차원에서 알아야 한다는 것이다. 이때에 아는 것은 지적인 이해뿐만 아니라 수행적 앎까지 포함한다.

칠각지는 붓다의 문제의식과 연결된 깨달음과 관련해서 각(覺)으로 나아가기 위한, 각으로 이끄는 일곱 가지 요소가 된다. 이는 사성제 가운데 도성제에 해당한다. 도성제는 정확하게는 팔정도를 이야기하지만, 방법론이라는 측면에서 보면 칠각지를 포함한 삼십칠보리분법이 도성제에 해당한다고 할 수 있다. 삼십칠보리분법을 다른 용어로 삼십칠도품(三十七道品)이라고 부르는 것이 전형적인 예라고 할 수 있다. 즉 칠각지는 도성제, 즉 방법론으로 보아야 할 것이다.[6]

삼십칠보리분법(三十七菩提分法, bodhipakkhiyā-dhammā)에서도 '보디'

---

6   삼십칠보리분법과 관련된 연구로는 다음이 있다. Gethin, R. M. L.(1992).

라는 용어를 포함하고 있다. 번역하면 '보디의 편에 있는 법'이다. 삼십칠보리분법에서도 멸성제에 해당하는 것은 '보디'로 표현하고 있다. 삼십칠보리분법은 사념처, 사정진, 사신족, 오근, 오력, 칠각지, 팔정도의 일곱 가지 범주, 칠과(七科)로 구성되어 있는데, 보디라는 용어를 사용하고 있는 것은 칠각지가 유일하고, 칠과 전체를 이르는 용어로 보디가 사용되고 있다. 칠각지가 깨달음으로 인도한다는 것은 도성제가 멸성제로 나아가는 것을 말하는 것이고, 이때 이끌고 인도하는 것이 대치적인 방법을 사용하는지, 순차적인 방법을 사용하는지가 문제가 된다. 두 가지 가능성을 경전에서 모두 볼 수 있다.

1) 대치적 해석

칠각지를 순차적으로 수행하는 것이 있는 반면, 때에 맞추어 칠각지를 수행하는 대치적 방법이 있을 수 있다. 먼저 일곱 가지의 요소를 대치적으로 계발하는 것을 볼 수 있다.

> 비구들이여, 마음이 나태해져 있을 때에는 택법각지를 닦는 것이 올바른 때에 닦는 것이고, 정진각지를 닦는 것이 올바른 때에 닦는 것이고, 희각지를 닦는 것이 올바른 때에 닦는 것이다. 그것은 무슨 이유 때문인가? 비구들이여, 이러한 법들에 의해서 나태해져 있는 마음을 적극적인 마음으로 일으켜 세우기가 쉽기 때문이다.[7]
> 비구들이여, 마음이 산만해져 있을 때에는 경안각지를 닦는 것이 올바른 때에 닦는 것이고, 정각지를 닦는 것이 올바른 때에

닦는 것이고, 사각지를 닦는 것이 올바른 때에 닦는 것이다. 그
것은 무슨 이유 때문인가? 비구들이여, 이러한 법들에 의해서
산만해져 있는 마음을 편안하게 하기가 쉽기 때문이다.[8]

　이는 마음이 나태한 때에는 택법, 정진, 희열의 요소를 닦는다는 것
을 잘 드러낸 말이다. 이때의 칠각지는 나태한 마음을 적극적인 마음
으로 나아가게 한다. 또한 마음이 산만할 때에는 편안, 삼매, 평정의
요소를 닦는다. 즉 마음이 어떤 상태에 있는지에 따라서 어떤 요소를
수행하는지가 달라진다. 이는 순차적으로 이루어지는 것이 아니라, 때
에 맞추어서 수행이 이루어지는 것을 말한다. 때가 아닌 때에 수행하
는 것은 주의를 요하는 일이다. 마음이 나태할 때 편안, 삼매, 평정의
요소를 수행하는 것은 나태한 마음을 더욱 증장시킬 수 있기 때문이

7　S46:53「불[火] 경(Aggi-sutta)」『상윳따 니까야』제5권, p.378. 반대로 마음이 나
　태할 때 편안함, 삼매, 평정의 깨달음의 요소를 닦는 것은 때가 아닌 때에
　수행을 하는 것이다. "비구들이여, 마음이 나태해져 있을 때에는 경안각지를
　닦는 것이 때가 아닌 때에 닦는 것이고, 정각지를 닦는 것이 때가 아닌 때에
　닦는 것이고, 사각지를 닦는 것이 때가 아닌 때에 닦는 것이다. 그것은 무슨
　이유 때문인가? 비구들이여, 이러한 법들에 의해서 나태해져 있는 마음을 적
　극적인 마음으로 일으켜 세우기가 어렵기 때문이다."『상윳따 니까야』제5권,
　p.377.

8　S46:53「불[火] 경(Aggi-sutta)」『상윳따 니까야』제5권, p.380. 반대로 마음이 산
　만할 때 택법, 정진, 희열의 깨달음의 요소를 닦는 것은 때가 아닌 때에 수행
　을 하는 것이다. "마음이 산만해져 있을 때에는 택법각지를 닦는 것이 때가
　아닌 때에 닦는 것이고, 정진각지를 닦는 것이 때가 아닌 때에 닦는 것이고,
　희각지를 닦는 것이 때가 아닌 때에 닦는 것이다. 그것은 무슨 이유 때문인
　가? 비구들이여, 이러한 법들에 의해서 산만해져 있는 마음을 편안하게 하기
　가 어렵기 때문이다."『상윳따 니까야』제5권, p.379.

고, 마음이 산만할 때 택법, 정진, 희열의 요소를 수행하는 것은 산만한 마음을 더욱 증장시킬 수 있기 때문이다.

대치적 의미의 칠각지는 칠각지를 순차적으로 수행하는 것이 아니라, 각각의 마음의 상태에 따라서 특정 요소를 수행하는 것이다. 대치적 의미와 순차적 의미에 따라서 칠각지의 어떤 요소를 수행하는지가 달라지게 된다. 순차적 의미에서 칠각지는 산만한 마음이 점점 고요한 마음으로 나아가는 과정이라고 할 수 있고, 대치적 의미에서 칠각지는 나태한 마음에 대한 대치와 산만한 마음에 대한 대치를 각각 수행하는 과정이라고 할 수 있다.

칠각지 요소의 구분은 두 가지 측면, 순차적 의미와 대치적 의미를 함께 볼 수 있어야 한다. 칠각지의 요소가 대치하고자 하는 마음은 나태한 마음과 산만한 마음이다. 이 두 마음은 오장애에서 세 번째와 네 번째 마음으로서, 해태와 혼침, 들뜸과 후회이다. 특히 해태의 마음과 들뜸의 마음이라고 할 수 있다.

2) 대치적 관계로서 오장애와 칠각지

경전에서는 칠각지와 오장애를 비교하고 있다. 오장애(五蓋, pañca-nīvaraṇā, five hindrances)는 마음에서 장애의 역할을 하는 다섯 가지 번뇌를 말한다. 오장애에는 감각적 욕망(kāmachanda), 악의(vyāpāda), 해태와 혼침(thīna-middha), 들뜸과 후회(uddhacca-kukkucca), 회의적 의심(vicikichā)의 다섯 가지가 있다.[9] 오장애는 덮개, 장애, 오염원이라면, 칠각지를 덮개가 아니요 장애가 아니며 마음의 오염원이 아니라고 한다.[10] 오장애와 칠각지는 반대편에 위치하면서 서로 대치적 의미를 가진다고 할 수 있다. 대치적 의미의 칠각지라고 할 때, 칠각지에 의해 대치되는 것이 오장애라고 할 수 있다.

> 비구들이여, 이러한 다섯 가지 덮개와 장애가 있나니, 이것은 마음을 속박하고 지혜를 무력하게 만든다. 비구들이여, 일곱 가지 깨달음의 요소는 덮개가 아니요 장애가 아니며 마음의 오염원이 아니니 이를 익히고 닦고 많이 행하면 명지와 해탈의 결실을 실현함에 이른다.[11]

오장애는 마음을 속박하고 지혜를 무력하게 만든다. 반면 칠각지는 덮개, 장애, 오염원이 아니다. 칠각지는 명지(明知, vijjā)와 해탈(解脫, vimutti)로 이끈다고 한다. 오장애가 마음을 속박하게 한다면 칠각지는 해탈로 나아가게 하고, 오장애가 지혜를 무력하게 한다면 칠각지는 명지로 나아가게 한다. 이처럼 오장애와 칠각지는 정반대의 역할을 한다. 속박과 무력화, 해탈과 명지의 역할을 한다. 오장애와 칠각지의 직접적인 관계는 다음과 같이 볼 수 있다.

> 비구들이여, 성스러운 제자가 깊이 새기고 주의를 기울이고 온

---

9   오장애와 관련된 연구로는 다음이 있다. 서현희(2007) pp.89-120; 임승택(2004) pp.65-89.
10 S46:33「오염원 경(Upakilesa-sutta)」; S46:34「오염원 아님 경(Anupakkilesa-sutta)」.
11 S46:37「덮개 경(Āvaraṇa-sutta)」; 『상윳따 니까야』 제5권, p.347.

마음을 다하여 몰두하고 귀를 기울여 법을 들으면 그때 그에게
는 다섯 가지 장애가 없게 된다. 그리고 그때 그는 일곱 가지
깨달음의 요소를 닦아서 성취하게 된다.[12]

먼저 오장애가 없어지면 그때 칠각지를 닦아서 성취하게 된다. 오장
애가 마음을 차지하고 있는 한, 칠각지는 오장애가 차지하고 있는 마
음의 영역을 침범할 수 없게 된다. 오장애가 커지면 칠각지가 작아지
고, 칠각지가 커지면 오장애가 작아지게 된다. 오장애와 칠각지 각각
의 영역은 나머지 영역의 여집합으로 성립하게 된다.

비구들이여, 그대들은 다섯 가지 장애[五蓋]를 제거하고, 지혜로
써 마음의 오염원들을 무력하게 만들고, 일곱 가지 깨달음의
요소를 있는 그대로 닦아라.[13]

오장애를 제거하면서 칠각지를 수행하라고 한다. 오장애와 칠각지
는 여집합적 연속선상에서 이루어지고 있다. 오장애와 칠각지는 여집
합의 관계이므로 오장애를 제거함으로써 칠각지로 나아갈 수 있게 된
다. 오장애는 어둠을 만들고 봄, 즉 안목을 없애고, 무지를 만들고 지혜
를 소멸시키고 괴로움에 빠지게 하고 열반으로 인도하지 못하게 한다.
반면 칠각지는 어둠을 없애고 안목을 만들고, 지혜를 만들고 통찰지를

12　S46:38 「장애 없음 경(Anīvaraṇa-sutta)」; 『상윳따 니까야』 제5권, p.348.
13　S46:52 「방법 경(Pariyāya-sutta)」; 『상윳따 니까야』 제5권, p.370.

증가시키고 괴로움에 빠지지 않게 하고, 열반으로 인도한다.

> 비구들이여, 다섯 가지 장애는 어두움을 만들고 봄을 없애버리
> 고 무지를 만들고 지혜를 소멸시키고 괴로움에 빠지게 하고 열
> 반에 이르지 못한다. … 비구들이여, 일곱 가지 깨달음의 요소는
> 어두움을 없애고 봄을 만들고 지혜를 만들고 통찰지를 증장시
> 키고 괴로움에 빠지지 않게 하고 열반에 이른다.[14]

오장애와 칠각지는 수행하는 임무가 정반대에 위치하고 있다. 이러한 의미에서 둘은 대치적 관계에 있다고 할 수 있다. 그리고 오장애로 인해서 보지 못하고 알지 못하는 반면, 칠각지로는 알고 보게 된다. 오장애의 각각이 원인과 조건이 되어서 알지 못하고 보지 못하는 반면, 칠각지의 각각이 원인과 조건이 되어서 알게 되고 보게 된다.[15] 이처럼 칠각지와 오장애는 대치적 관계에 있게 된다. 이는 칠각지를 대치적 의미로 해석할 때 칠각지의 대치의 전형을 오장애에서 볼 수 있다는 것이다. 칠각지와 오장애는 전체로도 대치의 관계에 있지만, 각각의 요소에 대해서도 대치관계를 이룬다.[16]

'다섯 가지 장애 요소는 나태와 무기력, 불안과 걱정을 따로 분리하면 사실상 일곱 가지가 되는 셈이다. 그러나 나태와 무기력, 불안과

---

14 S46:40 「장애 경(Nīvaraṇā-sutta)」;『상윳따 니까야』 제5권, pp.350-351.

15 S46:56 「아바야 경(Abhaya-sutta)」

16 아날라요, 이성동·윤희조 옮김(2021) p.71. "장애들은 깨달음과 정반대 방향을 향하여 갈 뿐만 아니라 학습과 같은 세상의 일에도 결국 방해가 된다."

걱정은 서로 유사한 특성과 결과를 보이므로 묶어서 결국은 전체적으로 다섯 가지 요소가 된다. 다섯 가지 장애 요소는 실제로는 일곱 가지 정신적인 상태를 반영하고 있기 때문에, 어떤 면에서는 건전한 영향을 미치는 마음의 일곱 가지 깨달음의 요소에 대응한다고 할 수 있다.[17] 나태와 무기력, 불안과 걱정을 따로 분리하면 오장애는 칠장애가 되고, 이는 칠각지와 대치된다는 것이다.

오장애는 세 범주로 나누어 볼 수 있다. 감각적 욕망과 악의를 첫 번째 범주로, 해태와 혼침, 들뜸과 후회를 두 번째 범주로, 의심을 세 번째 범주로, 즉 삼과(三科)로 나누어 볼 수 있다. 오장애와 칠각지의 대치의 가장 큰 기준은 해태와 혼침에는 택법각지, 정진각지, 희각지로 대치할 수 있고, 들뜸과 후회는 경안각지, 정각지, 사각지로 대치할 수 있다는 것이다. 염각지를 제외한 앞의 세 가지는 해태와 혼침이라는 가라앉은 마음을 대치하고, 뒤의 세 가지는 들뜸과 후회의 산만한 마음을 대치한다. 그리고 회의적 의심과 택법각지는 대치의 관계에 있다고 할 수 있다.[18] 이 셋은 명확히 대치라고 할 수 있다.

---

17 아날라요, 이성동·윤희조 옮김(2021) p.71. 아날라요 스님은 해태와 혼침은 나태와 무기력(sloth-and-torpor), 들뜸과 후회는 불안과 걱정(restlessness-and-worry)으로 번역하고 있다.

18 S46:51 「자양분 경(Āhāra-sutta)」에서 '아직 일어나지 않은 의심을 일어나게 하고 이미 일어난 의심을 더욱 증장하게 하고 충만하게 만드는 자양분이 아닌 것' 즉 의심의 자양분이 아닌 것과 택법각지의 자양분이 동일한 경문으로 나온다. 즉 의심의 대치가 택법각지가 될 수 있다는 것을 보여준다. "유익하거나 해로운 법들, 나무랄 데 없는 것과 나무라야 마땅한 법들, 받들어 행해야 하는 것과 받들어 행하지 말아야 하는 법들, 고상한 것과 천박한 법들, 흑백으

오장애 가운데 감각적 욕망과 악의가 남는다. 해태와 혼침, 들뜸과 후회가 작은 스케일의 장애라면, 감각적 욕망과 악의는 큰 스케일의 장애라고 할 수 있다. 탐진은 동전의 양면과 같이, 한 번에 둘이 동시에 일어날 수 없지만 탐진의 크기는 같은 크기라고 할 수 있다. 탐진이 더욱 구체화되고, 극대화된 것이 감각적 욕망과 악의이다. 감각적 욕망과 악의는 둘 다 가라앉히는 방향성이 대치가 될 수 있다. 감각적 욕망과 악의는 서로 반대되는 정서이지만, 둘 다 크기를 줄이는 방향성이 대치의 방향성이 된다. 염각지는 오장애의 다섯 가지 모두에 작용할 수 있다. 왜냐하면 염각지는 많으면 많을수록 좋은 것이기 때문이다. 그러나 대치의 차원에서 보면 염각지는 감각적 욕망과 악의를 대치한다고 할 수 있다.

또한 칠각지 각각을 지탱하는 자양분이 있다. 몸이 자양분에 의해서 지탱되는 것처럼 칠각지도 자양분에 의해서 지탱된다. 자양분이 없으면 지탱되지 않는다.

> 비구들이여, 그러면 무엇이 아직 일어나지 않은 염각지를 일어나게 하고 이미 일어난 염각지를 닦아서 성취하게 하는 자양분인가? 비구들이여, 염각지를 확립시키는 법들이 있어 거기에 지혜롭게 주의를 기울이고 닦으면 이것이 아직 일어나지 않은

로 상반되는 각가지 법들"을 여리작의해서 수행하면 택법각지를 일어나게 하고, 의심을 일으키는 자양분이 아니라고 한다. 그러므로 의심과 택법각지는 대치관계에 있다고 할 수 있다.

염각지를 일어나게 하고 이미 일어난 염각지를 닦아서 성취하
게 하는 자양분이다.[19]

 염각지를 발생시키는 자양분은 '지혜롭게 주의를 기울이는 것', 즉
여리작의(如理作意, yoniso manasikāra)로 인해서 증장한다. 나머지에 대
해서도 마찬가지이다. 택법각지는 선하거나 선하지 않은 법들, 비난할
것이 없는 것과 비난받아 마땅한 법들, 받들어 행해야 하는 것과 받들
어 행하지 말아야 하는 법들, 고상한 것과 천박한 법들, 흑백으로 상반
되는 갖가지 법들을 여리작의함으로 인해서 증장한다. 정진각지는 정
진을 시작하는 요소와 벗어나는 요소와 분발하는 요소를 여리작의함
으로 인해서 증장한다. 희각지는 희각지를 확립시키는 법들을 여리작
의함으로 인해서 증장한다. 경안각지는 몸의 고요함과 마음의 고요함
을 여리작의함으로 인해서 증장한다. 정각지는 사마타의 표상 또는
산란함 없는 표상을 여리작의함으로 인해서 증장한다. 사각지는 사각
지를 확립시키는 법들을 여리작의함으로 인해서 증장한다.[20] 칠각지
각각에 대해서 '여리작의'하는 것은 칠각지 각각을 증장시키는 역할을 한다.

---

19 S46:2 「몸 경(Kāya-sutta)」; 『상윳따 니까야』 제5권, pp.294-295.
20 S46:2 「몸 경(Kāya-sutta)」; 오장애와 칠각지의 자양분과 관련해서는 다음 경전을
    볼 수 있다. S46:51 「자양분 경(Āhāra-sutta)」 또한 오장애와 칠각지가 함께 나오고
    있는 경전으로 다음이 있다. S46:23 「토대 경(Ṭhāniya-sutta)」; S46:24 「지혜롭지 못
    함 경(Ayoniso-sutta)」; S46:35 「지혜롭게 주의를 기울임 경(Yonisomansikāra-sutta)」;
    S46:37 「덮개 경(Āvaraṇa-sutta)」; S46:39 「나무 경(Rukkha-sutta)」; S46:56 「아바야
    경(Abhaya-sutta)」

이와는 반대로 오장애는 비여리작의(非如理作意, ayoniso manasikāra)로 인해서 증장한다. 오장애도 자양분에 의해서 지탱되고 자양분이 없으면 지탱되지 않는다.

> 비구들이여, 그러면 무엇이 아직 일어나지 않은 감각적 쾌락에 대한 욕망을 일어나게 하고 이미 일어난 감각적 쾌락에 대한 욕망을 더욱 증장하게 하고 충만하게 만드는 자양분인가? 비구들이여, 아름다운 표상이 있어 거기에 지혜롭지 못하게 주의를 기울이면, 이것이 아직 일어나지 않은 감각적 쾌락에 대한 욕망을 일어나게 하고 이미 일어난 감각적 쾌락에 대한 욕망을 더욱 증장하게 하고 충만하게 만드는 자양분이다."[21]

오장애를 증장시키는 것은 비여리작의이다. 오장애 각각은 비여리작의라는 자양분을 통해서 증장한다. 감각적 욕망은 아름다운 표상(subhanimitta)을 비여리작의함으로 인해서 증장한다. 악의는 적의(paṭigha)를 일으키는 표상을 비여리작의함으로 인해서 증장한다. 해태와 혼침은 권태로움(arati), 무기력함(tandi), 식곤증, 정신적 태만을 비여리작의함으로 인해서 증장한다. 들뜸과 후회는 마음이 고요하지 못한 것을 비여리작의함으로 인해서 증장한다. 의심은 의심스러운 것들을 비여리작의함으로 인해서 증장한다. 오장애는 이러한 자양분으로 인해서 지탱되는 반면, 자양분이 없으면 지탱되지 않는다. 결과적으로 여기서

---

21 S46:2 「몸 경(Kāya-sutta)」; 『상윳따 니까야』 제5권, pp.291-292.

도 오장애와 칠각지가 대치되는 것을 볼 수 있다. 칠각지는 각지 각각에 대해서 여리작의가 작용하고, 오장애는 장애 각각에 대해서 비여리작의가 작용하는 것을 볼 수 있다. 여리작의와 비여리작의는 여집합적 관계에 놓여있으므로 오장애와 칠각지가 대치적 관계에 놓여있다는 것을 이를 통해서 다시 한번 확인할 수 있다.

칠각지를 세분하면 14가지로 볼 수 있다. 내적인 법들에 대한 알아차림, 외적인 법들에 대한 알아차림, 내적인 법에 대한 간택, 외적인 법에 대한 간택, 육체적인 정진, 정신적인 정진, 일으킨 생각과 지속적인 고찰이 있는 희열, 일으킨 생각이 없고 지속적인 고찰이 없는 희열, 몸의 고요함, 마음의 고요함, 일으킨 생각과 지속적인 고찰이 있는 삼매, 일으킨 생각이 없고 지속적인 고찰이 없는 삼매, 내적인 법들에 대한 평정, 외적인 법들에 대한 평정이 있다.[22] 오장애도 세분하면 10가지로 볼 수 있다. 내적인 감각적 욕망에 대한 욕구, 외적인 감각적 욕망에 대한 요구, 내적인 악의, 외적인 악의, 해태, 혼침, 들뜸, 후회, 내적인 법들에 대한 의심, 외적인 법들에 대한 의심이 있다.[23] 여기에서 중요한 것은 칠각지와 오장애 모두 두 배로 늘려서 볼 수 있다는 것이다. 이러한 면에서도 칠각지와 오장애는 쌍을 이루고 있다.

---

22 S46:52 「방법 경(Pariyāya-sutta)」
23 S46:52 「방법 경(Pariyāya-sutta)」

3) 순차적 해석

깨달음으로 인도하는 과정은 먼저 일곱 가지의 요소를 순차적으로 계발하는 것에서 볼 수 있다.

> 몸이 멀리 떠남과 마음이 멀리 떠남이라는 두 가지 멀리 떠남을 갖추고 법을 계속해서 생각하고 고찰하면 염각지가 자리 잡기 시작하고, 닦고, 성취하게 된다. … 이처럼 알아차리면서 법을 통찰하고 철저히 관찰하면 택법각지가 자리 잡기 시작하고, 닦고, 성취하게 된다. … 이처럼 법을 통찰하고 철저히 관찰하여 정진이 일어나면 정진각지가 자리 잡기 시작하고, 닦고, 성취하게 된다. … 이처럼 정진을 시작하여 비세속적인 희열이 일어나면, 희각지가 자리 잡기 시작하고, 닦고, 성취하게 된다. … 이처럼 마음이 희열로 가득하여 몸과 마음이 고요하면 경안각지가 자리 잡기 시작하고, 닦고, 성취하게 된다. … 이처럼 몸이 고요하고 행복하여 마음이 삼매에 들면, 정각지가 자리 잡기 시작하고, 닦고, 성취하게 된다. … 이처럼 삼매에 든 마음을 아주 평정하게 하면 사각지가 자리잡기 시작하고, 닦고, 성취하게 된다.[24]

칠각지를 통해서 수행의 과정을 볼 수 있다. 멀리 떠남을 갖추어 머물면서 그 법을 계속 생각하고 고찰하게 되고, 이를 통해서 법을 통찰하고 관찰하게 되고, 이를 통해서 불굴의 정진이 일어나게 되고,

---

24 S46:3 「계(戒) 경(Sīla-sutta)」; 『상윳따 니까야』 제5권, pp.300-302.

이를 통해서 비세속적인 희열이 일어나게 되고, 이를 통해서 몸과 마음이 고요하게 되고, 이를 통해서 삼매에 들게 되고, 이를 통해서 마음이 평정하게 된다. 멀리 떠남 – 염 – 택법 – 정진 – 희열 – 고요 – 삼매 – 평정의 순서로 나아간다. 이는 십이연기에서 연기의 각지와 마찬가지로 이것으로 인해서 저것이 발생하는 것과 같은 과정이다. 즉 알아차림을 통해서 법을 구별하는 통찰지를 계발하는 것을 정진하면, 처음에는 비세속적인 희열이 생기고 그 희열은 고요해지고, 삼매로 나아가고 결국에는 평정이라는 요소로 까지 나아간다. 수행과정의 순서는 염을 선두로 해서 처음에는 택법, 정진, 희열이 증장하는 것을 수행하고, 이후에는 고요한 것에 속하는 고요, 삼매, 평정으로 나아간다.

또 한 가지를 더 볼 수 있다. 염을 일으키는 것이 '몸과 마음이 멀리 떠남'이라는 것이다. 멀리 떠남은 '떨쳐버림을 의지하고 탐욕의 빛바램을 의지하고 소멸을 의지하고 철저하게 버림'을 말한다.[25] 이때 멀리 떠남은 오장애를 몸과 마음에서 멀리 떠나는 것이다. 오장애를 알아차리면서 택법을 통해서 부지런히 멀리 떠나면, 비세속적인 희열과 고요로 나아가게 되고, 선정으로까지 나아가게 되는 수행을 보여준다. 이러한 수행과정은 오장애라는 번뇌를 제거하고 사선(四禪)으로 나아가는 과정을 말한다.

---

25 S45:11, 12, 13「머묾 경1-3(Vihāra-sutta)」에서 볼 수 있다. 같은 구절을 다음 경전에서도 볼 수 있다. S46:26「갈애의 멸진 경(Taṇhakkhaya-sutta)」; S46:27「갈애의 소멸 경(Taṇhānirodha-sutta)」; S46:28「결택에 관련됨 경(Nibbedhabhāgiya-sutta)」; S46:29「하나의 법 경(Ekadhamma-sutta)」

4) 순차적 관계로서 사념처와 칠각지

여기에서 염각지는 칠각지의 출발점의 역할을 한다. 순차적 의미이므로 염각지를 시작으로 나머지 각지가 계발된다고 볼 수 있다. 삼십칠보리분법에서 가장 먼저 나오는 것이 사념처(四念處)이다. 사념처는 깨달음의 편에 있는 것 가운데 첫 번째이다. 삼십칠보리분법의 일곱 가지 범주 가운데 염이 가장 먼저 등장하는 것은 칠각지뿐이다. 사념처는 그 자체가 염만을 설명하기 때문에 사념처를 제외하면 칠각지가 유일하다고 할 수 있다. 염각지를 통해서 나머지 각지들이 순차적으로 계발된다고 할 수 있다. 염은 많으면 많을수록 좋다고 한다. 그러므로 염이 많으면 많을수록 이후의 각지의 계발은 더 잘 이루어지게 된다.

염을 통해서 택법 - 정진 - 희열의 업된 마음에서, 고요 - 삼매 - 평정의 고요한 마음으로 나아가게 된다. 이러한 순서로 마음이 계발된다고 할 수 있다. 이때에 가장 선두에 있는 것은 염이다.

> 세존이시여, 그러면 어떤 한 가지 법을 닦고 많이 익히면 네 가지 법을 완성하고, 어떤 네 가지 법을 닦고 많이 익히면 일곱 가지 법을 완성하고, 어떤 일곱 가지 법을 닦고 많이 익히면 두 가지 법을 완성하게 됩니까?" "아난다여, 들숨날숨에 대한 알아차림을 통한 삼매라는 한 가지 법을 닦고 많이 익히면 네 가지 알아차림의 확립을 완성하고, 네 가지 알아차림의 확립을 닦고 많이 익히면 일곱 가지 깨달음의 요소를 완성하고, 일곱 가지 깨달음의 요소를 닦고 많이 익히면 명지와 해탈을 완성한다.[26]

사념처수행이 칠각지의 완성으로 나아가는 것을 직접적으로 볼 수 있다. 이러한 칠각지도 명지와 해탈로 나아간다는 것을 볼 수 있다. 그래서 순서적으로 볼 때 사념처는 칠각지의 첫 번째에 위치하게 된다.

> 비구들이여, 들숨날숨에 대한 알아차림을 닦고 익히고 많이 행하면 네 가지 알아차림의 확립[四念處]을 성취한다. 네 가지 알아차림을 닦고 익히고 많이 행하면 일곱 가지 깨달음의 요소[七覺支]를 성취한다. 일곱 가지 깨달음의 요소를 닦고 익히고 많이 행하면 명지(明知)와 해탈을 성취한다.[27]

여기서도 사념처를 닦으면 칠각지를 성취하는 것으로 나오고 있다. 사념처 각각에 대해서 '잊어버림이 없는 알아차림이 확립될 때, 그 비구에게 염각지가 생긴다. 그가 그렇게 알아차리면서 머물 때 그는 지혜로써 그 법을 관찰하고 점검하고 탐구한다. 그가 지혜로써 그 법을 관찰하고 점검하고 탐구할 때 지칠 줄 모르는 정진이 생긴다. 정진이 생긴 자에게 출세간적인 기쁨이 생긴다. 기쁨을 느끼는 자는 그의 몸도 편안하고 마음도 편안하다. 몸이 편안하고 즐거운 자는 그의 마음이 삼매에 든다. 마음이 그렇게 삼매에 들어 그는 안으로 평정하게 된다.'[28]는 것으로 나아간다.

---

26 S54:13 「아난다 경(Ānanda-sutta); S54:14 「아난다 경2」; 『상윳따 니까야』 제6권, p.237, p.245.
27 M118. 「들숨날숨에 대한 마음챙김 경(Ānāpānassati-sutta)」; 『맛지마 니까야』 제4권, pp.181-182.

과거, 현재, 미래의 모든 세존·아라한·정등각들께서는 다섯 가
지 장애[五蓋]들을 제거하셨고 마음의 오염원들을 지혜로써 무
력하게 만드셨고 네 가지 알아차림의 확립[四念處]에 마음이 잘
확립되셨으며, 일곱 가지 깨달음의 요소[七覺支]들을 있는 그대
로 닦으신 뒤 위없는 정등각을 완전하게 깨달으셨습니다.[29]

여기에서 오장애와 사념처와 칠각지는 함께 설해지고 있다. 오장애
와 사념처와 칠각지의 관계를 볼 수 있다. 오장애를 제거하고 사념처

---

28 M118. 「들숨날숨에 대한 마음챙김 경(Ānāpānassati-sutta)」;『맛지마 니까야』제
    4권, pp.194-195.
29 D28 「확신경(確信經)(Sampasadaniya-sutta)」,『디가 니까야』제3권 p.189; S47:12
    「날란다 경(Nālanda-sutta)」;『상윳따 니까야』제5권, p.479. S46:52 「방법 경
    (Pariyāya-sutta)」에서는 다음과 같이 설하고 있다. "벗들이여, 사문 고따마는
    제자들에게 '오라, 비구들이여, 그대들은 다섯 가지 장애를 제거하고, 지혜로
    써 마음의 오염원들을 무력하게 만들고, 일곱 가지 깨달음의 요소를 있는 그
    대로 닦아라.'라고 법을 설합니다. 벗들이여, 우리도 제자들에게 '오라, 도반들
    이여, 그대들은 다섯 가지 장애를 제거하고, 지혜로써 마음의 오염원들을 무
    력하게 만들고, 일곱 가지 깨달음의 요소를 있는 그대로 닦아라.'라고 법을
    설합니다." A10:95 「웃띠야 경(Uttiya-sutta)」에서는 다음과 같이 설하고 있다.
    "여래는 '세상으로부터 열반으로 인도되었고 인도되고 인도될 자들은 모두,
    다섯 가지 장애[五蓋]를 제거하고, 지혜로써 마음의 오염원들을 무력하게 만
    들고, 네 가지 알아차림의 확립에 마음을 잘 확립하고, 일곱 가지 깨달음의
    요소를 있는 그대로 닦은 뒤에 비로소 세상으로부터 열반으로 인도되었고
    인도되고 인도될 것이다.'라고 압니다."『앙굿따라 니까야』제6권, p.345. D16
    「대반열반경(Mahāparinibbana-sutta)」에서는 다음과 같이 설하고 있다. "세존이
    시여, 과거의 모든 세존·아라한·정등각들께서는 다섯 가지 장애[五蓋]들을
    제거하셨고, 마음의 오염원들을 지혜로써 무력하게 만드셨고, 네 가지 알아
    차림의 확립[四念處]에 마음이 잘 확립되셨으며, 일곱 가지 깨달음의 요소
    [七覺支]들을 있는 그대로 닦으신 뒤, 위없는 정등각을 완전하게 깨달으셨습
    니다."

를 확립하고 칠각지를 수행함으로써 정등각을 성취한다. 이렇게 되면 사념처의 확립은 오장애의 제거와 칠각지의 수행을 연결하고 있다. 즉 사념처를 확립할수록 오장애는 점점 제거되어 가고, 칠각지는 확장된다. 칠각지가 확장될수록 명지와 해탈로 가까이 가게 된다. 오장애는 마음의 오염원인 동시에 지혜를 무력화시킨다. 즉 정서와 인지의 측면 모두에서 유해한 작용을 한다. 이들 각각에 대해서 유익한 것은 해탈과 명지가 된다.

칠각지의 수행은 사념처로부터 시작되고, 사념처는 유익하므로 많으면 많을수록 칠각지는 계발된다. 오장애는 해로운 덩어리이고, 사념처는 유익한 덩어리이다.[30] 오장애라는 유해한 덩어리는 사념처라는 유익한 덩어리로 인해서 점점 소멸되고 제거되어 간다. 사념처가 계발되고 확립될수록 오장애는 줄어들고 칠각지는 늘어난다고 할 수 있다.

유행승과의 대화를 통해서 붓다는 칠각지의 전후를 밝히고 있다. 칠각지를 닦으면 명지와 해탈이 이루어지고, 칠각지를 닦기 위해서는 사념처를 수행해야 한다고 한다. 사념처를 닦기 위해서는 세 가지 좋은 행을 닦아야 한다. 세 가지 좋은 행위는 신구의(身口意)에서 나쁜 행위를 버리고 좋은 행위를 닦는 것을 말한다. 세 가지 좋은 행은 감각기능의 단속을 통해서 이루어진다. 마음에 드는 형상을 안이비설신의(眼耳鼻舌身意)로 감각한 뒤 그것을 탐하거나 흥분하지 않고 몸과 마음

---

30 S47:5 「유익함 덩어리 경(Kusalarasi-sutta)」

이 안정되고 차분하게 되고 벗어나게 되는 것이다. 또한 마음에 들지 않는 형상을 안이비설신의로 감각한 뒤 의기소침하지 않고 주춤하지 않고 기죽지 않고 악의를 일으키지 않고, 몸과 마음이 안정되고 차분하게 되고 벗어나게 되는 것이다. 이것이 감각기능의 단속이다.[31] 이렇게 되면 감각단속 → 신구의 수행 → 사념처 → 칠각지 → 명지와 해탈의 순서가 될 것이다.

2. 칠각지와 삼십칠보리분법

칠각지는 삼십칠보리분법의 하나이다. 삼십칠보리분법은 사념처, 사정근, 사여의족, 오근, 오력, 칠각지, 팔정도로 이루어져 있다.[32] 그

---

31 S46:6 「꾼달리야 경(Kuṇḍaliya-sutta)」 "고따마 존자시여, 그러면 어떤 법들을 닦고 많이 익히고 행하면 명지와 해탈을 완성합니까?" "꾼달리야여, 일곱 가지 깨달음의 요소를 닦고 많이 익히고 행하면 명지와 해탈을 완성한다." "고따마 존자시여, 그러면 어떤 법들을 닦고 많이 익히고 행하면 일곱 가지 깨달음의 요소를 완성합니까?" "꾼달리야여, 네 가지 마음챙김의 확립을 닦고 많이 익히고 행하면 일곱 가지 깨달음의 요소를 완성한다." "고따마 존자시여, 그러면 어떤 법들을 닦고 많이 익히고 행하면 네 가지 마음챙김의 확립을 완성합니까?" "꾼달리야여, 세 가지 좋은 행위를 닦고 많이 익히고 행하면 네 가지 마음챙김의 확립을 완성한다." "고따마 존자시여, 그러면 어떤 법들을 닦고 많이 익히고 행하면 세 가지 선한 행위를 완성합니까?" "꾼달리야여, 감각기관의 근의 단속을 닦고 많이 익히고 행하면 세 가지 선한 행위를 완성한다." 『상윳따 니까야』 제5권, pp.311-312.
32 삼십칠보리분법의 구체적인 항목은 다음에서 볼 수 있다. A7:67 「수행 경(Bhāvanā-sutta)」 "그는 집착이 없어져서 번뇌들로부터 마음이 해탈한다. 그것은 무슨 이유 때문인가? 닦음과 익힘을 실천하기 때문이라고 말해야 한다.

가운데 사념처는 첫 번째로 나온다. 사념처는 일곱 가지 범주의 토대가 되는 동시에 이것으로부터 시작한다는 의미를 가지고 있다. 이러한 사념처를 부지런히 수행하는 것이 사정근이라고 할 수 있다. 물론 사정근 자체는 선업을 증장시키고, 불선업은 손감시키는 것이다. 이때의 선업의 궁극은 깨달음이라고 한다면, 깨달음으로 나아가는 토대가 되는 방법이 사념처이므로, 사념처를 정근하는 것이 된다. 이러한 사념처를 부지런히 수행하면, 사여의족이 개발된다. 이는 동시에 오근이라는 다섯 가지 기능도 계발된다. 오근이라는 기능은 계발되어 오력이라는 능력으로 까지 나아갈 수 있다. 사념처를 바탕으로 부지런히 수행함으로써 여의족과 근과 력이 계발된다고 할 수 있다. 나아가서는 칠각지까지도 계발된다. 칠각지는 염각지를 처음으로 하고 있다. 오근, 오력에서는 세 번째, 즉 한가운데에 위치하고 있다. 오근, 오력이라는 기능과 능력에서 염은 균형을 잡는 역할을 하고, 칠각지에서는 깨달음으로 나아가는 첫 번째 역할을 한다.

오근, 즉 기능이 계발되면 오력, 즉 능력을 가지게 된다. 오근은 믿음[信], 정진(精進), 염(念), 집중[定], 지혜[慧]로 이루어져 있다. 이 가운데 염은 믿음과 정진, 집중과 지혜의 가운데 위치하고 있다. 염은 앞의 둘과 뒤의 둘 사이에 있으면서 균형을 잡아주는 역할을 하는 동시에,

---

무엇을 실천하기 때문인가? 네 가지 마음챙김의 확립, 네 가지 바른 노력, 네 가지 성취수단, 다섯 가지 기능, 다섯 가지 힘, 일곱 가지 깨달음의 요소, 성스러운 여덟 가지 요소를 가진 바른 길이다."

믿음과 정진이 토대가 되어서 염이 계발되고, 이 염을 통해서 삼매와 지혜가 계발된다는 의미가 될 수 있다. 여기서도 염은 전체의 기능 가운데 있으면서 핵심적인 역할을 한다는 것을 볼 수 있다. 오근, 오력에서 염이 균형을 잡고, 앞의 둘이 뒤의 둘로 나아가는 중간자적 역할을 한다면, 칠각지에서 염각지는 나머지 육각지를 이끌고 가는 토대가 된다. 오근, 오력, 칠각지 셋에서 염의 중요성을 볼 수 있다. 네 가지로 이루어진 사념처, 사정근, 사여의족에서는 염 자체를 계발하는 것이 주요 과제라고 한다면, 오근, 오력, 칠각지에서는 염을 중심으로 다른 기능, 능력, 요소들이 계발되는 것을 볼 수 있다.

칠각지 가운데 염각지, 정진각지, 정각지는 오근, 오력에도 해당한다. 택법각지는 오근, 오력의 지혜와 믿음에 해당한다고 할 수 있다.[33] 이렇게 되면 염각지, 택법각지, 정진각지, 정각지는 오근, 오력과 연결되고, 경안각지, 희각지, 사각지가 더해지고 있는 형태가 된다. 경안으

---

33 A9:5 「힘 경(Bala-sutta)」에서 지혜의 힘이라고 설명하는 것이 택법의 내용과 상통하고 있다. "비구들이여, 그러면 어떤 것이 지혜의 힘인가? 선하지 않은 것과 선하지 않은 것으로 판명된 것, 선한 것과 선한 것으로 판명된 것, 비난받아 마땅한 것과 비난받아 마땅한 것으로 판명된 것, 비난받을 일이 없고 비난받을 일이 없는 것으로 판명된 것, 검은 것과 검은 것으로 판명된 것, 흰 것과 흰 것으로 판명된 것 받들어 행하지 말아야 하는 것과 받들어 행하지 말아야 하는 것으로 판명된 것, 받들어 행해야 하는 것과 받들어 행해야 하는 것으로 판명된 것, 성자들에게 적합하지 않은 것과 성자들에게 적합하지 않은 것으로 판명된 것, 성자들에게 적합한 것과 성자들에게 적합한 것으로 판명된 법들이 있나니, 이러한 법들을 지혜로 면밀하게 보고 면밀하게 탐구한다. 비구들이여, 이를 일러 지혜의 힘이라 한다."『앙굿따라 니까야』제5권, p.380.

로 몸과 마음이 진정되고, 희와 사로 인해서 느낌이 계발될 때 깨달음
으로 나아간다.[34]

이러한 맥락에서 칠각지를 보면, 칠각지는 불교의 궁극 목표인 명지
와 해탈로 이끄는 역할을 한다고 할 수 있다. 오근, 오력에서 "성스러
운 제자가 이러한 다섯 가지 기능의 달콤함과 위험함과 벗어남을 있는
그대로 분명하게 안 뒤 취착 없이 해탈할 때, 이를 일러 성스러운 제자
는 아라한이고 번뇌가 다했고 삶을 완성했으며 할 바를 다했고 짐을
내려놓았으며 참된 이상을 실현했고 삶의 족쇄를 부수었으며 바른 구
경의 지혜로 했다고 한다."[35] 오근, 오력, 칠각지 모두 불교의 궁극 목표
로 향해서 나아가는 것을 볼 수 있다. 이러한 점에서 사념처, 사정근,
사여의족이 유사한 범주로 묶을 수 있는 것처럼 오근, 오력, 칠각지는
일곱 가지 범주 가운데서도 유사한 것으로 묶을 수 있을 것이다.

팔정도는 일곱 가지 범주 가운데 가장 포괄적이다. 붓다가 코끼리
발자국에 비유할 만한 범위의 방법론이다. 정어(正語), 정업(正業), 정명
(正命)은 나머지 여섯 가지 범주 가운데 어디에도 나오지 않고 있다.
어업명(語業命)은 다른 말로 하면 삶 전체를 이야기한다. 삶 전체가 방
법론이 되고, 길이 된다는 것이다. 이는 가장 넓은 범위를 포괄한다.
나머지 여섯 범주 전체를 포함한다고 할 수 있다. 칠각지는 팔정도와

---

34 http://nikaya.kr/bbs/board.php?bo_table=happy05_01&wr_id=70 노트 참조 (2025년 9
월 18일 검색)
35 S48:4 「아라한 경1(Arahanta-sutta)」 『상윳따 니까야』 제5권, p.539.

비교할 때는 수행에 제한된다고 할 수 있다. 칠각지는 각(覺)으로 나아가는 것이고, 해탈과 명으로 이끄는 것이고, 팔정도는 멸(滅)의 직접적인 방법론이다. 팔정도 하나로 삼십칠보리분법을 모두 포괄하고 있다.

칠각지를 계발하는 방법으로 사념처를 드는 것을 이해할 수 있게 된다. 사념처는 칠각지뿐만 아니라 나머지 범주에 대해서도 토대가 되고 있다. 그러므로 사념처를 중심으로 칠각지를 설명하는 것은 삼십칠보리분법의 전체적인 맥락에서 볼 때도 합당하다고 할 수 있다. 오근, 오력에서 염은 균형을 잡는 역할을 하고, 칠각지에서 염은 나머지 각지의 토대가 되는 출발점 역할을 한다. 팔정도에서 염은 계정혜에서 정에 해당하는 것이다. 오히려 팔정도가 사념처를 인도한다고 설하는 경우도 있다. "비구들이여, 그러면 어떤 것이 알아차림의 확립을 닦는 것으로 인도하는 길의 수행인가? 그것은 바로 이 여덟 가지 요소를 가진 성스러운 팔정도[八支聖道]이니, 그것은 바른 견해, 바른 사유, 바른 말, 바른 행위, 바른 생계, 바른 정진, 바른 알아차림, 바른 집중이다. 비구들이여, 이를 일러 알아차림의 확립을 닦는 것으로 인도하는 길의 수행이다."[36]

「일체번뇌의 경」은 번뇌를 대하는 다양한 방법을 제시하고 있다. 봄, 단속, 수용, 감내, 피함, 버림, 닦음의 일곱 가지 방법을 제시하고 있다.[37] 이 가운데 닦음, 즉 수행으로 제거되는 번뇌가 있다. 이때 제거

---

36 S47:40 「분석 경(Vibhaṅga-sutta)」; 『상윳따 니까야』 제5권, pp.520-521.
37 M2 「모든 번뇌의 경(Sabbāsava-sutta)」; 『맛지마 니까야』 제1권, p.174.

되는 번뇌를 제시하지는 않지만, 닦는 것 즉 수행으로는 칠각지를 제시하고 있다. 이때 왜 칠각지인지가 문제가 된다. 먼저 팔정도는 아니다. 팔정도 가운데 정어, 정업, 정명은 삼십칠보리분법 가운데 팔정도에서만 제시되고 있다. 어업명은 번뇌를 대하는 나머지 방법과 겹친다. 즉 버리고, 감내하고, 수용하는 것 등은 어업명을 바르게 사용하는 것의 한 부분이 될 수 있다. 그러므로 팔정도는 번뇌를 대하는 전체 방법이 되는 것이지, 번뇌를 대하는 하나의 방법이 아니게 된다. 일체번뇌를 대하는 방법이 팔정도인 것이고, 이 칠각지는 번뇌를 대하는 하나의 방법인 수행에 해당하는 것이다.

그렇다면 수행의 특징을 칠각지에서 볼 수 있다. 우리가 좁은 의미의 수행이라고 할 때는 칠각지를 보는 것이고, 넓은 의미의 수행이라고 할 때는 팔정도, 나아가서는 삼십칠보리분법 전체를 보는 것이다. 칠각지의 목표는 각(覺)에 있다고 할 수 있고, 팔정도의 목표는 멸 즉 열반 또는 열반으로 나아가는 해탈에 있다고 할 수 있다. 닦음이라고 할 때 닦음의 순서가 칠각지의 순서가 될 것이고, 수행의 목록이라고 할 때는 일곱 가지 범주가 될 것이다.

이렇게 되면 일곱 가지 범주를 크게 셋으로 구분할 수 있다. 사념처, 사정근, 사여의족이 한 부류이고, 오근, 오력, 칠각지가 한 부류이고, 팔정도가 한 부류이다. 사념처, 사정근, 사여의족은 부지런히 수행해야 하는 것이다. 염을 닦아야 하고, 선업을 부지런히 행해야 하고, 선정과 관련된 것을 부지런히 수행해야 한다. 이 부류에 속하는 것은 부지런히 행하고 수행해야 하는 것이다. 두 번째 부류인 다섯 가지 기능과 능력은 앞에서 길러진 염을 중심으로 균형을 이루고, 염을 출발점으로 요소들 사이의 균형을 이룬다. 균형을 중시하면서 이들을 계발해야 한다. 기능, 능력, 요소를 균형있게 계발하는 것이다. 마지막으로 팔정도는 마음뿐만 아니라 어업명이라는 삶 전체에 대한 지침이라고 볼 수 있다. 근(根), 력(力), 지(支)는 기능, 능력, 요소들 간의 균형과 조화를 이야기한다면, 정도는 '바른'이라는 용어가 포함된다. 삶 전반에서 '바른 길'이라는 선택이 포함되어 있다. 삶 전반에 걸쳐서 정사(正邪)의 구분 가운데 정(正)으로 나아가야 된다는 것이다. 이는 비단 균형의 문제가 아니라 정사의 문제가 된다.

이러한 관점에서 보면, 칠각지는 요소 간의 균형에 초점이 맞추어지는 것을 볼 수 있다. 앞의 부류와 뒤의 부류와의 차이를 비교해보면 명확히 드러난다고 할 수 있다. 오근, 오력에서 염을 중심으로 앞, 뒤의 균형이 중요하고, 칠각지에서도 앞의 세 가지 각지와 뒤의 세 가지 각지의 균형이 중요하다.

삼십칠보리분법을 전체적으로 이해하자면, 네 가지 염[念]을 부지런히[勤] 수행해서[足] 다섯 가지 기능[根]을 계발하여, 힘[力]을 키우고 이를 바탕으로 오장애라는 유해한 요소들을 제거하면서 마음의 깨달음의 요소[支]를 확장해야 한다. 이를 통해서 삶 전반에 걸쳐서 지속적으로 올바른 길[道]을 걸어간다. 이를 통해서 궁극 목표로 나아간다는 것이 삼십칠보리분법의 전체적인 구도이다.

3. 칠각지의 결실

"일곱 가지 깨달음의 요소[七覺支]들을 이렇게 닦고 익히고 많이 행하면 명지와 해탈을 성취한다."[38] 칠각지는 명지와 해탈을 성취한다. 이는 칠각지의 이득을 가장 명쾌하게 표현하고 있다. 명지는 십이연기의 출발점인 무명이 해소된 것을 말한다. 칠각지 수행은 무명을 끊고 해탈을 이루게 된다. 또한 칠각지 수행은 열반으로 흐르고, 열반으로 향하고, 열반으로 들어간다.[39]

칠각지를 수행하면 일곱 가지 결실과 이익이 기대된다고 한다.[40] 지금·여기[現法]에서 구경의 지혜를 성취하거나, 죽을 때에 구경의 지혜를 성취하거나, 다섯 가지 낮은 단계의 족쇄[五下分結]를 완전히 없애고 수명의 중반쯤에 이르러 완전한 열반에 드는 자가 되거나, 다섯 가지 낮은 단계의 족쇄를 완전히 없애고 수명의 반이 지나서 완전한

---

38 M118.「들숨날숨에 대한 마음챙김 경(Ānāpānassati-sutta)」『맛지마 니까야』제4권, p.198; 칠각지 수행의 결실이 명지와 해탈이라는 것은 다음의 경전에서도 볼 수 있다. S46:34 「오염원 아님 경(Anupakkilesa-sutta)」; S46:39 「나무 경(Rukkha-sutta)」

39 S46:7 「뾰족지붕 경(Kūṭa-sutta)」; S46:77-82 「동쪽으로 흐름 경1-6(Pācīnaninna-sutta)」; S46:83-88 「바다 경1-6(Samuddaninna-sutta)」. 칠각지 수행의 결실이 자비희사를 통한 마음의 해탈이라는 것은 다음의 경전에서 볼 수 있다. S46:54 「자애가 함께 함 경(Mettāsahagata-sutta)」

40 오근의 결실도 또한 아라한과, 불환과이다. S48:65 「두 가지 결실 경(Dvephala-sutta)」; S48:66 「일곱 가지 이익 경(Sattānisaṁsa-sutta)」. 사여의족의 결실도 아라한과, 불환과이다. S51:25 「결실 경1(Phala-sutta)」; S51:26 「결실 경2(Phala-sutta)」들숨날숨에 대한 알아차림의 결실도 아라한과, 불환과이다. S54:4 「결실 경1(Phala-sutta)」; S54:5 「결실 경2(Phala-sutta)」

열반에 드는 자가 되거나, 다섯 가지 낮은 단계의 족쇄를 완전히 없애고 노력 없이 쉽게 완전한 열반에 드는 자가 되거나, 다섯 가지 낮은 단계의 족쇄를 완전히 없애고 노력하여 어렵게 완전한 열반에 드는 자가 되거나, 다섯 가지 낮은 단계의 족쇄를 완전히 없애고 더 높은 세계로 재생하여 색구경천에 이르는 자가 된다.[41] 앞의 두 가지는 아라한의 경지를 성취하는 것을 말하고, 나머지 다섯 가지는 아나함의 경지를 성취하는 것을 말한다. 아나함의 단계 자체가 오하분결을 끊은 것을 말한다. 칠각지 수행을 통해서 오하분결의 족쇄까지를 모두 끊게 된다.

사념처 수행의 경우도 아나함과와 아라한과 두 가지 결과 중 하나를 기대할 수 있다고 한다.[42] 법념처 가운데 사성제를 관찰하기 전에 칠각지를 관찰하는 것이 나온다. 칠각지 수행이 아나함과와 아라한과의 결실을 낳으므로, 칠각지를 법념처로 관찰하는 것 또한 아나함과와 아라한과의 결과를 낳는다고 할 수 있다.

또한 칠각지를 닦으면 삼루(三漏)로부터 해탈한다고 한다. 감각적 쾌락의 번뇌로부터 마음이 해탈하고, 존재의 번뇌로부터 마음이 해탈하고, 무명의 번뇌로부터 마음이 해탈한다. 해탈했을 때 해탈했다는 지혜가 있다. '태어남은 다했다. 청정범행은 성취되었다. 할 일을 다 해 마쳤다. 다시는 어떤 존재로도 돌아오지 않을 것이다.'라고 안다.[43]

---

41   S46:3 「계(戒) 경(Sīla-sutta)」
42   M10 「마음챙김 확립의 경(Satipaṭṭhāna-sutta)」

위의 예에서 보면 이는 아라한의 경지에 드는 것이라고 할 수 있다. 칠각지를 통해서 '전에 미처 부수지 못하고 쪼개지 못했던 탐진치의 무더기를 부수고 쪼개버린다'는 탐진치의 제거로 설명하기도 한다.[44] 칠각지를 닦음으로 인해서 족쇄가 되는 법 즉 안이비설신의를 버리도록 인도한다.[45]

무엇보다 칠각지의 결실은 그 이름에서도 알 수 있듯이, 깨달음으로 인도한다는 것이다. 이때의 깨달음의 의미를 명지와 해탈로 표현하고 있다고 할 수 있다. 칠각지의 결실 가운데 가장 전형적인 것은 명지와 해탈이라고 할 수 있을 것이다.

4. 칠각지와 치병

칠각지를 주제로 다루고 있는 46번째 상윳따인 「깨달음의 요소 상윳따」의 두 번째 품은 병을 주제로 다루고 있다.[46] 이는 칠각지와 병의 연관성을 보여준다. 병에 걸렸을 때도 붓다는 칠각지를 설한다. 마하깟사빠 존자가 중병으로 동굴에 머물 때 붓다는 병문안을 하면서 칠각지를 설한다.

---

43 S46:5 「비구 경(Bhikkhu-sutta)」
44 S46:28 「결택에 관련됨 경(Nibbedhabhāgiya-sutta)」
45 S46:29 「하나의 법 경(Ekadhamma-sutta)」
46 제46상윳따 제2장 병 품(S46:11-S46:20. Gilāna-vagga)을 말한다.

깟사빠여, 나는 일곱 가지 깨달음의 요소를 바르게 설하였다. 이것을 닦고 많이 익히고 행하면 완전한 지혜와 바른 깨달음과 열반으로 인도한다. 무엇이 일곱인가? ... 세존께서는 이와 같이 말씀하셨다. 세존께서 이와 같이 말씀하시자 마하깟사빠 존자는 기뻐하며 세존께서 설하신 것을 찬탄하였다. 그리고 마하깟사빠 존자는 그 병에서 일어났다. 이렇게 하여 마하깟사빠 존자는 완쾌되었다.[47]

이 칠각지를 듣고서 마하깟사빠는 완쾌하게 된다. 마하목갈라나 존자도 같은 과정을 거치면서 병이 완쾌된다.[48] 그러나 경전 자체에는 칠각지로 인해서 병이 완쾌된다고만 나오지, 구체적인 기제는 나오지 않고 있다. 붓다가 칠각지를 바르게 설하는 장면만 나오고 있다. 또한 붓다 자신이 중병에 걸려서 아픔과 고통에 시달리고 있을 때 마하쭌다 존자로 하여금 칠각지를 외우게 한다. 붓다 또한 병에서 완쾌한다. 마하쭌다 존자는 마음이 흡족해서 붓다의 말씀을 기뻐하고, 붓다는 '쭌다여 참으로 그러하다. 쭌다여 참으로 그러하다'는 인정한다.[49]

마하깟사빠, 마하목갈라나, 붓다 모두 칠각지를 들으면서 병에서 회복된다. 이들은 모두 뛰어난 수행력을 가지고 있다. 이들은 칠각지를 들으면서 마음에 다시 한번 깨달음의 요소를 떠올리게 되었을 것이다. "수행승이 암송하는 일곱 가지 깨달음의 요소를 붓다가 들었을 때, 붓

47 S46:14 「병 경1(Gilānā-sutta)」; 『상윳따 니까야』 제5권, p.323.
48 S46:15 「병 경2(Gilānā-sutta)」
49 S46:16 「병 경3(Gilānā-sutta)」; 『상윳따 니까야』 제5권, p.325.

다는 이전에 도달한 완전한 깨달음의 맛을 다시 체험하였다고 한다. 그런 치유력을 갖는 깨달음의 요소를 암송하는 것을 단순히 듣는 것만으로도 일곱 가지 깨달음의 요소들이 갖는 잠재력을 충분하게 활용하는 것은 이상적인 모습이다."[50] 이러한 과정에서 마음뿐 아니라 몸도 병이라는 장애를 벗어나게 된 것으로 생각된다. 왜냐하면 경안각지의 경우는 몸과 마음에 모두 적용될 수 있기 때문이다. 마음의 경안뿐만 아니라 몸의 경안도 함께 있게 된다. "몸의 경안은 무엇이든지 경안각지이고 마음의 경안은 무엇이든지 경안각지이다."[51] 몸의 경안은 병이 진정된 상태를 이야기하므로, 경안각지로 인해서 몸이 회복되었다고 볼 수 있을 것이다. 몸의 병과 관련해서 칠각지를 암송하게 하는 것은 경안각지 때문인 것으로 생각된다.[52] 경안은 다른 범주에는 속하지 않는, 칠각지에만 유일하게 있는 요소이기 때문이다. 이렇듯 칠각지의 효과 가운데 하나로 치병을 들 수 있을 것이다.

---

50 아날라요, 이성동·윤희조 옮김(2021) p.77.
51 S46:52 「방법 경(Pariyāya-sutta)」; 『상윳따 니까야』 제5권, p.375.
52 또 하나의 관점이 사념처로도 병을 완화하는 효과가 있다는 것이다. S47:30 「마나딘나 경(Mānadinna-sutta)」에서 마나딘나 장자가 사념처 수행을 통해서 병을 완쾌한 예가 나온다. 이를 통해서 볼 때 칠각지 가운데 경안각지와 더불어 염각지도 치병에 효과적인 것을 알 수 있다.

칠각지는 하나의 방법론이면서 깨달음이라는 궁극적 목표와 관련된 의미를 포함하고 있다. 먼저 칠각지에 대한 기존의 대치적 해석에 순차적 해석을 추가함으로 인해 칠각지에 대한 이해의 폭이 넓어진다. 깨달음의 요소들 간의 관계를 대치적으로 해석할지, 순차적으로 해석할지를 통해서 칠각지에 대한 이해가 확장된다. 대치적 해석의 경우는 오장애와 연관이 있고, 순차적 해석의 경우는 사념처와 연관해서 살펴볼 수 있다. 대치적 해석의 경우는 오장애를 대치하는 것으로 칠각지가 제시되고 있고, 순차적 해석의 경우는 사념처 수행을 통해서 칠각지의 요소를 순차적으로 개발하여 궁극 목표로 나아가게 된다. 두 가지 해석을 동시에 적용하면 칠각지는 오장애를 대치함으로써 명지와 해탈이라는 궁극 목표로 순차적으로 나아가게 된다. 결국 칠각지는 깨달음을 돕고, 깨달음의 편에 서게 되는 방법으로 대치와 차제를 제시하고 있다고 할 수 있다.

다음으로 칠각지에 대한 이해를 확장함으로써 삼십칠보리분법을 세 가지 범주로 나누어서 이해할 수 있게 된다. 염근족, 근력지, 도의 삼과로 볼 수 있다. 이를 통해서 삼십칠보리분법을 네 가지 알아차림[念]을 부지런히[勤] 수행해서[足] 다섯 가지 기능[根]을 계발하여, 힘[力]을 키우고 이를 바탕으로 오장애라는 유해한 요소들을 제거하면서 마음에서 깨달음의 요소[支]를 확장하고, 이를 통해서 삶 전반에 걸쳐서 지속적으로 올바른 길[道]을 걸어가는 것으로 해석할 수 있게 된다. 이는 방법론 전반에 대한 이해라고 할 수 있을 것이다. 이렇게 되면 칠각지에 대한 이해를 통해서 삼십칠보리분법의 전체적인 구도를 파악할 수 있게 된다. 또한 칠각지를 통해서 명지와 해탈로 나아가고, 아나함과와 아라한과를 성취하고, 치병이라는 결실을 가져오는 것을 볼 수 있다.

참고문헌

A = *Aṅgutttara-Nikāya*, ed. by R. Morris and E. hardy, London: PTS, 1985-1990.

D = *Dīgha-Nikāya*, ed. by T. W. Rhys Davids and J. E. Carpenter, London: PTS, 1890-1911.

M = *Majjhima-Nikāya*, ed. by V. Trenckner and R. Chalmers, London: PTS, 1977-1979.

PED = *The Pali Text Society's Pali-English Dictionary*, ed. by T. W. Rhys Davids and William Stede, London: The Pali Text Society, 1921-5/1986.

S = *Saṃyutta-Nikāya*, ed. M.L. Feer, London: PTS, 1884-1904.

『디가 니까야』 = 각묵스님 옮김(2006), 『디가 니까야』 제1-3권, 울산: 초기 불전연구원.

『맛지마 니까야』 = 대림스님 옮김(2012), 『맛지마 니까야』 제1-4권, 울산: 초기불전연구원.

『상윳따 니까야』 = 각묵스님 옮김(2009), 『상윳따 니까야』 제1-5권, 울산: 초기불전연구원.

『앙굿따라 니까야』 = 대림스님 옮김(2006), 『앙굿따라 니까야』 제1-6권, 울산: 초기불전연구원.

김창일(2010), 「'치유로서의 불교명상'에 관한 고찰 – 초기경전과 주석서의 칠각지를 중심으로」, 『불교와심리』 3, 서울: 불교와심리연구원, pp.11-50.

박재은(2018), 『균형의 마음, 우뻬카』, 서울: 운주사.

서현희(2007), 「다섯 가지 장애(pañca-nīvaranā, 五蓋)의 수행적 위상에 대한 고찰」, 『동서사상』 3, 대구: 경북대학교 인문학술원, pp.89-120.

아날라요, 이성동·윤희조 옮김(2021), 『붓다의 영적 돌봄』, 서울: 씨아이알.

임승택(2004), 「사념처의 심리적 지평에 관한 일고찰 – 5가지 장애(pancanivaranani)

의 문제를 중심으로」, 『인도철학』 16, 서울: 인도철학회, pp.65-89.

정민선·정준영(2020), 「초기불교 수행의 불안 제거 연구－우땃짜(uddhacca) 와 마음챙김(mindfulness)의 제한적 상호관계」, 『동아시아불교문화』 42, 부산: 동아시아불교문화학회, pp.43-68.

Gethin, R. M. L.(1992), *The Buddhist Path to Awakening: a Study of the Bodhi-Pakkhiyā Dhammā*, Leiden: E. J. Brill.

http://nikaya.kr/bbs/board.php?bo_table=happy05_01&wr_id=70 (2025년 9월 18일 검색)

제2부

불교
심리치료

: STUDIES IN BUDDHIST COUNSELING

5 업의 심리치료

마음과 관련해서 우리는 지속적으로 마음을 내고 있는 동시에 우리가 낸 마음의 결과를 지속적으로 받고 있다. 이러한 두 가지 차원에서 우리의 마음은 활동한다. 본 장은 업을 마음의 차원에서 내는 마음과 받는 마음이라는 두 가지 차원에서 다루고자 한다. 이는 지금 여기에서 어떤 마음을 내는지에 대한 문제와 이미 낸 마음을 지금 어떻게 받을지에 대한 문제이다.

이 두 차원에서 업을 보면 우리는 매순간 업을 만들고 있고, 동시에 업의 결과를 받고 있다고 할 수 있다. 업을 내는 것과 동시에 업을 받는 것이 이루어지고 있다. 매순간 업을 내고 받는 일을 지속하고 있는 것이다. 우리가 행하고 있는 모든 행위가 업의 범주에 해당한다고 하면, 우리가 행하는 모든 것은 업을 만들고, 업을 받는 것이다. 그렇다면 우리가 어떻게 업을 만들고, 어떻게 업을 받을지에 대한 것을 불교적 관점에서 파악할 수 있다면, 이는 업과 관련된 심리적 치유로 연결될 것이다.

본문에서는 먼저 업을 내는 업과 받는 업으로 구분할 수 있는 근거를 살펴보고자 한다. 그리고 업의 의미와 업의 용례를 살펴보고자 한다. 이를 통해서 업이 가지고 있는 포괄적인 의미를 드러내고자 할 것이다. 업이 포괄하는 범위를 드러내는 동시에 이러한 포괄적인 범위 안에서 업의 핵심적 의미를 드러내보고자 한다. 이를 바탕으로 업이 가지는 치유적 함의를 드러내고자 한다. 이때에도 업을 내는 업과 받는 업이라는 관점에서 보고자 한다. 업을 낼 때에는 어떤 자세로 임해야 하는지, 업을 받을 때에는 어떤 태도로 임해야 하는지를 치유적 관점에서 고찰하고자 한다.

1. 업과 행동

행동은 서구심리학에서 동기심리학과 행동심리학의 주요 주제이다. 동기심리학은 인간의 다양한 행위를 이끌어내는 원인으로서 동기(motive)를 제시하고 있다. 이러한 동기는 인지와 정서와의 연결 하에서 다루어지고 있다.[1] 행동심리학은 이러한 동기에 의해서 외형적으로

---

1   John Marshall Reeve, 정봉교·현성용·윤병수 공역(2003) pp.6-7; 윤희조(2017) p.225. 동기(motive)는 행동에 에너지와 방향을 제공하는 내적 과정인 욕구, 인지, 정서가 공유하는 공통적인 기반을 말하고, 동기의 근원에는 욕구, 인지, 정서와 같은 내적 동기와 외적 사건이 있다고 한다. 이처럼 동기의 근원에는 인지와 정서가 내적 동기로 자리잡고 있다는 것을 볼 수 있다. 또한 정서에

드러난 행동을 연구한다. 정확하게 알 수 없는 동기보다는 알 수 있고 측정할 수 있는 형태인 행동을 연구주제로 삼는다.

불교에서 업은 의도(volition)를 핵심으로 삼는다.[2] 동일한 행동이라고 할지라도 선한 의도, 불선한 의도와 같이 의도와 함께하는 행동을 업으로 삼는다. 업의 범위에는 행동뿐만 아니라 정서와 인지도 업의 범주에 포함된다고 할 수 있다. 특히 신구의(身口意)라는 세 가지 영역으로 업의 범위를 포괄하고 있다. 즉 업의 핵심적 의미는 의도가 되고, 업의 포괄적 의미는 신구의(身口意)의 영역이 된다. 의도를 본래적 의미로 삼기에 어떤 의도인지에 따라서 변화의 가능성이 있고, 신구의의 영역은 모든 인간에게 구비되어 있기에 보편성을 가지는 동시에 신구의를 통해서 만들어지는 업은 각각의 고유성을 가진다.

불교에서 업과 관련해서 중요하게 다루는 업과(業果), 업보(業報), 과보(果報)처럼 업의 결과를 다루는 영역을 서구심리학에서는 찾기가 어

대한 대표적인 정의에 있어서도 "정서는 정서적으로 관련된 지각효과, 평가, 명명과정과 같은 인지적 과정을 발생시킬 수 있다."는 것처럼 인지와 연관되어 있고, "정서는 항상은 아니지만 종종 표현적이고 목적지향적이고 적응적인 행동을 야기할 수 있다."는 것처럼 동기와 연관되어 있다. Paul R. Kleinginna, Jr., Anne M. Kleinginna(1981) pp.353-355; 윤희조(2015) p.238.

2　A6:63 「꿰뚫음 경(Nibbedhika-sutta)」『앙굿따라 니까야』 제4권, p.262. '비구들이여, 업을 알아야 한다. 업들의 원인과 근원을 알아야 한다. 업들의 차이점을 알아야 한다. 업들의 과보를 알아야 한다. 업들의 소멸을 알아야 한다. 업들의 소멸로 인도하는 길을 알아야 한다.'라고 했다. 그러면 이것은 무엇을 반연하여 말한 것인가? 비구들이여, 의도(意圖)가 업(業)이라고 나는 말한다. 의도한 뒤 몸과 말과 마음으로 업(業)을 짓는다. 『구사론』에서는 의도(cetanā)를 "마음의 작동이고, 사고에 의한 행위이다"라고 정의한다. 齊藤 明(2011) p.55.

렵다. 이는 불교심리학이 연기라고 하는 인과적 관점에서 심리를 다루기 때문이라고 할 수 있다. 연기의 관점에서는 원인, 현상, 현상의 결과, 이것이 또 다른 현상의 원인이 되는 등의 인과가 다양하게 펼쳐지는 가능성을 열어두고 있다고 할 수 있다. 그러므로 과보의 차원에서 행동을 다루는 것은 불교심리학의 고유한 특징이라고 할 수 있다.

업과, 업보, 과보라고 할 경우에는 수동적인 경향이 강하다. 이로 인해서 불교의 업을 숙명적으로까지 이해하는 경향성이 강하다. 이에 대한 해결책으로 업을 숙명적이 아니라 연기적으로 이해하는 관점을 견지할 필요가 있다. 업을 내는 업(karma of acting)과 받는 업(karma of receiving)이라는 용어의 관점에서 봄으로써 이에 대한 새로운 해석의 가능성을 제시해 볼 수 있다. 불교에서는 업을 분류하는 다양한 기준을 제시하고 있다. 사업(思業)과 사이업(思己業), 표업(表業)과 무표업(無表業), 자업(自業)과 공업(共業) 등이 존재한다. 생각으로서의 업과 이것이 행동으로 드러난 업, 드러난 업과 드러나지 않은 업, 주체에 따른 업이다.[3]

업(業)과 업과(業果)의 구분은 업을 구분하는 가장 큰 범주라고 할 수 있지만, 업이라는 용어 자체가 업과를 포함할 정도로 넓은 범위를 가지므로 정확한 구분이라고 하기에는 겹치는 부분이 많다고 할 수 있다. 이를 좀 더 정확히 구분하면 업이라는 행위, 업이라는 행위를

---

3 이와 관련해서는 다음의 논문을 참조할 수 있다. 조승미(2011) pp.119-133: 김한 상(2014) pp.252-289: 박경준(2009) pp.149-171: 남궁선(2010) pp.295-328.

하는 주체, 업이라는 행위의 결과의 차원에서 구분할 수 있다. 업을 '행위하다'는 동사의 기능에 초점을 맞추면 업을 내는 차원과 업을 받는 차원으로 구분할 수 있다. 업이라는 행위 자체는 둘 모두에 포함되므로 내는 업과 받는 업의 두 차원으로 구분할 수 있다. 또한 '내는'과 '받는'은 동사의 형태이므로 업의 수동적 경향성을 극복할 수 있다.

이렇게 되면 업을 낼 때는 어떻게 내어야 하고, 업을 받을 때는 어떻게 받아야 하는지에 대한 질문이 도출될 수 있다. 이는 업이라는 기능적, 역동적 측면을 살리는 동시에 업의 능동적인 측면을 보여줄 수 있는 구분이라고 할 수 있다. '내는 업(karma of acting)'과 '받는 업(karma of receiving)'으로 업을 구분함으로 인해서 업은 내가 낼 수 있고, 받을 수 있는 능동적인 것이 되고, 내고 받는 행위를 하는 역동적인 것이 된다. 업을 내는 업과 받는 업으로 구분하는 것은 업을 개인이 주체적으로 다룰 수 있게 되고, 업의 변화를 이끌어 낼 수 있게 된다.[4] 이러한 변화의 가능성은 치유의 가능성으로 이어지게 된다. 그러므로 내는 업과 받는 업의 구분은 심리치유로 나아갈 수 있는 가능성의 토대가 된다고 할 수 있다. 어떤 업을 어떻게 내는지, 어떤 업을 어떻게

---

4 A3:61 「외도의 주장 경(Tittha-sutta)」 『앙굿따라 니까야』 제1권, pp.433-434. 붓다는 업과 관련된 잘못된 주장으로 다음의 셋을 들고 있다. '사람이 즐거운 느낌이나 괴로운 느낌이나 괴롭지도 즐겁지도 않은 느낌을 경험하는 것은 모두 전생의 행위가 원인이다.' '사람이 즐거운 느낌이나 괴로운 느낌이나 괴롭지도 즐겁지도 않은 느낌을 경험하는 것은 모두 창조주의 창조가 원인이다.' '사람이 즐거운 느낌이나 괴로운 느낌이나 괴롭지도 즐겁지도 않은 느낌을 경험하는 것은 모두 원인도 없고 조건도 없다.'

받을지에 대한 주체적인 선택이 가능하게 된다. 그러므로 어떤 업을 어떻게 낼지, 어떤 업을 어떻게 받을지에 대한 논의는 업과 관련된 심리치유로 연결될 수 있을 것이다.

이러한 업은 먼저 두 가지 마음의 차원, 즉 내는 마음(mind of acting)과 받는 마음(mind of receiving)에서 볼 수 있다.[5] 이는 불교심리학에서 마음을 구분하는 가장 넓은 범주라고 할 수 있다. 마음을 '내는 마음'과 '받는 마음'으로 구분함으로 인해서 불교심리학이 심리치유의 토대를 마련한 것처럼 업을 심리치유적 관점에서 파악하고자 할 때에도 이러한 관점에서 업을 파악하는 것은 유용한 관점이 될 것이다. 먼저 업의 의미와 용례를 살펴보고자 한다.

2. 업의 의미

업(業, karma, kamma)은 어원적으로 보면 '하다(do)'의 의미이다. 업의 어원인 끄리(√kr)는 '하다'라는 의미를 가진다. 이것의 명사형이 까르마(karma, kamma)가 된다. 이는 '행위'로 번역된다. 인간이 행하는 것 전반을 말한다.[6] 업이 '행(行)'이므로 오온의 행온(行蘊)을 업으로 사

5　대림스님·각묵스님 옮김(2002) p.107; 윤희조(2017) p.133.

6　PED p.194. Kamma (nt.) Acting in general, action, deed, doing; SED p.258. act, action, performance, business;『パーリ語辞典』p.99. 業, 行爲, 作業, 家業, 羯磨, 儀式;『梵和大辞典』p.323. 行爲, 作業, 作用, 職業, 儀式, 結果.【漢譯】 業, 作, 行, 作業, 業用, 行業, 所作, 所作業, 因業, 業因, 作法, 事, 辨事, 相, 轉變事.

용하기도 한다.

또한 업을 행위의 관점에 초점을 맞추어 볼 때, 업은 업을 행하는 행위와 업의 결과라는 측면을 함께 볼 수 있다. 업이라는 행위 자체와 행위 결과는 연속적으로 이루어지므로 업이라는 행위와 업의 결과인 과보는 함께 다루어야 한다. 이는 마음의 측면에서도 볼 수 있다. 마음은 받는 마음과 내는 마음으로 구분할 수 있다. 선·불선(善·不善)의 마음이 있는 반면, 무기(無記)의 마음이 있다.[7] 선·불선의 마음은 어떤 마음이든 내가 행하고 있는 마음이다. 내가 행하고 있는 마음에 대해서는 선, 악을 구분할 수 있다. 그러나 업을 더 이상 만들지 않는 존재, 즉 성인이 행하는 마음은 선·불선을 기록할 수 없는 무기의 마음이라고 할 수 있다.[8]

행위의 결과로서 받는 마음은 또한 선·불선의 구분이 되지 않는 무기의 마음이다. 즉 선·불선의 마음이 결과로서 받는 마음이 될 때 그 마음은 선·불선을 구분할 수 없다. 이때의 선·불선을 구분할 수 없는 마음은 무기의 마음이다. 이러한 마음의 구분은 발생(jati)에 따른 구분이다. 발생은 내는 마음인지, 받는 마음인지의 구분이다. 지금 행하고 있는 마음인지, 결과로서의 마음인지의 구분을 말한다. 선·불선

---

7 대림스님·각묵스님 옮김(2002) pp.108-109.
8 성인은 행을 하지만 업을 만들지 않는다. 그렇다면 성인에게 있어서는 행의 범위가 업의 범위보다 크다고 할 수 있다. 범부는 모든 행이 업이 되므로 행과 업의 범위가 같다고 할 수 있다. 이는 의도가 없는 행을 할 수 있는지가 판단의 근거가 된다.

의 마음은 내는 마음에 해당하고, 무기의 마음은 내는 마음과 받는 마음에 모두 해당한다. 성인이 내는 마음은 무기의 마음이고, 범부와 성인 모두 결과로서 받는 마음도 무기의 마음이다.

이때 내는 마음에서 '내는'은 모든 행위를 지칭한다. 예를 들어 영어의 '두(do)'라고 할 때 '하다'라는 동사의 의미도 있지만, '두'는 대동사로도 사용된다. 모든 동사를 '두'로 대신할 수 있다는 것이다. 모든 행위를 지칭하는 것이다. 이때의 '두'를 한글로 번역하면 '하는' 또는 '내는' 이라고 할 수 있다.

이 마음은 행위와 연결되어 있다. 행위는 모든 행위를 대신하는 명사이다. '두'가 대동사의 역할을 하는 것과 마찬가지이다. 이러한 행위를 '업'으로 번역한다. 그러므로 업은 '하다'의 명사형으로 모든 행위를 가리킨다. 업을 '의도가 있는 행위'로 정의한다.[9] 범부에게는 의도가 없는 행위가 가능하지 않지만 성인에게는 의도가 없는 행위가 가능하므로, 범부의 모든 행위는 업이라고 할 수 있다. 범부의 행동은 항상 유루(有漏), 즉 번뇌가 있는 행동이기에 의도가 있기 마련이다. 그 의도의 정도의 차이는 있을지라도 항상 의도를 가지는 행위라고 할 수 있다.

그러므로 업의 의미를 이 두 가지 측면에서 볼 수 있을 것이다. 첫째 업은 범부인 인간이 하는 모든 행위를 말한다. 마음으로 행하는 미세한 행위부터 몸으로 행하는 거친 행위까지를 모두 일컫는다. 이를 '내

---

9   A6:63 「꿰뚫음 경(Nibbedhika-sutta)」

는 업'으로 말한다. 둘째 범부인 인간이 하는 모든 행위인 업은 항상 결과를 가져온다. 이 결과로서의 업을 인간이 마음으로부터 몸으로까지 받는 것을 '받는 업'이라고 한다. 이처럼 내는 업과 받는 업의 두 가지 차원에서 볼 수 있다.

3. 업의 용례

업은 크게 세 가지 용례로 사용된다. 첫째 오온의 관점에서 볼 수 있다. 행온(行蘊)의 행은 '의도(volition)' 또는 '마음의 형성작용(mental formation)' 등으로 번역된다.[10] 그리고 행은 한자어로 보면 가다(go)라는 의미가 아니라 하다(do)라는 의미이다. 의도는 마음을 내는 것을 말하고, 형성 작용은 결합하는 작용으로 마음의 작용[心所]을 결합시키고 연결시킴으로써 유위화(有爲化)하는 작업을 하는 것이다. 이러한 행의 기능은 업의 기능에 해당한다고 할 수 있다. 업을 행한다는 것은 행의 의도를 내고, 결합하는 작용을 포함하는 것이 된다. 그러므로 행은 업과 동의어라고 할 수 있다.[11]

---

10 wisdom library에서는 sankhāra 또는 saṅkhāra를 대표적으로 'formation', 'volitional effort'로 번역한다. 이때의 형성(formation)은 마음의 형성을 말하고, 의도적 노력(volitional effort)은 의도를 말한다고 할 수 있다.
   https://www.wisdomlib.org/definition/sankhara (2025년 9월 18일 검색)
11 여기서도 범부와 성인을 구분하여 보아야 한다. 동의어가 성립하는 것은 범부의 차원이다. 범부의 모든 행위는 의도를 가지지만, 성인은 의도가 없는 행이 가능하기 때문이다.

오온의 수(受), 상(想)도 넓은 의미의 행에 포함되므로 마음의 작용 [心所] 전반을 업으로 표현한다. 오온 가운데 수상(受想)도 원래는 행의 일종이었는데, 그 중요성 때문에 분리하여 수온, 상온으로 불린다. 그러므로 수상도 일종의 행이므로, 업이라고 할 수 있다. 나아가서는 물질도 변화하는 행을 하기 때문에 업의 작용을 하고 있는 것이다. 물질 또한 업의 결과로 만들어진 것이라고 할 수 있다. 물질의 경우도 감각하는 것이고, 몸으로 행위하는 것이기에 업이라고 할 수 있다. 특히 신업(身業)이라고 할 때, 색온(色蘊)과 연관이 된다고 할 수 있다. 지속적인 생멸하는 식(識)도 업에 포함된다고 할 수 있다.[12] 식온(識蘊)은 알고 기억하고 새기는 기능을 가진다. 의도에 의해서 행해진 것이 식에 의해서 알고 기억되는 역할을 한다.[13] 식은 나머지 심소와 함께 업을 만드는 작용과 받는 작용을 한다고 할 수 있다. 이렇게 되면 오온 전반을 업으로 볼 수 있게 된다.[14] 특히 오온을 기능적 관점에서 보면, 기능은 '하는 것'이므로 업이라고 지칭할 수 있게 된다. 이렇게 되면 오온이라고 할 때 온(蘊)이라는 무더기는 업의 무더기[業蘊]가 된다고 할 수 있다.[15]

---

12 기경서(2011) pp.120-121.
13 더 정확하게는 식(識)에 의해서 아는 것이, 다음 찰나에 심(心)에 의해서 기억된다. 식과 심의 관계는 식이 다음 찰라가 되면 심이 된다는 것이다. 즉 식의 아는 기능이 다음 찰나에 심의 기억 기능이 된다.
14 함돈호(선오) pp.145-168.
15 선행연구로 최봉수의 경우는 우주론에 기반한 업설을 논의하기 때문에 본 장과 같이 마음의 관점에서 업설을 보는 것과 차이가 있다. 반면 백도수는

둘째 신구의(身口意) 삼업(三業)을 볼 수 있다. 업을 짓는 것, 즉 내는 것은 신구의 세 가지를 통해서 내게 된다는 것이다. 몸으로 지은 업[身業], 말로 지은 업[口業], 마음으로 지은 업[意業]이 있다.[16] 몸으로 지은 업은 몸으로 하는 행위를 말한다. 몸을 움직이는 행위를 말한다. 몸으로 지은 업은 기본적으로 안이비설신(眼耳鼻舌身)으로 감각하는 것이 기본이다. 보는 것, 듣는 것, 냄새 맡고, 맛보는 것, 접촉하는 것이다. 이로 인해서 신업은 몸으로, 감각기관으로 행위를 한다.

구업은 입의 기능 가운데 말하는 기능과 연관된다. 말로 지은 업은 말, 즉 언어와 문자로 의미체계를 만들고 이를 통해서 상대방과 자신에게 영향 즉 행위를 끼치는 역할을 한다. 이때의 구업(口業)은 각자의 맥락이 다르기 때문에 영향을 받는다. 인간은 물질성으로 인해서 동일한 공간을 동시에 점유할 수 없기에 항상 다른 맥락을 가진다. 다른 맥락을 가지기에 다른 의미체계가 형성되고, 해석은 각각의 의미체계

업을 카르마명상이라는 심리치료의 관점에서 구체적으로 기술하고 있다. 최봉수(1991) pp.27-63; 백도수(2015) pp.622-643. 대표적인 업 관련 저서로는 다음이 있다. 雲井昭善 編(1979); 진열 역저(1988); 사사끼 겐준·마스다니 후미오, 이태영·정양숙 옮김(1990) 파아옥 또야 사야도, 정명스님 옮김(2009).

16 A3:2 「특징 경(Lakkhaṇa-sutta)」『앙굿따라 니까야』 제1권, p.305. "비구들이여, 세 가지 특징을 가진 사람을 어리석은 사람이라고 알아야 한다. 어떤 것이 셋인가? 몸으로 짓는 선하지 않은 행위, 말로 짓는 선하지 않은 행위, 마음으로 짓는 선하지 않은 행위이다. 비구들이여, 이 세 가지 특징에 의해 어리석은 사람이라고 알아야 한다." "비구들이여, 세 가지 특징에 의해 현명한 사람이라고 알아야 한다. 어떤 것이 셋인가? 몸으로 짓는 선한 행위, 말로 짓는 선한 행위, 마음으로 짓는 선한 행위이다. 비구들이여, 이 세 가지 특징에 의해 현명한 사람이라고 알아야 한다."

에 따라서 달라지게 된다. 십불선업(十不善業) 가운데 가장 많은 분량을 차지하는 것이 구업이다.[17] 이처럼 구업은 타인에게 끼치는 영향이 막대하다고 할 수 있다. 이는 언어로 인해서 새로운 세계를 만들기 때문이다.

의업은 마음으로 하는 행위를 말한다. 마음으로 만들어내는 모든 행위를 의미한다. 느낌도 마음이 만들어내고, 상도 마음이 만들어내고, 의도도 마음이 만들어내고, 개념도 마음이 만들어낸다. 마음에서 드러나는 모든 것들이 마음이 만들어내는 것이고, 이는 의업이다. 심업(心業)이라고 하지 않고, 의업(意業)이라고 하는 이유가 있다. 의(意)는 안

---

17 M41「살라의 바라문들 경(Sāleyyaka-sutta)」『맛지마 니까야』 제2권, p.277. "장자들이여, 몸으로 짓는 세 가지의 법에 따르지 않은 그릇된 행위가 있고, 말로 짓는 네 가지의 법에 따르지 않은 그릇된 행위가 있고, 마음으로 짓는 세 가지의 법에 따르지 않은 그릇된 행위가 있다." A10:209「법답지 못한 행위 경(Adhammacariyā-sutta)」『앙굿따라 니까야』 제6권, p.501. "바라문이여, 몸으로 짓는 세 가지 법답지 못한 행위와 비뚤어진 행위가 있고, 말로 짓는 네 가지 법답지 못한 행위와 비뚤어진 행위가 있고, 마음으로 짓는 세 가지 법답지 못한 행위와 비뚤어진 행위가 있다." 그리고 업을 유발하는 여섯 가지 원인을 제시하고 있다. A3:33「인연 경(Nidāna-sutta)」『앙굿따라 니까야』 제1권, pp.360-362. "비구들이여, 업을 유발하는 세 가지 원인이 있다. 어떤 것이 셋인가? 탐욕이 업을 유발하는 원인이고, 성냄이 업을 유발하는 원인이고, 어리석음이 업을 유발하는 원인이다." "비구들이여, 업을 유발하는 세 가지 원인이 있다. 어떤 것이 셋인가? 탐욕 없음이 업을 유발하는 원인이고, 성냄 없음이 업을 유발하는 원인이고, 어리석음 없음이 업을 유발하는 원인이다." A10:174「업의 근원 경(Kammanidāna-sutta)」『앙굿따라 니까야』 제6권, p.445. "비구들이여, 이처럼 탐욕은 업을 일으키는 근원이며, 성냄도 업을 일으키는 근원이며, 어리석음도 업을 일으키는 근원이다. 탐욕이 다하면 업을 일으키는 근원이 다하고, 성냄이 다하면 업을 일으키는 근원이 다하고, 어리석음이 다하면 업을 일으키는 근원이 다한다."

이비설신(眼耳鼻舌身)과 마찬가지로 감각기관이다. 이러한 감각기관이 감각대상을 감각하는 것처럼 의(意)도 감각대상을 감각한다. 안(眼)이라는 감각기관이 색(色)이라는 감각대상을 감각하는 것과 마찬가지로, 의라는 감각기관이 대상의 느낌, 이미지, 의도를 감각한 것이다. 이러한 감각대상은 오온에서 보면 수상행(受想行)에 해당한다. 수상행이 모두 업에 해당한다는 것을 여기서 다시 한번 볼 수 있다. 업을 만들어내는 영역이라는 관점에서 볼 때 신구의 세 가지 영역에서 만들어지는 삼업을 볼 수 있다.

셋째 팔정도에 정업(正業)이 나온다. 팔정도는 붓다가 제시한 방법론 가운데 가장 폭이 넓은 방법론이다. 삼십칠보리분법의 관점에서 볼 때 정어, 정업, 정명은 팔정도에만 있다. 어업명(語業命)은 계정혜 가운데 계(戒)를 이야기한다. 계는 하지 말아야 할 것은 하지 말아야 하고 동시에 그 반대로 하여야 할 것은 적극적으로 행하라는 의미이다. 양설(兩舌), 악구(惡口), 기어(綺語) 등을 하지 말라는 것인 동시에 일설(一舌), 선구(善口), 직어(直語) 등은 하라는 의미이다. 정명(正命)에 대해서도 마찬가지이다. 이는 오계를 어기거나, 남으로 하여금 오계를 어기게 하는 직업을 가지지 말라는 이야기이다. 이를 적극적으로 보면 오계를 지키게 하는 직업을 적극적으로 가지라는 것이다. 이제 업은 행위 일반으로 나아간다. 오계를 어기는 행위는 적극적으로 하지 말고, 오계를 지키는 행위는 적극적으로 행하라는 것이다.

여기서 중요한 것은 업을 몸으로 하는 행위가 아니라 모든 행위로 번역하면, 팔정도 전부는 정업에 해당한다. 나머지 칠정도 전체는 행위의 일종이기 때문이다. 모든 행위에 있어서 '정(正)'하게 행해야 한다는 것이다. 이렇게 되면 삼십칠보리분법 가운데 팔정도가 가장 폭이 넓은 이유가 나온다. 팔정도에서 네 번째로 나오는 정업의 업이 인간의 모든 행위를 포함하기 때문이다. 정업으로 인해서 인간이 하는 모든 행위는 '정(正)'하게 행하라는 것이 된다.

4. 업을 대하는 태도

1) 내는 업

업을 낼 때의 태도, 업을 받을 때의 태도를 볼 수 있다. 업을 낼 때는 십선업(十善業)과 십불선업(十不善業)의 구분이 유용하다.[18] 십선업을 내고, 십불선업은 내지 않도록 하는 것이다. 행위를 할 때, 선·불선의 구분은 모두 내는 마음에서 이루어진다. 내는 마음, 내는 업에서는 선·불선

---

18 아비담마에서 마음을 구분하는 기준은 우선 경지에 따라서 욕계 마음, 색계 마음, 무색계 마음, 출세간계 마음으로 구분한다. 또 다른 구분 기준으로는 그 마음이 유익한지(kusala), 해로운지(akusala), 과보인지(vipaka), 작용(kiriya) 만 하는지에 따라서 구분한다. 전자의 기준에 의해서 범부와 성인이 나뉘고, 후자의 기준은 궁극 목표에 따른 구분이라고 할 수 있다. 유익하든 해롭든 이는 내는 마음이고, 과보의 마음은 받는 마음이고, 작용만 하는 마음은 둘 다에 해당할 수 있다. 네 가지 기준을 내는 마음과 받는 마음이라는 두 가지 기준으로 간략하게 정리할 수 있다. 두 가지에 의하면 내는 마음은 유익과 해로움의 구분이 있지만, 받는 마음과 작용만 하는 마음은 무기이다. 이 구분에서 볼 때 인간의 선택가능성과 그것으로 인한 심리적 치유 가능성이 전면에 부각될 수 있다. 대림스님·각묵스님 옮김(2002) pp.107-111; 윤희조(2017) pp.132-134. 구체적인 분석은 다음의 논문을 참조할 수 있다. Harvey, Peter(2010) pp.175-209.

의 구분이 된다. 어떤 의도를 가지는지에 따라서 선·불선의 구분이 된다. 신구의(身口意) 삼업에 대해서도 마찬가지이다. 신구의라는 영역 또는 도구를 통해서 드러나는 것이다. 그 의도에 따라서 선·불선이 구분된다.

선·불선의 구분이 된다는 의미에서 내는 업에서 가장 중요한 것은 '의도'가 된다. 이러한 의미에서 업을 본질적으로 정의하면 '의도'가 된다. 그리고 선·불선과 무기의 구분은 의도의 유무이고, 의도의 유무에 따라서 행이 업이 될지 여부가 결정되므로, 의도는 업의 본래적 정의라고 할 수 있다. 의도는 내는 마음에서 핵심이 된다. 의도가 어떤 지가 내는 업에서 가장 중요한 태도가 된다. 실제로는 이때의 의도에 번뇌가 있는지, 없는지의 여부이다. 번뇌는 불선보다 넓은 범주이다. 불선과 불선할 수 있는 경향성을 포함한 것이 번뇌이다. 그러므로 번뇌를 모두 제거하지 못한 경우 우리의 모든 행동은 번뇌적 행위가 된다.

서구심리학의 관점에서 보면, 인지와 정서를 일차적으로 구분한다. 불교심리학의 관점에서 보면, 그것이 인지이든 정서이든 선한 의도와 불선한 의도가 일차적인 구분이 된다. 선(善)과 불선(不善)은 불교의 궁극적 목표를 성취하는 데 유용한지(kusala, skillful) 무용한지(akusala, unskillful)가 중심이 된다. 물론 이때의 궁극적 목표는 세간적인 도덕과 배치되는 것이 아니라, 세간적인 도덕을 넘어서는 것을 지향하고 추구하는 것이다. 즉 어떤 것을 추구하고자하기 때문에 유용, 무용이 나온다. 유용과 무용은 목표를 가지고 있다는 것이다. 목적론을 전제로 하는 것이다.

그러므로 불교심리학의 관점에서 인지, 정서의 구분은 이차적인 구분이다. 때때로 인지, 정서가 따로 묶이지 않고 하나의 범주에 포함되기도 한다. 예를 들어 오장애 안에 인지적 요소와 정서적 요소가 함께 있고, 칠각지 안에 인지적 요소와 정서적 요소가 함께 있다. 오장애는 궁극적 목표를 방해하는 것인 반면, 칠각지는 궁극적 목표를 지향하는 것으로서 한 묶음이다. 번뇌의 유무, 유용과 무용의 구분이 일차적이라고 할 수 있다. 즉 동일한 인지, 정서라도 어떤 목적에 맞게 사용되는지에 따라서 그 인지와 정서는 다른 인지와 다른 정서가 되는 것이다. 동일한 인지와 정서라도 선한 의도와 함께 사용되는지, 불선한 의도와 함께 사용되는지에 따라서 다른 인지와 정서가 되는 것이다.

그러므로 인지든, 정서든 궁극적 목표에 적합한 의도를 내는 것이 우선이 된다. 이렇게 되면 내는 마음에서의 태도는 명확해진다. 궁극적 목표에 유용한 마음을 내는 것이 내는 마음에서의 태도이다. 이때 내는 마음 가운데 어떤 마음을 내는지가 중요하다. 세간의 마음에서는 선한 마음을 내는 것이고, 신적인 마음에서는 범천의 마음인 자비희사의 사무량심을 내는 것이고, 출세간의 마음에서는 집착 없음의 마음을 내는 것이다. 이때 집착 없는 마음은 탐진치로부터 자유로워진 마음이기에 해탈의 마음이고, 열반의 마음이라고 할 수 있다. 이 마음은 인간이 낼 수 있는 가장 고귀한 마음이라고 할 수 있다. 내는 마음을 팔정도, 육바라밀, 수이불수(修而不修)의 차원에서 살펴볼 수 있다. 팔정도는 초기불교를 대표하는 수행법이고, 육바라밀은 대승불교를 대표하는 수행법이고, 수이불수는 선불교를 대표하는 수행법이다. 이러한 대표적인 수행법을 통해서 각각의 불교에서 어떤 마음을 내고자 하는지를 살펴볼 수 있을 것이다.

첫째 팔정도의 관점에서 내는 마음을 볼 수 있다. 팔정도는 계정혜(戒定慧)의 차원에서 볼 수 있는데, 계(戒)는 행위를 하는 데 있어서 적극적으로 행해야 하는 것이다. 바른 행위를 해야 하는 것이다. 여기서의 '바른'은 궁극적 목표에 도움이 되는 것을 말한다. 살도음망주(殺盜淫妄酒)의 오계(五戒)의 차원에서 볼 때는 두려움을 없애는 것에 중점이 맞추어진다. 살(殺)은 상대방의 생명을 존중하는 것인 동시에 생명의 위협이라는 두려움을 없애는 것이 된다. 도(盜)는 상대방의 소유, '누구의 것'을 존중하는 동시에 빼앗길 수 있다는 두려움을 없애는 것이 된다. 음(淫)은 생명의 가장 근본적인 권리인 생명을 만들 수 있는 권리를 존중하는 것이다. 이는 상대방의 존엄을 존중하는 동시에 존엄을 위협받을 수 있다는 두려움을 없애는 것이다. 망(妄)은 언어로 인해서 새로운 세계가 창조되는데, 그 안에서 내가 정당한 대우를 받는 것이고, 언어의 피해자가 되는 것에 대한 두려움을 없애는 것이다. 주(酒)는 정신이 혼미해지고, 의식적인 행동이 취해지지 않는 것이므로 이 무의식의 때에도 여전히 안전을 확보하는 동시에 이로부터 불안전할 수 있다는 두려움을 없애는 것이다. 계는 인간의 가장 근원적인 요구인 두려움과 관련이 된다고 할 수 있다.

정(定)은 마음을 고요히 하는 것이다. 마음은 고요히 하는 것이 바른 방향이라는 것이다. 고요히 하는 것은 마음 안에서 목표로 나아가는 데 도움이 되는 요소인 선지(禪支), 즉 선적인 요소를 계발하는 것이다.

정(定)의 차원은 고요함을 계발하는 것이다. 이때 무의식, 즉 미세하게 인식되는 것에 대한 정화가 이루어진다. 오장애라고 불리는 감각적 욕망, 악의, 혼침, 들뜸, 의심 등이 제거된다. 오장애가 제거되면서 이 자리를 선의 요소가 차지한다. 선의 요소는 의식적인 것뿐만 아니라 무의식적인 것까지도 정화한다. 고요함의 단계가 미세해질수록 무의식적인 번뇌는 풀려나가고 해체된다. 원래 없던 것이 드러난 것이 아니고, 원래 있던 것이 다른 것이 고요해짐으로써 드러나게 되는 것이다. 장애가 선지(禪支)를 덮고 있는[蓋] 것일 수도 있지만, 반대로 장애 자체가 덮혀 있는[所蓋] 것일 수도 있다. 일상적인 활동에 의해서 가려져 있고, 덮혀 있던 것이 일상적인 활동이 고요해짐으로써 드러나게 되는 것이다. 이처럼 미세한 번뇌를 제거하는 차원에서 정(定)을 볼 수 있다.

혜(慧)의 차원에서는 올바른 인지를 가지는 것이다. 이때의 올바른 인지는 초기불교적 관점에서는 사성제를 아는 것, 즉 괴로움을 제거하는 전체적인 과정을 아는 것이고, 대승불교적 관점에서는 모든 존재의 연결성을 인식하는 것이다. 이러한 인지가 올바른 인지가 되고, 올바른 업이 된다. 혜(慧)의 차원은 이러한 의식적, 무의식적 번뇌를 전체적으로 제거하는 것이다. 예를 들어 정에 의해서 지금의 번뇌가 제거된다면, 혜에 의해서 과거의 모든 경우, 앞으로의 모든 경우, 모든 범부에 적용함으로써 전체적으로 번뇌를 제거한다. 이것은 혜, 즉 반야가 가지고 있는 '통(通)'의 능력 때문이다. 혜는 일종의 개념이므로 전체에 대한 사고가 가능해진다. 잘못된 방향으로 전체적인 사고를 하면 사견

(邪見)이 되지만, 올바른 방향으로 전체적인 사고를 하면 정혜(正慧, 正見)가 된다. 계를 통해서 거친 차원의 번뇌가 정리되면, 정을 통해서 무의식적 차원까지 내려가고, 혜를 통해서 전체적인 차원에서 번뇌가 정리된다. 계정혜의 세 가지 차원은 현대심리학에서 보면 행동, 정서, 인지의 영역이지만, 중요한 것은 각각에 대해서 지향해야 할 바를 보여준다는 것이다. 어떤 행동, 어떤 정서, 어떤 인지를 지향해야 하는지를 보여준다.

둘째 육바라밀에 대해서도 내는 마음의 차원에서 볼 수 있다. 보시와 지계, 인욕과 정진, 선정과 지혜의 바라밀에 대해서 살펴볼 수 있다. 보시는 좁게는 탐욕에 대한 대치법으로 사용되지만, 더 넓게는 모든 존재를 대하는 태도이기도 하다. 모든 존재에게 유익을 주려는 태도를 유지하는 것이다. 보시의 종류에 있어서 의도만으로도 가능한 따뜻한 눈길, 부드러운 얼굴 등에서부터 재보시까지 다양한 스펙트럼에서 유익을 전할 수 있다.[19] 나를 포함한 모든 존재에게 유익을 주고자 하는 마음가짐을 보시라고 할 수 있고, 이는 내는 마음의 전형적인 형태라고 할 수 있다. 모든 존재에게 유익을 주고자 하는 마음가짐이 보시라고 한다면, 지계(持戒)도 또한 자신과 모든 존재에게 유익을 주고자 하

---

19 보시의 종류에는 재시(財施), 법시(法施), 무외시(無畏施), 즉 의식주를 베푸는 것, 붓다의 가르침을 전하는 것, 오계를 지님으로써 다른 생명에게 두려움을 야기하지 않는 것이 있다. 또한 『잡보장경』에 의하면 붓다는 일곱 가지 보시[七種施]를 설한다. 안시(眼施), 화안열색시(和顏悅色施), 언사시(言辭施), 신시(身施), 심시(心施), 상좌시(床座施), 방사시(房舍施)가 있다. T4.479a-b10.

는 마음가짐이면서 행위이다. 계(戒)에서 볼 수 있듯이 지계는 모든 존재와 자신에게 유익을 주는 행동에 대한 지침을 보여준다. 보시에서 일곱 가지 종류의 행위를 보여주듯이, 지계에서는 다섯 가지 행위를 지킴으로써 자신과 모든 존재에게 유익을 주는 방법을 보여주고 있다. 보시와 지계는 어떤 마음을 내어야 하는지를 전형적으로 보여주고 있다. 보시하는 마음, 지계하는 마음을 낼 때, 자신을 포함한 모든 존재에게 유익을 줄 수 있다는 것이다.

인욕과 정진은 마음의 태도를 잘 보여준다. 인욕이 업을 받는 마음의 태도라고 한다면, 정진은 업을 내는 마음의 태도라고 할 수 있다. 인욕은 붓다가 앙굴리말라에게 설한 '인내하라'는 문구를 통해서 알 수 있다.[20] 이는 업의 결과를 받는 태도를 말한다. 업의 결과에 대해서 수순하는 태도를 말한다. 과거에 낸 마음에 의해서 현재에 받는 마음은 업의 결과이므로 이를 받아들이는 것, 수용하는 것, 수순하는 것이 업의 결과를 대하는 태도라는 것이다. 업의 결과를 대하는 이러한 태도를 인욕이라고 할 수 있다. 내는 마음을 통해서 업을 지을 때 정진의 태도가 필요하다. 즉 아직 일어나지 않은 선은 일어나게 하고, 이미 일어난 선은 더욱 증장시키는 태도, 아직 일어나지 않은 불선은 일어나지 않게 하고, 이미 일어난 불선은 손감시키는 태도를 취하는 것이

---

20 M86.「앙굴리말라 경(Aṅgulimāla-sutta)」『맛지마 니까야』제3권, p.343. "감내하라, 바라문이여. 감내하라, 바라문이여. 그대가 수년, 수백 년, 수천 년을 지옥에서 고통 받을 그 업의 과보를 그대가 지금·여기에서 겪는 것이다."

내는 마음의 태도이다. 인욕과 정진의 경우도 업의 차원에서 내는 마음과 받는 마음으로 볼 수 있다.

선정과 지혜는 내는 마음의 차원에서 볼 수 있다. 특히 계발해야 할 마음으로 이 둘을 꼽을 수 있다. 이 두 가지 마음을 계발함으로써 업은 궁극적인 목적으로 더 가까이 나아가게 된다. 앞의 네 가지가 거친 마음의 상태라면 이 두 가지는 미세한 차원에서 이루어지는 내는 마음이라고 할 수 있다. 인욕이 거친 차원에서 받는 마음이라고 한다면, 선정은 미세한 차원에서 받는 마음이라고 할 수 있다. 미세한 업이 드러나는 과정을 경험하기 때문이다. 지혜를 내는 마음의 차원에서 본다면, 지혜는 지혜의 마음을 내는 것이라고 할 수 있다. 무상·고·무아의 법의 성질에 대한 앎을 아는 것이 된다. 이러한 마음을 지속적으로 내는 것을 지혜라고 할 수 있다.

셋째 선불교의 대표적인 수행법이라고 할 수 있는 수이불수(修而不修)는 『금강경』에서부터 시작된다. 『금강경』은 A를 A라고 하면 더 이상 A라고 할 수 없다는 대승불교의 반야사상을 드러내고 있다. 즉 A를 언어로 고정화한다면 더 이상 원래의 'A'가 될 수 없다는 것이다. 즉 A는 고정되지 않은 실재이고, 이 실재를 드러낼 수 있어야 된다는 것이다. 이러한 반야사상은 선불교에서도 여전히 이어지고 있다.[21] 특히

---

21 남종선의 종전인 혜능의 『육조단경』에서는 무념(無念), 무상(無相), 무주(無住)의 삼무(三無)를 방법론이자 목적으로 삼는다. 이는 염이불념(念而不念), 상이불상(相而不相), 주이부주(住而不住)로 해석할 수 있다. '염에 있어서 염하지 않는다', '상을 하지만 상하지 않는다', '머물면서 머물지 않는다'로 해석할 수

수이불수의 수행법을 통해서 행위 전반을 대하는 태도를 보여주고 있다. 내는 마음을 어떻게 내는지를 보여주고 있다. 마음을 내더라도 그 마음을 실체시하거나 고정화시켜서는 안 된다는 것이다. 즉 선불교에서는 모든 내는 마음, 내는 업을 수이불수적으로 하라는 것이다. 어떤 마음을 내고, 어떤 업을 내더라도 집착 없는 마음, 집착 없는 업을 내라는 것이다.

이러한 것이 내는 마음의 차원에서 업을 대하는 태도이자 업의 치유 기제라고 이야기할 수 있다. 왜냐하면 업을 대하는 태도를 이러한 방식으로 가질 때 그때의 내는 업은 치유효과를 가지기 때문이다. 이때의 치유는 궁극적 목표로 가까이 다가가는 것을 말한다. 인간은 업을 내지 않고, 만들지 않고 살 수는 없다. 그러나 업을 내더라도 업을 내지 않는 것이다. 이는 유위법인 업이 무위법이 되는 것이다. 업을 내는 것이 유위법이라면, 더 이상 유위법이 되지 않는 무위법의 업을 내는 것이다. 이것이 궁극의 지향이라고 할 수 있다. 무위의 업을 내는 것이다. 이는 선불교의 수이불수의 이념과 동일하다고 할 수 있다.

있으며 이는 반야적 사고의 전형이라고 할 수 있다. 이러한 반야의 논리가 수증론으로 연결되면 무수지수(無修之修), 수이불수(修而不修)로 나아간다. '수행에 있어서 수행하지 않는다(於修而不修)'는 것은 수행에 있어서 수행이란 상을 내지 않는다는 것이고, 수행과 비수행을 구분하지 않는 것이다. 업과 관련해서는 업이불업(業而不業)이라고 할 수 있다. '업을 행하지만 업을 짓지 않는다' 즉 업을 실체시하지 않는 것을 말한다. 윤희조(2019) pp.208-209.

2) 받는 업

받는 마음은 불교심리학의 특징적인 마음이라고 할 수 있다. 행한 마음의 결과는 객체로서 다루어져야 하지만, 불교심리학에서는 이를 동일한 마음으로 다루고 있다. 마음에 영향을 끼치는 이 마음, 즉 받는 마음에 의해서 내는 마음은 항상 선(善), 불선(不善) 안에서 왕래한다. 선, 불선의 내는 마음은 일단 한 번 일어나면 그것은 연기의 법칙에 따라서 또다시 내는 마음에 영향을 끼친다. 매번 낼 때마다 그 마음은 결과로서 마음에 영향을 끼친다. 예를 들어 일단 파동이 생기면 그 파동은 그것이 사라질 때까지 매질에 영향을 끼치는 것과 마찬가지이다. 일단 마음을 내면 그 결과로서 마음을 받게 되어 있다. 이는 몇 가지 함축을 가진다.

첫째 결과로서 받는 마음은 무기(無記)이다. 그러므로 선·불선과 상관이 없다. 이는 선·불선과 상관이 없으므로 다음에 마음을 낼 때 이들에 영향을 받지 않고 낼 수 있다. 그러므로 인간은 매 순간 새로운 마음을 선택할 수 있다. 그러나 범부의 경우는 결과로서의 마음에 영향을 받는다. 새로운 선택이 아니라, 기존의 익숙한 선택을 한다. 이때는 기존의 기억이 작용을 한다. 보통의 경우는 기존의 기억과 연결되면서, 새로운 선택이 아니라 익숙한 선택으로 나아간다. 예를 들어 결과로서의 행위가 이전에 내가 불선하게 생각한 행위와 유사하다면 그 행위에 대해서 불선한 마음을 낸다. 이렇게 되면 이전의 기억의 영향에 의해서 새로운 선택 즉 선한 행위를 선택하는 것이 아니라, 익숙한 불선한 선택을 하게 된다. 이러한 것은 범부인 한에는 여전히 가능성이 남아 있게 된다.

둘째 내는 마음에 더욱 주의를 기울이게 된다. 왜냐하면 내는 마음에 의해서 결과로서 받는 마음이 만들어지기 때문이다. 붓다의 경우에는 결과로서 받는 마음이 다시 내는 마음이 될 때는 무기(無記)로 나타나지만, 범부인 경우에는 선인낙과(善因樂果), 악인고과(惡因苦果)로 나타날 경향성이 다분하기 때문이다. 여기에서 경향성이라는 용어를 사용한 것은 범부의 경우에는 과거의 기억과 연결이 여전히 유지되기 때문이다. 그러므로 내는 마음에 의해서 받는 마음이 결과로 나타난다. 앙굴리말라의 경우에도 범부의 때에 행한 행위가 아라한이 된 이후에도 받는 마음으로 업을 받는다. 이는 내는 마음을 어떻게 내는지에 주의를 기울이게 만든다. 받는 마음은 기본적으로 내는 마음의 영향을 받기 때문에 내는 마음에 우선 주의를 기울이게 된다.

셋째 내는 마음은 받는 마음으로 드러날 때까지 사라지지 않는다. 업은 반드시 받게 되어 있다. 중요한 것은 이 업을 세게 받을 것인지, 약하게 받을 것인지는 업을 짓는 자가 결정한다. 이때 업을 어떻게 대할지의 태도가 업이 경착륙(hard landing)할 것인지, 연착륙(soft landing)할 것인지를 결정한다. 업은 반드시 받게 된다는 생각에서 업의 법칙의 당연성을 수순(隨順, following)한다면 받는 업은 수용적으로(acceptive) 다가올 것이다. 반대로 업의 법칙의 당연성을 역순(逆順, adversifying)한다면 받는 업은 배척적으로(deceptive) 다가올 것이다. 내는 마음을 어떻게 내는지에 따라서 받는 업의 강도가 달라질 수 있다. 지금 현재 내는 마음에 따라서 그 당시에 받는 마음이 달리 받아지게 된다. 예를 들어 업을 받기 전에 수행을 부지런히 할 경우, 수순하는 마음을 낼 경우 업의 강도가 약해질 수 있다. 반대로 거부할수록 업의 크기는 더 크게 느껴질 것이다. 그러므로 어떤 마음으로 업을 내는가는 미래의 받는 업을 결정하는 동시에 현재의 받는 업도 결정하게 된다.

넷째 업이 드러나는 데 다양한 시간이 요구된다. 업이 결과로서 드러나는 데 있어서 바로 결과로 드러나는 경우가 있는 반면, 다음 생에까지 걸쳐서 드러나는 경우 등 다양한 시간의 스펙트럼이 존재한다.[22] 그러므로 업의 결과가 바로 드러나지 않는다고 받는 업이 없다고 해서는 안 된다. 시간이 걸린다고 해서 그것이 존재하지 않는 것은 아니다. 앙굴리말라의 경우는 아라한과를 성취함으로 인해서 금생에 바로 업의 결과를 받는 것이다.[23] 특히 수행의 성취로 인해서 업의 강도를 약하게 해서 업을 받은 것이라고 할 수 있다. 선업의 결과이든 악업의 결과이든, 받는 마음은 다양한 시간이 걸리더라도 반드시 받게 된다고 이해해야 한다.

다섯째 내는 마음에는 내가 내는 마음 이외에 다른 유정이 내는 마음이 있다. 가장 비근한 예로 상대방이 내는 마음이 나에게 영향을 미칠 수 있다. 마음이라는 측면에서 하나이기 때문에 상대방이 내는

---

22 A6:63「꿰뚫음 경(Nibbedhika-sutta)」『앙굿따라 니까야』제4권, p.262. "비구들이여, 그러면 어떤 것이 업의 과보인가? 비구들이여, 업의 과보는 세 가지라고 나는 말한다. 그것은 금생에 일어나거나 혹은 다음 생에 일어나거나 혹은 일어나는 시기가 확정되지 않은 것이다. 비구들이여, 이를 일러 업의 과보라 한다."

23 M86.「앙굴리말라 경(Aṅgulimāla-sutta)」

마음도 동일한 내는 마음이다. 특히 같은 공간을 점유할 경우에는 더욱 그러하다.[24] 그렇다면 여기에서 함축이 나온다. 내가 내는 마음뿐만 아니라 상대방을 포함한 잠재적으로 모든 마음을 살펴야 한다는 것이다. 내가 내는 마음만큼 직접적인 영향을 끼치지는 않을지라도 영향을 끼치게 된다. 이러한 함축은 모든 존재의 연결성, 즉 공으로부터 나온다고 할 수 있다. 모든 존재는 연결되어 있기 때문에 모든 존재가 내는 마음은 모든 존재의 마음에 영향을 끼칠 수 있다. 업의 결과는 나를 포함한 모든 존재가 영향을 받는다. 그러므로 직접적으로 업의 영향을 받지 않는다고 할지라도 어떤 방식으로든 영향을 받게 된다. 이는 공, 연기, 무아의 함축이라고 할 수 있다.

이러한 것 때문에 붓다는 자신의 괴로움뿐만 아니라 모든 존재의 괴로움을 없애고자 한 것이다. 마음이 마음으로 연결되어 있기 때문에 자신의 마음만이 괴로움에서 벗어난다고 문제가 해결되는 것이 아니다. 그러기에 모든 중생의 마음이 괴로움에서 벗어나기 전까지는 편안함이 없다는 것을 알게 된다. 그러기에 모든 중생을 괴로움에서 구하고자 하는 대승불교의 이념이 나오게 된다. 대승불교의 이념은 단순히 이타적인 이념이 아니다. 이타(利他)와 자리(自利)가 함께하는 이념이다. 연결성을 보았기에 이러한 이념을 세울 수 있었던 것이고, 타인이

---

24 이는 일종의 공업(共業)의 성격을 가진다. 내는 마음의 측면에서 업을 바라보는 것이지, 우주의 토대로서의 업으로까지 확장하지는 않는다. 본 장은 마음에 초점을 맞추고 있으므로 우주론적인 주제로 나아가지 않는다.

괴로운 한 내가 여전히 괴로운 것이 문제일 뿐이다. 상담사의 경우는 내담자의 괴로움에 대해서 이러한 자세를 취해야 한다. 내담자의 괴로움의 마음이 나와 연결되기 때문에 그 마음의 괴로움을 해결하고자 하는 것이다.

여섯째 받는 마음은 불교심리학의 관점에서 보면 이번 생뿐만 아니라 이전 생으로부터 받은 것일 수 있다. 붓다는 깨달음을 얻을 때 숙명통에 의해서 자신의 과거생을 본다. 다른 인간의 경우도 숙세에서부터 시작되는 결과로서의 마음이 지금까지도 연결되어 있는 것을 본다. 그러한 연결이 끊어지지 않았기 때문에 지금 현재의 나의 존재가 가능한 것이다. 왜냐하면 그러한 연결성이 끊어졌다면 지금의 존재로의 윤회가 없기 때문이다. 그러므로 받는 마음을 이번 생에서 받는 마음으로만 보지 않을 가능성에 대해서 열려 있는 것이 가능하다. 이 때문에 인간은 백지상태로 태어나지 않고, 이미 상당한 경향성을 가지고 태어나게 된다.

일곱째 업은 숙명과 구분된다. 업이 숙세에서부터 기인할 수 있다는 것이 업을 숙명론적인 관점으로 바라보게 되는 원인이 되기도 한다. 그러나 이러한 업을 더 이상 바꿀 수 없다면 업은 숙명론으로 나아갈 수밖에 없다. 그러나 업은 지금 현재의 내는 마음에 의해서 항상 변화하고 있다. 그러므로 업은 숙세에서부터 시작하지만, 숙명론은 아니게 된다. 업은 현명론(現命論)이고, 금명론(今命論)이 된다. 업은 현재에도 부단하게 생성되고, 소멸되고 있다. 생성과 소멸을 거듭하기 때문에 업도 또한 무상·고·무아라는 삼법인을 따르고 있는 것이다.

5. 업의 심리치유

업의 심리치유는 크게 두 가지 방향에서 전개된다. 내는 마음에서 더 이상 업을 짓지 않는 것이고, 받는 마음에서 업을 모두 받아버리는 것이다.[25] 이 두 가지 방향에서 이루어지는 것이 업의 심리치유라고 할 수 있다. 더 이상의 업을 짓지 않는 것과 업을 모두 받는 것이다. 특히나 업을 모두 받는 것은 서구심리학에는 없는 불교심리학의 독특한 행동심리학이라고 할 수 있다. 업을 받는 것은 기존의 번뇌를 정화하는 것과 같은 의미일 수 있고, 업을 짓지 않는 것은 새로운 번뇌를 만들지 않는 것을 의미한다. 이 두 가지 측면에서 업을 치유하는 것이 가능하다. 먼저 공통적인 측면을 살펴볼 수 있다.

첫째 내는 업과 받는 업은 공, 연기, 무아를 전제로 한다. 업은 실재하지만 실체는 아니므로, 모든 존재와 연결된다. 이렇게 연결된 존재 가운데 가장 가깝고 가장 직접적으로 연결되어 있는 것은 자신이라고 할 수 있다. 모든 업은 행하는 순간 필연적으로 자신의 마음, 말, 행동을 통해서 이루어진다. 이러한 마음, 말, 행동에 의해서 상대방이 직접적으로 영향을 받을 수도 있고 받지 않을 수도 있지만, 이러한 행위를

---

25 A10:206 「의도 경1(Sañcetanika-sutta)」 『앙굿따라 니까야』 제6권, p.489; A10:208 「업에서 생긴 몸 경(Karajakāya-sutta)」 『앙굿따라 니까야』 제6권, p.497. "비구들이여, 의도적으로 짓고 쌓은 업들의 경우, 그 과보가 지금 여기에서 일어나거나 혹은 다음 생에 일어나거나 간에, 그 과보를 경험하지 않고서는 그것을 지울 수 없다고 나는 말한다. 비구들이여, 의도적으로 짓고 쌓은 업들의 경우, 그 과보를 경험하지 않고서는 괴로움을 끝낼 수 없다고 나는 말한다."

하는 자신은 반드시 영향을 받기 마련이다. 업은 자신에게 가장 큰 영향을 끼치게 된다. 업은 자신에게 가장 큰 영향을 끼치면서 나머지 모든 존재에게 영향을 끼치게 된다. 자신이 낙과(樂果)를 받고 싶으면 선인(善因)을 행해야 한다는 것이다. 나아가서는 업을 더 이상 만들지 않으려면 업을 만들지 않는 인(因)을 행하는 것으로 나아가야 한다는 것이다. 업을 더 이상 만들지 않는 것은 성자의 영역이므로 범부의 영역에서는 선인(善因)을 행하는 것으로 나아가게 된다.

공성, 무아성은 받는 업뿐만 아니라 내는 업에 대해서도 적용되므로, 이는 업의 연기성과 마찬가지로 업의 본래적인 특징이라고 할 수 있을 것이다. 수이불수(修而不修), 업이불업(業而不業)의 태도도 업의 이러한 본래의 성질에 기반하고 있는 것이다. 업도 또한 무아, 공의 관점에서 실체성이 없으므로 업을 받을 때에도 공의 관점에서, 공의 태도에서 받으라는 것이다. 업이면서 업이 아닌 즉 업이불업(業而不業)이라는 태도로 업을 받으라는 것이다. 이는 비단 받는 업뿐만 아니라 내는 업에 대해서도 적용된다. 업을 내거나 받거나 할 때 모두 업의 비실체성, 공성, 무아성에 기반한 태도로 업을 내고 받으라는 것이다.

둘째 업을 내는 데 있어서 신구의(身口意)라는 세 가지 차원에서 낼 수 있는데, 여기에서는 선업(善業)을 내는 것을 강조한다. 또한 업은 내는 것과 관련해서 팔정도, 육바라밀, 수이불수라는 초기불교, 대승불교, 선불교의 관점에서 모두 볼 수 있다. 신구의는 업을 낼 수 있는 차원을 전부 이야기하고 있는 것이다. 신구의라는 세 가지 차원에서 업을 만들 수 있는 것이다. 각각의 차원에서 권장하는 업을 열 가지로 이야기하고 있는 것이다. 팔정도는 가장 광범위한 업의 종류를 이야기하는 것이라고 할 수 있다. 육바라밀은 내는 업과 받는 업을 동시에 언급하고 있다. 인내는 업을 받는 측면에서의 태도라고 볼 수 있다면, 정진은 업을 내는 측면에서의 태도라고 할 수 있다. 수이불수(修而不修)라는 선불교의 수행법은 업을 내거나 받는 태도 전반을 설명하고 있는 것이다. 업을 행할지라도 이는 공과 연기에 기반한 업이고, 업을 받는다고 할지라도 이 또한 공과 연기에 기반한 업이므로, 공(空)과 연기의 태도에 기반해서 이루어져야 한다는 것이다.

셋째 이러한 행한 업의 결과로서 업을 받게 된다. 받는 업에 대해서 받는 영역은 신구의(身口意)의 범위와 같다고 할 수 있다. 내는 영역이 곧 받는 영역이라고 할 수 있다. 신구의에서 행해진 업을 신구의의 영역에서 받게 된다. 행·하는 업과 받는 업에 대해서는 둘 다 태도가 중요하다. 예를 들어 범부인 경우에는 번뇌와 함께하는 업을 행할 수밖에 없으므로 그 업은 항상 자신에게 가장 먼저 돌아온다는 생각을 가지는 것이 중요하다. 이렇게 되면 업을 낼 때의 태도가 결정된다. 즉 내는 업은 자신에게 가장 먼저 적용된다는 태도를 가지고 업을 행하는 것이다. 다시 이야기하면 내는 업의 수혜자는 나이다.[26] 내가 내

---

26 M135 「업 분석의 짧은 경(Cūḷakammavibhaṅga-sutta)」『맛지마 니까야』 제4권, p.408. "바라문 학도여, 중생들은 업이 바로 그들의 주인이고, 업의 상속자이고, 업에서 태어났고, 업이 그들의 권속이고, 업이 그들의 의지처이다. 업이 중생들을 구분 지어서 저열함과 뛰어남으로 만든다." A10:205 「비뚤어짐 경 (Saṁsappanīya-sutta)」『앙굿따라 니까야』 제6권, p.485. "비구들이여, 중생들은 업이 바로 그들의 주인이고, 업의 상속자이고, 업에서 태어났고, 업이 그들의

는 업은 내가 받는다는 태도를 가지고 업을 내야 한다는 것이다.

받는 업에 대한 태도에 대해서는 인욕과 수이불수를 볼 수 있다. 이는 자신이 지은 업을 받는 태도라고 할 수 있다. 인욕은 자신이 지은 업을 감내하라는 것이다. 이는 자신이 지은 업은 자신이 받는다는 업을 낼 때의 관점에서 실제로 받는 것이다. 실제로 받을 때의 태도는 인욕이라고 할 수 있다. 이는 감내함으로써 제거하는 번뇌라고 할 수 있다.[27] 번뇌 가운데 인내함으로써 제거가 가능한 번뇌가 있는데, 이는 받음으로써 제거가 가능한 번뇌라고 할 수 있다.

업의 무게를 가볍게 하는 것은 결국 업의 치유기제와 연결된다. 업을 받는 경우에는 업을 가볍게 받는 것이 치유기제라고 할 수 있고, 업을 내는 경우에는 업을 가볍게 받을 수 있도록 업을 가볍게 내는 것이 치유기제라고 할 수 있다. 업을 내는 경우는 십선업, 지계, 계정혜, 바라밀을 지킴으로써 결국에는 가벼운 업, 또는 선업을 내게 된다. 또는 업을 받는 입장에서는 일단 내는 업에 대해서는 결국 업을 받게

권속이고, 업이 그들의 의지처이다. 좋은 업이든 나쁜 업이든 어떤 업을 지으면 그들은 그 업의 상속자가 된다."

27 M2 「모든 번뇌의 경(Sabbāsava-sutta)」『맛지마 니까야』제1권, pp.186-187. "비구들이여, 감내함으로써 없애야 할 번뇌란 무엇인가? 비구들이여, 여기 비구는 추위와 더위와, 굶주림과 목마름과, 날파리, 모기, 바람, 뙤약볕, 파충류와 닿음을 감내하고, 거친 말과 악의적으로 표현된 말을 감내하고, 몸에 생겨난 괴롭고 날카롭고 거칠고 찌르고 불쾌하고 마음에 들지 않고 생명을 위협하는 갖가지 느낌들을 이치에 맞게 숙고하면서 감내한다. 비구들이여, 감내하지 않으면 고뇌와 뜨거움이 가득 찬 번뇌가 생겨날 것이다. 감내하면 고뇌와 뜨거움이 가득 찬 번뇌가 생겨나지 않을 것이다. 비구들이여, 이것들을 감내함으로써 없애야 할 번뇌라고 한다."

되므로 일단은 업을 받는다는 것을 인정하는 것이 첫 번째라고 할 수 있다. 이러한 수순(隨順)은 일단 연기의 법칙을 아는 것에서 출발한다고 할 수 있다. 연기법에 대한 이해는 업의 결과를 받는 것에 대한 수순으로 연결된다.

업을 받는 것에 대한 이해 이후에는 업을 가볍게 받는 것이 중요하다. 업에는 다양한 종류가 있다. 그 종류에 따라서 각각을 대처하는 것이 중요하다. 일체번뇌를 다스리는 붓다의 경우에는 이를 일곱 가지로 나누어서 다른 처방을 제시하고 있다.[28] 이 각각의 처방에 따라서 업을 받는 것이 업에 대한 대처법의 하나가 될 수 있을 것이다.

또한 업을 가볍게 받는 것은 업을 내는 것과 연결된다. 지금 현재 업을 내는 것은 미래의 업을 가볍게 받는 동시에 지금 현재 받는 업을 가볍게 하는 것이 된다. 즉 현재의 업을 어떤 태도로 내는지가 미래의 업을 정하는 동시에 현재 받는 업의 강도를 정하는 것이 된다. 그러므로 현재의 태도가 두 가지 역할을 동시에 한다고 할 수 있다. 실제로 지금 현재의 태도를 어떻게 하는지가 과거와 미래를 동시에 다루는 것이 된다고 할 수 있다. 결국은 지금 현재의 문제라고 할 수 있다. 지금 현재 내는 업이 미래에 받을 업을 결정하는 동시에 과거로부터 받는 업을 결정한다. 항상 변화와 선택의 지점은 현재라고 할 수 있다.

---

28 M2「모든 번뇌의 경(Sabbāsava-sutta)」

본 장은 업을 내는 업과 받는 업의 구분을 통해서 업의 심리치유적 기제를 살펴보고 있다. 업을 구분하는 다양한 기준 가운데 이 기준은 가장 큰 범주이면서 많은 심리적 함의를 가진다고 할 수 있다. 이들 각각에 대해서 계정혜, 육바라밀, 수이불수의 차원에서 살펴보고 있다. 이를 통해서 내는 업에 대해서는 선업을 내는 것과 나아가서는 업을 내지 않는 것을 목표로 해야 한다는 함축이 나오게 된다. 또한 받는 업에 대해서는 업을 수순하는 태도와 업을 최소한으로 받는 것을 이야기한다. 이를 통해서 결국에는 현재의 중요성이 드러나게 된다. 현재에 업을 내게 되고, 업을 받게 된다. 현재에 내는 업은 받는 업으로 돌아오게 되어 있고, 현재의 내는 업은 받는 업의 무게를 결정하게 된다는 것이다. 업에 대해서는 반드시 받게 된다는 연기적 사고와 받는 업에 대해서는 수순과 인내의 태도가 필요하다고 할 수 있다. 또한 내는 업과 받는 업 모두에 대해서는 수이불수의 태도, 즉 업의 공성적 성격이 전제가 되는 것을 알 수 있다. 이러한 것이 모두 심리치유적 성격을 가지게 된다.

기존의 업은 숙명, 업보와 연결되어 개인에 의한 변화 가능성이 명확히 제시되지 못한 측면이 있다. 본 장은 두 가지 업의 구분을 통해서 각각에 대해서 태도와 관점을 제시함으로써 심리치유적 기제를 보여주고 있다.

참고문헌

A = *Aṅguttara-Nikāya,* ed. by R. Morris and E. Hardy, London: PTS, 1985-1990.

M = *Majjhima-Nikāya,* ed. by V. Trenckner and R. Chalmers, London: PTS, 1977-1979.

PED = *The Pali Text Society's Pali-English Dictionary,* ed. by T. W. Rhys Davids and William Stede, London: The Pali Text Society, 1921-5/1986.

SED = *A Sanskrit-English Dictionary,* ed. by Sir M. Monier Williams, Oxford; Oxford University Press, 1899/1988.

T = 『대정신수대장경(大正新脩大藏經)』

『梵和大辞典』 = 荻原雲来(1986), 『梵和大辞典』, 東京: 講談社.

『パーリ語辞典』 = 水野弘元(2005), 『増補改訂パーリ語辞典』, 東京: 春秋社.

『맛지마 니까야』 = 대림스님 옮김(2012), 『맛지마 니까야』 제1-4권, 울산: 초기불전연구원.

『앙굿따라 니까야』 = 대림스님 옮김(2006), 『앙굿따라 니까야』 제1-6권, 울산: 초기불전연구원.

John Marshall Reeve, 정봉교·현성용·윤병수 공역(2003), 『동기와 정서의 이해』, 서울: 박학사.

기경서(2011), 「무아론과 업설의 매개로서의 식」, 『철학논구』 39, 서울: 서울대학교 철학과, pp.117-128.

김한상(2014), 「테라와다(Theravāda)의 관점에서 본 공업(共業): 니까야와 아비담마를 중심으로」, 『보조사상』 42, 서울: 보조사상연구원, pp.252-289.

남궁선(2010), 「공업사상의 연원과 사회실천적 전개」, 『선문화연구』 9, 서울: 한국불교선리연구원, pp.295-328.

대림스님·각묵스님 옮김(2002), 『아비담마 길라잡이』, 서울: 초기불전연구원.

박경준(2009), 「불교 공업설의 사회학적 함의: '사회적 실천'에 대한 논의를 중심으로」, 『불교학보』 52, 서울: 동국대학교 불교문화연구원, pp.149-171.

백도수(2015), 「불교의 카르마(Karma 業) 명상심리치료에 대한 고찰」, 『한국불교학회 2015 추계학술대회』, pp.622-643.

사사끼 겐준·마스다니 후미오, 이태영·정양숙 옮김(1990), 『업사상』, 서울: 대원정사.

雲井昭善 編(1979), 『業思想研究』, 京都: 平樂寺書店.

윤희조(2015), 「성냄을 원인으로 하는 마음에서 보는 아비담마의 정서심리학」, 『동서철학연구』 75, 대전: 한국동서철학회, pp.231-256.

윤희조(2017), 「마음의 기능을 중심으로 한 불교심리학의 정의와 분류에 대한 일고찰」, 『동서철학연구』 85, 대전: 한국동서철학회, pp.209-236.

윤희조(2017), 「불교심리학의 관점에서 보는 네 가지 차원의 마음」, 『동서철학연구』 86, 대전: 한국동서철학회, pp.127-151.

윤희조(2019), 「『문수설반야경』과 『금강경』의 관점에서 보는 혜능 남종선의 주제와 방법론」, 『동서철학연구』 91, 대전: 한국동서철학회, pp.187-215.

齊藤 明(2011), 『『俱舍論』を中心にとした五位七十法の定義的用例集』, 東京: 山喜房佛書林.

조승미(2011), 「무표업(avijñapti karman)에 대한 경량부의 비판-『俱舍論』과 『成業論』을 중심으로」, 『철학논총』 66, 대구: 새한철학회, pp.119-133.

진열 역저(1988), 『업 연구-업의 원리와 그 재해석』, 서울: 경서원.

최봉수(1991), 「우주 및 역사전개의 動因으로서의 業의 이해」, 『백련불교논집』 1, 성철사상연구원, pp.27-63.

파아옥 또야 사야도, 정명스님 옮김(2009), 『업과 윤회의 법칙』, 서울: 향지.

함돈호(선오), 「업과 오온의 관계성연구」, pp.145-168.

Harvey, Peter(2010), "An analysis of factors related to the kusala/akusala quality of actions in the Pāli tradition", *JIABS, 33*(1-2), pp.175-209.

Kalupahana, J. David(2006), *Karma and Rebirth Foundations of the Buddha's Moral Philosophy,* Colombo: Buddhist Cultural Centre.

Paul R. Kleinginna, Jr., Anne M. Kleinginna(1981), "A Categorized List of Emotion Definitions, with Suggestions for a Consensual Definition", *Motivation and Emotion 5*(4), pp.345-379.

https://www.wisdomlib.org/definition/sankhara (2025년 9월 18일 검색)

6 사무량심의 심리치료

지난 30여 년 동안 서구에서는 알아차림(mindfulness)을 기반으로 한 다양한 심리치료기법이 개발되어왔다. 카밧진의 MBSR을 필두로 '알아차림에 기반한(MB, mindfulness based)'이라는 이름을 단 다양한 심리치료기법들이 등장하였다. 그 결과, 알아차림이 심리치료에 효과적이라는 사실은 상당 부분 입증되었으며, 이제는 알아차림의 심리치료적 효과를 다양한 영역에 적용하는 단계로 나아가고 있다. 단순히 스트레스를 완화하는 것 뿐만 아니라 인지, 정서, 행동 등 전반에 걸쳐 긍정적 효과가 있음이 밝혀지면서 이를 바탕으로 하는 다양한 기법이 만들어지고 있다.

최근에는 여기서 한 걸음 더 나아가고 있다. 알아차림은 기존에 있는 대상 또는 지금 일어나고 있는 대상에 주의를 기울이는 것을 기본으로 하고 있다. 단순히 주의를 기울이고 알아차리는 것만으로도 효과가 있다는 것이 입증되었지만, 여기서 한 걸음 더 나아가서 그렇다면

'어떤 마음을 낼 것인가'가 문제가 된다. 기존의 대상, 지금 일어나고 있는 대상에 대해서, 그것이 신수심법이든, 어떤 것이든 그것에 대해서 수동적으로 주의집중하는 것을 넘어서, 그렇다면 어떤 마음을 낼 것인지로 나아가고 있다.

이러한 내는 마음으로 새롭게 등장하고 있는 것이 사무량심이다. 기존의 알아차림이 일어나는 대상을 알아차린다고 한다면, 사무량심은 능동적으로, 적극적으로 어떤 마음을 낼지가 문제가 된다. 이러한 마음에 대해서 서구의 심리치료학계에서 찾은 대안이 불교의 사무량심이라고 할 수 있다. 알아차림이 그 자체로 효과가 있지만, 그 불교적인 이론적 토대를 알고 심리치료에 임한다면 더 많은 임상효과를 낼 수 있듯이, 사무량심의 경우도 그 이론적 토대를 분명히 알고서 심리치료에 적용한다면 더 많은 임상효과를 낼 수 있을 것이다.

이를 위해서 본 장에서 심리치료를 위한 사무량심의 이론적 토대와 사무량심이 심리치료에 어떻게 적용될 수 있는지를 살펴보고자 한다. 사무량심을 어떻게 이해하는지에 따라서 해석의 중점이 달라질 수 있다. 사무량심 각각의 반대되는 마음을 대치하는 방식으로 이해하는 대치적 해석, 각각을 순서적으로 수행이 진행되는 방식으로 이해하는 순차적 해석이 있을 수 있다. 이들 각각을 살펴보고 이들이 가지는 심리치료적 함의에 대해서 살펴보고자 한다. 나아가서 경전에 나타나고 있는 효과를 심리학적 관점에서 이해해보고자 한다. 좀 더 나아가서 영성의 관점과 업의 관점에서도 그 효과를 다루고자 한다.

1. 대치적 해석

1) 어원적 해석

자(慈, maitrī, mettā)는 어원적으로 보면 미뜨라 또는 밋따(mitra, mitta)에서 파생된 명사이다. 산스크리트어 미뜨라는 우(友), 붕우(朋友), 선우(善友), 친우(親友), 친(親) 등으로 한역된다.[1] 영역으로도 우정(friendship), 우호(friendliness), 자선(benevolence), 선의(good will)의 의미를 가진다.[2] 가장 많이 사용되고 있는 번역어인 자애(loving-kindness)는 단순한 사랑(loving, 愛)이 아니라 카인드니스(kindness), 즉 친절이 추가된다.[3] 친절은 사랑의 구체적인 표현태이면서 인간이라는 종(kind)의 특징이라고 할 수 있다. '자'에는 친구 간의 평등한 우정의 의미가 함축되어 있다. 빨리어 밋따에서도 친구(friend), 우정(friendship)을 볼 수 있다.[4]

---

1 荻原雲來(1986) pp.1040a.

2 SED p.834b.

3 초캄 트룽파, 페마 초드론, 샤론 샐즈버그는 이 용어를 책 제목으로 사용하고 있다. Chogyam Trungpa(2003); Pema Chodron(1996); Sharon Salzberg(2002). 사무량심을 다루고 있는 학술논문으로 다음을 볼 수 있다. 일중(2004), 차상엽(2009), 이필원(2010), 문을식(2012a), 문을식(2012b), L. Schmithausen, 양영순 옮김(2015), 조옥경·윤희조(2016), 강명희(2019), 김진이(2020), 강명희(2020). 주목할 만한 박사학위논문으로 다음이 있다. 안신정(2016), 권선아(2018), 허정문(2019). 저역서로는 다음을 볼 수 있다. 제프리 홉킨스, 김충현 옮김(2007), 폴 길버트, 조현주·박성현 옮김(2014), Lorne Ladner, 박성현 옮김(2014), 로널드 시걸·크리스토퍼 K. 거머, 서광스님·김나연 옮김(2014), 아날라요, 이성동·윤희조 옮김(2018), 김재성 외(2018), 박재은(2018), 안양규(2019).

4 PED p.532. Mitta (m. nt.) [cp. Vedic mitra, m. & nt., friend; Av. mipro, friend] friend. Usually m., although nt. occurs in meaning "friend," in sg. (Nett 164) & pl. (Sn 185, 187); in meaning "friendship" at J vi.375 (=mittabhāva C.).

자(慈)는 친구 간의 우정, 우의에 기반한 마음이라고 할 수 있다.[5] 사랑, 우호, 친선, 공감, 우정, 타인에 대한 능동적 관심을 의미한다. 이렇게 보면 자심(慈心)은 호의(favor), 선의, 우정에 기반한 이타적 태도에 가깝다고 할 수 있다. 여기서 중요한 점은 우정은 평등한 관계를 의미한다는 것이다. 어머니의 마음과 같은 일방적인 돌봄, 양육적인 돌봄의 태도라기보다는 모든 존재를 평등하게 바라보면서 모든 존재의 유익(benefit)을 바라는 태도에 가깝다고 할 수 있다. 이때의 유익은 그 존재의 평안, 안락, 편안, 행복 등 전반에 걸친 상태를 의미한다. 단순히 한 분야에 국한된 유익이라기보다는 존재 전반에 걸친 유익함이라고 할 수 있다. 그리고 이때의 유익은 한 대상에 국한된다기보다는 유익한 마음을 내는 것 자체에 중점이 있다. 모든 존재와 나를 평등하게, 나의 행복을 바라는 만큼 모든 존재의 행복을 바라는 마음을 내는 것이다.

비(悲, karuṇā)는 '√kr'을 어원으로 한다. 연민(pity), 함께 괴로워함 (compassion)으로 번역된다.[6] 비(悲), 대비(大悲), 비심(悲心), 대비심(大悲心), 비민(悲愍), 자비(慈悲), 대자대비(大慈大悲), 자민(慈愍), 애(哀), 애민(哀愍) 등으로 한역한다.[7] 자와 비 각각 '친구에게 안락과 이익을 주는

---

5 PED p.541. Mettā Mettā (f.) [abstr. fr. mitra=mitta, cp. Vedic maitraṃ. According to Asl. 192 (cp. Expos. 258) derived fr. mid to love, to be fat: "mejjati mettā siniyhatī ti attho"] *love, amity, sympathy, friendliness, active interest in others.*

6 PED p.197. Karuṇā (f.) [cp. Vedic karuṇa nt. (holy) action; Sk. karuṇā, fr. kṛ. As adj. karuṇa see under 3.] pity, compassion.

7 荻原雲來(1986) p.1040a.

것', '친구에게 고통과 불이익이 제거되기를 바라는 것'으로 해석된다. 둘 다 '친구에게'를 포함한다. 친구라는 용어가 보여주듯이 둘 다 평등을 전제로 하고 있는 것이다. 자는 모든 존재[一切衆生]에게 즐거움을 주는 것[與樂], 비는 모든 존재에게 괴로움을 없애주는 것[拔苦]을 말한다.[8] 비는 자신을 포함한 모든 존재가 평등하게 괴로움에서 벗어날 것을 바라는 마음이다.

희(喜, muditā)는 모든 존재와 즐거움을 함께하는 마음이다. '√mud' 즉 '즐거운', '기쁜', '만족스러운'이라는 어근에서 파생된 과거분사형태의 명사이다. 기쁨(heartedness), 친절(kindliness), 이타적 기쁨(unselfish joy)으로 번역한다.[9] 모든 존재가 즐거움을 느낄 때 함께 즐거움을 느끼는 것을 말한다. 영어로 번역할 때 '함께 기뻐함(sympathetic joy, symjoy)'이라고 할 때가 많은데, 이는 함께 괴로워하는 것과 짝을 이룬다.[10] 동

---

8   Sn. 75. '모든 존재에게 안락을 주고 불행을 제거하기를 바라는 것'으로 자비를 해석할 경우 이는 한자의 '행복(幸福)'의 의미와 일치하는 측면이 있다. 행(幸)은 어원적으로 '불행의 순간을 모면하는 것'이라는 의미이고, 복은 '좋은 것을 부어주는 것'이라는 의미가 있다. 즉 괴로운 것에서 벗어나고 좋은 것을 더하는 것이 행복이라고 할 수 있다. 이처럼 한자의 행복은 두 가지 의미요소로 구성되어 있다. 또한 발고여락(拔苦與樂), 이고득락(離苦得樂)은 행복의 어원적 해석과 동일한 것을 볼 수 있다. 긍정적인 것만 추구하는 서구적인 해피니스와는 달리 긍정과 부정을 동시에 보고 있다는 점이 한자어 '행복' 해석의 장점이라고 할 수 있다.

9   PED p.537. 종종 자비와 함께 다음과 같이 사용된다. Often in triad mettā ("active love" SnA 128), karuṇā ("preventive love," ibid.), muditā ("disinterested love": modanti vata bho sattā modanti sādhu sutthū ti ādinā mayena hita -- sukh' âvippayogakāmatā muditā SnA 128)

10 심조이(symjoy)는 컴패션(compassion)과 짝을 맞추기 위한 조어이다. 사무량심

고(同苦), 동락(同樂)의 의미로 비희(悲喜)가 짝을 이룬다. 비에서 다른 존재의 괴로움에 대해서 위로하고 제거하려는 것처럼, 희는 다른 존재의 즐거움을 즐거워하는 것이다. 희는 단지 기뻐하는 마음을 내는 것이다. 그 대상은 남의 즐거움이 아니라 남과 나를 포함한 모든 존재의 즐거움이다.

사(捨, upekkhā)는 어원적으로 보면 '다가가서 보다'이다. 어원적으로 볼 때 '사'는 사물을 바라보는 태도를 의미한다. 사에는 평정과 함께 평등(equality), 균형(balance)의 의미가 어원적으로 함께 있다고 할 수 있다. 즐거움과 슬픔 사이의 제로 포인트, 무관심, 무분별, 즐겁지도 괴롭지도 않은 느낌, 평정(equanimity)으로 번역된다.[11] 즉 모든 사물을 평정하고, 평등하고, 균형있게 보는 것을 말한다. 또한 사(捨)의 한역에서 볼 수 있듯이, '버리는 것'을 의미한다. 사심(捨心)은 이러한 괴로움과 즐거움을 함께 한다고 할지라도 여전히 이로부터 출리하고자 하는 마음이다. 그러므로 사(捨)는 사물을 공평하고 평정하고 바라보는 것이라고 할 수 있다.

사무량심은 자비희사(慈悲喜捨)의 네 가지 무량한 마음이다. 무량(無

가운데 유독 희만 'unselfish joy', 'sympathetic joy'처럼 두 단어로 번역되는 것의 불편으로 인해서 '함께'라는 의미를 가진 접두어 'sym'과 기쁨을 의미하는 'joy'를 조어한 것이다.

11 PED p.150. Upekkhā & Upekhā Upekkhā & Upekhā (f.) [fr. upa + īkṣ, cp. BSk. upekṣā Divy 483; Jtm 211. On spelling upekhā for upekkhā see Müller P. Gr. 16] "looking on", hedonic neutrality or indifference, zero point between joy & sorrow (Cpd. 66); disinterestedness, neutral feeling, equanimity.

量, appamaññā)은 '헤아릴 수 없을 정도로 많은', '양으로 측정할 수 없을 정도로 많은'을 의미한다. 그러므로 자비희사(慈悲喜捨)의 네 가지 마음은 '아무리 많아도 좋은 마음'을 의미한다. 아무리 많아도 좋은 마음, 또는 많으면 많을수록 좋은 또 다른 마음으로 '알아차림(sati)'이 있다. 알아차림의 마음은 많으면 많을수록 좋은 마음이다. 알아차림에서 사무량심으로 심리치료의 경향성이 바뀌는 것에는 이러한 공통점도 작용한 것으로 생각된다. 많이 계발했을 때, 해로움이 생긴다면 심리치료의 부작용이 나타날 수 있다는 난점이 있지만, 많으면 많을수록 좋다고 한다면 그 마음을 지속적으로 계발하도록 심리치료의 방향성을 잡을 수 있기 때문이다. 자비희사(慈悲喜捨)의 네 가지 마음은 많이 내면 낼수록 좋은 마음이고, 많이 계발하면 할수록 좋은 마음이다.

2) 대치적 해석

사무량심은 내는 마음이기에 이 마음을 냄으로 인해서 제거되는 마음이 있다. 마치 여집합처럼 사무량심을 냄으로 인해서 이와 함께 있지 못하고 대치되는 마음이 있다. 사무량심 각각에 대해서 대치되는 마음을 제시할 수 있다. 「라홀라를 교계한 긴 경」에 의하면 다음과 같다.

> 자애[慈]의 수행을 닦아라. 라홀라야, 네가 자애의 수행을 닦으면 어떤 악의(byāpāda)라도 다 제거될 것이다. 라홀라야, 연민[悲]의 수행을 닦아라. 라홀라야, 네가 연민의 수행을 닦으면 어

떤 잔인함(vihesā)이라도 다 제거될 것이다. '라훌라야, 더불어 기뻐함[喜]의 수행을 닦아라. 라훌라야, 네가 더불어 기뻐함의 수행을 닦으면 어떤 싫어함(arati)이라도 다 제거될 것이다. 라훌라야, 평온[捨]의 수행을 닦아라. 라훌라야, 네가 평온[捨]의 수행을 닦으면 어떤 적의(paṭigha)라도 다 제거될 것이다.[12]

또한 『디가니까야』에서도 사무량심에 대해 유사하게 언급하고 있다.

도반들이여, 자애[慈]를 통한 마음의 해탈은 악의로부터 벗어나는 것입니다. … 연민[悲]을 통한 마음의 해탈은 잔인함으로부터 벗어나는 것입니다. … 같이 기뻐함[喜]을 통한 마음의 해탈은 따분함으로부터 벗어나는 것입니다. … 평온[捨]을 통한 마음의 해탈은 애욕으로부터 벗어나는 것입니다.[13]

『청정도론』에서도 "자애는 악의가 많은 자를 위한 청정의 길이고, 연민은 잔인함이 많은 자를 위한 청정의 길이고, 더불어 기뻐함은 불쾌함이 많은 자를 위한 청정의 길이고, 평정은 애욕이 많은 자를 위한 청정의 길이다"라고 설명한다.[14] 좀 더 나아가서는 사무량심 각각에 대해서 『청정도론』에서는 사람에게 가까이 있는 적과 멀리 있는 적을 제시한다.

---

12 『맛지마 니까야』 제2권, pp.600-601.
13 『디가 니까야』 제3권, pp.491-493.
14 『청정도론』 제2권, p.183. 백도수(2004) pp.27-28.

자애의 거룩한 마음가짐에 가까이 있는 적은 애욕이고, 멀리 있는 적은 악의이다. 연민의 거룩한 마음가짐에 가까이 있는 적은 재가에 의지한 슬픔이고, 멀리 있는 적은 잔인함이다. 더불어 기뻐함의 거룩한 마음가짐에 가까이 있는 적은 재가에 의지한 기쁨이고, 멀리 있는 적은 불쾌이다. 평온의 거룩한 마음가짐에 가까이 있는 적은 재가에 의지한 무지의 평온이고, 멀리 있는 적은 애욕과 적개심이다.[15]

이 인용문에서는 사무량심 각각에 대해서 대치되는 것을 세분화하고 있다. 가까이 있는 적은 사무량심 각각과 비슷한 성질이고, 멀리 있는 적은 반대되는 성질이다. 멀리 있는 적은 쉽사리 분간할 수 있으므로 두려워할 필요는 없지만 정복할 필요가 있는 반면, 가까이 있는 적은 쉽사리 분간할 수 없으므로 항상 조심해야 한다는 것이다. 애욕, 재가에 의지한 슬픔, 재가에 의지한 기쁨, 재가에 의지한 무지의 평온은 자비희사와 비슷하기 때문에 이들로부터 자비희사를 보호해야 하고, 악의, 잔인함, 불쾌, 애욕은 자비희사와 함께 있을 수 없기 때문에 대치된다. 이렇게 보면 직접적으로 반대되는 악의, 잔인함, 불쾌, 애욕이 있는 반면, 자비희사와 유사한 측면을 가지고 있기 때문에 조심해야 할 것으로 애욕, 재가의 슬픔, 재가의 기쁨, 재가의 평온이 있다.

좀 더 구체적으로 예를 들자면, 탐욕, 색욕, 속된 애정, 관능적 탐닉은 그 정서적 성향이 자애와 유사하기 때문에 모두 가까운 적에 속한

---

15 『청정도론』 제2권, pp.179-180.

다. 그러나 악의, 분노, 증오는 자애심과는 닮지 않은 감정들이므로 먼 적이라고 할 수 있다. 그리고 이들 자애와 반대되는 다섯 가지 성향을 들 수 있는데, '억압(pīlana)'은 남을 압박하거나 손실을 입히려 드는 욕망이며, '공격성(upaghāta)'은 남을 다치게 하거나 상처를 주려는 성향이고, '학대(santapa)'는 고통을 주려는 가학적 성향으로서 남에게 아픔을 주고 남을 비참하게 만든다. '파괴(pariyādāna)'는 끝장내거나 해치워버리려는 것으로 극단주의자와 성상파괴자들이 갖는 특징이고, '괴롭힘(vihesam)'은 부담을 지우거나 난처하게 만들거나 근심과 긴장을 안겨주는 행위를 말한다. 이런 성향들은 모두 반감과 악의에 뿌리박고 있어서 행동양식으로서나 심리상태 또는 정신적인 자세 모든 면에서 자애와는 대조를 이룬다.[16]

초기불교와 부파불교에서는 자애와 연민에 반대되는 마음 상태에 대해서 자애와 연민으로 대치(對治)하는 수행을 권고하고 있다. 사무량심 각각의 마음을 내는 것 자체가 불선한 마음을 제거하는 역할을 한다. 지금의 괴로움의 원인을 알고 그 원인을 없애는 하나의 방법으로 대치법을 제시하고 있는 것이다. 어떤 불선한 마음 자체를 제거하려고 하는 노력이라기보다는 그 반대되는 마음을 냄으로 불선한 마음을 제거하는 노력의 방향성이라고 볼 수 있다. 그 대치하는 마음의 범주를 불교에서는 네 가지로 보고 있는 것이다. 이를 더 세분하여

---

16   아차리야 붓다락키따, 강대자행 옮김(1999) pp.9-10.

가까이 있는 적과 멀리 있는 적을 함께 제거함으로써 근원적인 번뇌인 성냄, 탐냄, 무지를 제거하는 것으로 나아간다. 사무량심을 내는 것은 근원적인 문제를 옆으로 미루어두는 것이 아니라, 그 원인을 제거하는 것이 된다. 그 원인을 제거하는 데 있어서 그 원인 자체에 집중하는 것이 아니라 그 반대를 키우는 것이다. 이는 그 원인 자체가 생멸하고 소멸하는 것을 알아차림으로써 그 원인을 제거하고자 하는 알아차림 의 방법론과는 방향성이 반대라고 할 수 있지만, 그 목표는 동일하다 고 할 수 있다. 그러므로 사념처와 사무량심은 괴로움의 원인을 제거 하는 양 방향성의 두 가지 방법론이라고 할 수 있을 것이다. 사무량심 을 불선한 마음을 대치하는 마음으로 해석하는 방법론이 있는 반면, 순차적으로 해석하는 방법론이 있을 수 있다.

2. 순차적 해석

1) 순차적 해석과 대상의 확장

사무량심을 대치적으로 해석하는 것과 함께 사무량심을 순차적으 로 해석할 수 있다. 자는 모든 중생의 유익을 구하는 것이고, 비는 모든 중생의 괴로움을 없애는 것이며, 희는 모든 중생의 기쁨을 생겨나게 하는 것이고, 사는 무사(無事)이므로 평등하게 있는 것이다. 특히 비는 모든 중생의 괴로움을 공감하는 것뿐만 아니라 그 괴로움을 제거하는 적극적인 측면이 함께 있다. 희는 더 적극적으로 중생의 기쁨과 유익을 추구하는 것이다. 이고득락(離苦得樂)이라는 경구는 비(悲)와 희(喜)에 해당한다고 할 수 있다.

자(慈)는 나머지 무량심의 근거가 된다. 비희사(悲喜捨)의 근거가 된다. 모든 중생의 유익을 구하기 때문에 중생의 괴로움에 대해서 괴로움을 없애주려고 하고, 중생의 즐거움에 대해서는 적극적으로 즐거움을 키워주려고 한다. 그렇다고 해서 선한 괴로움, 불선한 즐거움을 모두 손감시키고 증장시키는 것은 아니다. 예를 들어 정당한 사유로 감옥에 있는 괴로움을 무조건 없애주고자 하거나, 남에게 폭력을 가하면서 기뻐하는 것을 함께 기뻐하는 것은 아니라는 것이다. 이러한 기준 내지는 근거를 제시하는 것이 자(慈)이다.[17] 이러한 의미에서 자는 비희사의 근거 내지는 토대가 된다는 것이다.

이로 인해서 마음은 더욱 평정하고, 평등하게 된다. 이때 평등은 '모든'에 중점이 있고 모든 중생의 고락을 동등하게 보는 작업을 지속하기 때문에 점점 더 평등하게 된다. 자비희사를 순차적으로 해석하면, 자 → 비·희 → 사의 순서로 마음을 계발하는 것이 진행된다고 할 수 있다. 그리고 이러한 자비희사의 사무량심은 공간적으로 확장되어 나아간다.

---

17 불교에서 열반이 궁극의 경지이면서 나머지 모든 유익한 것이 나아갈 방향성을 제시한다는 의미에서 나머지 모든 유익한 것의 기준, 근거, 토대가 된다고 할 수 있듯이, 자애도 사무량심이 나아가야 할 방향성을 제시한다는 의미에서 기준, 근거, 토대라고 할 수 있을 것이다.

나는 자애[慈]가, 연민[悲]이, 더불어 기뻐함[喜]이, 평정[捨]이 함께하는 마음으로 한 방향을, 두 번째 방향을, 세 번째 방향을, 그와 같이 네 번째 방향을, 그와 같이 위로, 아래로, 주위로, 모든 곳에서 모두를 자신처럼 여기고, 모든 세상은 풍부하고, 광대하고, 무량하고, 원한 없고, 악의 없는 자애[慈]가, 연민[悲]이, 더불어 기뻐함[喜]이, 평정[捨]이 함께하는 마음으로 가득 채우면서 머문다.[18]

실제 수행에서 하나의 방향으로 시작하여 시방(十方)이라는 모든 공간에 대해 마음을 방사하기 때문에 '무량'이다. 즉 모든 존재를 대상으로 하고, 모든 공간을 채우기 때문에 무량이다. 사무량심을 내는 공간의 방향은 점차 확장되고, 채워지는 공간도 모든 것으로 확장된다. 그리고 그 방향에 포함되어 있는 중생들 전부에 대해서 사무량심을 내는 것으로 확장된다.

자애수행을 하는 데 있어서 그 대상으로 자신이 첫 번째이다. 말리까 왕비의 대답에서 보듯이 자기는 그 누구보다도 아끼고 사랑하는 존재이다.[19] 그러므로 자신에 대해서 자애심을 내는 것이 가장 먼저가 된다. 자신에 대해 자비를 내는 것처럼 존중하고 공경하는 스승, 스승에 필적할 만한 사람, 은사, 은사에 필적할 만한 사람을 대상으로 자애

---

18 A3:62 「두려움 경(Bhaya-sutta)」 『앙굿따라 니까야』 제1권, p.451; M52 「앗타까나가라 경(Aṭṭhakanāgara-sutta」 『맛지마 니까야』 제2권, p.440; S46:54 「자애가 함께 함 경(Mettāsahagata-sutta」 『상윳따 니까야』 제5권, p.382.
19 S3:8 「말리까 경(Mallikā-sutta)」 『상윳따 니까야』 제1권, pp.345-346.

수행을 한다. 그리고 여기서 만족하지 않고 이 한계를 부수고자 할 때는 아주 좋아하는 친구, 무관한 사람, 원한이 있는 사람들로 자애수행의 대상의 범위를 확장해 간다.[20] 또는 불쌍한 사람, 좋아하는 사람, 무관한 사람, 원한이 있는 사람 순으로 범위를 확장해 간다.

실제 수행에서 각각의 마음에 대해서 처음에는 그 마음을 내기 쉬운 대상에서 시작하지만, 점점 더 모든 중생을 대상으로 마음을 내는 범위가 확장된다. 그렇기에 무량은 '모든 중생'을 대상으로 한다는 의미도 함께 가진다. 모든 존재에 대한 마음이기에 '무량'인 것이다. '모든 중생'을 대상으로 마음을 내는 것이 목표이고, '무한한 양'의 마음을 내는 것이 목표가 된다. 공간의 차원에서, 존재의 차원에서 단계적이고 차제적으로 범위를 확장해 나간다.

2) 사무량심의 심화

붓다가 깨달음을 얻었을 때 범천권청으로 인해서 설법을 할 마음을 낸다. 이때 붓다가 내는 마음을 대자대비(大慈大悲)라고 한다. 대(大)는 그 범위에 있어서 중자비, 소자비와는 구분이 된다는 것이다. 모든 존재가 근본적으로 괴로움에서 벗어날 수 있는 길, 즉 윤회에서 벗어나는 길을 보여주었기 때문에 붓다의 자비를 대자대비라고 부른다. 근원적으로 유익으로 나아가고 괴로움을 제거하는 방법을 보여주었기 때

---

20 『청정도론』 제2권, p.142.

문이다.

붓다는 스스로 윤회를 제거하는 법을 알았기에 깨달음 직후에 바로 열반에 들 수 있었지만, 중생의 괴로움을 보고 그들의 유익을 바라기에 열반을 미룬다. 이때의 붓다의 마음을 대승불교에서는 자비의 전형으로 삼는다. 이로 인해서 대승불교의 보살은 중생의 괴로움을 제거하기 위해서 열반을 미룬다. 이러한 붓다의 행위는 보살이 지향하는 행위이다. 이는 대승불교의 이상적 인간상을 보살, 즉 붓다의 전생으로 정하고 있는 것에서도 볼 수 있다. 이는 보살도, 즉 보살이 나아가야 할 길을 그대로 보여주는 것이다. 중생을 괴로움에서 건지기 위해서, 중생의 안락을 위해서 자신의 안락을 뒤로 미루고 있는 모습이다.

대승불교에서 보살의 이상은 좀 더 적극적으로 해석된다. 모든 존재를 연기적 관점에서 연결적 존재로 보기 때문에 자신의 괴로움을 없앴다고 할지라도 중생의 괴로움은 보살과 연결되어 있으므로, 모든 존재가 괴로움에서 벗어날 때만이 자신도 괴로움에서 벗어나는 것이 된다. 초기불교에서 붓다의 그 마음을 대자대비로 해석하는 반면, 대승불교의 보살은 모든 존재를 연결적인 존재로 보는 것의 당연한 귀결로서 중생의 괴로움을 없애고 중생의 행복을 위한다. 이는 논리적인 귀결인 것이다. 붓다가 대자대비의 마음을 '낸 것'이라면, 보살은 이 마음을 '내지 않을 수 없는 것'으로 해석된다.

여기서 중요한 것 가운데 하나가 '모든 존재', 즉 일체중생(一切衆生)이다. 모든 존재에 대해서 자비의 마음 또는 이를 포함한 사무량심을 낸다는 것은 모든 존재에게 적용된다는 것이다. 누구에게는 적용되고,

누구에게는 적용되지 않는 것이 아니다. 모든 존재에게 적용되기 때문에 무량(無量), 즉 한계 없다고 하는 것도 된다. 그러므로 무량에는 '많으면 많을수록 좋다'는 의미와 '모든 존재에게 적용된다'는 의미가 함께 있다. 모든 존재에게 적용되는 것은 붓다의 가르침이 또한 그러하다. 무상·고·무아의 삼법인, 연기, 공은 모든 존재에게 적용된다. 이러한 특징을 붓다가 본 것이다. 그러므로 이러한 존재 전체에 대해서 무량심을 낼 수 있는 것이다. 이렇게 되면 모든 존재에 대해서 적용되는 것이 삼법인, 연기, 공의 가르침인 동시에 사무량심도 함께 적용되는 것이다. 여기서 존재의 특징을 아는 것을 인지적 특징이라고 한다면, 모든 존재의 행복을 기원하고 괴로움을 함께 괴로워하고 괴로움에서 벗어나기를 바라는 마음은 정서적 특징이라고 할 수 있을 것이다. 여기서 인지와 정서가 함께 가는 것을 볼 수 있다. 모든 존재에 대해서 인지와 정서가 함께 적용되고 있기 때문이다. '일체중생'이 가지는 범위로 인해서 이 집합 안의 존재는 인지적 특징과 정서적 특징을 함께 가질 수 있게 된다.

그러므로 사무량심을 단순하게 마음의 정서적 특징으로만 보아서는 중요한 측면을 놓치게 된다. 사무량심이라는 용어 자체로 인해서 인지적 특징을 동시에 가질 수 있기 때문에 사무량심은 인지와 정서를 동시에 다룬다고 보아야 할 것이다. 여기에서 보듯이 사무량심은 정서적 특징에 기울어 있는 용어처럼 보인다고 할지라도, 이 안에 이미 인지와 정서가 함께 있는 것으로 보아야 한다. 반대로 인지적 특징에 기울어 있는 용어처럼 보이는 연기, 공, 무아라는 용어도 정서적 특징을 가지고 있다고 할 수 있다. 모든 존재가 연결되어 있기 때문에 타인에게 해를 가하는 행위는 자신에게 해를 가하는 것으로 논리적으로 귀결되기 때문이다. 나아가서 타인에게 행하는 모든 행위, 말, 마음씀은 모두 나와 연결되어 있다. 그러므로 모든 존재의 연기성 만큼이나 타인에게 이로운 행위, 말, 마음씀을 하게 되는 것이다. 이때 이 신구의(身口意) 세 가지에는 당연히 정서적인 것이 함께 포함되어 있다고 할 수 있다.

대승불교에서는 자비희사를 중생연(衆生緣), 법연(法緣), 무연(無緣)으로 설명하고 있다. 이 세 가지 연(緣)은 자비희사의 심천(深淺)을 보여주는 것이라고 할 수 있다. "자비심에는 세 종류가 있다. 곧 중생을 연으로 삼는 중생연, 법을 연으로 삼는 법연, 그리고 무연이 있다. 보통 사람은 중생연이고, 성문·벽지불·보살은 처음에는 중생연으로 시작해서 나중에는 법연으로 나아간다. 모든 붓다는 필경공을 수행하였기 때문에 무연이라고 한다."[21] 중생연의 자비는 늘 좋은 일을 구하고 이익과 안온을 얻도록 하는 마음이 모든 존재에게 충만한 것이고, 이는 번뇌가 다하지 않은 존재에게 존재한다. 법연의 자비는 아직 법공을 알지 못하고 마음이 안락을 얻으려고 하는 것으로, 이는 많은 번뇌가 다한 아라한, 벽지불에게 있는 자비이다. 대승불교에서는 당연히 무연의 자(慈), 무연의 비(悲)를 추구한다. 붓다는 공(空)을 수행하였기 때문

---

21   T.25.350b.

에 무연의 자비심을 낸다고 한다. 모든 존재를 평등하게 보고, 비실체적으로 보기 때문에 무연의 자비에는 대상이 없다. 모든 존재가 평등하고 비실체적이기 때문에 대상화, 실체화가 되지 않는다. 자비의 마음은 특정화된 대상이 아니라 단지 모든 존재에게로 나아간다. 무연의 자비는 붓다에게 있는 것으로, 제법의 실상, 모든 존재의 특성을 있는 그대로 알고서 행하는 자비이다.

자비희사 사무량심 각각에 대해서 이처럼 세 가지를 나누는 것은 동일한 자비희사의 마음이라고 할지라도, 그 깊이에 따라서 세 가지로 나뉜다는 것이다. 그 깊이는 모든 존재의 특징을 얼마만큼 알고 있는지에 달려 있다. 번뇌가 많은 중생의 관점에서 볼 것인지, 번뇌가 거의 없는 관점에서 볼 것인지, 번뇌가 없는 관점에서 볼 것인지에 따라서 그 자비희사의 정도가 달라진다. 사무량심도 그 심천의 정도에 따라서 각각 세 가지로 구분되는 것을 볼 수 있다.

사무량심이 자 → 비·희 → 사의 순서로 순차적으로 해석될 수 있는 것을 볼 수 있다. 그리고 사무량심의 구체적인 수행법에서 공간이 한 방향 → 네 방향 → 모든 방향으로 확장되는 것을 볼 수 있다. 또한 사무량심의 대상의 범위를 확장해 가는 것에서도 이러한 차제를 볼 수 있다. 자기 자신 → 아주 좋아하거나 존경하는 사람 → 무관한 사람 → 원한 맺힌 사람 순으로 그 범위를 확장하는 것을 볼 수 있다. 그리고 사무량심의 심천에 따라서 사무량심을 순차적으로 해석할 수 있는 것을 볼 수 있다. 중생연 → 법연 → 무연의 순서로 사무량심의 대상의 범위를 확대해가는 것은 사무량심을 순차적으로 해석한 것이라고 할 수 있다. 사무량심 안에서의 이러한 심천과 대상 범위의 종횡적인 확장을 통해서 사무량심의 순차적 해석을 볼 수 있다.

3. 심리치료적 함의

첫째 사무량심은 어떤 마음을 낼지라도 항상 근원적인 마음이 될 수 있다. 사무량심의 마음은 무량하게 낼 수 있기 때문에 언제든지 낼 수 있는 마음이다. 그러므로 언제, 어디서든지 무량하게 낼 수 있도록 하는 것이 심리치료적 관점에서 필요하다. 심리치료적 관점뿐만 아니라 일상적인 마음을 낼 때에도 항상 사무량심이 근원에 있어야 된다. 야단을 칠 때라도 자심이 바탕이 되어야 되는 것이지, 해치려는 마음이나 성내는 마음이 바탕이 되어서는 안 된다는 것이다. 남의 괴로움을 볼 때도 잘됐다거나 기뻐하는 마음이 아니라 비심이 근원에 있어야 된다. 남이 잘되는 것을 볼 때도 질투와 시기와 인색한 마음이 아니라 함께 기뻐해주고 환희하는 마음이 항상 함께해야 하는 것이다. 또한 모든 존재와 나 자신에 대해서 공평, 평등, 무사한 마음을 내는 것이다. 내가 특별한 존재가 되는 것이 아니라 나를 포함한 모든 존재를 공평하게 대하는 마음 자세가 중요한 것이다. 공평할 때 나만의 괴로움, 나만의 즐거움을 앞의 비희처럼 타인의 괴로움과 타인의 즐거움처럼 대할 수 있게 된다.

둘째 심리치료적 측면에서 볼 때 순차적 해석에서 나를 대상으로 우선시할 수도 있고, 타인을 대상으로 우선시할 수도 있다. 경전에서는 나를 우선시하고 있지만, 나에 대한 자심과 비심을 내는 것이 쉽지 않은 경우가 있을 수 있다. 자신을 절대 용서할 수 없다고 하는 경우, 자신이 느끼는 죄책감, 자괴감 등 수많은 감정으로 인해서 자신에 대해서 자심과 비심을 낼 수 있는 마음의 공간이 없는 경우가 가능하다. 그러한 경우에는 타인, 예를 들어 존경하는 사람, 되고 싶은 사람, 멘토와 같은 사람에 대해서 이러한 마음을 낼 수 있다. 그러한 이후에 사무량심이 생기면 이를 자신에게로 가져오는 것이 가능하다. 자신이 가장 쉽게 사무량심을 낼 수 있는 대상에게 먼저 그 마음을 내고, 이후에 점점 더 어려운 대상으로 옮겨가면서 사무량심을 낼 수 있도록 한다. 마음은 흐르기(flow) 때문에 마음을 내기 쉬운 대상을 통해서 일단 마음이 일어나면 그 마음이 흐르고 증장하도록 할 수 있다. 이러한 방식으로 점점 더 많은 대상, 점점 더 넓은 공간을 채워나가는 것이다. 이러한 가운데 나에 대해서도 사무량심의 마음을 낼 수 있게 된다.

셋째 사무량심 가운데 어떤 마음을 내더라도 나머지 마음을 낼 수 있는 능력이 길러질 수 있다. 각자에게 쉽게 낼 수 있는 마음이 있을 수 있다. 그 마음을 중심으로 꾸준히 그 마음을 내는 훈련을 할 경우에는 나머지 무량심에 대해서도 낼 수 있는 힘이 생기게 된다. 단지 대상에 따라서 마음의 상태가 바뀌는 것이지, 그 마음 자체는 무량하게 하나의 마음인 것이다. 지속적으로 사무량심 가운데 하나의 마음을 내는 것은 나머지 마음에도 영향을 끼치게 된다. 그러므로 사무량심 각각을 훈련하기 어려운 경우에는 자신에게 능숙한, 내기 쉬운 마음을 내는 훈련을 지속함으로써 나머지 무량심에 대해서도 쉽게 낼 수 있는 가능성이 증진된다고 할 수 있다. 예를 들어 귀엽고 사랑스러운 사람을 보고서 자애의 마음을 쉽게 낼 수 있다면 이 마음을 모든 존재들에 대해서 낼 수 있도록 훈련하는 것이다. 아니면 불운하고 불행한 한 사람을 보고서 연민의 마음을 내는 것이 쉽다면, 이 마음을 모든 존재들에 대해서 낼 수 있도록 지속적으로 훈련하는 것이다. 즉 사무량심 가운데 하나의 마음이라도 기를 수 있다면, 나머지 마음에 대해서 기를 수 있는 가능성이 생기게 된다.

넷째 사무량심을 지속적으로 내는 것은 정서치료와 인지치료에 모두 해당될 수 있다. 정서적으로 어떤 정서를 내는 데 익숙하지 못한 경우에 지속적으로 그 마음을 내게 함으로 인해서 내담자가 낼 수 있는 정서의 목록이 확장될 수 있게 된다. 보통의 경우는 자신에게 익숙한 정서를 내고, 정서를 내는 패턴도 일정하다고 할 수 있다. 그러한 익숙한 정서로 인해서 '화를 잘 내는 사람', '우울한 사람과 같은 이름이 붙게 된다. 그러나 이때 내는 정서는 본인이 원하지 않는 정서인 경우가 많다. 자신은 원하지 않지만 내부에서 올라오는 정서이다. 이에 대해서 사무량심내기를 통해서 적극적으로 마음을 내는 연습을 하게 된다. 사무량심내기를 지속적으로 한다면, 자신과 타인 모두에게 이로운 정서를 지속적으로 낼 수 있게 된다.

다섯째 인지적 측면과 관련해서는 '모든' 존재에게 그 마음을 낸다는 측면이 중요하게 대두된다. 모든 존재에게 내는 마음이기에 궁극적으로 자신을 포함한 모든 존재를 평등한 마음가짐으로 바라보게 된다.

이는 평등하게 인지한다는 것이 된다. 이는 인지의 왜곡이 아니라, 인지의 확장으로 나아가는 방향성이다. 모든 존재에게 자비희(慈悲喜)의 마음을 공평하고 평등하게 내는 것 자체가 인지적으로 공(空), 불이(不二)에 가까워지는 것이다. 모든 존재와 나는 실체적으로 구분되는 둘이 아니라, 연결되어 있다는 인식으로 나아가게 된다. 또한 나를 다른 존재와 평등하게 대하기 때문에 무아(無我)에 가까워지게 된다. 나아가서는 자신과 모든 존재의 연결성까지도 파악하게 된다. 타인의 유익을 바라는 것이 곧 나의 유익과 연결되고, 타인의 괴로움을 덜어줄려고 마음을 내는 것이 나의 괴로움을 가볍게 하는 것이고, 타인의 즐거움을 함께 즐거워함으로써 나도 즐거워지고, 나에게도 즐거워할 일이 생기게 된다. 타인과 나를 공평하게 대함으로 인해서 모든 존재의 평온이 나의 평온이 됨을 알고 느끼게 된다. 이는 연기(緣起)로 나아가는 과정인 것이다. 공평, 평등과 연관된 사(捨)는 정서적 평정뿐만 아니라 모든 존재를 평등하게 바라보는 공, 불이, 무아에 가까워진다. 사무량심은 단순히 정서적 측면만을 계발하는 것이 아니라 인지와 정서를 복합적으로 계발하는 방법론이라고 할 수 있다.

그러므로 사무량심내기는 인지치료와 정서치료에 함께 사용될 수 있다. 불교적 인지치료, 불교적 정서치료 모델을 계발하고자 할 때, 양쪽에서 모두 사용할 수 있는 목록이라고 할 수 있다. 사무량심은 하나의 수행으로, 사무량심수행으로 불린다. 이때의 수행은 자기 안에 있는 것을 끌어내는 것을 말한다. 이는 수행을 의미하는 바와나(bhāvanā)가 가지고 있는 원래의 의미이기도 하다. 잠재적으로 존재하는 것을 현실태로서, 실현태로서 존재하도록 하는 것이다. 그렇다면 사무량심 수행은 내담자를 포함한 인간 안에 있는 고귀한 네 가지 마음을 끌어내어서 지금 여기에서 실현하는 것을 말한다. 이러한 실현태로 인해서 그와 대치되는 불선법 즉, 내담자가 호소하는 문제가 대치된다고 할 수 있다. 대치는 제거하는 것이므로, 심리치료적 맥락에서는 치료, 해결이라는 용어로 사용할 수 있을 것이다. 주호소 문제를 사무량심의 형태로 대치하는 것이 된다. 사무량심을 냄으로 인해서 주호소 문제를 제거하는 것이 된다. 대치는 여집합적 성격을 가지므로 어떤 하나가 마음에서 그 자리를 차지하면 그 나머지는 그 영역을 침범하지 못한다. 그러므로 수행을 통한 대치는 치료와 연결된다. 이러한 치료는 또한 순차적으로, 확장적으로, 근원적으로 이루어진다. 그러므로 심리치료적으로 사무량심은 대치적, 순차적으로 동시에 사용할 수 있는 것이다.

4. 자무량심의 심리치료적 함의

1) 자무량심의 이득

자무량심 수행의 이득으로 '온갖 잘못된 견해에 얽매이지 않으며, 계를 지키고 지혜를 갖추어 모든 욕망에 대한 집착을 버린 사람은 결코 모태에 다시 드는 일이 없을 것이다.'라고 한다.[22] 또한 '알아차림을

---

22 Sn.153. 「자애경(Mettā-sutta)」 『숫타니파타』 p.115.

확립하여 무한한 자애를 닦는 사람에게 족쇄는 엷어진다.'고 한다.[23] 또한 '무량한 자애를 닦는 자는 족쇄들이 엷어지고 재생의 근거가 파괴됨을 본다.'고 한다.[24] 이는 수행의 단계로 보면 아나함의 단계를 성취하는 것을 말한다. 더 이상 인간으로 태어나지는 않지만 족쇄가 완전히 끊어지지 않고 엷어져 있으므로 아라한 직전의 단계인 아나함의 단계에 이른 것으로 볼 수 있다.[25] 이것이 수행과 관련된 이득이라면, 좀 더 현실적인 이득이라고 할 수 있는 이득을 11가지로 들고 있다. 자애의 마음을 통한 해탈을 반복하면 이러한 11가지 이득을 얻는다고 한다.

> ① 편안하게 잠든다. ② 편안하게 깨어난다. ③ 악몽을 꾸지 않는다. ④ 사람들의 사랑을 받는다. ⑤ 사람이 아닌 이들에게 사랑을 받는다. ⑥ 여러 신들이 보호한다. ⑦ 이러한 사람은 불이나 독이나 칼이 해치지 못한다. ⑧ 마음이 빠르게 삼매에 들어간다. ⑨ 안색이 맑아진다. ⑩ 미혹하지 않은 채 죽음을 맞이한다. ⑪ 더 높은 경지를 통찰하지 못하더라도 범천의 세상에 태어난다.[26]

---

23 Iti.27. 「자애의 마음에 의한 해탈의 경(Mettācetovimutti-sutta)」, 『이띠붓따까』 p.82.

24 A8:1 「자애경(Mettā-sutta)」, 『앙굿따라 니까야』 제5권, p.58.

25 이와 관련해서는 일중(2004, 103)을 참조할 수 있다.

26 A11:16 「자애경(Mettā-sutta)」『앙굿따라 니까야』 제6권, p.562; 『청정도론』 제2권, pp.166-170. A8:1 「자애경(Mettā-sutta)」에서는 8, 9, 10번째 이득이 누락된 8가지 이득을 제시하고 있다.

사무량심 수행은 선정 수행과 연관을 가지므로 마음을 집중하는 효과가 있다. 이는 ⑧과 연관되어 있다. 그것도 빨리 마음이 집중되는 효과가 있다. 특히 자무량심의 경우는 모든 존재의 평안을 기원하는 마음을 내기 때문에 빨리 삼매에 들 수 있는 것이다. 이러한 삼매에 의한 집중효과는 다섯 가지 장애를 가라앉히는 효과가 있다고 할 수 있다. 감각적 욕망, 악의, 게으름과 혼침, 도거와 후회, 의심을 제거하는 데 효과가 있다. 특히 혼침과 도거는 마음이 들뜨거나 가라앉는 것으로 불안, 우울과 연결되어 있다고 할 수 있다. 하나의 마음을 내는 훈련 자체가 집중을 요하기 때문에 다양한 마음이 생멸하는 산만을 대치할 수 있게 된다.

마음을 자무량심 하나로 내게 함으로 인해서 평안하게 잠자게 된다. 즉 불면증에 효과가 있는 것으로 경전에서 제시하고 있다. 이는 ①, ②, ③과 연관되어 있다. 다양한 불면증의 원인 가운데 많은 생각이 일어나고 사라짐으로 인해서 생기는 불면증에 효과가 있는 것이라고 할 수 있다. 예를 들어 근심, 걱정, 설렘, 망상으로 인한 경우에는 하나의 마음에 집중함으로써 숙면을 취하게 하는 효과가 있다. 특히 평안과 안녕을 기원하는 마음을 자신과 모든 존재들에게 지속적 냄으로 인한 이완과 숙면의 효과가 있을 수 있다. 악몽이 없다는 것은 단순하게 잠과 연관될 수 있지만, 좀 더 나아간 해석을 하자면 꿈이 무의식의 표현이라고 한다면, 악몽이 사라진 것은 심리적인 장애가 해소되는 것으로 볼 수 있다. 악몽으로 대표되는 심리적인 장애들이 자무량심에 의해서 해소된다고 볼 수 있는 것이다.

'사람들에게 사랑을 받지 못한다'는 것은 내담자의 강력한 호소문제 가운데 하나일 수 있다. 인간은 가족, 직장, 타인으로부터 인정받고 사랑받고 소속되고 싶은 욕구를 가지고 있다. 이는 인간의 가장 기본적인 욕구 가운데 하나이다. 또한 매슬로우의 욕구 단계에서도 안전과 보호의 욕구 다음으로 중요한 욕구들이다. 이는 ④, ⑤와 연관된다. 보이는 존재와 보이지 않는 존재에게 사랑을 받는 것이다. 이는 인간과 신으로부터 사랑을 받는다는 것이다. 신들에게 사랑받는 것은 사무량심 수행의 고유한 특징이라고 할 수 있다. 신으로부터 사랑받는다는 것은 심리치료적 효과를 넘어서 영적 차원에서의 치료가 함께 이루어진다고 할 수 있다. 사무량심은 인간으로서의 근본적인 연결성의 문제를 해결할 수 있는 대치방안이 되고 있다. 사무량심의 각각의 마음을 살펴보면, 이상적인 삶의 모습이기도 하다. 모든 존재에게 친절하고, 함께 기뻐하고 함께 괴로워하고, 그러면서도 자신의 고유성은 지키는 것을 보여준다. 이러한 모습과 관련된 마음을 지속적으로 낸다면, 자신의 삶 또한 그러한 형태로 나아가게 될 것이다. 사랑받고 싶고 인정받고 싶다면 자비희사의 마음을 지속적으로 낼 것을 주문하고 있다.

자무량심은 인간이 가지고 있는 안전과 보호에 대한 요구를 충족시켜준다. 이는 생리학적 욕구 다음으로 중요한 욕구로, ⑥, ⑦에 해당한다. 이는 보이지 않는 존재들로부터 보호를 받고, 불과 독과 칼로 대표되는 인간과 자연으로부터의 공격에 대해서도 안전을 보장할 수 있도록 한다. 보이는 모든 존재, 보이지 않는 모든 존재로부터 안전을 확보할 수 있는 방안을 사무량심은 보여주고 있다. 안전과 보호에 대한 욕구는 생리적 욕구 바로 다음의 요구에 해당할 정도로 기본적인 욕구이다. 앞의 사랑과 인정의 욕구와 보호와 안전의 욕구는 기본적인 욕구에 해당하는 것이다. 이러한 욕구를 단순히 인간의 차원뿐만 아니라 신의 차원에서도 충족시킨다는 점이 중요한 지점이라고 할 수 있다.

인간에게 가장 근본적인 욕구로 생리적 욕구가 있다. 이는 기본적인 의식주와 건강과 관련된 것이다. 이는 ⑨에서 볼 수 있다. 안색이 맑다는 것은 건강하고 경안(輕安)하다는 몸과 마음의 신호라고 할 수 있다. 즉 개인의 심신의 건강과 관련된 측면이 호전되는 이익을 기대할 수 있는 것이다. ⑨, ⑥⑦, ④⑤는 순차적으로 인간의 기본적인 욕구인 생리적 욕구, 안정과 안전에 대한 욕구, 사랑과 인정에 대한 욕구라는 측면에서 볼 수 있다. 인간의 세속적인 행복에 있어서 가장 기본이 될 수 있는 세 단계의 욕구가 충족되는 것을 볼 수 있다. 특히 두 번째와 세 번째 욕구는 인간적인 차원뿐만 아니라 신적인 차원에서도 충족되는 것을 볼 수 있다.

사무량심 수행은 더 나아가 죽음과 죽음 이후의 세계에 대한 두려움까지도 해소해 준다. 이는 ⑩과 연관된다. 죽을 때에도 갑작스러운 죽음이 아닌 준비된 죽음을 맞이하게 된다. 또한 ⑪에서는 범천이라는 신적인 영역에 태어난다는 것까지도 보여준다. 이렇게 되면 준비된 죽음과 죽음 이후의 세계가 명료해진다면, 죽음으로 인한 애도와 상실에 대한 위로와 위안이 될 수 있을 것이다. 또한 노인을 위한 상담, 중환자를 위한 상담에서도 적극 활용할 수 있다. 이는 원한이 있는 사람에 대해서 자심을 내는 것이 사후삶을 위한 적극적인 치유방법이 될 수 있다는 것이다. 이는 욕구단계설에 비추어 보자면, 자아초월의 욕구를 반영하고 있다고 할 수 있다. 죽음으로 인해서 자기가 소멸되는 것에 대해서 그 이후의 단계를 제시함으로 자기초월적인 단계로 나아가게 한다. 이는 사무량심이 영성과 연관된다는 것을 보여준다.

11가지 자무량심 수행의 이득을 보면 인간의 기본적인 욕구부터 초월적인 욕구까지를 충족시켜 주는 것을 볼 수 있다. 이러한 욕구들이 단순히 인간의 차원이 아니라 신의 차원에서도 충족되는 것을 볼 수 있다. 심리치료와 관련해서 악몽을 꾸지 않는다, 삼매에 빨리 든다, 안색이 맑다는 차원에서 볼 수 있다. 악몽을 꾸지 않는 것과 안색이 맑은 것은 의식의 차원이든, 무의식의 차원이든 심리적으로 안정되고 건강한 상태를 말한다고 할 수 있다. 또한 삼매에 빨리 든다는 것은 다음에 보게 될 사범주와 연관되는 영성적 측면과 심리치료적 측면을 동시에 가진다. 먼저 심리치료적 측면을 보면 삼매에 들기 이전에 가라앉게 되는 장애는 심리적으로 많은 문제를 일으키는 주요 원인이 되는데, 이들을 안정시키는 데 효과가 있는 것이다. 삼매는 범천의 마음상태로 나아가고, 사후에 범천의 세계에 태어나는 효과와 심리적인 문제를 일으키는 원인을 제거하는 효과를 동시에 가진다고 할 수 있다. 또한 빨리 삼매에 들고, 미혹하지 않고 죽음을 맞이하고, 범천의 세계에 태어나는 것은 영적 차원의 심리치료와 연관된다. 영적 차원의 심리치료의 방법론으로 삼매가 제시되고 있고, 영적 차원에서 가장 중요한 이슈인 죽음과 죽음 이후에 대한 분명한 해답을 제시하고, 궁극적으로는 범천에 태어나는 목표를 성취하게 된다.

2) 사무량심의 영성과 업

신들로부터 사랑받는다, 신들로부터 보호받는다, 범천의 세계에 태어난다는 ⑤⑥⑪은 사무량심의 영성과 관련된다. 사무량심은 다른 용어로 사범주(四梵住, cattāri brahmavihārā)로 불린다. 불교의 대표적인 신격인 범천(梵天, brahma)과 천신(天神, deva) 가운데 범천이 '머무는 네 가지 마음' 또는 범천이 '내는 네 가지 마음'이라는 의미이다. 즉 범천이라는 신의 마음을 말한다.

영성(spirituality)은 크게 '신성의 인격화된 형태', '최고의 가치'라는 두 가지로 해석할 수 있다.[27] 신성의 인격화된 형태로서 영성은 전통적인 관점에서의 영성의 정의라고 할 수 있는 반면, 최고의 가치는 현대에 들어서 '신' 이외의 다양한 가치가 최고의 가치라는 의미를 가지면서 영성으로 불리게 된다. 불교적 관점에서 보면 범천의 마음이라고 할수 있는 사범주는 신성의 인격화된 형태로서 전통적인 의미의 영성이라고 할 수 있다. 또한 불교적 관점에서 보면 불교의 최고의 가치는 천신과 범천을 넘어서는 붓다가 가지고 있는 가치이다. 붓다가 제시한 최고의 가치, 궁극의 가치라고 할 수 있는 연기, 공, 깨달음, 무아, 열반이 최고의 가치로서 영성이라고 할 수 있다. 불교에서는 신이 최고의 가치가 아니기 때문에 두 가지 형태의 영성이 모두 존재한다고 할 수 있다.

사무량심은 신성의 인격화된 형태라는 의미에서의 사범주의 영성

---

27 이에 대한 자세한 논의는 윤희조(2020, 189-212)를 참조할 수 있다.

을 가지고 있다고 할 수 있다. 사무량심을 사범주의 관점에서 보면 사무량심은 범천이라는 신성의 인격화된 형태로서 영성이라고 할 수 있다. 범천이 내는 마음인 사무량심은 불교적 영성의 한 형태라고 할 수 있을 것이다. 이렇게 되면 사무량심수행은 현대 심리치료의 한 요소인 영성을 계발하는 것이 된다. 이는 심리치료와 영성치료를 함께 할 수 있는 중요한 지점이라고 할 수 있다. 이는 사무량심의 심리치료적 효과와 함께 영성치료적 가능성을 함께 볼 수 있는 계기가 된다. 이는 현대의 영성 논의에 대한 불교의 제안이라고 할 수 있다.

영성적 관점에서 네 가지 무량심을 해석하자면 자는 사랑(loving)과 친절(kindness), 비는 수용(acceptance)과 공감(sympathy), 희는 기쁨(pleasure)과 풍요(abundance), 사는 공평(equanimity)과 평정(tranquility)의 덕목을 함양하는 것이라고 할 수 있다. 이들은 사무량심을 가치적 차원에서 해석한 것이다. 범천이 내는 마음이라는 것을 넘어서 가치의 차원에서 영성을 제시한 것이라고 할 수 있다. 사무량심을 수행하는 것은 범천의 세계에 태어난다는 것만큼이나 가치의 추구를 함께하는 것이다. 이는 최고의 가치는 아니지만, 불교에서 신에 의해서 제시하고 있는 신적인 가치체계라고 할 수 있다.

마음에는 내는 마음(mind of acting)과 받는 마음(mind of receiving) 두 종류가 있다. 사무량심은 내는 마음에 중점을 두고 있다. 업은 내는 마음과 받는 마음에 기반해서 내는 업, 받는 업으로 구분하여 볼 수 있다. 이미 지은 업에 대해서는 받는 마음이 작용하고, 앞으로 지을 업에 대해서는 내는 마음이 작용하게 된다.[28] 업의 관점에서 보면 지금 여기에서 어떤 마음을 내는가에 따라서 받는 마음의 정도가 결정된다. 즉 받는 마음의 업을 약화시키는 내는 마음이 있는 반면에, 받는 마음의 업을 강화시키는 내는 마음이 있는 것이다. 지금 여기에서 어떤 마음을 내는지에 따라서 과거에 낸 업을 받는 강도가 결정된다고 할 수 있다. 그렇다면 좋은 업은 많이 받고, 나쁜 업은 약하게 받는 마음을 현재 낼 수 있도록 하는 것이 현실적으로 중요하다고 할 수 있다. 결국 현재 어떤 마음을 낼 것인가가 받는 업을 결정한다고 할 수 있다. 그러므로 앞에서 제시한 지금 '어떤 마음을 낼 것인가'가 중요한 문제로 대두된다.

사무량심은 인간이 낼 수 있는 최고의 마음이라고 할 수 있다. 왜냐하면 사무량심은 신의 마음이기 때문이다. 이보다 더 상위의 '최고의 가치'로서 영성의 차원에서 내는 마음은 더 이상 업을 만들지 않는다. 그러므로 사무량심은 인간이 낼 수 있는 가장 고귀한 마음(梵心, brahmacitta)이라고 할 수 있다. 붓다가 되기 이전의 범부의 단계에서는 마음을 낼 수밖에 없다. 마음을 낼 수밖에 없다면, 최고의 마음을 내는 것이 심리치료의 효과를 극대화하는 것이 될 것이다. 내지는 인간이 낼 수 있는 최고의 마음이 사무량심이라는 것을 아는 것 자체가 마음에 대한 지향점을 설정하는 것이 되므로, 심리치료의 방향성을 제시한다고 할 수 있다. 이처럼 심리치료적 효과와 영성치료적 효과를 가지고 있는 사무량심 수행은 나아가서는 사무량심치료라고 할 수 있다.

---

28   윤희조(2021) pp.151-176.

사무량심에 대한 서구 심리치료학계의 관심은 지대하다. 본 장은 불교학적 관점에서 사무량심에 대한 명확한 정의와 가능성을 보여주고자 한다. 이를 위해서 사무량심을 번뇌, 즉 문제가 되는 정서 또는 인지를 대치하는 방식으로 해석하는 대치적 해석과 사무량심이 순차적으로 확장되고 심화되는 관점에서 해석하는 순차적 해석으로 구분해 볼 수 있다. 그리고 대치적 해석과 순차적 해석이 가지는 심리치료적, 영성치료적 함의와 효과를 볼 수 있다. 결국에는 지금 어떤 마음을 낼 것인가 하는 문제에 대한 해답으로 불교가 제시하는 것이 사무량심이라고 할 수 있다.

사무량심과 알아차림은 많이 계발하면 할수록 좋은 마음이라는 측면에서 둘은 연결된다고 할 수 있다. 한편으로는 알아차림보다는 사무량심이 적극적으로 마음을 내는 것이기에 적극적인 치유법이라고 할 수 있을 것이다.

사무량심이 가지고 있는 유익을 현대적인 관점에서 살펴봄으로 인해서 사무량심이 가지는 가치와 효과를 재평가할 수 있는 계기가 된다. 특히 영성적 관점에서 사무량심이 현대인에게 제시할 수 있는 것과 사무량심을 내는 것과 업의 관계에 대한 고찰은 중요한 지점이라고 할 수 있다. 자무량심의 이득을 심리학적으로 해석하는 것을 넘어서 이를 실증적으로 입증하는 과제가 남아있다고 할 수 있다.

참고문헌

PED = *The Pali Text Society's Pali-English Dictionary*, ed. by T. W. Rhys Davids and William Stede, London: The Pali Text Society, 1921-5/1986.

SED = *A Sanskrit-English Dictionary*, ed. by Sir M. Monier Williams, Oxford; Oxford University Press, 1899/1988.

A = *Aṅguttara-Nikāya*, ed. by R. Morris and E. hardy, London: PTS, 1985-1990.

Iti = *Itivuttaka*, ed. by E. Windisch, London: PTS, 1948.

S = *Saṃyutta-Nikāya*, ed. M.L. Feer, London: PTS, 1884-1904.

Sn = *Suttanipāta*, ed. by D. Anderson and N. Smith, London: PTS, 1948/1965.

T = 『대정신수대장경(大正新脩大藏經)』

『디가 니까야』 = 각묵스님 옮김(2006), 『디가 니까야』 제1-3권, 울산: 초기불전연구원.

『맛지마 니까야』 = 대림스님 옮김(2012), 『맛지마 니까야』 제1-4권, 울산: 초기불전연구원.

『상윳따 니까야』 = 각묵스님 옮김(2009), 『상윳따 니까야』 제1-5권, 울산: 초기불전연구원.

『숫타니파타』 = 전재성 역주(2015), 『숫타니파타』, 서울: 한국빠알리성전협회.

『앙굿따라 니까야』 = 대림스님 옮김(2006), 『앙굿따라 니까야』 제1-6권, 초기불교 수행의 불안 제거 연구울산: 초기불전연구원.

『이띠붓따까』 = 전재성 역주(2012), 『이띠붓따까 – 여시어경』, 서울: 한국빠알리성전협회.

『청정도론』 = 붓다고사 스님, 대림스님 옮김(2004), 『청정도론』 제1-3권, 서울: 초기불전연구원.

아날라요, 이성동·윤희조 옮김(2018), 『자비와 공』, 서울: 민족사.

L. Schmithausen, 양영순 옮김(2015), 「연민과 공성 - 대승의 정신성과 구제 (利)의 목적」, 『불교학리뷰』 18, 논산: 금강대학교 불교문화연구소.

Lorne Ladner, 박성현 옮김(2014), 「자비의 심리학」, 서울: 학지사.

강명희(2019), 「대승경전의 사무량심 수행 연구 - 4무량심의 무량(無量) 개념과 무연(無緣) 개념 중심으로」, 『동아시아불교문화』 37, 부산: 동아시아불교문화학회.

강명희(2020), 「초기불교에 나타난 4무량심설의 유형별 분석 - 아함경 중심으로 - 」, 『불교학보』 90, 서울: 동국대학교 불교문화연구원.

김재성 외(2018), 『자비, 깨달음의 씨앗인가 열매인가』, 서울: 운주사.

김진이(2020), 「초기불교 연민(karuṇā)의 일관성 이해」, 『동아시아불교문화』 44, 부산: 동아시아불교문화학회.

권선아(2018), 「현대 서양의 자비 명상 연구 - 티베트 불교의 로종 수행과 그 응용을 중심으로」, 서울: 동국대학교 대학원 박사학위논문.

로널드 시걸·크리스토퍼 K. 거머, 서광스님·김나연 옮김(2014), 『심리치료에서 지혜와 자비의 역할』, 서울: 학지사.

문을식(2012a), 「불전에서 자비 개념의 전개 양상(1) - 초기불교와 부파불교의 불전에 나타난 개념을 중심으로」, 『불교연구』 37, 서울: 한국불교연구원.

문을식(2012b), 「대승불전에서 자비 개념의 전개 양상」, 『한국교수불자연합학회지』 18(1), 서울: 한국교수불자연합회.

박재은(2018), 『균형의 마음, 우뻬카』, 서울: 운주사.

백도수(2004), 「四無量(Brahmavihāra) 修行에 대한 연구 - 槪念과 修行法을 중심으로」, 『한국선학』 8, 서울: 한국선학회.

아차리야 붓다락키따, 강대자행 옮김(1988), 『자비관』, 서울: 고요한 소리.

안신정(2016), 「사무량심의 가치 재발견과 체화프로그램 개발」, 김포: 중앙승가대학교 대학원 박사학위논문.

안양규(2019), 『붓다, 자기사랑을 말하다』, 서울: 올리브그린.

윤희조(2020), 「불교의 영성에 대한 두 가지 관점 – 신적인 것으로서의 영성과 궁극적 가치로서의 영성」, 『동서철학연구』 96, 대전: 한국동서철학회.

윤희조(2021), 「내는 업과 받는 업의 관점에서 본 업의 심리적 치유」, 『동서철학연구』 100, 대전: 한국동서철학회.

이필원(2010), 「사무량심의 '해탈도'적 성격 고찰 – 초기불교를 중심으로」, 『불교연구』 32, 서울: 한국불교연구원.

일중(2004), 「남방 상좌불교 전통에서의 자애관 수행」, 『구산논집』 9, 서울: 보조사상연구원.

제프리 홉킨스, 김충현 옮김(2007), 『자비 명상』, 서울: 불교시대사.

조옥경, 윤희조(2016), 「불교와 심리학적 관점에서 본 자애와 연민」, 『철학논총』 86, 대구: 새한철학회.

차상엽(2009), 「평정(upekṣā, 捨)의 위상과 역할에 대한 소고」, 『보조사상』 32, 서울: 보조사상연구원.

폴 길버트, 조현주·박성현 옮김(2014), 『자비중심치료』, 서울: 학지사.

허정문(2019), 「자비명상 수련에서 평등심의 역할 : 자비확장성을 중심으로」, 수원: 아주대학교 대학원 박사학위논문.

荻原雲来(1986), 『梵和大辞典』, 東京: 講談社.

Chogyam Trungpa(2003), *Training the Mind & Cultivating Loving-Kindness*, Boulder: Shambala.

Pema Chodron(1996), *Awakening Loving-Kindness*, Boulder: Shambhala.

Sharon Salzberg(2002), *Lovingkindness: The Revolutionary Art of Happiness*, Boulder: Shambala.

7 몸의 심리치료

현대에는 마음에 대한 관심만큼이나 몸에 대한 관심이 지대하다. 오히려 몸에 대한 관심이 더 큰 것처럼 보인다. 보이지 않는 마음보다 보이는 몸에 대한 관심이 지대하다. 반면 불교에서는 마음에 관심이 더 있어 보인다. 불교에서 마음공부에 대한 다양한 논의가 존재하지만 몸에 대한 공부는 그렇지 못한 것으로 보인다. 오히려 몸에 대한 부정적인 이미지가 팽배하다고 할 수 있다. 그러나 이러한 이미지는 몸에 대한 불교의 다양한 관점을 보지 못하게 할 수 있다.

본 장은 불교에서 몸을 바라보는 다양한 관점을 드러내고자 한다. 이를 통해서 몸을 하나의 관점으로만 바라보는 것이 아니라, 불교 안에서도 몸에 대한 다양한 관점이 존재한다는 것을 인식하고자 한다. 이러한 인식의 개현은 몸에 대한 관점을 확장하는 동시에 마음에 대한 관점도 확장하는 효과를 가질 수 있다.

먼저 몸은 존재의 일종이다. 존재의 특징을 몸도 가지고 있다고 할 수 있다. 몸이 가지는 존재론적 특징을 우선 살펴보고자 한다. 이러한 존재론적 특징을 바탕으로 몸이 가지는 고유성을 살펴보고자 한다. 몸은 감각기능을 가진 유기체라고 할 수 있다. 이러한 몸은 구성요소 간에도, 몸 이외의 존재와도 연기적 관계를 가지면서 상호작용한다는 것을 불교의 교리를 통해서 볼 수 있을 것이다. 이것이 몸이 가지고 있는 기능적 특징이라면, 이러한 기능적 특징으로 인해서 몸은 가능성을 가지게 된다. 번뇌로 나아갈 수도 있고, 청정으로 나아갈 수도 있고, 노병사로 나아갈 수도 있고, 청정범행으로 나아갈 수도 있다. 또한 고락으로 나아갈 수도 있고, 중도로 나아갈 수도 있다. 이를 통해서 몸은 존재론적 특징을 전제로 하는 기능적 가능태라는 것을 보이고자 한다. 또한 몸에 대한 전통적인 관점인 '고'와 '부정'은 결국 존재론적 관점으로 수렴된다는 것을 보이고자 한다. 이를 통해서 불교의 몸에 대한 다양하고 균형잡힌 관점을 제시하고자 한다.

1. 존재론적 관점에서 본 몸

붓다의 최초의 문제의식은 몸에서 시작된다. 가장 젊은 시절의 몸을 가지고 있는 붓다는 사문유관을 통해서 노병사(老病死)하는 몸을 보게 된다. 자신의 아름다운 몸도 저런 과정을 밟는다는 것이 충격으로 다가왔고, 이에 대한 문제를 해결하고자 하는 것이 이후 붓다의 문제의식이 된다. 몸에 대한 이해가 붓다의 출가의 원인이 되었다는 것은

많은 의미를 함축하고 있다.[1]

몸은 붓다의 출가 원인이 될 만큼 불교에서 차지하는 비중이 크다고 할 수 있다. 붓다는 이러한 몸으로부터 모든 존재 현상들의 공통적인 특징을 이해하는 것으로 나아간다. 즉 몸의 생로병사가 자신에게만 특이한 것이 아니라, 모든 존재의 공통적인 특징이라는 것을 철저히 알게 되는 것으로 나아가게 되고, 이를 통해서 붓다는 탐진(貪瞋)으로부터 벗어나게 된다. 철저한 앎, 즉 불치(不癡)로 인해서 탐진에서 벗어나게 되는 것이다. 붓다는 생로병사가 태생(胎生)하는 인간 몸으로는 벗어날 수 없는 과정이라는 것을 알게 되고, 이에 대한 수용으로 인해서 궁극의 안락으로 나아가게 된다.

모든 존재는 변한다[諸行無常], 모든 유위법은 괴로움이다[一切皆苦],[2] 모든 존재는 실체를 가지지 않는다[諸法無我]는 무상·고·무아의 삼법인(三法印)은 몸에 대해서뿐만 아니라 모든 존재에 대해서도 적용될 수 있다.[3] 붓다의 경우는 가장 가까이 있는 몸의 특징을 통해서 모든

---

1 불교에서 몸에 대한 기존의 연구는 마음에 대한 연구에 비하면 많지 않다고 할 수 있다. 한명숙(2006) pp.181-210; 한명숙(2008) pp.449-473; 한자경(2008) pp.363-380; 윤종갑(2010) pp.59-78 참조.

2 일체개고의 원어는 'sabbe saṅkhārā dukkhā', 즉 '모든 유위적 존재는 고이다[一切行苦]'라고 해석할 수 있다. 여기서 행(行)은 '만들어진 것', 즉 '유위적 존재', '유위법'을 말한다. 일체개고에서 일체(一切)는 유위법과 무위법 전반을 지칭하는 것이 아니라 유위법을 지칭하는 것이다. 유위법은 '고(dukkha, 苦)'의 주어이면서, 이후에 살펴보게 될 '부정(asuci, 不淨)'의 주어이기도 하다.

3 『상윳따 니까야』 제3권, pp.147-149: S22:12 「무상 경(Anicca-sutta)」; S22:13 「괴로움 경(Dukkha-sutta)」; S22:14 「무아 경(Anatta-sutta)」.

존재의 특징을 아는 것으로 나아가게 된 것이다. 즉 삼법인은 인간의 몸에 대해서만 적용되는 것이 아니라 법(dhamma)에 대해서도 적용되므로, 인간론은 법론(theory of dhamma)을 전제로 한다고 할 수 있다.[4] 인간의 몸과 마음에 대한 관점에서 가장 먼저 살펴보아야 할 것이 바로 법론이 된다고 할 수 있다. 법론은 인간론의 토대가 되는 이론이기 때문이다.

대승불교의 공(空)의 관점에서도 이러한 관점은 성립한다. 공의 관점에서 모든 존재는 몽환포영(夢幻泡影)의 비유로 설명된다. 꿈과 같고, 환상과 같고, 물방울 같고, 아지랑이 같다는 비유는[5] 존재의 비실체성, 무아성, 변화성을 강조하는 것이다. 이러한 관점에서 모든 존재뿐만 아니라 몸도 보게 된다. 또한 『유마경』에서는 "이 몸은 무리진 물방울과 같이 잡거나 만질 수 없고, 이 몸은 뜬 물거품과 같이 오래 설 수

---

4   Geiger, W. & M.(1973) pp.101-228; Gethin, R.(2004) pp.513-542; 윤희조(2017) pp.219-221. 불교에서 존재는 법(dhamma)이라고 할 수 있다. 어원($\sqrt{dhr}$)적으로 법은 '유지하다(hold)'라는 의미를 가진다. 고정불변의 실체는 변화하거나 유지할 필요가 없다. 법은 고정불변의 실체가 아니므로 생멸하면서 유지하는 특징을 동시에 가진다. 이러한 법은 크게 두 가지 용법으로 구분된다. 물질적 의미로 법(dhammas)은 '사물들'을 가리키고, 정신적 의미로 법(Dhamma)은 '규칙', '진리', '법문' 등의 의미를 가진다. 본 장에서는 전자의 의미로 사용한다. 서양의 존재론(ontology)은 불교에서 법론(dhammalogy, theory of dhamma)에 해당한다고 할 수 있다. 법론은 법의 특징을 탐구하는 영역이라고 할 수 있다. 존재론과 법론 모두 실제로 존재하는 것이 무엇인가에 대한 탐구, 즉 실재(reality, 實在)에 대한 탐구에서 출발한다. 법론에서는 생멸하는 존재로서 법을 실재로 보고 있다.

5   『金剛般若波羅密經』, T08n0235. p.10: 一切有為法, 如夢, 幻, 泡, 影, 如露亦如電, 應作 如是觀; 박재은(2018) pp.209-243.

없으며, 이 몸은 아지랑이와 같이 모든 번뇌와 갈애에서 생겨난 것이고, 이 몸은 파초와 같이 전혀 알맹이가 없으며, 이 몸은 환상과 같이 전도에서 일어난 것이고, 이 몸은 꿈과 같이 허망하게 보는 것이며, 이 몸은 그림자와 같이 업의 연에서 나타난 것이고, 이 몸은 메아리와 같이 여러 인연에 속한 것이며, 이 몸은 구름과 같이 순식간에 변하여 사라지는 것이고, 이 몸은 번개와 같이 순간 머물지 않는 것이다"고 한다.[6] 물방울, 물거품, 아지랑이, 파초, 환상, 꿈, 그림자, 메아리, 구름, 번개에 비유하면서 몸의 무아성과 변화성을 이야기하고 있다.

생로병사라는 몸의 상태는 붓다를 깨달음으로 나아가게 하는 문제의식이 되고, 삼법인은 문제의식을 통해서 붓다가 깨닫게 되는 내용이 된다. 이처럼 몸은 붓다의 깨달음의 과정에서 핵심적인 역할을 한다고 할 수 있다. 삼법인과 공의 관점에서 몸을 바라보는 것은 몸을 바라보는 첫 번째 관점인 존재론적 관점이라고 할 수 있다. 즉 몸을 포함한 모든 존재의 특징이라는 관점에서 몸을 바라보는 것이다. 이는 비단 몸에 대해서만 성립하는 것이 아니라, 모든 존재에 대해서 성립하므로 몸도 이 관점을 따른다고 할 수 있다.

존재론적 관점(ontological point of view, ontological perspective)은 각각의 존재(ontic)가 아닌 존재 일반(ontological)의 특징을 보는 관점을 말

---

6 『說無垢稱經』, T14n0476. p.7: 是身如聚沫不可撮摩, 是身如浮泡不得久立, 是身如陽焰從諸煩惱渴愛所生, 是身如芭蕉都無有實, 是身如幻從顛倒起, 是身如夢為虛妄見, 是身如影從業緣現, 是身如響屬諸因緣, 是身如雲須臾變滅, 是身如電念念不住. ; 김윤수 역 (2008) p.85 참조.

한다. 몸도 또한 존재에 해당하므로 몸을 존재론적 관점에서 파악하는 것이 첫 번째가 된다. 기능적 관점(functional point of view, functional perspective)은 몸을 기능성의 차원에서 보는 관점을 말한다. 인간을 오온 각각이 기능하는 존재로 볼 수 있다면, 오온의 하나인 몸도 이러한 기능적 측면에서 볼 수 있다는 것이다. 가능적 관점(potential point of view, potential perspective)은 몸을 변화의 가능성의 관점에서 보는 것이다. 특히 불교의 궁극적 목표로 나아갈 수 있는 가능성과 이와 반대로 나아갈 수 있는 가능성에 초점을 맞추고 있다. 기능성이 온전히 발휘될 때 가능성이 발현되기 때문에 기능적 관점과 가능적 관점은 밀접한 연관을 맺고 있다고 할 수 있다.[7]

---

7   윤희조(2017) pp.219-221: 세 가지 구분법은 불교심리학의 분류에서 기인한다. 심리 즉 마음은 존재와 인간의 영역에 포함되므로 존재론적 특징과 인간론의 특징을 가지고 있다고 할 수 있다. 존재론적 특징은 몸에 대한 존재론적 관점이고, 인간론적 특징은 몸에 대한 기능적 관점과 가능적 관점으로 볼 수 있다. 인간을 기능적 존재와 가능적 존재로 파악하는 불교심리학의 관점에서 몸을 두 가지로 파악하는 관점이 유래한 것이라고 할 수 있다. '기능'과 '가능'의 발음적 유사성은 둘의 밀접한 관계를 표현하는 것이기도 하다. 즉 존재론적 관점이 몸을 파악하는 가장 넓은 관점이라고 한다면, 기능적 관점과 가능적 관점은 존재론적 관점보다는 좁은 관점으로, 인간을 파악하는 관점에서 유래한 몸을 바라보는 관점이다.

2. 기능적 관점에서 본 몸

1) 십이처에서 몸

안이비설신의(眼耳鼻舌身意)라는 육내입처(六內入處)는 감각기관을 말한다. 이들은 우리 몸의 대표적인 감각기관을 말한다. 나아가서는 이러한 감각기관이 가지고 있는 감각능력을 말한다. 육외입처(六外入處)는 각각의 감각기관의 감각대상인 색성향미촉법(色聲香味觸法)을 말한다. 처(處, āyatana)는 감각기관의 감각능력이 감각대상을 만나는 장소를 말한다. 둘의 만남에 감각의 본질이 있으므로, 처라는 공간이 핵심개념이 된다. 처는 인간을 감각하는 동물(homo sensualis)의 관점에서 파악하는 단어라고 할 수 있다.

의(意)를 제외한 나머지 감각기관은 몸에 의한 감각기관이다. 십이처(十二處)를 통해서 일체를 분류하는 데 있어서,[8] 가장 중요한 분류기준으로 감각기관이 등장한다. 감각기관에 의한 존재의 분류는 소박한 방법론인 동시에 강력한 방법론이라고 할 수 있다. 감각기관에 의한 분류는 객관성의 확보라는 점에서 소박한 방법론일 수 있지만, 모든 인간이 감각기관을 가지고 있다는 점에서 강력한 방법론일 수 있다. 이러한 감각기관에 의한 감각기능은 모든 인간이 보편적으로 가지는 동시에 고유한 특징이 있다. 생리적인 기전은 동일한 프로세스를 밟을지라도 이러한 감각기능에 의해서 감각된 것(sense data, datum, 주

---

8   S35:23 「일체 경(Sabba-sutta)」.

어진 것)은 다르게 해석된다. 그러므로 모든 인간에게 있어서 보편적이면서도 고유한 일체의 분류법이 존재하고, 이는 일체가 매순간 변화하는 것을 전형적으로 보여준다. 이러한 특징은 몸의 감각기관이 분류의 기준이 된다는 것을 보여준다. 이는 몸의 중요성을 극단적으로 보여주는 것이라고 할 수 있다. 감각기관의 기능에 의해서 모든 존재가 분류될 수 있고, 그 보편성과 고유성에 따라서 인간 개개인은 보편적이면서 고유성을 띠게 된다.

감각기관의 보편성과 고유성은 존재를 분류하는 기준인 동시에 몸과 마음을 동일한 지평에 두고 있다는 점이 중요한 지점이다. 즉 안이비설신(眼耳鼻舌身)과 의(意)를 동일한 지평에서 다루고 있다는 것이다. 또한 외부와 내부의 모든 대상은 감각기관을 통해서 분류된다. 그러므로 몸과 마음은 모든 존재의 분류 기준이 되는 것이다. 이는 몸을 모든 존재의 분류 기준으로 다룰 만큼 중요시한다는 것이다.

2) 오온에서 색

오온에서 색(色)은 지수화풍(地水火風)과 지수화풍으로 이루어진 것[四大所造]을 말한다.[9] 몸은 각각의 특징인 딱딱한 것, 흐르는 것, 뜨거운 것, 움직이는 것으로 이루어져 있다. 이는 현대적 용어로 하면 고체, 액체, 온도, 운동성으로 이루어져 있다. 고체와 액체가 기본적인 구성

---

9   S22:56「집착의 양상 경(Upādānaparipavatta-sutta)」; S22:57「일곱 가지 경우 경(Sattaṭṭhāna-sutta)」; 이필원(2011) pp.265-290.

요소라면, 온도는 이들이 항상성을 유지하는 역할을 한다. 항상성을 유지함으로써 일정한 기능을 하게 한다. 몸의 대표적인 기능을 움직임이라고 한다면, 움직임은 풍으로부터 시작한다. 그러므로 색으로서의 몸은 단순히 물리적인 신체가 아니라, 움직이고 온기가 있고 살아있는 신체를 말한다.

불교는 몸을 다룰 때 단순히 해부학적 조직만을 다루는 것이 아니다. 이처럼 색(色)은 색깔과 모양을 가진 것 이상으로 규정된다.[10] 몸을 해부학적 조직으로 다루면 온도와 운동성은 배제된다. 고체와 액체가 몸을 구성하는 요소를 대표한다면, 이러한 요소들이 살아있는 상태를 보여주는 것이 화풍, 즉 온도와 운동이라고 할 수 있다. 살아있는 몸만이 체온을 가지고 있고, 운동을 한다. 불교에서 몸을 다룰 때에도 단순하게 해부학적 구성요소만을 다루는 것이 아니라, 그와 똑같은 비중으로 '살아있음'에 중점을 두고 있다. 여기에서 몸을 오온의 색으로 다루고자 할 때에는 오온의 색이 가지는 고유한 특징, 즉 살아있는 유기체적 특징에 중점을 두고 있는 것이다.

이러한 색은 변화에 초점이 맞추어진다. 루빠(rūpa)의 어원 자체가 변화라는 의미를 가지고 있다.[11] 이러한 변화는 색(色) 이외의 사온(四

---

10 백도수(2003) p.128.

11 PED pp.573-574: "'to destroy', 즉 '파괴하다'는 단어 또한 변화를 포함하고 있다. 백도수(2003) p.122: "단어 rūpa는 ruppati(부서진다, 파괴된다, 변형된다)에서 파생된 명사이며 ruppati는 어근 √rup에서 파생된 동사이다. 그래서 부서짐의 의미로 rūpa라고 정의한다."

蘊)에 대해서도 마찬가지이다. 수상행식(受想行識)은 오히려 색보다 빨리 변화하는 특징을 가지고 있다. 이른바 '나'라는 것을 몸·마음으로 볼 때 몸은 거친 물질의 형태라면, 마음은 미세한 식의 형태라고 할 수 있다. 색－수상행－식의 순서로 거친 것에서 미세한 것으로 나아간다고 할 수 있다. 그리고 색과 식의 연결고리로서 역할을 수상행(受想行)이 담당하고 있다고 할 수 있다. 심소(心所)라고 불리는 수상행에 의해서 몸과 마음이 연결된다고 할 수 있다.

오온의 관점에서 보자면 오온에서 색(色)과 식(識)은 동일한 선상에 놓여있다. 즉 색수상행식(色受想行識)은 동일한 지위를 가지면서 변화하고 있는 것으로 파악하고 있는 것이다. 색수상행식이 동일한 지평에 놓이는 것은 십이처에서 안이비설신의(眼耳鼻舌身意)가 동일한 지평에 놓이는 것과 맥락을 같이 한다. 즉 불교에서는 몸과 마음을 동일한 지평에 놓여있는 것으로 이해하고 있다.[12] 동일한 지평에 놓이기 때문에 이들은 관계성을 가지게 된다. 특히 불교에서는 연기적 관계성을 가지게 된다. 이들의 관계는 연기적 관계로 지속적으로 영향을 주고받고, 변화하고 있는 것이다.

---

12 '동일한 지위', '동일한 지평'은 몸의 기능인 '색'과 마음의 기능인 '수상행식'을 병렬적으로 사용하고 있다는 측면, 몸의 감각기능은 '안이비설신'과 마음의 감각기관인 '의'를 병렬적으로 사용하고 있다는 측면에 주목한 것이다. 물론 색과 수상행식이 연관되어 있고, 안이비설신과 의가 연관되어 있지만, 몸의 측면과 마음의 측면을 크게 양분하여 병렬하고 있다고 점에 중점을 맞춘 표현이라고 할 수 있다.

3) 십이지연기의 관점에서 본 몸

연기적 관점에서 보면 오온은 동일한 지위를 가지는 다섯 가지 기능이 대표적으로 활동하는 것이 된다. 십이연기적 관점에서 살펴보면 네 번째 각지인 명색(名色)은 몸과 마음으로, 오온 전체를 대표하는 용어라고 할 수 있다. 이러한 몸과 마음인 오온에 영향을 끼치는 것은 무명(無明)과 행(行)에 의해서 물든 식(識)이다. 즉 식이라는 정신이 몸과 마음 전체에 영향을 끼친다는 것이다. 이것이 십이연기에서 무명－행－식－명색까지의 의미라고 할 수 있다. 정신, 즉 의식이 몸과 마음에 영향을 끼치는 것을 십이연기에서 볼 수 있다.

명색은 몸과 마음이 일대일로 결합한 것으로 십이연기에서 핵심적인 각지를 차지하고 있다. 명색은 바로 다음의 육입(六入)이라는 감각기관, 즉 안이비설신의라는 여섯 가지 감각기관을 통해서 연기적으로 작용을 한다. 여기에서 십이입처는 연기적 관계 속으로 들어오게 된다. 이러한 관계 속에서 수애취(受愛取)라는 오온의 심소(心所)에 해당하는 것들이 연기적으로 발생하게 된다. 즉 몸은 이후의 심소를 만드는 데 중요한 기여를 하게 된다. 이러한 심소는 몸의 변화라고 할 수 있는 노병사(老病死)를 또한 만들게 된다. 몸과 마음이 주고받으면서 연기적 관계를 이어가고 있는 것이다. 이러한 연기적 관계는 명색에서부터 출발하게 된다.

만약 몸이 없다면 연기적 관계는 더 이상 성립하지 않게 된다. 인간의 노병사와 관련된 연기적 관계가 성립하지 않게 된다. 몸이 없으면 노병사가 생기지 않는다는 의미이다. 붓다의 문제의식이면서 깨달음의 토대가 되고 있는 노병사라는 문제의식은 몸에서 출발하게 된다. 즉 몸이 없으면 노병사가 없게 되지만, 동시에 깨달음도 없게 된다. 몸으로 인한 노병사라는 문제의식이 있었기에, 이에 대한 해결책으로 붓다의 깨달음이 존재할 수 있게 된다. 즉 십이지연기의 관점에서 볼 때 몸은 십이지연기의 발생의 근원인 동시에 이에 대한 해결책을 제공하는 실마리가 된다. 붓다가 몸의 노병사의 연기적 원인을 찾은 끝에 얻게 된 대답이 무명·행에 의해서 물들어 있는 몸과 마음이 문제라는 것이다. 명색 자체가 문제가 아니고, 무명·행·식에 물들어 있는 것이 문제라는 것이다. 십이지연기의 관점에서 몸은 '명색'이라는 이름하에 마음과 대등한 지위를 가지고 있다. 십이지연기의 과정에서 몸과 마음은 상호적으로 연기적 관계를 맺고 있다. 몸은 연기의 출발점인 동시에 붓다의 문제의식의 출발점이 된다. 십이지연기 자체는 몸이 마음과 연기적 관계를 맺으면서 기능하는 기능적 관점을 보여주고 있다. 반면 십이지연기의 방향성에서는 몸이 가지고 있는 가능적 관점을 보여준다고 할 수 있다.

십이지연기 안에서 두 종류의 방향성, 즉 순관(順觀, anuloma)의 방향과 역관(逆觀, paṭiloma)의 방향이 있다.[13] 방향성의 관점에서 보면 결과적으로 발생하는 노병사의 원인을 무명으로 지목하는 순관의 유전연기가 있는 반면, 무명을 없앰으로 결과적으로 노병사로부터 자유로워

---

13   PED p.42, p.398.

진다는 역관의 환멸연기가 있다. 인간의 노병사는 기본적으로 몸에서 발생한다. 유전연기와 환멸연기는 인간의 몸의 가능성을 보여준다. 노병사로 인해서 고통 받는 것에서부터 노병사로부터 자유로워지는 것까지의 스펙트럼이 존재하게 된다. 즉 인간은 무명을 어떻게 다루는가에 따라서 몸의 상태변화를 초래할 수 있다는 것이다. 몸은 십이지연기의 방향성의 관점에서 보면 가능태의 형태로 존재하게 된다. 항상 고통으로 존재하는 것도 아니고, 항상 자유로움으로 존재하는 것도 아니다. 양변의 가능성을 모두 가지고 있게 된다. 또 다른 연기의 형태인 이지연기는 십이지연기보다 넓은 범위를 포괄하는 연기로 존재론적 관점에 해당한다고 할 수 있다.

　이지연기(二支緣起)는 '이것'과 '저것'이라는 두 가지의 관계를 나타내는 연기형태이다. "이것이 있을 때 저것이 있고, 이것이 일어날 때 저것이 일어난다. 이것이 없을 때 저것이 없고, 이것이 소멸할 때 저것이 소멸한다."[14]라는 형태의 연기이다. 이지연기는 기본적으로 십이지연기의 맥락에서 설해지지만, 대승불교로 나아가면서 모든 존재의 관계성을 설명하는 것으로 그 맥락이 확장된다. 여기에서 '이것'과 '저것'은 대명사로, 존재하는 모든 것을 대입할 수 있다. 십이지연기가 인간의 고통의 원인을 찾아가는 과정을 보여준다면, 이지연기는 모든 존재의 관계성을 보여준다고 할 수 있다. 이지연기는 둘의 동시적 연기성

14　『상윳따 니까야』 제2권, p.168: S12:21 「십력 경1(Dasabala-sutta)」.

을 보여주는 형태로, 포괄하는 범위가 십이지연기보다 훨씬 광범위하다고 할 수 있다.[15] 이지연기의 관점에서 보면 몸과 마음은 동시적인 연기관계에 있게 되고, 몸은 또한 마음과만 연기관계를 가지는 것이 아니라 모든 존재와 연기적 관계를 가지게 된다. 몸은 단순하게 고립적인 몸의 상태만이 아니고, 몸 이외의 모든 존재와 연기적 관계를 가지는 동시에 몸을 구성하고 있는 구성요소들 간에도 연기적 관계를 가지고 있다. 이러한 관점에서 몸을 볼 때, 몸은 닫힌 존재도 아니라 열린 존재라고 할 수 있다. 이는 몸에 대해서만 적용되는 것이 아니라 모든 존재에 대해서 동일한 언급이 성립한다고 할 수 있다. 이처럼 이지연기는 몸을 포함한 모든 존재의 특징을 보여주고 있다. 모든 존재는 연기적으로 운동한다는 존재론적 특징을 보여준다. 이러한 의미에서 이지연기는 존재론적 관점에 해당한다고 할 수 있다.

연기를 십이지연기, 십이지연기의 순관과 역관, 이지연기로 볼 수 있다. 몸과 관련해서 각각은 기능적 관점, 가능적 관점, 존재론적 관점에서 파악할 수 있다. 십이지연기는 명색을 중심으로 몸은 마음과 연기적 관계를 맺으면서 기능하는 것을 볼 수 있다. 순관과 역관 또는 유전윤기와 환멸연기는 몸이 마음과 연기적 관계를 맺으면서 노병사

---

15 시기적으로 보면 십이지연기가 초기불교에서 보다 중요시되었다고 한다면, 이지연기는 대승불교에서 보다 중요시되었다고 할 수 있다. 초기불교에서는 자신이 괴로움으로부터 벗어나는 것이 우선 과제였다면, 대승불교에서는 우주의 존재 원리에 대한 깨달음을 추구하는 것이 주요 목표이기 때문에 이지연기에 의한 모든 존재의 관계성 탐구에 주력하였다고 할 수 있다.

의 방향으로 나아갈 수 있는 가능성과 노병사의 해결이라는 방향으로 나아갈 수 있는 가능성을 동시에 제시한다. 즉 유전연기와 환멸연기를 통해서 몸은 가능태의 형태라는 것을 볼 수 있다. 이지연기를 통해서 몸은 열린 존재이면서 관계적 존재라는 것을 볼 수 있게 된다. 이는 모든 존재는 관계적 존재라는 존재론적 관점에 몸도 포함된다는 것을 보여주는 것이다.[16]

3. 가능적 관점에서 본 몸

1) 신구의 삼업에서 몸

업은 '의도(volition)'를 본래적 의미로 가진다. 의도가 표현되는[表] 영역이 세 가지이다. 신구의(身口意)는 업이 드러나는 영역이면서 업을 짓는 영역이다. 의도가 표현되는 것으로, 의도를 내는 것으로 오계 가운데 살도음(殺盜淫)은 몸의 영역에서, 망기양악[妄語, 綺語, 兩舌, 惡口]은 언어의 영역에서, 탐진치(貪瞋癡)는 마음의 영역에서 발생한다. 마음으로 살의를 품고 있고, 언어로 이를 표현할지라도 실제로 이것이 이루어지는 영역은 몸의 영역, 행동의 영역인 것이다. 나머지 각각에 대해서도 마찬가지이다.

---

16 연기는 존재론적 관점, 기능적 관점, 가능적 관점에 모두 적용될 수 있는 넓은 개념이다. 본 장은 연기 가운데 십이지연기에 중점을 맞추어 기능적 관점에서 몸을 서술한 것이라고 할 수 있다.

삼업(三業)에서 신(身)은 행위, 행동을 말한다. 업과 연관된 신(身)이기 때문에 행위로서의 신(身)이 된다. 업은 의도가 있는 행위이고, 업의 주체와 업의 결과가 함께 연결된다. 행동과 연관된 업이므로 여기서의 몸은 행위와 연관된다고 할 수 있다. 또한 업에서는 십업(十業)과 같이 지금 만드는 업이 있는 반면, 과거에 지은 업에 의한 결과로서 받는 업이 있다.[17] 이 업의 결과를 받는 영역도 또한 신구의(身口意)의 영역이다. 몸으로 받는 것, 말로 받는 것, 마음으로 받는 것이 있다.[18]

십이처에서는 안이비설신의(眼耳鼻舌身意)라는 감각기관을 중심으로 몸을 다루었고, 오온에서는 사대를 중심으로 몸을 구성하는 요소인 지수(地水)와 살아 움직이게 하는 요소인 화풍(火風)을 중심으로 다루었고, 연기적 관점에서 몸은 기능적으로는 열린 존재이면서 관계적 존재이고, 노병사의 발생원인이면서 해결의 실마리라는 가능성과 유전과 환멸의 가능성을 동시에 가지고 있다는 것을 볼 수 있었다. 삼업에서 몸은 행위라는 살아있는 몸의 측면에 초점에 맞춘다. 또한 말은 몸의 요소와 마음의 요소의 측면을 동시에 가지므로, 신구의에서 구(口)를 신(身)과 의(意)의 매개체라는 새로운 영역으로 볼 수 있다. 이제

---

17 윤희조(2021) pp.151-176.

18 M2「모든 번뇌의 경(Sabbāsava-sutta)」; A6:58「번뇌 경(Āsava-sutta)」. 이 가운데 몸으로 받는 것에는 인내해야 될 것, 단속해야 될 것, 피해야 될 것 등이 있다. 감각기관을 단속하는 것, 의복, 음식, 처소, 약품을 수용하는 것, 추위와 더위, 굶주림과 목마름과 날파리, 모기 등을 감내하는 것, 사나운 코끼리, 사나운 말, 사나운 소 등을 피하는 것, 감각적 쾌락, 분노, 폭력 등을 버리는 것이 포함된다.

까지 몸을 바라보는 요소 안이비설신의, 지수화풍과는 또 다른 요소라고 할 수 있다.

또한 행위라고 할 때도 행위하는 것과 행위를 받는 것이 모두 신(身)에 해당한다고 할 수 있다. 몸으로 업을 짓는 행위를 하는 것도, 몸으로 행위를 받는 것도 신(身)에 해당한다고 할 수 있다. 앙굴리말라가 살생을 하는 것도 신(身)에 해당하고, 자신이 마을주민들에게 돌에 맞는 것도 신(身)에 해당한다고 할 수 있다. 내가 나쁜 말을 하는 것은 구(口)에 해당하고, 내가 욕설이나 칭찬을 듣는 것은 구(口)에 해당한다. 그렇다고 해서 반드시 신신(身身), 구구(口口)로 연결되지 않는다. 신구의가 자유롭게 주고받는다고 할 수 있다.

업의 관점에서 보면 몸은 연기된 업에 의해서 만들어진 것이라고 할 수 있다. 삼업이 자유롭게 주고받으므로, 삼업의 차원에서 연기적으로 만들어진 업의 결과물이 신, 구, 의의 차원에서 현현하는 것이다. 그러므로 몸은 현재와 과거의 연기적 결과물로서 만들어지고 있고, 지금의 업에 의해서 미래의 몸이 만들어지고 있는 것이라고 할 수 있다. 몸은 지금 현재도 만들어지고 있고, 미래에도 만들어질 것이다. 즉 몸의 연기적 변화성이 업에 의해서 담보되고 있다.

신구의가 연결되어 있으므로 신업(身業)은 구업(口業), 의업(意業)과 연결되어 있다고 할 수 있다. 말과 생각으로 짓는 업이 몸에 쌓일 수 있고, 몸으로 짓는 업이 말과 생각에 쌓일 수 있게 되는 것이다.[19] 몸은 업의 저장소가 되는 것이다. 업의 저장소는 단지 장소적 의미가 아니라, 업이 선, 불선, 무기의 형태로 지속적으로 저장과 현현이라는 교환

이 이루어지는 행위 자체를 이야기한다고 할 수 있다. 그러므로 몸은 신구의 삼업에 의해서 지속적으로 번뇌화(defilication)와 청정화(purification)를 하게 되는 것이다. 그러므로 우리의 몸은 청정과 번뇌의 형태로 신구의 삼업이 저장되어 있는 곳으로 볼 수 있다. 몸은 업을 저장하는 기능을 하는 동시에 번뇌와 청정의 가능성으로 나아가는 곳이기도 하다.

2) 무기에서 몸

붓다가 대답하지 않는, 즉 무기(無記)의 질문이 있다. 그 가운데 몸에 대한 언급이 나오고 있다. 무기는 인용문에서 보듯이 말룽꺄뿟따와 같이 외도가 질문할 경우에 이에 대해서 언급하지 않는 것을 말한다. 외도(外道), 즉 연기적 관점이 아니라 유무(有無)의 관점에서 질문을 할 경우 이에 대해서 붓다가 대답을 한다면, 이는 외도의 관점, 즉 유무의 관점을 인정하는 것이 된다. 붓다는 유무의 관점을 인정하지 않기 때문에 대답을 할 수 없게 되는 것이다. 외도가 떠나고 난 다음에 자신과 관점을 공유하는 제자들에게 연기적 관점을 설명한다. 즉 무기는 붓다가 그에 대한 해답을 몰라서 답하지 않은 것이 아니라, 그 자신의 관점에 대한 적극적인 언급이라고 할 수 있다.

---

19 윤희조(2019) pp.384-385: 유식학적인 관점에서 보면 신체를 유지하고 무너지지 않게 하는 식인 아다나식(ādāna-vijñāna, 執持識)은 팔식의 다른 이름이기도 하다. 즉 신체를 유지하는 식은 팔식의 형태로 저장되었다가 인과 연이 갖추어지면 현현하는 것이 된다. 이때 저장되는 것은 업이 종자의 형태로 저장되는 것이다.

말룽꺄뿟따여, '생명이 바로 몸이다.'라는 견해가 있으면 청정범행을 닦을 수가 없다. 말룽꺄뿟따여, '생명은 몸과 다른 것이다.'라는 견해가 있어도 청정범행을 닦을 수가 없다. '생명이 바로 몸이다.'라는 견해가 있거나 '생명은 몸과 다른 것이다.'라는 견해가 있으면 태어남이 있고 늙음이 있고 죽음이 있고 근심·탄식·육체적 고통·정신적 고통·절망이 있을 뿐이다. 말룽꺄뿟따여, 나는 지금·여기에서 바로 태어남·늙음·죽음·근심·탄식·육체적 고통·정신적 고통·절망이 소멸하는 것을 가르친다.[20]

생명과 몸을 동이(同異)의 관점에서 말룽꺄뿟따는 파악하고 있다. 동이는 유무를 전제로 할 때 파생될 수 있는 개념이다. 붓다는 이 둘의 관계가 연기적 관계라는 것을 알고 있기에 동이라는 관점을 논파하는 측면에서 무기의 방법을 택하고 있는 것이다. 여기에서는 몸과 생명은 연기적 관계에 있기 때문에 청정범행으로 나아갈 수도 있고, 노병사, 근심, 탄식, 고통, 절망으로 나아갈 수도 있다고 한다. 위에서 살펴본 것처럼 몸에 대한 연기적 관점이 유지되고 있다고 할 수 있다. 인간의 몸은 청정범행으로 나아갈 수 있는 가능성과 노병사로 나아갈 수 있는 가능성을 동시에 지니고 있는 "연기적 가능태"라고 할 수 있다. 무기

---

20 『맛지마 니까야』 제2권, pp.615-616: M63 「말룽꺄 짧은 경(Cūḷamālukya-sutta)」 참조. 몸은 'sarīra', 생명은 'jīva'의 번역이다. 지와는 형이상학적인 어떤 것 (metaphysical entity)으로 어근 √jīv은 숨쉬다(breathe), 살다(live)에서 나온 용어이다. 'body and soul'이 대표적인 영어번역이다.

에서는 몸과 형이상학적인 것과의 관계를 보여준다. 이들의 관계를 어떻게 설정하는지에 따라서 양가적인 가능성이 모두 열려 있다고 할 수 있다.

3) 중도로서 몸

붓다는 자신이 깨달음을 얻고 난 이후에 오비구를 찾아가서 처음으로 하는 법문이 고락중도(苦樂中道)와 관련된 법문이다. 오비구는 붓다가 고행을 포기하고 음식물을 섭취하는 것을 보고, 이를 수행을 포기한 것으로 간주하여 자리를 비키지 말자고 할 정도로 이 부분에 대한 오해가 있었다.[21] 이러한 오해를 풀기 위해서 붓다가 가장 먼저 행한 가르침이 고락중도의 가르침이다. 『초전법륜경』에 의하면 중도는 "감각적 욕망의 탐닉에 몰두하는 것과 자신을 괴롭히는 데 몰두하는 것이라는 두 극단에 다가가지 않는 것"을 가리킨다.[22] 즉 중도는 고행주의와 쾌락주의의 중간이 아니라 이 둘을 벗어난 것을 말한다.

초전법륜에는 몸과 관련된 붓다의 태도가 처음으로, 전형적으로 드러나고 있다고 할 수 있다. 몸을 괴롭히는 것도, 몸을 탐닉하는 것도 깨달음의 방법이 아니라는 것이다. 이는 몸과 관련된 붓다의 최초의 발언이면서 붓다의 수행법에 대한 근본적인 가이드라인을 제시하는 것이다. 이는 몸과의 관계설정이 수행의 첫걸음이라는 것도 보여주고

---

21 M26 「성스러운 구함의 경(Ariyapariyesanā-sutta)」.
22 『상윳따 니까야』 제6권, pp.384-385.: S56:11 「초전법륜 경(Dhammacakkapavattana-sutta)」.

있는 것이다. 몸을 괴롭히는 것도, 몸을 나태하게 하는 것도 깨달음으로 나아가는 것이 아니라는 것이다. 두 방법 모두 붓다가 실천을 통해서 알게 된 방법이다. 이후 붓다가 제시하는 방법이 중도이다. 고락중도(苦樂中道)라고 표현되는 방법이다. 고락중도는 기하학적 중도, 산술적 중도도 아니다. 또 다른 비유로는 소나 비구의 현의 비유를 들 수 있다. 줄이 너무 팽팽해도, 너무 느슨해도 악기를 연주할 수 없다고 한다.[23] 악기를 몸에 비유하고 있는 것이다. 훌륭한 연주를 위한 도구로서 몸을 비유하고 있다.

또한 붓다가 비상비비상처정에 들어가는 선정을 닦았지만 이를 통해서 깨달음을 얻지 못하고 어릴 적 농경제에서 들었던 선정의 기억을 통해서 붓다는 깨달음으로 나아간다.[24] 선정의 극한에서도 깨달음에 들지 못하였고, 즐거움의 극한에서도 깨달음을 찾지 못하였지만, 결국 초선정에서 깨달음으로 나아가게 된다. 극도의 선정을 성취할 수 있는 자, 극한의 쾌락을 추구할 수 있는 자가 아니라 중도를 지키는 자에게 깨달음이 가능하다는 것이다. 그리고 각자의 근기에 맞는 중도를 찾는 것이 우선이 되고, 각자에게 중도는 각각이기 때문에 깨달음의 가능성도 다양하게 펼쳐지게 된다.

여기에서 몸은 도구로써, 방법론으로 활용된다. 깨달음으로 나아가는 중요한 도구의 역할을 한다. 몸에 대한 이해를 통해서 붓다가 깨달

---

23 『앙굿따라 니까야』 제4권, pp.204-205: A6:55 「소나 경(Soṇa-sutta)」.
24 M36 「삿짜까 긴 경(Mahāsaccaka-sutta)」.

음으로 나아갔듯이, 몸은 깨달음에 있어서 도구와 방법론의 역할을 한다고 할 수 있다. 몸이 어떤 기능을 할 때, 궁극의 가능태로 나아갈 수 있는지를 보여주고 있는 것이다.

4. 사념처의 부정관 재고찰

1) 사념처에서 몸

신수심법(身受心法)을 확고히 알아차리는 사념처(四念處) 수행은 불교의 대표적인 수행법이다. 사념처는 붓다의 핵심적인 수행방법인 알아차림(sati)을 확립해야 하는 네 가지 장소를 말한다. 그 가운데 첫 번째로 제시되는 것이 몸이다. 몸 다음으로 느낌, 마음, 마음에서 일어나는 대상에 대해서 알아차려야 한다. 이를 자세히 보면 네 가지가 아니라 실제로는 모든 존재에 대해서 알아차림을 확립해야 한다는 것이 된다. 모든 존재가 알아차림의 확립처가 된다.

십이처, 오온에서도 몸에 대한 언급이 먼저 나오듯이, 사념처에서도 몸에 대한 언급이 먼저 제시되고 있다. 몸은 각각의 교리에서 토대적인 역할을 하는 동시에 시발점의 역할을 한다고 할 수 있다. 알아차림을 하는 데 있어서 가장 먼저 알아차려야 되는 것이 몸인 동시에, 몸에 대한 알아차림이 가장 쉽게 이루어지므로 이를 시작점으로 나머지 각각에 대해서 알아차림을 확대해 나아가야 한다는 의미도 포함되어 있다.

몸에 대한 알아차림이 토대가 될 때, 느낌과 마음으로 나아갈 수 있게 된다. 사념처 전체에서 몸을 보면 몸은 나머지 염처(念處)의 출발점이 되는 동시에 토대가 된다. 이처럼 몸은 알아차림의 첫 번째 대상이 될 만큼 중요한 역할을 한다고 할 수 있다. 신수심법(身受心法)에서 보면 신이라는 몸과 마음적 요소인 나머지 셋으로 이루어져 있다. 즉 심신이 동일한 지평에서 다루어지고 있는 것을 여기에서도 볼 수 있다.

색(色)이라는 용어 자체가 몸의 변화하는 특징에 초점을 맞춘 것이라면, 이것이 철저하게 자신에게서 확립되는 장소 가운데 하나가 신(身, kāya)이다. 신은 모임의 의미가 강하다. '몸'은 '모인 것'이 된다.[25] 사념처에서 몸[身]은 넓은 의미이다. 사념처에서 호흡도 몸에 포함되고, 자세도 몸에 해당한다. 호흡, 자세는 사대에서 운동성에 해당한다고 할 수 있다. 여기서도 몸을 살아있는 몸으로 보고 있다.

2) 부정관에 대한 이해

『대념처경』에서는 몸에 대해서 여섯 가지 차원에서 관찰하고 있다. 신념처는 호흡, 자세, 몸의 동작, 몸의 장기, 네 가지 물질, 시체 등 여섯 가지를 관찰함으로써 이들이 변화하는 것을 확실하게 알게 한다. 즉 몸에서 몸을 관찰하면서 머문다.[26] 이때에 색으로 정의되는 네 가지 물질이 있고, 나머지는 사대소조(四大所造)가 될 것이다. 여기에는 호

---

25 PED p.207 참조; 어근 √ci에서 나온 cinoti, 즉 '모이다, 쌓이다(heap up)'는 동사에서 나온다. heaping up, accumulation, collection의 의미이다.

26 *Mahāsatipaṭṭhānasutta*: kāye kāyānupassī viharati.
https://suttacentral.net/dn22 (2025년 9월 18일 검색)

흡과 동작으로 대표되는 몸의 움직임, 각종 몸의 장기와 액체, 죽은 이후의 시체가 있다. 이들에게서 무상·고·무아를 철저히 보라는 것이 신념처의 원래의 의도가 된다. 무상·고·무아라는 것을 철저하게 보는 것이 목표라고 한다면, 이러한 관점 하에서 부정관(不淨觀)을 이해해야 한다.[27]

호흡에 대해서 있는 그대로 관찰하게 한다. "길게 마실 때에는 '길게 마쉰다'고 알아차린다. 길게 내쉴 때에는 '길게 내쉰다'고 알아차린다."[28] 몸의 동작에 대해서도 있는 그대로 관찰한다. "걷고 있는 동안에는 나는 걷고 있다고 알아차린다."[29] 사대에 대해서도 있는 그대로 관찰한다. "이와 같이 비구는 이 몸이 구성되어져 있는 그대로 작용하고, 있는 그대로 요소별로 이 몸을 관찰해야 한다. 이 몸에는 땅의 요소가 있고, 물의 요소가 있고, 불의 요소가 있으며, 바람의 요소가 있다고."[30] 그러나 시체에 대해서는 관찰을 달리한다. "'나의 육신도 이러한 속성을 지니고 있으며, 이와 같이 될 것이며, 이와 같이 되는 것을 피할

---

27 강명희(2011) pp.295-326; 강명희(2015) pp.175-206; 이필원(2011) pp.265-290; 강명희(2020) pp.25-39; 김형록(2018) pp.7-44; 강명희(2013) pp.298-332; 박청환(2017) pp.2-27.

28 *Mahāsatipaṭṭhānasutta*: dīghaṃ vā assasanto 'dīghaṃ assasāmī'ti pajānāti, dīghaṃ vā passasanto 'dīghaṃ passasāmī'ti pajānāti.
https://suttacentral.net/dn22/pli/ms (2025년 9월 18일 검색)

29 *Mahāsatipaṭṭhānasutta*: gacchanto vā 'gacchāmī'ti pajānāti.
https://suttacentral.net/dn22/pli/ms (2025년 9월 18일 검색).

30 *Mahāsatipaṭṭhānasutta*: imameva kāyaṃ yathāṭhitaṃ yathāpaṇihitaṃ dhātuso paccavekkhati: 'atthi imasmiṃ kāye pathavīdhātu āpodhātu tejodhātu vāyodhātū'ti.
https://suttacentral.net/dn22/pli/ms (2025년 9월 18일 검색)

수가 없다.'라고.”[31] 이러한 관찰은 장기에 대해서도 마찬가지이다. “비구는 이 몸은 아래로는 발바닥에서부터 위로는 머리카락에 이르기까지 피부로 싸여져 있고, 모든 종류의 더러움들로 가득 차 있다. 즉 이 몸은 다음과 같은 것으로 이루어져 있다고 관찰해야만 한다.”[32]

호흡, 동작, 사대에 대해서는 부정관을 하지 않지만, 몸을 구성하는 요소에 대해서는 부정관을 제시한다. 다양한 장기를 장기로 알아차리는 것이 아니라, 더러움으로 관찰해야 한다고 한다. 몸을 구성하는 장기와 체액을 '부정한 것'으로 보는 것은 나의 몸 내부를 모두 '부정한 것'으로 바라보는 것이 된다. 몸을 구성하는 요소를 부정하게 바라보는 이 관점이 불교에서 몸을 바라보는 기존의 대표적인 관점이 된다. 여기에서만 유독 '더러움 또는 부정(asuci, 不淨)'이라는 말이 사용되고 있다.[33] 다른 것에 대해서는 있는 그대로 보는 것을 권장하면서 몸의 구성요소에 대해서만 부정한 것으로 보게 한다. 이에 대한 이해가능성을 세 가지로 제시해보고자 한다.

첫째 궁극적인 존재와 유위법을 구분하여 볼 수 있다. 호흡을 비롯한 몸의 움직임, 사대와 사대의 해체는 변화를 볼 수 있는 궁극적인

---

31 *Mahāsatipaṭṭhānasutta*: 'ayampi kho kāyo evaṃdhammo evaṃbhāvī evaṃanatīto'ti. https://suttacentral.net/dn22/pli/ms (2025년 9월 18일 검색)

32 *Mahāsatipaṭṭhānasutta*: imameva kāyaṃ uddhaṃ pādatalā adho kesamatthakā tacapariyantaṃ pūraṃ nānappakārassa asucino paccavekkhati. https://suttacentral.net/dn22/pli/ms (2025년 9월 18일 검색); 각묵스님 옮김(2003) pp.46-53.

33 PED p.102: Asuci (adj.) [a + suci] not clean, impure, unclean.

존재라고 할 수 있다. 이른바 법에 대한 관찰이라고 할 수 있다. 반면 각종 장기는 유위(有爲)에 의해서 만들어진 것이다. 이들도 궁극에서는 변화하지만, 여전히 지속적인 측면이 있다. 이러한 것에 대해서 마치 벼, 보리, 녹두 등 곡식을 구분하는 것처럼, 구분하여 알지만 지속적이고 유지되는 장기이기에 이는 피해야 할 것이고, 괴로운 것이고, 부정한 것이라고 한 것으로 생각할 수 있다.[34] 만들어진 것은 흩어질 수밖에 없기 때문에 유위를 보는 관점이고, 이는 부정으로 나아갈 수 있다. 이는 몸에 대해서 뿐만 아니라 유위법 전반에 대해서 부정으로 보는 것이 가능하고, 그러므로 고(苦)로 보는 것이 가능하다.

여기에서 한걸음 더 나아가서 이러한 유위법을 단순하게 고(苦), 즉 괴로움으로 볼 것이 아니라, 모든 유위적인 존재가 해체되는 특징을 가진다면 이는 모든 유위법적인 존재가 보편적으로 가지는 상태라고 할 수 있다. 모든 유위법적인 존재가 가지고 있는 존재의 조건이라고 할 수 있다. 고를 괴로움이라는 정서적 측면에서 볼 것이 아니라, 존재의 조건으로 볼 수 있으면,[35] 육체를 부정하게 보는 것이 아니라, 모든 유위적인 존재의 조건으로서 부정(不淨)과 고(苦)가 된다. 이렇게 되면 단순하게 육체를 부정하게 보는 것이 아니라, 유위적 존재 전반에 대

34　이에 대해서 김형록(2018, 37)은 부정관법을 '추론적 관찰', 호흡명상을 '직접적인 자각'으로 표현하고 있다.

35　윤희조(2015) pp.345-349 참조. 이러한 관점은 고를 고고(苦苦), 괴고(壞苦), 행고(行苦)의 삼고(三苦)로 구분하는 관점에서 특징적으로 드러난다. 이 가운데 '행고'에서 '행'은 유위법을 말하고, 유위법은 고의 특징을 가진다는 의미이다. 행고는 존재적인 조건으로서 고를 말한다.

한 관점이라고 할 수 있다. 육체가 가장 가까운 대상이기에 이를 관찰하지만, 실제로는 모든 유위적 대상에 해당될 수 있는 것이다.

붓다는 모든 존재를 있는 그대로 바라보라고 한다. 모든 존재를 있는 그대로 보는 것은 존재를 왜곡되지 않게, 전도되지 않게 바라보는 것이다. 부정관은 붓다가 수많은 부작용으로 인해서 폐지한 수행법이기도 하다.[36] 부정관이 탐(貪)에 대한 대치법으로 탁월한 효과를 가지고 있지만, 효과만큼이나 부작용이 많았던 수행법이다. 이후에 붓다는 부정상(不淨想)에 집중하는 것이 아니라, 호흡을 있는 그대로 관찰하는 수행법을 제시한다. 즉 몸을 일괄적으로 부정한 것으로 보는 것이 아니라, 몸을 몸으로 볼 것을 제시한다. 호흡이 길면 길다고, 짧으면 짧다고 보듯이 몸을 그렇게 보기를 제안한다. 이러한 방법으로 인해서 무상·고·무아로 나아간다. 몸을 비롯한 존재의 특징 즉 법인(法印)을 제시한다. 모든 존재는 변화하고, 애쓰고, 실체적인 고정불변의 어떤 것은 없다는 특징을 가지는 것이지, 모든 존재는 부정하다는 테제는 성립하지 않는다. 유위적 존재에 대해서만 고, 부정이 성립할 수 있을 것이다. 여기에 부정상은 없다. 다만 몸의 구성요소에 대해서만 부정이라는 요소가 포함되고 있다. 구성요소는 여전히 유위적 상태이므로 고, 부정이라는 단어를 사용할 수 있다는 것이다.

둘째 사념처에는 부정관의 요소와 호흡을 있는 그대로 관찰하라는

---

36 S54:9 「웨살리 경(Vesālī-sutta)」.

가르침이 혼재되어 있다고 할 수 있다. 붓다가 새로운 수행법을 제시하였다고 할지라도, 여전히 이전의 방법을 함께 제시하고 있는 것을 볼 수 있다. 여기에서 붓다의 원래의 의도를 염두에 두어야 할 것이다. 붓다가 부정관을 제시한 의도를 살펴야 할 것이다.

탐 가운데 가장 탐착이 심한 것이 자신에 대한 탐착이다. 특히 몸에 대한 탐착이 가장 강하다고 할 수 있다. 내가 가지고 있는 것[我所]은 나와 분리가 가능하지만, 가장 분리가 어려운 것이 나의 몸이다. 나의 몸을 나의 것이 아니라고 하기에는 범부의 경우 어려움이 뒤따른다고 할 수 있다. 이러한 경우 몸에 대한 탐착에서 벗어나고, 몸이 나의 것이 아니라는 인식을 가지게 하기 위해서 붓다는 몸에 대한 부정관을 제시한 것이다.

붓다는 처음에는 "몸이 너 마음대로 되는가? 그렇지 않다"는[37] 문답 정도로 몸에 대한 탐착을 제거하려고 하였으나, 이것이 쉽지가 않았다. 그래서 제시한 방법이 몸에 대한 염오를 불러일으켜 이탐(離貪)하는 방법을 제시하고 있다. 이는 해탈로 나아가는 중요한 방법으로 '염리(厭離)'를 제시한다. 이러한 염리의 기법이 몸에 대해서 적용된 것이라고 할 수 있다.

셋째 유독 몸의 구성요소에 대해서만 부정관을 제시하는 것을 정확하게 이해할 필요가 있다. 또 하나의 이해 방법으로 죽은 시체에 대해

---

37 S22:14 「무아 경(Anatta-sutta)」.

서 부정관을 제시하고, 살아있는 사람에 대해서는 몸의 구성요소에 대해서만 부정관을 제시한다. 시체의 살과 뼈가 붕괴되는 과정을 보면서 염리하듯이, 몸의 구성요소는, 온도와 운동성과는 달리, 시체적 요소와 유사하다고 할 수 있다. 즉 죽어도 남는 것이 몸의 구성요소들인 것이다. 체온과 자세는 사라지지만, 구성요소는 남는다. 각종 장기와 뼈는 그대로 남아서 죽은 시체와 마찬가지로 붕괴의 과정을 거친다. 죽은 시체와의 유사성으로 인해서 몸의 구성요소에 대해서 부정관을 제시한 것으로 생각해 볼 수 있다.

사대(四大) 가운데 지수(地水)에 대해서는 붕괴과정을 거치는 구성요소이므로 이들에 대해서 부정관을 통해서 몸에 대한 탐착을 제거하고자 하였을 것이다. 화풍(火風)의 요소, 즉 체온과 자세에 대해서는 탐착에서 벗어나기가 쉬운 반면, 지수의 요소는 탐착이 훨씬 쉽게 일어날 수 있다. 지수는 유형의 산물이고, 이미지로 형상화할 수 있고, 내 속에 있는 것이고, 내 것이라고 구체적으로 지칭할 수 있는 사물이므로 이에 대해서 탐착이 쉽게 일어난다. 내 몸속에 있는 장기를 나의 것이 아니라고 하기는 쉽지 않을 것이다. 그러므로 가장 쉽게 나의 것이라고 할 수 있고, 탐착을 제거하기 가장 어려운 것이므로 이에 대해서 부정관을 제시한 것이라고 생각할 수 있다.

몸을 구성하는 요소에 대해서 부정관을 행하고 있는 것을 토대로 나머지 몸에 대한 관찰 전체를 모두 부정관으로 평가하는 것은 확장적 해석이라고 할 수 있을 것이다. 또한 몸을 부정관이라는 하나의 관점에서 보는 것은 협의적 관점이라고 할 수 있다. 오히려 이 한 가지에 대해서는 탐의 대치라는 명백한 의도를 가진 것으로 보아야 할 것이다. 탐이라는 쾌락주의적 경향을 벗어나라는 것이지, 몸의 혐오로 인한 자살이라는 반대의 극단으로 나아가라는 것이 아니다.

이들 몸의 구성요소에 대해서도 있는 그대로 보는 수행이 가능하다. 탐착을 제거하는 것이 목표라면 부정관을 할 것이고, 있는 그대로 보는 것이 목표라면 이들 구성요소들에 대해서도 각각을 있는 그대로 알아차리는 수행이 가능할 것이다. 논리적 관점에서 보면 있는 그대로 알아차리는 수행이 오히려 먼저이고, 여기에서 한 걸음 더 나아가서 탐착을 없애는 부정관이 추가된 것으로 보아야 할 것이다. 이렇게 될 때 몸의 모든 대상에 대해서 일관적인 수행방법이 먼저 제시되고, 이후에 추가적으로 부정관의 수행법이 제시될 수 있다.

3) 정화관과 몸

몸은 존재의 일종이므로 존재의 특징인 무상·고·무아와 공의 특징을 가진다. 이러한 존재론적 관점은 몸을 기능적 관점에서 보든, 가능적 관점에서 보든 전제되는 관점이라고 할 수 있다. 기능적 관점에서 보면 몸은 감각기관으로서 역할을 한다. 감각기관은 모든 인간에게 공통된 것인 동시에 개인에게는 고유한 감각능력이 있다. 또한 기능적 관점에서 보면 몸은 살아있는 유기체로서 역할을 한다. 오온에서 색(色), 사념처에서 신(身)은 살아있는 존재를 다루고 있는 것이다. 색에서 사대는 살아있는 인간의 체온과 움직임을 보여주고, 사념처에서 신은 살아있는 인간의 들숨날숨, 자세, 움직임을 보여준다. 연기적 관점에서 몸은 마음과 상호적으로 연기적 관계를 맺고 있고, 몸이 없으면 연기 과정 자체가 불가능하다는 것을 보여준다. 연기적 관점에서 몸은 모든 존재와 연기적 관계를 가지고 동시에 몸의 구성요소들 간에도 연기적 관계를 가지는 열린 존재라는 것을 볼 수 있다.

이러한 관점에서 볼 때 사념처에서 몸의 구성요소에 대한 부정관은 붓다의 의도가 반영된 관찰법이라고 할 수 있다. 부정은 굳이 몸에 대해서만 사용되는 것이 아니라 유위법 전반에 대해서 사용할 수 있을 것이다. 사념처에서 중요한 것은 있는 그대로를 알아차리는 것이다. 살아 있는 몸을 있는 그대로 관찰하는 균형 잡힌 태도가 오히려 중요하다고 할 수 있다.

지금까지 불교에서 몸에 대한 논의는 '고'와 '부정관'으로 인해서 일방으로 기울어진 논의가 이루어지고 있다. 고에 대한 논의가 모든 현대인이 수긍할 수 있는 스트레스라는 개념과 연관되고 있는 반면,[38] 부정관에 대한 논의는 이에 미치지 못하고 있는 것으로 생각된다. 부정은 단지 몸에 대한 이해가 아니라 유위법 전반에 대한 논의라고 한다면 부정과 고는 같은 범위를 가지게 된다. 이렇게 되면 부정관은 '모든 존재가 부정하다'는 것을 명백히 알아차리는 것이 된다. 이때 '부정(不淨)'은 축자적으로 해석하면 '깨끗하지 않은 것'이다. 깨끗하지 않다는 것은 깨끗한 것으로 나아갈 수 있는 가능성을 함축하게 된다.

---

38   신경희·윤희조(2021) pp.217-243.

깨끗하지 않은 것으로 해석하면 깨끗하지 않은 것으로부터 벗어나고 자 하는 것은 자연스러운 전개가 될 것이다. 부정관은 오히려 깨끗한 것으로 나아가고자 하는 '정화관(淨化觀)'으로 볼 수 있을 것이다. 몸이 더럽기 때문에 몸에 대한 탐닉에서 벗어나기보다는 몸이 정화되지 않았기 때문에 정화로 나아가고자 하는 것으로 해석할 수 있을 것이다. 몸에 대한 탐심도 또한 정화의 대상이므로 여전히 붓다의 의도는 지켜지고 있다고 할 수 있다.

또한 삼법인에서 사법인으로 나아갈 때 '열반적정'이 추가된다.[39] 열반적정은 일체개고를 해결한 상태를 이야기한다. 무상과 무아는 존재의 근본 특징인 반면, 일체개고는 열반적정으로 나아갈 수 있는 가능성을 지니게 된다. 이러한 고의 해석과 마찬가지로 부정관도 부정에서 정으로, 깨끗하지 않은 것에서 깨끗한 것으로, 정화되지 않은 것에서 정화된 것으로 나아갈 수 있는 가능성을 함축하고 있다고 할 수 있다.

신구의 삼업의 차원에서 보면 몸은 과거의 업에 의해서 만들어지고, 업에 의해서 미래의 몸을 만들어가고 있다고 할 수 있다. 몸은 업의 저장소로서 지속적인 저장과 현현이 이루어지는 장소이면서 교환 행위 자체라고 할 수 있다. 그러므로 몸은 번뇌와 청정의 가능성을 동시에 지니게 된다. 이는 가능적 관점에서 몸을 보는 것이 된다. 무기의 관점에서 몸은 생명과 동이(同異)의 관계가 아닌 연기의 관계를 이룬

---

39 위제세케라, 이지수 옮김(2005); 마성스님(2021) pp.115-140.

다. 청정범행으로 나아갈지, 노병사로 나아갈지는 연기적 관점을 유지할 것인지, 동이의 관점을 유지할 것인지에 달려 있다고 할 수 있다. 여기서도 몸을 청정범행과 노병사의 가능적 관점에서 볼 수 있다. 고락중도의 관점에서 보는 몸은 붓다가 가장 먼저 제시한 몸에 대한 관점이면서, 전형적인 관점이라고 할 수 있다. 여기에서도 몸은 고락의 가능성으로 나아갈 수도 있고, 중도의 가능성으로 나아갈 수도 있다.

　다시 한번 정리하면 몸을 부정하게 보는 관점은 무상·고·무아라는 존재론적 관점의 한 측면을 보여주는 것이라고 할 수 있다. 이에 대한 붓다의 의도를 파악하는 것이 중요하다고 할 수 있다. 이와 동시에 몸은 기능적 관점과 가능적 관점에서 보아야 한다. 감각기관으로, 유기체로, 연기적 존재로 잘 기능하는 것을 볼 수 있다. 이를 십이처, 오온, 연기의 교리와 연관시켜 볼 수 있다. 업을 통해서 번뇌와 청정의 가능성이 열려 있고, 무기를 통해서 청정범행과 노병사의 가능성이 열려 있고, 중도를 통해서 고락과 중도의 가능성이 열려 있는 것을 볼 수 있다. 이는 몸을 가능적 관점에서 파악하는 것이다. 결국 몸은 '존재론적 특징을 전제로 하는 기능적 가능태'로 볼 수 있을 것이다.

본 장은 몸에 대해서 존재론적 관점, 기능적 관점, 가능적 관점에서 논의를 전개하고 있다. 존재론적 관점은 몸을 무상·고·무아의 삼법인과 공이라는 존재론적 특징에 초점을 맞추어 보아야 한다는 것이고, 기능적 관점은 몸을 감각기능, 유기체적 기능, 연기적 기능이라는 기능에 초점을 맞추어 보아야 한다는 것이고, 가능적 관점은 몸을 번뇌와 청정의 가능성, 청정범행과 노병사의 가능성, 고락과 중도의 가능성이라는 가능성에 초점을 맞추어 보아야 한다는 것이다. 그리고 이들 세 가지 관점은 존재론적 관점의 전제 위에 기능적 관점과 가능적 관점이 상호연관성을 가지고 있다.

몸은 법이라는 존재의 특징을 가지는 범위 안에서 몸으로서 기능을 잘 하고, 몸이 가질 수 있는 가능성을 최대한 발휘하고자 한다. 기능성은 유기체로서 감각기능을 하는 것이고, 가능성은 깨달음과 최상의 진리로 나아가는 것이다. 이러한 가능성은 물론 기능성과 연관되어 있다. 몸의 기능이 잘 발휘될 때 몸의 가능성도 성취되는 것이다. 그러기에 몸은 궁극적인 목표를 추구하기 위해서 기능하는 것인 동시에 단순히 탐닉해서는 안 되는 것이다. 이는 붓다가 우유죽을 든 이유이면서도 고행을 한 이유이기도 하다. 또한 인간 몸은 받기 어렵지만 인간 몸에는 불성이 자리한다. 단순히 부정한 것으로만 볼 것이 아니다.

기존에는 몸에 대한 존재론적 관점, 특히 삼법인의 고에 초점을 맞추었다면, 이제는 세 가지 관점에 대해서 균형적인 태도를 견지하는 것이 요청된다고 할 수 있다. 몸에 대한 균형 잡힌 태도를 견지하면서 몸의 기능성과 가능성을 최대한 발휘하는 것이 불교에서 몸을 대하는 태도일 것이다.

참고문헌

A6:55 「소나 경(Soṇa-sutta)」

A6:58 「번뇌 경(Āsava-sutta)」

M2 「모든 번뇌의 경(Sabbāsava-sutta)」

M26 「성스러운 구함의 경(Ariyapariyesanā-sutta)」

M36 「삿짜까 긴 경(Mahāsaccaka-sutta)」

M63 「말룽꺄 짧은 경(Cūḷamālukya-sutta)」

Mahāsatipaṭṭhānasutta (https://legacy.suttacentral.net/pi/dn22)

S12:21 「십력 경1(Dasabala-sutta)」

S22:12 「무상 경(Anicca-sutta)」

S22:13 「괴로움 경(Dukkha-sutta)」

S22:14 「무아 경(Anatta-sutta)」

S22:56 「집착의 양상 경(Upādānaparipavatta-sutta)」

S22:57 「일곱 가지 경우 경(Sattaṭṭhāna-sutta)」

S35:23 「일체 경(Sabba-sutta)」

S54:9 「웨살리 경(Vesālī-sutta)」

S56:11 「초전법륜 경(Dhammacakkapavattana-sutta)」

T08n0235. 『金剛般若波羅密經』

T14n0476. 『說無垢稱經』

PED = The Pali Text Society's Pali-English Dictionary, ed. by T. W. Rhys Davids
    and William Stede, London: The Pali Text Society, 1921-5/1986.

『맛지마 니까야』 = 대림스님 옮김(2012), 『맛지마 니까야』 제1-4권, 울산:
    초기불전연구원.

『상윳따 니까야』 = 각묵스님 옮김(2009), 『상윳따 니까야』 제1-6권, 울산:

초기불전연구원.

『앙굿따라 니까야』 = 대림스님 옮김(2007), 『앙굿따라 니까야』 제1-6권, 울산: 초기불전연구원.

각묵스님 옮김(2003), 『네 가지 마음챙기는 공부』, 울산: 초기불전연구원.

강명희(2011), 「아함에 나타난 부정관과 번뇌의 관계」, 『보조사상』 36, 서울: 보조사상연구원, pp.295-326.

강명희(2013), 「오정심관 수행법을 통한 심리치료 - 한역 『유가사지론』 중심으로」, 『보조사상』 39, 서울: 보조사상연구원, pp.298-332.

강명희(2015), 「부정관(不淨觀) 폐해에 대한 경율 간 상위 고찰」, 『불교문예연구』 4, 서울 : 동방문화 대학원대학교 불교문예연구소, pp.175-206.

강명희(2020), 「유가사지론에 나타난 부정관의 변형과 수용」, 『명상심리상담』 23, 서울: 한국명상심리상담학회, pp.25-39.

김윤수 옮김(2008), 『설무구칭경·유마경』, 광주: 한산암.

김형록(2018), 「부정관법의 한계와 호흡명상의 치유적 기능」, 『선문화연구』 25, 서울: 한국불교선리연구원, pp.7-44.

마성스님(2021), 「제4장 삼법인설」, 『초기불교사상』, 서울: 팔리문헌연구소

박재은(2018), 「초기불교 공(空) 개념의 수행적 성격 - 빠알리 니까야를 중심으로 -」, 『인도철학』 52, 서울: 인도철학회, pp.209-243.

박청환(2017), 「초기불교 내러티브의 여성에 대한 부정관(asubhabhāvanā) 유형 연구」, 『동아시아불교문화』 30, 부산: 동아시아불교문화학회, pp.2-27.

백도수(2003), 「Rūpa(色)에 대한 연구」, 『인도철학』 13(1), 서울: 인도철학회, pp.119-148.

신경희·윤희조(2021), 「통증과 고통 중재법을 중심으로 본 불교 수행의 생리적 치유 기제와 의학적 의미」, 『동서철학연구』 99, 대전: 한국동서철학회, pp.217-243.

위제세케라 지음, 이지수 역(2005), 『존재의 세 가지 속성』, 서울: 고요한

소리.

윤종갑(2010), 「불교의 생명관과 웰다잉」, 『철학논총』 60, 대구: 새한철학
회, pp.59-78.

윤희조(2015), 「불교와 수용-전념치료에 대한 재고찰」, 『동서철학연구』 78,
대전: 한국동서철학회, pp.331-354.

윤희조(2017), 「마음의 기능을 중심으로 한 불교심리학의 정의와 분류에
대한 일고찰」, 『동서철학연구』 85, 대전: 한국동서철학회, pp.219-221.

윤희조(2019), 「인식목표와 인식과정의 관점에서 본 유식학의 치유적 함
의」, 『동서철학연구』 93, 대전: 한국동서철학회, pp.367-391.

윤희조(2021), 「내는 업과 받는 업의 관점에서 본 업의 심리적 치유」, 『동
서철학연구』 100, 대전: 한국동서철학회, pp.151-176.

이필원(2011), 「사대요소설과 명상수행, 그리고 수행의 효과 - MN. No. 62
Mahārāhulovādasutta를 중심으로 -」, 『인도철학』 34, 서울: 인도철학회,
pp.265-290.

한명숙(2006), 「初期佛敎의 自我觀에 대한 심신가치론적 고찰 - 몸과 마음의
성격 및 지위에 대한 논의 -」, 『불교학연구』 13, 화성: 불교학연구회,
pp.181-210.

한명숙(2008), 「감각적 욕망의 구조에 대한 연기적 이해 - 몸의 온전한 자
유를 위해 -」, 『철학연구』 36, 서울: 고려대학교 철학연구소, pp.449-473.

한자경(2008), 「유식불교에서 심(心)과 신(身)의 이해」, 『철학연구』 130, 대
구: 대한철학회, pp.363-380.

Geiger, W. & M.(1973), "Pāli Dhamma", Kleine Schriften zur Indologie und
Buddhismuskunde. Wiesbaden: Franz Steiner Verlag Gmbh, pp.101-228.

Gethin, R.(2004). "He who sees Dhamma sees Dhammas: Dhamma in Early
Buddhism", Journal of Indian Philosophy Vol.32. Netherland: Kluwer Academic
Publishers, pp.513-542.

8 돌봄의 심리치료

지금 당장이라도 일어나고 있는 일 가운데 하나가 병으로 괴로워하고 죽음을 맞이하는 일이다. 이는 인간이라면 누구에게나 해당된다. 정확한 시기를 예측할 수는 없지만 언젠가 죽음을 맞이한다는 것은 누구에게나 진리이다. 이러한 진리를 붓다도 피할 수 없었다. 아버지가 아무리 이 진리를 숨기기 위해서 노력을 한다고 할지라도, 그 노력만큼이나 붓다에게는 그 진리가 절절하게 다가왔고 이는 붓다가 깨달음으로 나아가게 하는 원동력으로 작용한다. 붓다가 다룬 생로병사의 문제는 모든 인간에게 보편적이면서도 고유한 문제이다. 붓다는 이에 대한 해답을 제시하였기에 지금까지도 붓다의 문제의식과 해결방법은 여전히 유효하다고 할 수 있다.

이러한 이유 때문에 이 주제는 불교 안에서 지속적으로 다루어지고 있다. 그러나 기존의 연구에서는 불교의 생사관을 주제로 하는 연구가 주를 이루고 있다. 불교에서 삶과 죽음을 바라보는 관점을 파악하는 것이 대부분이라고 할 수 있다. 이러한 연구를 통해서 불교에서의 죽음이 어떠한지에 대한 논의는 상당 부분 진척을 이루고 있다.[1] 본 장은 이러한 연구를 바탕으로 병과 죽음이라는 상황을 맞이하고 있는 병자와 임종자를 붓다와 제자들은 어떤 태도로 대하고 있고, 어떤 메시지를 전달하는지에 관한 내용을 구체적으로 살펴보고자 한다. 이는 불교의 생사관이 단순히 이론으로 끝나는 것이 아니라, 붓다의 설법이 불교상담의 관점에서 실제 상담현장에서 어떻게 적용될 수 있을지를 보게 될 것이다. 붓다가 병자와 유가족과 임종자에게 메시지를 전달하는 장면은 상담의 장면이 될 것이고, 여기에서 제시되는 붓다의 태도와 붓다의 메시지는 이러한 상황에서 불교상담자가 상담을 해나가는 지침이 될 것이다.

1. 병자의 돌봄

1) 몸은 병들어도 마음은 병들지 않는다

물질(rūpa)은 변화를 특징으로 한다.[2] 오온 가운데 하나인 색(色)의

---

1 다음과 같은 연구를 볼 수 있다. 문을식(2004) pp.176-205; 백도수(2018) pp.74-93; 안옥선(2006) pp.21-51; 원영상(2012) pp.265-314; 윤호진(1997) pp.5-25; 이필원(2013) pp.153-183; 임승택(2005) pp.7-22; 정학열(2018) pp.181-205; 이덕진(2001) pp.217-253; 강윤곤(2009) pp.293-317; 심혁주(2013) pp.411-435; 허남결(2012) pp.143-166; 이윤주·조계화·이현지(2007) pp.839-857.
2 백도수(2003) pp.119-148.

이러한 변화로 인해서 인간은 육체적인 괴로움을 받는다. 이러한 변화에 대한 마음의 대응에 따라서 마음이 병으로 나아가기도 하고, 반대로 나아가기도 한다. 물질성의 특징으로 인해서 나머지 사온(四蘊)의 행보가 결정된다. 물질의 변화성으로 인해서 몸이 괴로움을 받는 것은 당연하다고 할 수 있다. 이때의 괴로움은 육체적 통증(pain)에서부터 정신적 스트레스(stress)까지 다양한 강도의 괴로움이 될 수 있다.[3] 이러한 괴로움에 대해서 이를 물질의 특징으로 알고 수순(隨順)할 수 있다면, 이는 마음의 괴로움으로 나아가지 않을 수 있다는 것이다. '몸은 병들어도 마음은 병들지 않는다'는 것이 가능해진다. 이와는 달리 괴로움으로 나아가는 것에 저항하고 역순(逆順)하고자 한다면 이는 마음의 괴로움으로 나아가게 된다. 나꿀라삐따 장자는 늙고 노쇠하고 몸이 병들었다. 붓다는 "몸은 병들었지만 마음은 병들지 않을 것이다"라고 수행해야 한다고 한다.

> 참으로 그러하다, 장자여. 참으로 그러하다, 장자여. 그대의 몸은 병으로 허약하고 참으로 늙어 버렸다. 장자여, 이런 몸을 끌고 다니면서 잠시라도 건강하다고 자부한다면 어찌 어리석은 사람과 다르지 않겠는가? 장자여, 그러므로 그대는 이와 같이 생각하고 닦아야 한다. '나의 몸은 병들었지만 마음은 병들지 않을 것이다.'라고 그대는 이와 같이 생각하고 닦아야 한다.[4]

---

3   통증에서부터 스트레스까지의 다양한 고에 대해서는 다음을 참조할 수 있다. 신경희·윤희조(2021) pp.217-244.

"'나는 물질적 요소이다. 물질적 요소는 내 것이다.'라는 견해에 얽매이지 않은 사람의 물질적 요소는 변하고 다른 상태로 되어 가지만 그에게는 슬픔·비탄·고통·근심·번민이 일어나지 않는다."[5] 색뿐만 아니라 수상행식(受想行識)에 대해서도 이러하다면 이는 몸은 병들어도 마음은 병들지 않는 것이라고 할 수 있다.

이는 화살의 비유에서도 볼 수 있다.[6] 배우지 못한 범부는 육체적인 괴로움을 겪게 되면 한탄하고, 비통해 하고, 비탄해 하고, 통곡을 하고, 절규하고, 울부짖는다. 이것은 육체적 느낌과 정신적 느낌을 이중으로 겪고 있는 것이다. 반면 잘 배운 성스러운 제자는 육체적으로 괴로운 느낌을 겪더라도 한탄하지 않고, 비통해 하지 않고, 비탄해 하지 않고, 통곡을 하지 않고, 절규하지 않고, 울부짖지 않는다. 이것은 오직 한 가지 느낌, 즉 육체적 느낌만을 경험할 뿐이며 결코 정신적 느낌을 겪지 않는 것이다. 이것이 잘 배운 성스러운 제자와 배우지 못한 범부 간의 차이점이고, 특별한 점이고, 다른 점이다.

> 비구들이여, 예를 들면 어떤 사람이 화살에 맞았지만 그 첫 번째 화살에 연이은 두 번째 화살에 맞지 않은 것과 같다. 그래서 그 사람은 하나의 화살로 인한 괴로움만을 겪을 것이다. 비구들이여, 그와 같이 잘 배운 성스러운 제자는 괴로운 느낌에 접하

---

4   S22:1 「나꿀라삐따경(Nakulapitā-sutta)」; 『상윳따 니까야』 제3권, p.100.

5   S22:1 「나꿀라삐따경(Nakulapitā-sutta)」; 『상윳따 니까야』 제3권, p.111.

6   S36:6 「화살 경(Salla-sutta)」

더라도 결코 한탄하지 않고, 비통해 하지 않고, 비탄해 하지 않고, 통곡하지 않고, 절규하지 않고, 울부짖지 않는다. 그는 오직 한 가지 느낌, 즉 육체적인 느낌만을 경험할 뿐이다.[7]

육체적인 괴로움은 겪지만 마음의 괴로움을 겪지 않는다는 것이 병을 대하는 자세라고 할 수 있다. 육체적인 괴로움 자체를 없앨 수는 없지만, 이로 인해서 두 번째 화살인 마음의 괴로움을 겪지 않는 것이다. 육체적인 괴로움은 겪지만 마음의 괴로움을 겪지 않으면 탐진치로 나아가지 않게 된다. 그렇지 않다면 즐거운 느낌, 괴로운 느낌, 괴롭지도 즐겁지도 않은 느낌 각각에 대해서 탐진치로 나아가게 되고, 이들 각각은 잠재된 탐진치를 활성화시키게 된다. 탐진치라는 근원적 번뇌의 활성화 여부는 육체적 느낌에서 정신적 느낌으로 넘어가는지 여부에 달려 있다고 할 수 있다. 이는 몸은 병들어도 마음은 병들지 않는다는 테제와도 상통한다. 마음은 병들지 않는다는 가르침은 장자에게 설명한 것이고, 화살의 비유는 비구들에게 설명한 것인 반면, 붓다 자신과 최고의 수행경지에 이른 제자에게는 칠각지에 대한 가르침을 설한다.

---

7   S36:6 「화살 경(Salla-sutta)」; 『상윳따 니까야』 제4권, pp.436-437.

2) 칠각지

병에 걸렸을 때 붓다는 칠각지를 설하게 하고 이를 듣는다.[8] 붓다 자신이 중병에 걸려서 아픔과 고통에 시달리고 있을 때 마하쭌다 존자로 하여금 칠각지를 외우게 하고 이를 듣고서 병에서 완쾌한다. 붓다는 '쭌다여 참으로 그러하다. 쭌다여 참으로 그러하다'는 인정을 한다.[9] 마하깟사빠 존자가 중병으로 동굴에 머물 때 붓다는 병문안을 하면서 칠각지를 설한다.[10] 이 칠각지를 듣고서 마하깟사빠 존자는 마음이 흡족해서 붓다의 말씀을 기뻐하고, 완쾌하게 된다. 마하목갈라나 존자도 중병에 걸려 아픔과 고통에 시달리고 있을 때 붓다가 병문안을 하여 칠각지를 설하는 것을 듣고서 완쾌한다.[11] 경전 자체에는 칠각지로 인해서 병이 완쾌된다고만 나오지 구체적인 기제는 나오지 않고 붓다가 칠각지를 바르게 설하는 장면만 나오고 있다.

이런 깨달음의 일곱 가지 요소[七覺支]는 마음의 다섯 가지 장애 요소[五蓋]와 대비되어 강조되고 있다. 환자의 정신적 건강에 해가 되는 다섯 가지 장애 요소와 정신적 건강에 도움이 되는 깨달음의 일곱 가

---

8   삼십칠조도품 가운데 불교의 궁극 목표 가운데 하나인 깨달음을 표방하는 것은 칠각지가 유일하다. 깨달음으로 나아가기 위해서 일곱 가지 요소를 계발하는 것이다. 수행적으로 보면 사념처 수행을 통해 오장애를 제거함으로써 칠각지가 드러나는 구조이다. 깨달음의 성취를 위한 수행과 관련된 칠각지는 다음을 참조할 수 있다. 윤희조(2020a) pp.97-124.

9   S46:16「병 경3(Gilānā-sutta)」

10 S46:14「병 경1(Gilānā-sutta)」

11 S46:15「병 경2(Gilānā-sutta)」

지 요소를 열거하면서 정신적으로 병든 상황에 대처하고 있다.[12] 칠각지에서는 일곱 가지 깨달음의 요소들을 계발하는 두 가지 주요한 역동적인 과정을 볼 수 있다.[13]

첫 번째는 일곱 가지 요소들 사이에 균형을 잡는 과정이다. 균형을 잡는 과정은 활발함을 주는 요소들과 고요함을 주는 요소들 간의 균형을 잡는 것이다. 탐구[擇法覺支], 에너지[精進覺支], 기쁨[喜覺支]은 활발함을 주는 요소인 반면, 평온[輕安覺支], 집중[定覺支], 평정[捨覺支]은 고요함을 주는 요소들이다. 알아차림을 제외한 나머지 여섯 요소들은 균형을 필요로 하지만 알아차림은 어떤 상황에서도 유익한 요소이다.[14] 두 번째는 일곱 가지 요소들을 순차적으로 확립해 가는 과정이다. 깨달음으로 인도하는 과정은 일곱 가지의 구성요소를 순차적으로 계발하는 것으로 볼 수 있다.

몸이 멀리 떠남과 마음이 멀리 떠남이라는 두 가지 멀리 떠남을 갖추고 법을 계속해서 생각하고 고찰하면 염각지가 자리 잡기 시작하고, 닦고, 성취하게 된다. ... 이처럼 알아차리면서 법을 통찰하고 철저히 관찰하면 택법각지가 자리 잡기 시작하고, 닦고, 성취하게 된다. ... 이처럼 법을 통찰하고 철저히 관찰하여 정진이 일어나면 정진각지가 자리 잡기 시작하고, 닦고, 성취하

---

12 Anālayo(2013) 5.1.
13 보다 자세한 내용은 다음을 참조할 수 있다. Anālayo(2013) pp.201-205, pp.215-217.
14 Anālayo(2013) 5.3.

게 된다. ... 이처럼 정진을 시작하여 비세속적인 희열이 일어나면, 희각지가 자리 잡기 시작하고, 닦고, 성취하게 된다. ... 이처럼 마음이 희열로 가득하여 몸과 마음이 고요하면 경안각지가 자리 잡기 시작하고, 닦고, 성취하게 된다. ... 이처럼 몸이 고요하고 행복하여 마음이 삼매에 들면, 정각지가 자리 잡기 시작하고, 닦고, 성취하게 된다. ... 이처럼 삼매에 든 마음을 아주 평온하게 하면 사각지가 자리잡기 시작하고, 닦고, 성취하게 된다.[15]

이러한 두 번째 과정을 통해서 붓다, 마하깟사빠 존자, 마하목갈라나 존자는 병을 회복했을 것이다. 붓다와 마하깟사빠 존자, 마하목갈라나 존자는 이러한 칠각지를 옆에서 암송하는 것을 들으면서 자신들의 깨달음을 다시 한번 회상하게 되었을 것이다. 몸의 병이 회복될 만큼 강력한 마음의 깨달음을 떠올린 것이라고 할 수 있다. 칠각지의 각각의 각지는 마음에 대해서만 적용되는 것이 아니라, 몸에 대해서도 적용된 것이라고 볼 수 있다. '마음이 희열로 가득하여 몸과 마음이 고요하면 경안각지가 자리 잡기 시작하고, 닦고, 성취하게 된다.' 마음의 희열이 몸과 마음의 경안으로 자리를 잡게 된다. 이때의 경안은 몸과 마음이 함께 가볍고 편안해지는 것을 말한다. 이때 몸이 가볍고 편안해지는 것을 병으로부터 회복되는 것으로 볼 수 있을 것이다. 아날라요는 정진을 에너지로 보고 에너지가 확립됨으로 인해서 기쁨이

---

15 S46:3 「계(戒) 경(Sila-sutta)」; 『상윳따 니까야』 제5권, pp.300-302.

일어나고 이런 기쁨은 몸과 마음의 고요함을 야기하는 그런 기쁨이 된다고 한다. 붓다가 회복하는 것을 에너지에 초점을 맞추고 있다. 또한 붓다가 완전한 깨달음에 이른 것도 에너지를 기른 것이라고 한다.[16] 이처럼 칠각지를 통해서 병으로부터 회복되는 것을 볼 수 있다.

마음은 병들지 않는다는 가르침과 화살의 비유에서는 가르침을 듣고 직접적으로 병으로부터 회복한 것에 대한 언급이 없는 반면, 칠각지를 들은 경우에는 병으로부터 회복한 것에 대한 언급이 직접적으로 존재한다. 또한 열 가지 인식에 대한 가르침을 듣고서 병으로부터 회복하는 경우를 볼 수 있다.

3) 열 가지 인식

기리마난다 존자가 극심한 병에 시달리고 있을 때, 붓다는 아난 존자에게 열 가지 인식을 말해주라고 한다.[17] 열 가지 인식은 병을 즉시 가라앉게 하는 것이다. 열 가지 인식 가운데 첫 번째 네 가지, 즉 무상, 무아, 부정, 위험의 네 가지는 네 가지 인식의 왜곡, 즉 영원[常], 자아[我], 정[淨], 즐거움[樂]과 대응시킬 수 있다. 반면 여섯 번째부터 아홉 번째까지의 네 가지, 이욕, 소멸, 기쁨 없음, 형성된 것의 무상은 마음이 완전한 자유로 나아가도록 한다.[18]

---

16   Anālayo(2013) 5.3.
17   인식, 즉 산냐(saññā)는 긍정적 의미와 부정적 의미를 동시에 가진다. 여기서의 산냐는 긍정적 의미의 산냐라고 할 수 있다. 이에 대한 연구로는 다음을 볼 수 있다. 김준호(2003) pp.1-21; 김준호(2011) pp.119-142; 윤희조(2006).

[오온에 대해] 무상(無常)이라고 [관찰하는 지혜에서 생긴] 인식, 무아라고 [관찰하는 지혜에서 생긴] 인식, 부정(不淨)이라고 [관찰하는 지혜에서 생긴] 인식, 위험을 [관찰하는 지혜에서 생긴] 인식, 버림을 [관찰하는 지혜에서 생긴] 인식, 탐욕이 사라짐을 [관찰하는 지혜에서 생긴] 인식, 소멸을 [관찰하는 지혜에서 생긴] 인식, 온 세상에 기쁨이 없다는 인식, 모든 형성된 것들[諸行]은 무상이라고 [관찰하는 지혜에서 생긴] 인식, 들숨날숨에 대한 알아차림이다.[19]

열 가지 인식과정을 통해서 병을 다루는 방법을 보게 된다. 첫째 몸이 병들 수 있다는 것을 인식한다. 무상, 무아이기 때문에 병이 드는 것도 당연한 것이고, 회복할 수 있는 가능성도 당연한 것이다. 둘째 몸의 본질을 인식한다. 몸은 본질적으로 부정하고, 위험하고, 소멸할 수 있다는 것을 아는 것이다. 그러므로 셋째 이러한 몸을 대하는 태도를 인식한다. 몸이 본질적으로 그러하므로 몸에 대해서 탐욕할 것도 없고, 몸에서 기쁨을 찾을 것도 없고, 몸에 집착할 것도 않다는 태도를 가진다. 마지막으로 몸을 어떻게 다룰지에 대해서 제시한다. 들숨날숨의 알아차림을 통해서 병으로부터 회복하는 실천적인 방법론을 제시한다.

---

18 Anālayo(2013) 12.3.
19 A10:60 「기리마난다 경(Girimānanda-sutta)」; 『앙굿따라 니까야』 제6권, pp.225-226. aniccasaññā, anattasaññā, asubhasaññā, ādīnavasaññā, pahānasaññā, virāgasaññā, nirodhasaññā, sabbaloke anabhiratasaññā, sabbasaṅkhāresu anicchāsaññā, ānāpānassati

무상과 무아에 대한 인식은 이 병은 변화하고 있고, 변화할 수 있고, 회복할 수 있다는 것을 보여준다. 부정, 위험, 소멸에 대한 인식은 몸은 원래 부정한 것이고, 항상 병이나 사고 등 위험에 노출되어 있고, 언젠가 소멸된다는 것을 인식하는 것이다. 그러므로 버림, 이탐, 기쁨 없음, 제행의 무상에 대한 인식은 몸에 대한 탐욕을 버리고, 몸에서 기쁨을 찾을 것이 없고, 놓아야 할 것이라고 인식하는 것이다. 그리고 실천적인 방안으로 들숨과 날숨에 대한 알아차림을 설하고 있다. 특히 마지막의 들숨날숨에 대한 알아차림을 포함하고 있는 신수심법(身受心法)에 대해서 알아차림을 확립하는 사념처는 병자뿐만 아니라 임종자에게도 설하는 법의 내용이기도 하다. 또한 알아차림은 칠각지 가운데서도 첫 번째이다. 병자를 회복으로 이끄는 두 가지 방법, 즉 칠각지와 열 가지 인식 모두에 알아차림이 포함되어 있다. 나아가서는 들숨과 날숨이라는 몸에서의 현상을 알아차리는 것은 몸에서의 현상을 마음으로 나아가지 않게 하는 것과 연관되어 있다. 이러한 몸과 마음을 구분하는 것은 몸은 병들어도 마음은 병들지 않는다는 가르침과 화살의 비유와 일맥상통한다고 할 수 있다.

올바른 인식은 탐욕을 알게 하기도 하고,[20] 불사로 나아가게 하기도 하고,[21] 명지의 일부가 되기도 한다.[22] 물론 병으로부터 회복도 가능하

20 A5:266 「인식 경1(Saññā-sutta)」; 『앙굿따라 니까야』 제3권, p.521; A10:217 「인식 경(Saññā-sutta)」; 『앙굿따라 니까야』 제6권, p.513.

21 A10:56 「인식 경1(Saññā-sutta)」; 『앙굿따라 니까야』 제6권, pp.219-220.

22 A6:35 「명지의 일부 경(Vijjābhāgiya-sutta)」; 『앙굿따라 니까야』 제4권, p.139.

게 한다. 이는 붓다, 마하깟사빠, 마하목갈라나가 칠각지를 듣는 것으로부터 병에서 회복하는 것과 상통한다고 할 수 있다. 올바른 인식은 마음을 넘어서 몸에까지 영향을 미치는 것이라고 할 수 있다. 반대로 몸으로부터 마음에 영향을 미치는 것도 가능할 것이다. 그러나 마음은 병들지 않는다는 가르침에서는 몸의 영향이 마음에 까지 미치지 못하도록 하는 예를 볼 수 있다. 몸과 마음이 상호영향을 끼칠 수 있는 동시에 영향을 끼치지 못하도록 막는 것도 가능하다는 것을 볼 수 있다.

2. 유가족의 돌봄

1) 손자 – 할머니

붓다의 돌봄의 범위는 병자와 임종자 자신에 한정되어 있다. 병자와 임종자의 가족에 대해서 별도로 법을 설하지 않는다. 그럼에도 불구하고 몇 가지 예를 찾아볼 수 있다.[23] 빠세나디왕의 할머니가 돌아가셨을 때 왕과의 대화를 통해서 왕의 마음을 돌보는 경우가 있고, 아들이 죽은 끼사코따미의 마음을 돌보는 경우가 있다. 이 경우는 나이가 많은 임종자, 나이가 어린 임종자를 대표하는 경우로, 이는 유가족에 대한 상담의 예라고 할 수 있다.

---

23 유가족에 대한 불교적 관점에서 상담과정을 탐색하는 연구로는 다음이 있다. 이남경(2013) pp.165-202.

대왕이여, 모든 중생은 죽기 마련인 법이고 죽음으로 끝이 나며 죽음을 건너지는 못합니다. 예를 들면 도기공이 만들 그릇은 그것이 굽지 않은 것이든 구운 것이든 그 모두는 부서지기 마련인 법이고 부서짐으로 끝이 나며 부서짐을 피하지 못하는 것과 같습니다.[24]

대왕이여, 아라한으로서 번뇌를 부수고, 청정한 삶을 성취하고, 해야 할 일을 마치고, 짐을 내려놓고, 자신의 이상을 실현하고, 윤회의 결박을 끊어 버리고, 올바른 궁극의 지혜에 의해서 해탈한 비구들이라 하더라도 그들의 몸은 부서지기 마련인 법이고 죽을 때 내려놓기 마련인 법입니다.[25]

이른바 호상(好喪)이라는 불리는 경우에도 가까운 지인에게는 그렇지 못하다. 빠세나디왕은 120세에 돌아가신 할머니의 임종을 막을 수만 있다면 수많은 보시를 하고자 한다. 이에 대해서 모든 존재들은 죽기 마련이고, 해탈한 자라고 할지라도 죽음을 피할 수 없다고 가르침을 편다. 모든 존재는 죽는다는 것을 수순함으로 인해서 만나게 되는 해탈이 있다. 모든 존재는 죽는다는 것으로 인해서 허망함으로 나아가는 것은 인간에 대한 이해와 존재에 대한 이해의 단절 때문이라고 할 수 있다. 인간에 대한 이해와 법에 대한 이해의 연속성을 보면, 법의 생멸성 만큼이나 자명한 것이 인간의 생멸성이다. 이에 대한 수순(隨順)은 여실지견(如實知見)으로 이는 법에 대한 이해와 같은 것이다. 법

---

24 S3:22 「할머니 경(Ayyakā-sutta)」; 『상윳따 니까야』 제1권, pp.385-386.

25 S3:3 「늙음·죽음 경(Jarāmaraṇa-sutta)」; 『상윳따 니까야』 제1권, pp.339-340.

에 대한 이해, 즉 법안(法眼)이 열리는 것이라고 할 수 있다. 법안으로 나아갈지, 우비고뇌로 나아갈지의 선택인 것이다.

2) 어머니 – 아들

할머니의 죽음이 호상(好喪)이라면, 자식의 죽음은 악상(惡喪)이 될 것이다. 자식을 앞세운 어머니의 마음에 대해서도 붓다는 120세 할머니의 죽음과 동일한 대답을 한다. 비록 더 극적이라고 할지라도 그 가르침의 근본에서는 동일하다고 할 수 있다. 죽지 않는 자는 아무도 없다. 끼사고따미(Kisa Gotami)는 붓다에게 죽은 아들을 살려달라고 한다. "여인이여, 사람이 죽은 적이 없는 집에 가서 겨자씨 한 줌을 얻어 가지고 오라."고 말한다. 어느 집에서도 겨자씨를 구할 수 없었던 끼사고따미는 깊은 생각에 잠긴다.

> 고따미여, 너는 너만이 아들을 잃어버린 것으로 생각했을 것이다. 그러나 네가 이제 깨닫게 된 것처럼 모든 생명에게는 반드시 죽음이 있느니라. 죽음은 중생이 자기 욕망을 다 채우기도 전에 그를 데려가 버리느니라.[26]

고따미는 모든 가정이 사랑하는 사람을 잃고 살아간다는 것, 죽은

---

26 『법구경』 287 게송; 『법구경』, 114. "불사의 진리를 보지 못하고 백년을 사는 것보다 불사의 진리를 보면서 하루를 사는 것이 낫다."에 대한 인연담으로 본 인용문을 제시하고 있다. 『법구경』, pp.626-627.

사람이 산 사람보다 훨씬 많다는 것을 알게 된다. 붓다는 '죽음을 초월하는 길을 모르고 백년을 사는 것보다는 단 하루라도 죽음을 초월하는 진리의 길을 알고 사는 것이 훨씬 낫다.'는[27] 게송을 고따미에게 들려준다. 무상, 고, 무아라는 법의 특징을 깨닫고 끼사고따미는 아라한과를 성취한다.

모든 죽음은 고유성이 있지만 동시에 보편성을 가진다. 자신만의 죽음이 아니라는 점에서는 죽음의 무게가 가벼워진다. '나'에 중점을 두면 모든 집을 방문하는 고따미가 될 것이지만, 반대로 '모든'에 중점을 두면 고따미는 법으로 나아가게 되고, 아라한으로 나아가게 된다. 고유성에서 보편성으로 나아가게 하는 것이 붓다의 가르침이라고 할 수 있다. 짐을 모든 존재가 나누게 된다. 모든 존재가 죽는다는 사실을 마주하고, 이를 수순하는 것만이 죽음으로부터 자유로울 수 있는 방법이 된다. 죽지 않는 자는 없지만, 죽음으로부터 자유로울 수는 있게 되는 것이다.

3) 수행자 – 수행자

사리뿟따의 죽음으로 인해서 몸이 무거워지고, 방향감각을 잃어버린 아난다에게 붓다는 법을 설한다. 사리뿟따가 너의 계·정·혜·해탈·해탈지견을 가져갔는지를 묻는다. 그리고 부서지기 마련인 것에 대

---

27 『법구경』 287 게송: 담마빨라 스님, 백도수 역주(2007) pp.287-289.

해서 절대로 부서지지 말라고 해서는 안 된다고 설한다.[28] 이는 모든 것은 죽기 마련이라고 재가자에게 설한 것과 동일한 것이라고 할 수 있다. 여기서 한 걸음 더 나아가 붓다는 수행에 대한 가르침을 설한다.

> 아난다여, 그러므로 여기서 그대들은 자신을 섬으로 삼고[自燈明] 자신을 귀의처로 삼아[自歸依] 머물고, 남을 귀의처로 삼아 머물지 말라. 법을 섬으로 삼고[法燈明] 법을 귀의처로 삼아[法歸依] 머물고, 다른 것을 귀의처로 삼아 머물지 말라.[29]

그것이 비록 사리뿟따라고 할지라도 남을 의지처로 삼지 말라는 것이다. 나아가서는 붓다에 대해서도 마찬가지이다. 붓다가 아닌 자신을 의지처로 삼고, 법을 의지처로 삼아야 한다는 것이다. 바로 다음 구절에서 어떻게 하는 것이 자신을 섬으로 삼는지에 대한 해답으로서 사념처(四念處)를 설한다. 슬픔에 잠기지도 말고, 슬픔을 잊기 위해서 감각적인 대안을 찾지도 말고[30] 신수심법을 알아차리는 것에 머물라는 것이다. 여기서의 신수심법은 자신의 신수심법이기에 자신을 등불로 삼

---

28 이러한 내용은 다음의 경전에서도 볼 수 있다. A5:48 「얻어지지 않는 경우 경(Ṭhāna-sutta)」『앙굿따라 니까야』 제3권, p.142: 붓다는 다섯 가지 얻을 수 없는 것이 있다고 한다. 늙지 말라고 하는 것, 병들지 말라고 하는 것, 죽지 말라고 하는 것, 부서지지 말라고 하는 것, 끝나지 말라고 하는 것 등 다섯 가지는 사문이건 바라문이건 신이건 마라건 범천이건 이 세상의 그 어느 누구도 얻을 수 없다고 한다.

29 S47:13 「쭌다 경(Cunda-sutta)」;『상윳따 니까야』 제5권, p.484.

30 Anālayo(2013) 14.3.

고, 신수심법은 법의 특징인 생멸을 가장 잘 보여주기에 법을 등불로 삼는 것이다. 사리뿟따도 붓다도 아닌 자신을, 그 가운데서도 신수심법에 대한 알아차림을 확립하는 것이 자등명법등명의 내용이라고 할 수 있다. 붓다는 자신이 죽고 난 이후에도 이를 당부한다. '누구든지 지금이나 내가 죽고 난 후에 자신을 섬으로 삼고 자신을 귀의처로 삼아 머물고 남을 귀의처로 삼아 머물지 않으며, 법을 섬으로 삼고, 법을 귀의처로 삼아 머물고 다른 것을 귀의처로 삼아 머물지 않으면서 정진하는 비구들은 최고 중의 최고가 될 것이다.'[31]

더 이상 의지할 곳이 없는 막막함에 대해서 붓다는 그 자신과 법을 의지처로 삼아야 한다고 한다. 그리고 법의 내용에 대해서도 구체적으로 설명해주고 있다. 이러한 법을 의지처로 삼아서 자신 스스로 정진할 때의 이득에 대해서도 설명하고 있다. 최고 중의 최고가 될 것이고, 오법온(五法蘊)을 성취할 것이라고 한다. 사리뿟따 존자가 죽는다 할지라도 결코 가져갈 수 없는 것이 계·정·혜·해탈·해탈지견의 오법온이라면, 자등명법등명에 의해서 성취할 수 있는 것이 또한 오법온인 것이다. 이는 수행자뿐만 아니라 일반인에게도 적용될 수 있다. 가장 가까운 사람이 죽음을 맞이할 때 무엇에 의지해야 할 것인지에 대한 대답을 보여준다. 외부에서 찾지 말고 자신에 의지하고 그 안에서 찾아지는 법의 진리에 의지하라는 것이다.

---

31 S47:13 「쭌다 경(Cunda-sutta)」; 『상윳따 니까야』 제5권, p.485.

3. 임종자에 대한 돌봄

1) 하착

누구라도 한번은 임종자의 지위를 가진다. 각자가 임종자가 되었을 때 무엇을 미리 준비해야 하는지를 붓다의 가르침을 통해서 살펴볼 수 있다. 임종자일 때 갖추어야 되는 것이 무엇인지를 미리 보는 것이다. 이는 임종의 때를 예취해서 살펴보는 것이다. 먼저 재가자의 경우를 살펴보자.

하착(下着)은 집착을 내려놓는 것으로, 다양한 종류의 하착이 있다. 부모님, 처자, 감각적 쾌락에 대한 염려 등이 있다. 부부지간에는 각자가 재혼할지에 대한 걱정, 상대방이 세존을 친견하지 않을 것이라는 걱정, 수행을 제대로 하지 않을 것이라는 걱정, 계를 잘 지키지 않을 것이라는 걱정 등 다양한 걱정이 있다. 이러한 걱정이 얼마나 심한지, 임종을 준비할 정도로 아픈 재가자가 이러한 걱정으로부터 자유롭게 되자 병이 완쾌되기도 한다. 아내 나꿀라마따는 남편 나꿀라삐따 장자에게 다음과 같이 말한다.

> 장자여, 애착을 가지고 임종을 하지 마십시오. 애착을 가지고 임종하는 것은 괴로움입니다. 세존께서는 애착을 가지고 임종하는 것을 나무라셨습니다. 장자여, 아마 당신은 '내가 가고나면 내 아내 나꿀라 어미가 아이들을 양육하고 집안일을 돌볼 수 없을 것인데.'라고 생각할지도 모릅니다. 장자여, 그러나 그렇게 생각하지 마십시오. 장자여, 저는 솜을 타고 땋는 데 능숙

합니다. 장자여, 당신이 가신 뒤에도 아이들을 양육하고 집안일
을 돌볼 수 있습니다. 그러니 당신은 애착을 가지고 임종을 하
지 마십시오. 애착을 가지고 임종하는 것은 괴로움입니다. 세존
께서는 애착을 가지고 임종하는 것을 나무라셨습니다.[32]

아내가 재혼할지도 모른다는 걱정, 세존과 승가를 친견하지 않을지
도 모른다는 걱정, 계를 지키지 않을 것이라는 걱정, 사마타, 법과 율을
얻지 못할 것이라는 걱정을 하지 말고 집착을 떠나라고 한다. 이러한
가르침 이후에 병이 완쾌된 후에 남편 나꿀라삐따 장자는 세존으로부
터 나꿀라마따와 같은 아내를 둔 것은 큰 이득이라는 말을 듣는다.
이는 부부간에 함께 적용될 수 있다. 더 나아가서는 가족구성원 모두
에게 적용될 수 있다.

아버지 조띠까 장자는 아들 디가유 장자가 중병으로 인해서 임종을
준비하고 있는 것을 본다. 붓다는 병문안을 하고 디가유 장자가 예류
과를 성취하고 있다는 것을 확인한다. 그리고 여기에 대해서 붓다는
여섯 가지를 더 닦으라고 한다. "모든 형성된 것들[諸行]에 대해 무상
(無常)이라는 인식, 무상한 것들에 대해 괴로움이라고 관찰하는 지혜
에서 생긴 인식, 괴로움인 것들에 대해 무아라고 관찰하는 지혜에서
생긴 인식, 버림의 인식, 탐욕이 사라짐의 인식, 소멸의 인식을 가져
머물라"고 한다.[33] 이는 병자에게 전하는 열 가지 인식과 겹친다고 할

32 A6:16 「나꿀라 경(Nakula-sutta)」; 『앙굿따라 니까야』 제4권, pp.79-80.
33 S55:3 「디가유 경(Dīghāvu-sutta)」; 『상윳따 니까야』 제6권, pp.258-259.

수 있다. 중병에 걸려 있는 디가유 장자이기에 붓다는 이러한 인식을 전하였을 것이다. 그러나 디가유 장자는 끝까지 아버지에 대한 걱정을 내려놓지 못하고 있다. 디가유 장자는 자신이 죽은 이후에 아버지가 상심하지 않을까를 걱정하는데, 이에 대해서 아버지 조띠까 장자는 '그런 생각을 하지 않아도 된다. 세존께서 네게 말씀해주신 대로 마음에 잘 새기도록 하라'고 조언한다.

조띠까 장자는 자신의 아들 디가유 장자에게 붓다가 지금 이 자리에 있을 때를 애착에서 벗어나는 귀중한 기회로 최대한 이용하도록 순수한 마음으로 독려하고 있다. 이런 상황에서 아버지 조띠까 장자의 태도는 사랑하는 사람이 죽어가는 모습을 보면서 취해야 하는 모범적인 사례가 될 수 있다. 여기서 중요한 것은 죽어가는 사람이 자신의 애착에 매달리는 것이 아니라 모든 근심과 걱정을 놓아버리게끔 격려하는 것이다.[34] 이처럼 조띠까 장자는 아들이 죽음을 맞이할 때 가장 문제가 되는 것, 즉 애착을 버릴 것을 격려하고 있다.

부모님에 대한 염려, 자식과 아내에 대한 염려, 다섯 가지 감각적 쾌락에 대한 염려 등을 해도 임종할 것이고, 염려하지 않아도 임종할 것이다. 그러므로 염려를 버리는 것이 좋을 것이라고 한다.[35] 여기에서도 붓다는 임종의 때에 부모, 자식, 아내, 감각적 쾌락에 대한 염려를 내려놓기를 권하고 있다.

---

34 Anālayo(2013) 17.3.
35 S55:54 「병 경(Gilāna-sutta)」; 『상윳따 니까야』 제6권, pp.360-361.

2) 지계와 후회

붓다는 임종자에게 병의 상태를 먼저 묻는다. 그러고 나면 '후회'에 대해서 묻는다. 후회할 일을 한 적이 있는지를 묻는다. 임종의 순간에 가장 많이 만나는 것 가운데 하나가 후회이다. 해야 했는데 하지 못한 것, 하지 말았어야 했는데 한 것이 대표적이다.

"왁깔리여, 어떻게 견딜만한가? 그대는 편안한가? 괴로운 느낌이 물러가고 더 심하지는 않는가? 차도가 있고 더 심하지 않다는 것을 알겠는가?" "세존이시여, 저는 견디기가 힘듭니다. 편안하지 않습니다. 괴로운 느낌은 더 심하기만 하고 물러가지 않습니다. 더 심하기만 하고 차도가 없다고 알아질 뿐입니다." "왁깔리여, 그대는 후회할 일이 있는가? 그대는 자책할 일이 있는가?" "그러합니다, 세존이시여. 저는 후회할 일이 적지 않고 자책할 일이 적지 않습니다." "왁깔리여, 그러면 그대는 계행에 대해서 자신을 비난할 일을 하지 않았는가?" "그렇지 않습니다, 세존이시여. 저는 계행에 대해서 자신을 비난할 일을 하지 않았습니다." "왁깔리여, 만일 계행에 대해서 자신을 비난할 일을 하지 않았다면 그대는 무엇을 후회하고 무엇을 자책하는가?" "세존이시여, 저는 오랫동안 세존을 친견하러 가고 싶어 했습니다. 그러나 저의 몸은 이제 세존을 친견하러 갈만한 힘마저도 없습니다." "왁깔리여, 그만 하여라. 그대가 썩어서 없어질 이 몸을 봐서 무엇 하겠는가?[36] 왁깔리여, 법을 보는 자는 나를 보

---

36 붓다가 몸을 바라보는 이러한 관점은 다음에서도 확인할 수 있다. S47:9 「병경(Gilāna-sutta)」; 『상윳따 니까야』 제5권, p.465: "아난다여, 마치 낡은 수레가

고 나를 보는 자는 법을 본다. 왁깔리여, 법을 볼 때 나를 보고 나를 볼 때 법을 보기 때문이다."[37] (밑줄은 필자)

위의 인용문을 보면 후회할 것 가운데에도 우선 순위가 있다. 가장 먼저 나오는 것이 계(戒)이다. 이는 삶을 돌아보는 명확한 기준을 제시하는 것이 될 수 있다. 붓다는 많은 후회 가운데 진정으로 후회해야 할 것을 제시하고 있다.

이때의 후회할 일이라는 것은 '계'를 어기는 경우를 말한다. 계를 어긴 경우가 있는지를 묻는다. 왁깔리 존자의 경우는 계행에 대해서는 후회할 일이 없지만, 몸에 힘이 없어 붓다를 뵈러 갈 수 없는 것을 후회하고, 앗사지 존자의 경우는 삼매에 들지 못하는 것을 후회한다.[38] 두 경우 모두에 대해서 붓다는 '그만두어라'라고 이야기한다. 이와 같은 것들은 후회의 대상이 아니라는 것이다. 붓다에게 있어서 후회할 것은 계를 어긴 경우를 이야기한다.

계를 어기는 것은 다음 생에 악도(惡道)에 떨어지게 되는 원인이 된다. '다섯 가지 법을 갖춘 자는 마치 누가 그를 데려가서 놓는 것처럼 지옥에 떨어지고, 다섯 가지 법을 갖춘 자는 마치 누가 그를 데려가서 놓는 것처럼 천상에 태어난다.'고 한다.[39] 이는 오계를 지키는 경우와

가죽 끈에 묶여서 겨우 움직이는 것처럼 여래의 몸도 가죽 끈에 묶여서 겨우 살아간다고 여겨진다."

37 S22:87 「왁깔리 경(Vakkali-sutta)」; 『상윳따 니까야』 제3권, pp.346-347.
38 S22:88 「앗사지 경(Assaji-sutta)」; 『상윳따 니까야』 제3권, pp.356-358.

지키지 못하는 경우의 결과이다. 또한 재가자의 경우 시계생천(施戒生天), 즉 보시와 계를 충실히 지키는 경우에는 천신으로 태어난다.[40] 이때에 붓다는 악도에 태어나지 않고, 천신 또는 인간으로 태어날 수 있는 기본조건으로서 계를 어기는 것을 묻는다. 여기에서 붓다의 내세관을 볼 수 있다. 붓다가 임종자에게 가장 먼저 묻는 질문을 통해서 윤회하는 존재로서의 인간의 실존을 보게 된다. 또한 인간은 인간이라는 존재의 조건을 갖추는 데 있어서 조건이 되는 것이 지계이므로, 인간의 본질을 지계하는 존재로도 볼 수 있다.

이처럼 계는 내생을 결정하는 중요한 요소가 되므로, 붓다는 이에 대해서 가장 먼저 묻는다. 더 높은 성취를 이룰지의 여부는 이후의 문제이므로 가장 먼저 묻는 것이 계라고 할 수 있다. 이처럼 계는 내생을 결정하는 요소이면서, 현재의 생에서는 이후의 수행, 즉 더 높은 성취로 나아가는 토대가 된다. 그러므로 계는 현생의 수행의 토대인 동시에 내생의 토대가 된다. 그러므로 임종자에게 가장 먼저 질문하는 것이 계라고 할 수 있다.

아난 존자는 아나타삔디까 장자를 병문안한다. 여기에서 "네 가지 법을 지닌 배우지 못한 범부는 겁을 먹고 공포가 생기고 죽어 다음 생에 어찌될지에 대한 두려움을 가집니다." 그 네 가지를 '세존에 대한 불신', '법에 대한 불신', '승가에 대한 불신' 그리고 '계행을 지키지 않

---

39 A5:145 「지옥 경(Niraya-sutta)」; 『앙굿따라 니까야』 제3권, pp.332-333.
40 A8:36 「행위 경(Kiriya-sutta)」; 『앙굿따라 니까야』 제5권, pp.187-191.

는 것'으로 제시한다.[41] 이로 인해서 죽음의 때에 두려움과 공포가 생긴다고 한다. 또한 지계도 두려움과 증오와 관련이 있다. 붓다는 아나따삔디까 장자에게 다음과 같이 말한다.

> 장자여, 성스러운 제자가 다섯 가지 두려움과 증오를 가라앉히고, 예류[과]를 얻은 자의 네 가지 구성요소를 구족하고, 성스러운 방법을 지혜로 잘 보고 잘 알아차릴 때 그는 원하기만 하면 스스로가 스스로에 대해서 설명하기를 '나는 지옥을 다하였고 축생의 모태를 다하였고 아귀계를 다하였고 고통스러운 곳, 비참한 곳, 험난한 곳을 다하였다. 나는 흐름에 든 자[預流者]여서 [악취에] 떨어지지 않는 법을 가졌고 [해탈이] 확실하며 완전한 깨달음으로 나아간다.'라고 하게 된다.[42]

이때 두려움과 증오를 가라앉히는 다섯 가지가 '오계'이다. 오계를 어길 때 두려움과 증오는 증장하게 된다. 오계를 어기는 것을 조건으로 '금생의 두려움과 증오를 쌓게 되고 내생의 두려움과 증오도 쌓게 되면 정신적인 괴로움과 슬픔을 쌓게 된다. 오계를 어기는 것을 멀리 여의면 금생의 두려움과 증오를 쌓지 않을 뿐 아니라 내생의 두려움과

---

41 S55:27 「아나따삔디까 경2(Anāthapiṇḍika-sutta)」;『상윳따 니까야』 제6권, p.322.
42 S55:28 「두려움과 증오 경1(Bhayaverūpasanta-sutta)」;『상윳따 니까야』 제6권, p.328. 다섯 가지 두려움과 증오를 가라앉히는 것으로 오계를 들고 있는 경전으로 다음이 있다. 네 가지 요소, 즉 불법승 삼보에 대한 신뢰와 지계가 예류과의 구성요소라는 것도 확인할 수 있다. S12:41 「다섯 가지 증오와 두려움 경1(añcaverabhaya-sutta)」; A9:27 「증오 경1(Vera-sutta)」; A5:174 「증오 경(Vera-sutta)」

증오도 쌓지 않으며 정신적인 괴로움과 슬픔도 쌓지 않게 된다. 이와 같이 두려움과 증오는 가라앉는다.[43] 그리고 지계를 설한 이후에 예류과를 성취하는 네 가지 구성요소를 설명한다. 불법승에 대한 믿음과 지계가 네 가지 요소이다. 오계를 지키지 않는 자는 두려움에 머물지만, 오계를 지키는 자는 담대함에 머문다.[44] 즉 두려움의 반대말이 담대인 것이다. 또한 불법승 삼보에 대한 청정한 믿음을 가지고 있는 것과 계를 지니고 있는 것이 네 가지 안식(安息)을 가져오는 법이다.[45] 불법승 삼보에 대한 믿음과 지계는 안식을 가져다주는 토대가 된다. 그렇다면 지계는 안식과 담대함을 가져오는 반면, 파계는 두려움과 증오를 가져오는 것이라고 할 수 있다.

나아가서 계를 파한 경우에는 다섯 가지 위험이 있다. 재물을 잃고, 악명이 자자하고, 의기소침해지고, 우매한 사람으로 죽고, 지옥에 태어난다. 반대로 지계의 이득이 있다. 재물, 명성, 당당, 우매하게 죽지 않고, 선처, 천상에 태어난다.[46] 계를 갖추는 것은 내생의 이익과 행복을 가져다주는 네 가지 가운데 하나이다. 믿음의 구족, 계의 구족, 베풂의 구족, 통찰지의 구족이다. 믿음의 구족은 붓다의 깨달음에 대한 믿음이고, 계의 구족은 오계를 지키는 것이고, 베풂의 구족은 보시행을 말하고, 통찰지의 구족은 일어나고 사라짐을 꿰뚫어 아는 것이다.[47] 이

43 S55:28 「두려움과 증오 경1(Bhayaverūpasanta-sutta)」; 『상윳따 니까야』 제6권, p.325.
44 A5:172 「담대함 경(Visārada-sutta)」; 『앙굿따라 니까야』 제3권, p.388.
45 S55:54 「병 경(Gilāna-sutta)」; 『상윳따 니까야』 제6권, p.360.
46 A5:213 「계(戒) 경(Sīla-sutta)」; 『앙굿따라 니까야』 제3권, pp.466-468.

는 내생의 이익과 행복을 주는 법을 묻는 웃자야 바라문에게 주는 붓다의 대답이다. 이는 임종자에게 내생에 이익과 행복을 위한 질문과 같은 맥락이라고 할 수 있다.

3) 참회와 가벼운 과보

여기서 중요한 것은 이미 계를 어긴 경우에는 어떻게 대처할 것인가 하는 문제이다. 보통의 재가자의 경우 계를 어김으로 인해서 많은 후회가 있을 것이다. 계 이외의 것은 후회가 아니라, 애착으로 분류하고 이에 대한 집착을 놓게 할 수 있다. 계를 어긴 경우에 대해서는 참회의 방법이 제시되고 있다. "비구들이여, 이러한 다섯 사람은 악처에 떨어지고 지옥에 떨어지고 곪았고 참회해도 고칠 수 없다."[48]는 문장이 있다. 여기에서 다섯 가지 무간업을 제외하면 참회의 방법으로 삼악도에 떨어지는 것을 피할 수 있는 것이 된다.

참회(懺悔)를 한자어로 보면 'kṣāma'의 음역 참마(懺摩)의 참(懺)과 의미를 나타내는 회(悔)를 합한 말이다.[49] 참회로 번역되는 원어로는 세

---

47 A8:55 「웃자야 경(Ujjaya-sutta)」; 『앙굿따라 니까야』 제5권, pp.260-261. 금생의 이익과 행복을 가져다주는 것으로는 근면함을 구족함, 보호를 구족함, 선우를 사귐, 바르게 생계를 유지함을 제시하고 있다.

48 A5:129 「곪음 경(Parikuppa-sutta)」; 『앙굿따라 니까야』 제3권, pp.294-295.

49 이광준(2006) pp.25-29. 참회의 참은 kṣāma로, kṣāma는 permit, pardon, be patient, suffer의 의미이다. '스스로 인내하고 참는 괴로움을 감수하다', '타인에 대해서 자기의 죄과를 참도록 청하다'는 두 가지 의미가 있다. āpatti-deśanā, āpatti-pratideśana, kṣāma 모두 '참회'의 의미로 번역되었던 것으로 보인다. deśanā는 '보여준다, 지시한다, 밝힌다'는 의미의 어근√dis에서 파생된 명사로

가지(āpatti-deśanā, āpatti-pratideśana, kṣāma)가 있는데 첫 번째와 두 번째는 '자기가 지은 죄를 남에게 고백하는 것'이고, 세 번째는 '남에게 사죄하는 것'을 말한다. 이렇게 되면 참회는 타인과 자신에 대해서 고백하고 사죄하는 것이 된다. 이렇게 되면 한자 참회를 두 가지 의미를 포함하는 것으로 다시 볼 수 있다. 참(懺)은 타인에 대해서 사죄하는 것이고, 회(悔)는 자신의 죄를 후회하는 것, 즉 자신의 죄를 뉘우치는 것으로 해석할 수 있다. 이렇게 되면 참회라는 단어 안에 타인에 대한 사죄, 자신의 죄에 대한 고백이라는 두 가지 의미를 동시에 담게 된다. 참회는 타인에게 사죄하는 동시에 자신의 잘못을 드러내고 뉘우치는 것이 된다.

자신이 지은 죄를 뉘우친다는 것은 이미 지은 것에 대해서 뉘우치는 것뿐만 아니라 앞으로 짓지 않을 것이라는 다짐까지를 포함한다. 과거와 미래의 죄를 동시에 뉘우치는 것이다. 미래의 죄를 뉘우친다는 것은 두 가지 의미가 있을 수 있다. 첫째 자신이 무루행을 하게 되는 경지 즉 업을 만들지 않는 행을 하기 전까지는 계속해서 어떤 행을 하더라도 번뇌가 함께 한다는 것에 대한 고백이면서 이에 대해서 미리 반성하는 것이 된다. 이러한 의미에서 깨닫기 이전의 모든 수행은 참

'고백'의 의미가 된다. '자신이 범한 죄를 다른 이에게 고백한다'는 의미이다. prati-deśanā는 '무엇에 대해서 말하다'는 의미이다. āpatti-prati-deśanā는 '나의 죄에 대해서 말하다'의 의미이다. āpatti-deśanā는 설죄(說罪)이다. 다른 사람에게 사죄할 때는 kṣāma, 자기의 죄를 개진할 때는 deśanā라고 해야 한다. 세 용어이지만 엄밀하게 본다면 kṣāma(남에게 사죄하다), āpatti-deśanā(자기의 죄에 대해 개진하다)의 두 가지 용어가 있다.

회가 된다. 둘째는 무루행을 하게 되는 경지, 즉 번뇌를 없앤 경지로 나아가고자 하는 다짐이면서 서원의 의미이다.

참회를 통해서 과거의 행위에 대해서 결과를 가볍게 받을 수 있게 된다. 이는 결과를 경미하게 받을 수 있도록 노력하는 것이다. 죽음의 순간에 가장 절박한 것이 삼악도로 나아가지 않는 것이고, 나아간다고 할지라도 경미하게 할 수 있도록 하는 것이 참회의 이득일 수 있다. 즉 오계를 어긴다고 모두 지옥으로 나아가는 것은 아니다. 계를 어긴 과보를 가볍게 받는 경우도 가능하다. 지옥으로 나아가는 것은 오계 각각에 대해서 습관적으로 많이 어기는 경우이고, 가장 가벼운 경우에는 여덟 가지가 있다. 살도음(殺盜淫)에 대해서는 수명이 단축되고, 재물을 잃게 되고, 적에게 원한을 사게 된다. 망어 가운데 거짓말, 이간질, 욕설, 잡담에 대해서는 비방을 받게 되고, 우정에 금이 가고, 마음에 들지 않는 소리를 듣게 되고, 그 사람의 말을 듣지 않게 된다. 방일의 근본인 술에 대해서는 사람이 미치게 된다.[50]

앙굴리말라의 경우도 아라한이 되어도 자신이 지은 업을 받는다. 살생으로 인해서 악도에 떨어져야 하지만, 참회와 수행으로 인해서 자신의 업을 금생에서 경미하게 받은 경우라고 할 수 있다. 탁발을 하러갔을 때 흙덩어리, 몽둥이, 돌덩이가 날아들었지만, 붓다는 앙굴리말라 존자에게 "감내하라, 바라문이여. 감내하라, 바라문이여. 그대

---

50 A8:40 「가장 경미함 경(Sabbalahuso-sutta)」; 『앙굿따라 니까야』 제5권, pp.197-199.

가 수년, 수백 년, 수천 년을 지옥에서 고통받을 그 업의 과보를 그대가 지금·여기에서 겪는 것이다."[51]라고 한다.

4) 삼법인과 사념처

계와 관련해서 후회가 없다면, 다음으로 붓다는 무상·고·무아에 대해서 묻는다. 법의 특징에 대한 질문을 한다. 위 인용문에서 왁깔리 존자에게도 후회할 것이 있는지 여부를 물은 이후에 붓다는 물질적 요소를 비롯한 오온 각각에 대해서 무상한지를 묻고, 괴로운지를 묻고, '이것은 내 것이다. 이것은 나다. 이것은 나의 자아다'라는 것을 묻는다. 즉 무상·고·무아의 삼법인에 대한 문답이 이어진다.[52]

> "비구여, 이를 어떻게 생각하는가? 눈은 항상한가, 무상한가?"
> "무상합니다, 세존이시여." "그러면 무상한 것은 괴로움인가,
> 즐거움인가?" "괴로움입니다, 세존이시여." "그러면 무상하고
> 괴로움이고 변하기 마련인 것을 두고 '이것은 내 것이다. 이것
> 은 나다. 이것은 나의 자아다.'라고 여기는 것이 옳은 것인가?"
> "그렇지 않습니다, 세존이시여."[53]

---

51 M86. 「앙굴리말라 경(Aṅgulimālasutta)」 "앙굴리말라여, 나는 멈추었으니 그대도 멈추어라." 이 말은 모든 존재에게 해당될 수 있는 말이다. 윤회를 멈추지 못한 모든 존재에게 이르는 붓다의 돌봄의 언어라고 할 수 있다.

52 S22:87 「왁깔리 경(Vakkali-sutta)」; 『상윳따 니까야』 제3권, pp.348-349.

53 S35:74 「환자 경1(Gilāna-sutta)」; 『상윳따 니까야』 제4권, p.166.

이후에는 안이비설신의(眼耳鼻舌身意) 각각에 대해서 무상·고·무아를 묻고 있다. 붓다의 이러한 질문은 항상 있어왔던 질문이고 새로울 것이 없는 질문이다. 여기에 중요한 점이 있다. 이 새로울 것이 없는 질문을 죽음이라는 순간에도 여전히 하고 있다는 것이다.[54] 붓다는 병의 때, 죽음의 때를 일상적인 때와 구분하지 않는다. 즉 죽음의 때라고 해서 더 중요한 법문을 하는 것이 아니다. 중요한 것은 죽음의 때가 되었기에 삼법인(三法印)을 이해하는 것이 더욱 절실하다는 것이다. 이 삼법인을 통해서 '일어나는 법은 그 무엇이건 모두 소멸하기 마련인 법이다[集法卽滅法]'라는 티 없고 때가 없는 법의 눈[法眼]이 생기는 것이[55] 중요하다.

다섯 가지 낮은 단계의 장애들[五下分結]을 제거하지 못한 사람이 죽는 순간 그 다섯 가지 장애들을 제거할 수 있거나 또는 그 다섯 가지를 이미 제거한 사람은 완전한 깨달음에 도달할 수 있다는 것을 강조하고 있다. 중병에 걸려 있는 신참 비구는 계를 지키고, 무상·고·무아를 알고, '일어나는 법은 그 무엇이건 모두 소멸하기 마련인 법이다[集法卽滅法]'라는 티 없고 때가 없는 법의 눈[法眼]이 생기게 된다. 여기에서 신참비구는 이욕, 해탈, 해탈지견으로 나아가게 된다.[56] 특히 안이

---

54 S47:9 「병 경(Gilāna-sutta)」; 『상윳따 니까야』 제5권, 465: 아난다여, 나는 안과 밖이 다르지 않은 법을 설하였다. 아난다여, 여래가 가르친 법들에는 스승의 움켜쥔 주먹과 같은 것이 따로 없다.

55 S35:74 「환자 경1(Gilāna-sutta)」; 『상윳따 니까야』 제4권, p.167.

56 S35:74 「환자 경1(Gilāna-sutta)」; 『상윳따 니까야』 제4권, p.167.

비설신의 각각에 대해서 싫어하여 떠나고, 싫어하여 떠나므로 탐욕이 사라지고, 탐욕이 사라지므로 해탈하게 된다. 이 경은 완전한 해탈로 나아가는 전체적인 과정이 죽는 순간에 일어날 수 있다는 것을 보여준다. 죽음을 앞에 둔 마지막 순간은 평소에 지닌 마음의 성향을 변화시키고 향상시키는 강력한 시간이라는 점에 대해서는 의심의 여지가 없다. 즉 죽음의 때는 최고의 수행기회가 된다. 이러한 삼법인의 위력을 알기 위해서 붓다는 여전히 사념처를 강조한다.

> 비구들이여, 그는 몸이 무너지는 느낌을 느끼면서는 '나는 지금 몸이 무너지는 느낌을 느낀다.'라고 철저히 안다. 비구들이여, 목숨이 끊어지는 느낌을 느끼면서는 '나는 지금 목숨이 끊어지는 느낌을 느낀다.'라고 철저히 안다. 비구들이여, 그는 '지금 곧 이 몸 무너져 목숨이 끊어지면, 즐길 것이라고는 하나도 없는 이 모든 느낌들도 바로 여기서 싸늘하게 식고 말 것이다.'라고 철저히 안다. 비구들이여, 예를 들면 기름을 연(緣)하여 심지를 연(緣)하여 기름 등불이 타는데 기름과 심지가 다하면 불꽃은 받쳐주는 것이 없어져 꺼지고 마는 것과 같다.[57]

사념처를 설명하면서 '몸이 무너지는 느낌', '목숨이 끊어지는 느낌'은 죽음의 때에 느끼는 것이므로 새롭게 추가하고 있다. 평상시에는 '몸에서 몸을 관찰하며[身隨觀], 느낌에서 느낌을 관찰하며[受隨觀], 마

---

57 S36:8 「간병실 경2(Gelañña-sutta)」; 『상윳따 니까야』 제4권, p.446. 이 구절은 S22:88 「앗사지 경(Assaji-sutta)」에도 등장한다.

음에서 마음을 관찰하며[心隨觀], 법에서 법을 관찰하며[法隨觀] 머문다. 열렬함과 알아차림과 마음챙김을 지니고서, 세상에 대한 탐욕과 근심을 벗어나서 머문다.'[58] 붓다는 죽음의 때에 새롭게 설하는 법이 없다. 지계 다음으로 삼법인을 설하고, 삼법인을 실천하는 방법으로 사념처를 제시한다. 이처럼 새로운 가르침을 따로 설하지 않는 것은 이미 설한 가르침을 이때까지 얼마만큼 철저하게 실천하고 있는지가 중요한 것이라는 의미이다. 죽음의 때에 새롭게 알아야 할 것이 없다는 것이 더 큰 가르침이라고 할 수 있다. 법을 처음 듣는 자도, 법을 많이 들은 자도 결국은 이 법을 수행하는지에 달려 있는 것이다.

아나따삔디까 장자는 임종의 때에 이제까지 한 번도 들어보지 못한 법문을 사리뿟따 존자로부터 듣는다. 사리뿟따는 아나따삔디까 장자의 임종시에 문안을 간다. 극심한 고통에 시달리는 장자에게 사리뿟따 존자는 안이비설신의, 색성향미촉법, 안이비설신의식, 지수화풍공식계, 색수상행식에 집착하지 않을 것이라고 철저히 알아야 한다고 한다.[59] 극심한 고통으로 인해서 이들에게 집착할 수 있지만, 집착할수록 고통을 더 커지기 때문이다. 동시에 이는 법에 대한 이해이다. 어떤 법에 대해서도 집착하지 말기를 주장한다. 법에 대해서 집착하는 순간, 그것은 더 이상 법이 아니게 된다. 생멸하는 것으로 보아야 법은 법이

---

58 S47:1 「암바빨리 경(Ambapāli-sutta)」; S47:2 「마음챙김 경(sati-sutta)」; 『상윳따 니까야』 제5권, pp.441-447.
59 M143 「아나타삔디까를 교계한 경(Anāthapiṇḍikovāda-sutta)」

된다. 집착하는 순간 법은 곧 번뇌가 된다.

이는 법이라고 할지라도 이에 집착하는 순간 번뇌가 된다는 것을 보여준다. 삼법인이라고 할지라도 이에 집착하는 것은 법의 특징에 어긋나기 때문이다. 이러한 이유로 법에 대한 하착을 마지막에 놓게 된 것이다. 재가자의 가르침에서는 세속에 대한 집착이라면 여기서는 법에 대한 집착이다. 집착하는 순간 법은 더 이상 법이 아니게 되기 때문에 이를 다시 강조하는 것이라고 할 수 있다. 붓다 이전에는 신(神)에 대한 상착(上着)을 설명할 뿐 '내려놓아라'고 설한 자가 없었다. '놓음'으로 인해서 새로운 세계로 나아가게 된다. 왜냐하면 이제까지 '잡음'으로 인해서 같은 세계가 지속되는 것을 경험하였기 때문이다. 윤회를 벗어나는 방법을 이제까지 설한 자가 없기 때문이다. 그러기에 법에 대한 하착은 궁극적인 가르침이 될 수 있는 것이다.

5) 돌봄의 심리학

붓다가 병자, 유가족, 임종자에게 하는 가르침은 붓다가 존재를 바라보는 관점, 세계를 바라보는 관점이 반영되어 있다고 할 수 있다. 존재, 즉 법은 생멸하므로 인간 또한 법과 마찬가지로 생멸한다. 이러한 생멸에 대한 인식을 철저하게 보여준다. 이를 기반으로 병자, 유가족, 임종자 각각의 경우에 맞추어 가르침을 제시한다. 병자에게는 병을 회복할 수 있는 방안으로 마음이 병들지 않는 것, 칠각지를 통한 경안, 올바른 인식을 통한 회복을 제시한다. 유가족에는 법의 특징을 수용하도록 한다. 유가족의 경우는 모두 죽음을 통해서 법의 특징을 수순하고 관찰하도록 독려한다. 그것이 호상이든 악상이든 마찬가지이다. 수행자의 경우에는 법의 특징을 좀 더 본격적으로 보도록 독려한다.

임종자에게는 지계가 첨가된다. 기본적으로는 법의 특징을 보는 것이 우선되지만, 내세를 위한 준비의 차원에서 지계에 대한 문답을 한다. 이는 삼악도에 떨어지지 않도록 하는 방법이고, 이것이 확보되면 출세간으로 나아갈 수 있도록 수행을 독려한다. 임종자에게는 육도라는 세계관이 바탕이 되고 있다. 삼법인이라는 존재의 특징이 바탕이 되는 가운데, 내세관이 개입되면서 지계와 사념처를 통해서 삼악도로 나아가지 않고 출세간으로 나아가는 것이다. 이렇게 되면 붓다가 병자, 유가족, 임종자를 대하는 방식은 자신의 가르침을 기반으로 하고 있는 것을 볼 수 있다. 즉 붓다의 존재론, 세계관을 바탕으로 병자, 유가족, 임종자를 대하고 있는 것이라고 할 수 있다.

그럼에도 불구하고 붓다가 일상적으로 행하는 가르침과 구별되는 지점이 있다. 첫째 지계를 중요시한다. 이는 수행의 처음이면서 마지막까지 점검하는 것이다. 내생의 토대가 되기 때문에 특히 임종자에게 중요시된다. 둘째 참회를 중요시한다. 이미 계를 어긴 경우라고 할지라도 업을 가볍게 받는 방법을 제시하고 있다. 특히 참회는 과거와 미래의 모든 수행과 서원과 연관된다. 셋째 법의 특징 가운데 몸이 무너지는 느낌, 목숨이 끊어지는 느낌의 두 가지가 새롭게 첨가되고 있다. 이는 임종자에게 특별한 것이고, 후대로 갈수록 중요성이 더해진다. 넷째 후회, 두려움, 염려와 같은 정서에서 벗어나기를 강조한다. 이는 특히 임종자에게 중요시되고 있다.

본 장은 병과 죽음과 관련된 초기경전을 붓다의 병자, 유가족, 임종자에 대한 돌봄의 차원에서 살펴보고 있다. 병과 관련해서는 몸은 병들어도 마음은 병들지 않는다는 가르침을 바탕으로 마음이 병들지 않음으로 병의 회복으로 나아가는 방법, 칠각지와 열 가지 인식은 몸과 마음을 활성화시키고 경안하게 하여 병의 회복으로 나아가는 방법을 제시한다.

유가족에 대해서는 할머니를 잃은 손자, 아들을 잃은 어머니, 수행자의 죽음을 보는 수행자에게 모든 법은 생멸한다는 법의 특징을 자신의 경우로 받아들이게 한다. 법의 특징이 대상으로 남아있는 것이 아니라, 당사자의 것이 될 때 그 당사자의 마음은 새로운 경지로 나아가게 된다. '나의 것'이라는 집착으로부터 벗어나 법의 특징으로 나아가게 된다. 이제까지 의지처가 외부에 있었다면, 이제부터 의지처는 나 자신과 나 자신 안에 있는 법이 된다.

임종자에 대해서는 먼저 재가자의 근심을 내려놓는 것에서 시작한다. 그리고 파계로 인한 후회에 대해서 묻는다. 파계는 증오와 두려움을 낳기 때문에 이 마음은 삼악도와 연결된다. 삼악도로 나아가게 하는 증오와 두려움을 점검하는 것은 지계의 여부이다. 파계를 한 경우에는 참회가 있다. 남과 자신에게 죄를 뉘우치고 고백한다. 이로 인해서 업 자체를 피할 수는 없지만 경미하게 받을 수 있게 된다. 이후에는 삼법인과 사념처를 통해서 더 높은 경지로 나아가기를 독려한다. 붓다에게는 죽음의 때도 수행의 기회가 된다.

특히 임종자에 대한 돌봄은 영적 돌봄으로 나아갈 수 있다. 이는 '영적 돌봄'이라는 현대적인 요구에 대한 불교적 응답이라고 할 수 있다. 병자, 유가족, 임종자가 가지고 있는 상실에 대한 불교적 접근법이라고 할 수 있다. 이를 통해서 불교상담은 돌봄의 심리학이라는 방향으로 확장될 수 있을 것이다.

참고문헌

A = *Aṅguttara-Nikāya,* ed. by R. Morris and E. hardy, London: PTS, 1985-1990.

D = *Dīgha-Nikāya,* ed. by T. W. Rhys Davids and J. E. Carpenter, London: PTS, 1890-1911.

M = *Majjhima-Nikāya,* ed. by V. Trenckner and R. Chalmers, London: PTS, 1977-1979.

PED = *The Pali Text Society's Pali-English Dictionary,* ed. by T. W. Rhys Davids and William Stede, London: The Pali Text Society, 1921-5/1986.

S = *Saṃyutta-Nikāya,* ed. M.L. Feer, London: PTS, 1884-1904.

『디가 니까야』 = 각묵스님 옮김(2006), 『디가 니까야』 제1-3권, 울산: 초기불전연구원.

『맛지마 니까야』 = 대림스님 옮김(2012), 『맛지마 니까야』 제1-4권, 울산: 초기불전연구원.

『법구경』 = 전재성 역주(2008), 『법구경 - 담마파다』, 서울: 한국빠알리성전협회.

『상윳따 니까야』 = 각묵스님 옮김(2009), 『상윳따 니까야』 제1-5권, 울산: 초기불전연구원.

『앙굿따라 니까야』 = 대림스님 옮김(2006), 『앙굿따라 니까야』 제1-6권, 울산: 초기불전연구원.

강윤곤(2009), 「열반을 통해 본 불교의 생사관」, 『종교연구』 55, 성남: 한국종교학회.

김준호(2003), 「초기불교의 산냐(saññā)개념과 오온설(五蘊說)」, 『대동철학』 20, 부산: 대동철학회.

김준호(2011), 「초기불전에 나타난 산냐(saññā 想) 개념의 위상」, 『불교학리뷰』 9, 논산: 금강대학교 불교문화연구소.

담마빨라 스님, 백도수 역주(2007), 『위대한 비구니 장로니게 주석』, 서울: 열린경전불전주석연구소.

문을식(2004), 「불교는 죽음을 어떻게 보고 있는가」, 『보조사상』 22, 서울: 보조사상연구원.

백도수(2003), 「Rūpa(色)에 대한 연구-팔리 경·논을 중심으로」, 『인도철학』 13(1), 서울: 인도철학회.

백도수(2018), 「죽음, 그 이전과 이후에 대한 고찰」, 『불교상담학연구』 12, 경주: 한국불교상담학회.

신경희·윤희조(2021), 「통증과 고통 중재법을 중심으로 본 불교 수행의 생리적 치유 기제와 의학적 의미」, 『동서철학연구』 99, 대전: 한국동서철학회.

심혁주(2013), 「티베트 생사관의 형성배경-환경과 종교의 관점에서」, 『인문과학연구』 37, 춘천: 강원대학교 인문과학연구소.

아날라요, 이성동·윤희조 옮김(2021), 『붓다의 영적 돌봄』, 서울: 씨아이알.

안옥선(2006), 「불교에서 보는 삶과 죽음: 생사윤회를 벗어난 삶의 추구」, 『철학연구』 75, 서울: 철학연구회.

양정연(2013), 「초기 경전에 나타난 善終의 의미-『잡아함경』의 선종사례를 중심으로」, 『선문화연구』 15, 서울: 한국불교선리연구원.

원영상(2012), 「정토교의 임종론 고찰-임종행의(臨終行儀)를 중심으로」, 『정토학연구』 18, 서울: 한국정토학회.

윤호진(1997), 「佛敎의 죽음 이해」, 『가톨릭신학과사상』 21, 서울: 신학과사상학회.

윤희조(2006), 「산냐(saññā)의 양가적 의미」, 『한국불교학결집대회논집』 3, 한국불교학결집대회 조직위원회.

윤희조(2020a), 「대치적 해석과 순차적 해석의 관점에서 본 칠각지」, 『동서철학연구』 98, 대전: 한국동서철학회.

윤희조(2020b), 「불교의 영성에 대한 두 가지 관점 - 신적인 것으로서의 영성과 궁극적 가치로서의 영성」, 『동서철학연구』 96, 대전: 한국동서철학회.

이광준(2006), 『불교의 참회사상사』, 서울: 우리출판사.

이남경(2013), 「사별가족상담을 위한 불교적 방안 연구」, 『인도철학』 37, 서울: 인도철학회.

이덕진(2001), 「유교와 불교의 생사관에 대한 일고찰 - 그 상사성과 관련하여」, 『보조사상』 15, 서울: 보조사상연구원.

이윤주·조계화·이현지(2007), 「사별에 관한 최근 연구동향 분석」, 『상담학연구』 8(3), 서울: 한국상담학회.

이필원(2013), 「초기불교의 임종관 고찰」, 『선문화연구』 14, 서울: 한국불교선리연구원.

임승택(2005), 「죽음의 문제에 대한 고찰 - 초기불교를 중심으로」, 『불교학보』 43, 서울: 동국대학교 불교문화연구원.

정학열(2018), 「사성제(四聖諦)를 통해 본 불교의 생사관 고찰」, 『한국사상과 문화』 94, 서울: 한국사상문화학회.

허남결(2012), 「초기불교에 있어서 삶과 죽음의 문제 - 윤리적 극복가능성을 중심으로」, 『한국교수불자연합학회지』 18(1), 서울: 한국교수불자연합회.

Anālayo(2013), *Perspectives on Satipaṭṭhāna*, Cambridge: Windhorse Publications.

제3부

불교상담과
서구상담

9 불교 성격심리학

　　　　　필자는 불교의 성격이론을 몇 해에 걸쳐서 지속적으로 탐구하여 왔다. 오랜 시간이 걸린 만큼 난제에 속한다고 할 수 있다. 성격은 자아의 전체성의 맥락하에서 이루어지기 때문에 자아의 전체성을 구성하는 요소에 대한 탐구를 전제로 한다. 그러므로 성격이론은 다양한 이론을 포괄하는 전체적인 이론이라고 할 수 있다. 서구의 다양한 심리치료이론은 다양한 성격이론을 제시하고 있다. 다양한 성격이론이 성립가능하다는 것은 각각의 심리치료이론이 바라보는 인간에 대한 관점의 차이에서 기인한다고 할 수 있다. 인간관의 차이로 인해서 인간의 전체성을 말하는 성격이 달라진다고 할 수 있다. 대부분의 성격심리학 교과서에 등장하는 다양한 관점은 이러한 인간관 또는 자아관에 기반한다고 할 수 있다.

　『현대심리치료』라는 세계적인 교과서는 각각의 주요한 심리치료이론이 정해진 항목을 채우는 방식으로 서술되어 있다. 그 한 항목으로 성격이론이 포함된다. 15개 정도의 주요한 심리치료이론은 성격이론의 항목을 모두 채우고 있다. 불교가 주요 심리치료이론으로 나아가기 위해서는 이러한 서구의 주요 심리치료이론이 가지고 있는 항목을 가질 수 있어야 한다. 이러한 맥락에서 불교의 성격이론의 필요성이 대두된다. 불교가 가지고 있는 성격이론적인 내용을 하나의 성격이론으로 드러내고자 하는 것이 본 장의 목표이다.

본 장에서는 불교적 관점에서 성격을 어떻게 볼 수 있는지, 즉 성격 심리학에 대한 불교적 관점(Buddhist perspective)을 다루고자 한다. 찰스와 마이클은 성격을 바라보는 관점으로 성향적(dispositional), 생물학적(biological), 정신분석적(psychoanalytic), 신정신분석적(neoanalytic), 학습(learning), 현상학적(phenomenological), 인지적 자기조절(cognitive self-regulation)의 7가지 관점을 제시한다.[1] 본 장은 이러한 관점 가운데 하나로 불교적 관점을 제시하고자 하는 것이다. 불교적 관점의 성격심리학이 가능한 이유는 불교적 관점의 인간관과 자아관이 다른 심리치료이론과 구분되기 때문이다. 이러한 구분의 가능성을 전제로 본 장은 성격의 의미를 먼저 살펴보고자 한다. 이를 통해서 불교심리학에서 다루고자 하는 성격의 범위가 드러나게 될 것이다. 성격의 의미와 범위는 성격에 대한 정의로 연결된다. 이때의 정의는 본래적 정의라고 할 수 있을 것이다. 다음으로 이러한 성격의 정의에 기반해서 성격의

---

1   Charles S. Carver, Michael F. Scheier, 김교헌·심미영·원두리 옮김(2005) p.38.

분류를 시도하고자 한다. 이는 성격에 대한 포괄적 정의로 연결될 것이다. 이러한 작업을 통해서 성격에 대한 불교적 관점을 드러내고자한다.

1. 성격의 의미와 범위

성격과 관련된 용어를 어원적으로 분석해보고자 한다. 성격은 '퍼스낼리티(personality)'의 번역이다. 퍼슨(person), 즉 '인간'에 추상형 어미를 붙여서 인간을 추상화한 것이다. '인간임'을 말한다. 이는 두 가지의미로 해석할 수 있다. 첫째는 인간을 인간답게 하는 특징을 의미할수 있고, 둘째는 인간 전반에 대한 이해를 의미할 수 있다. 전자는 인간을 인간답게 하는 것이 무엇인가라는 것으로 해석할 수 있고, 후자는인간 전체에 대한 이해를 위한 인간에 대한 개념화, 범주화를 포함한다. 전자는 인간의 본래적인 특징을 말하는 것이고, 후자는 인간의 다양한 특징을 포괄하는 것이라고 할 수 있다. 인간의 성격을 유형화하고, 범주화하는 작업은 후자에 해당된다고 할 수 있다. 인간이 가지고있는 고유한 특징을 범주화하여 인간에 대한 이해를 도모하는 것이다. 후자의 이해는 포괄적 정의의 방식에 의해서 드러난다고 할 수 있다. 전자는 인간을 인간이라고 할 수 있는 가장 큰 특징에 중점을 두는것이다. 이러한 이해는 정의의 방식 가운데 본래적 정의의 방식에 의해서 드러난다고 할 수 있다.

'퍼스낼리티'에 대한 번역어로 인성(人性)이 사용되는 경우가 있다. 'psychology of personality'는 성격심리학 또는 인성심리학으로 번역한다. 인성심리학은 주로 일본에서 사용하는 번역이다. 영어 자체로는 성격보다 인성이 더 정확한 표현이다. 한국어의 인성은 그 사람의 인간성, 됨됨이를 의미한다. 이는 성격의 두 가지 의미 가운데 전자에 가깝다고 할 수 있다. 성격심리학으로 번역할 경우는 인간의 다양한 특징이 형성되는 과정, 그러한 특징을 바라보는 관점, 그러한 특징을 유형화하고 범주화하는 작업을 실천한다.[2] 성격심리학은 포괄적 정의의 범주에 해당하는 내용을 주로 다룬다고 할 수 있다.

'캐릭터(character)'를 성격으로 번역하는 경우가 있다. 캐릭터는 그리스 어원을 보면 '뾰족한 막대기로 새기는 것'을 말한다.[3] 이미 새겨져 있는 특징, 성격, 개성을 의미한다. 다양한 가능성을 전체적으로 보는 것이 아니라 이미 새겨져 있는 특징을 말한다. 이미 형성된 성격을 말한다. 그러므로 성격이 좋다, 나쁘다는 오호가 포함되어 있는 경우가 많다.

성격을 한자로 보면 성(性)과 격(格)으로 이루어져 있다. 성은 인간의 본래적인 특징, 타고난 특징을 말한다. 격은 나무가 다른 나무와 엉키지 않고 곧게 자라는 모습을 표현한다.[4] 나무[木]가 자라면서 가지

---

2 불교에서 성격이 형성되는 과정에 대한 논의는 다른 논문에서 불교의 성격발달이라는 주제로 논의하고자 한다.

3 https://www.etymonline.com/word/character?ref=etymonline_crossreference (2025년 9월 18일 검색)

는 각자[各]의 고유성을 말한다. 한자의 성격(性格)은 인간이 본래 타고난 특징과 이후 인간 각자의 고유성을 동시에 표현한다. 이는 성격이 유전적 요인과 환경적 요인 가운데 어떤 요인에 영향을 받는지와 관련된 논의이기도 하다. 한자 어원에서 보면 성격은 본래 타고난 특징인 유전적 요인과 이후의 자신의 고유한 특징인 환경적 요인을 동시에 포함하게 된다. 성격이라는 한자어에는 유전적 요인과 환경적 요인이 모두 함축적으로 포함되어 있다.

그리고 체질과 기질이 있다. 체질(體質)은 몸을 중심으로 구분하는 것을 말한다. 퍼슨을 범주화하는 다양한 기준 가운데 하나로써 몸을 사용하고 있는 것이다. 몸을 기준으로 인간의 특징을 구분하는 것이라고 할 수 있다. 기질(氣質)은 기를 중심으로 구분하는 것을 말한다. 기질의 영어인 템프라먼트(temperament)는 시간에 따라서 변화하는 것이다. 기의 특징인 변화에 중점을 두고 있다. 기는 몸과 마음 모두에서 드러나므로 단순히 체질과 동일시할 수 없다. 기질은 몸과 마음에 드러나는 기의 특징에 따른 분류라고 할 수 있다. 즉 체질과 기질은 몸과 기라는 분류기준을 이미 제시하고 있는 것이다.

다음으로 성향(disposition)과 배열·배치(constitution, constellation)가 있다. 성향은 '떨어뜨려 두다', '정리하다'는 의미이다.[5] 경향성(propensity)으로도 번역된다. 이는 성격이 패턴화, 유형화된 것을 말한다. 유형화

---

4   하영삼(2014) pp.42-43.
5   https://www.etymonline.com/word/dispose (2025년 9월 18일 검색)

된 성격을 지칭하는 것이다. 배열·배치는 어원적으로 '함께 두다'라는 의미이다. 함께 두므로 배열이 되고, 배치가 된다. 배열과 배치는 융으로부터 시작하는 MBTI의 12가지 성격배치, 사상의학에서 음양의 네 가지 성격 배열 등을 말한다. 성격을 배치하고, 배열하는 것을 말한다. 배치·배열은 성격이 이미 유형화되어서 배치되고 배열된 상태를 말한다.

성격의 어원적 의미와 유의어를 볼 때 성격은 인간의 총체성을 말한다. 인간 전체에 대한 이해를 의미한다. 인간 전체에 대한 이해는 단순히 현재 드러나 있는 현상만으로는 이루어지지 않고, 타고난 특징과 환경적 요인에 의한 특징이 함께 고려되어야 한다. 성과 격은 타고난 특징과 환경적 요인을 말한다. 그러므로 불교의 성격심리학은 두 부분을 함께 다루어야 한다.

또한 퍼스낼리티를 인성으로 번역할 경우 인간됨을 의미한다. 이때의 인간됨은 불교심리학이 추구하는 목표와 연관되어 있다고 할 수 있다. 성격에 대한 다양한 관점 가운데 하나의 관점을 채택하면, 이는 인간을 단순히 분류하는 것이 아니라 추구하는 목표가 나오게 된다. 예를 들어 정신분석적 관점에서는 성격을 자아, 초자아, 원자아로 구분하는 것이 전부가 아니라, 결국 이들의 조화를 이루어내는 것이 인간의 치유라는 목표로 나아가게 된다. 이처럼 불교에서도 인간을 단순히 분류하는 것이 전부가 아니라 인간에 대한 총체적인 이해를 통해서 이르고자 하는 목표가 있다. 이러한 목표를 추구하는 것이 불교 성격심리학이 추구하는 인간의 치유가 된다. 그러므로 불교 성격심리학에서 추구하는 치유를 다룰 수 있어야 한다. 먼저 성격의 정의를 살펴보고자 한다.

2. 불교심리학에서 성격의 정의

찰스와 마이클은 성격을 "한 개인의 독특한 행동과 사고 및 감정의 양상을 창조해 내는, 개인 내부의 심리·신체적 체계의 역동적 조직"으로 정의한다. 이 정의는 요점적으로 정리할 수 있다. ① 성격은 개별 조각들의 단순한 축적이 아니라 조직이다. ② 성격은 수동적인 존재가 아니라 능동적이며, 일종의 과정이다. ③ 성격은 심리적 개념이지만 물질적 신체와도 연결되어 있다. ④ 성격은 원인적 힘이다. 본인이 세상과 어떻게 관계를 맺을지 결정하도록 도와준다. ⑤ 성격은 재현과 일관성을 특징으로 하는 양상으로 드러난다. ⑥ 성격은 한 가지 방식이 아니라 다양한 방식의 행동, 사고, 감정으로 드러난다.[6]

또 다른 정의를 보면 "성격은 개인의 삶에 방향성과 형태(응집성)를 부여하는 인지, 정서 및 행동의 복잡한 조직체이다. 신체와 마찬가지로, 성격은 구조와 과정이 있고 선천성(유전)과 후천성(경험) 둘 다를 반영하고 있다. 그리고 성격에는 현재와 미래의 구성물뿐만 아니라 과거에 대한 기억을 포함하는 과거의 영향도 포함되어 있다."[7] 이러한

---

6   Charles S. Carver, Michael F. Scheier, 김교헌·심미영·원두리 옮김(2005) p.31.

성격에 대해서 세 가지 강조점을 이야기한다. 첫째 성격특성의 정의를 개별 부분들이 총체적인 기능 체계로 조직화된 것으로 본다는 점이다. 둘째 성격의 요소는 인지, 정서, 행동에 대한 강조, 즉 생각하고 느끼고 행동하는 것에 관한 것이다. 셋째 성격에는 시간 차원이 포함되어야 한다는 점이다.

올포트의 성격 정의를 따르고 있는 민경환은 성격을 "환경에 대한 개인의 독특한 적응을 결정하는 개인 내의 정신신체적 체계들의 역동적 조직"으로 정의한다. 이러한 성격의 주요한 특징으로 성격은 내적 속성이다, 성격은 정신신체적 체계들(인지, 감정, 행동)의 통합과정이다, 개인은 고유한 성격을 갖고 있다, 성격에는 일관성이 있다, 성격은 역동적이다는 5가지를 제시한다.[8]

이러한 성격의 정의를 보면 성격의 범위, 구성요소, 특징, 목표로 범주화해서 볼 수 있다. 먼저 성격이 다루는 범위는 심리에서 신체까지를 다루고, 유전에서 환경까지를 다루고, 과거에서 미래까지를 다룬다. 인지, 정서, 행동은 구성요소인 동시에 성격의 결과물이기도 하다. 성격은 고유하고, 일관적이고, 역동적이고, 복합적이고, 내적이고, 조직적인 특징을 가지고 있다. 환경에 대한 적응, 총체적인 기능 체계가 성격의 목표가 된다.

성격은 한 인간의 심리와 신체에 의해서 형성되고, 유전적 요건과

---

7   Lawrence A. Pervin, 정영숙·안현의·유순화 옮김(2005) p.532.
8   민경환(2002) pp.3-6.

후천적인 환경에 의해서 형성되고, 과거·현재·미래에 의해서 형성된다. 성격에 영향을 미치는 요인들의 범위를 이렇게 세 가지 차원에서 볼 수 있다. 한 인간을 형성하고, 한 인간에 영향을 미칠 수 있는 전체가 성격이 형성되는 범위이고, 성격이 영향을 미치는 범위라고 할 수 있다. 즉 인간 전체가 성격과 연관된다.

인간의 대표적인 기능인 인지, 정서, 행동이 성격의 구성요소인 동시에 성격의 결과물로 기능한다. 즉 성격은 인지, 정서, 행동에 의해서 영향을 받고, 이들에 영향을 끼친다고 할 수 있다. 또한 성격은 한 개인에 대해서 고유한 특징을 가진다. 그러나 성격 일반에 대한 논의는 모든 인간에게 적용되는 보편성을 가질 수 있다. 그리고 성격은 지속적이며 일관적이고 유형화된 형태를 가진다. 그리고 성격은 역동적이면서 복합적이고 내적이면서 시스템적이라고 할 수 있다. 성격은 다루는 범위에서 볼 때 다양한 요인이 영향을 미치므로, 복합적이면서도 역동적이다. 복합적이면서 역동적이지만 이들은 내적으로 체계가 잡혀있다고 할 수 있다.

이러한 관점을 중심으로 불교심리학의 관점에서 성격을 볼 수 있다. 성격은 인간 전체에 대한 탐구의 일종이므로 불교의 대표적인 인간관인 오온의 차원에서 성격을 살펴볼 수 있다. 우선 오온의 색수상행식(色受想行識)이 모두 성격에 영향을 끼친다고 할 수 있다. 또한 성격이 색수상행식에 영향을 끼친다고 할 수 있다. 성격과 색수상행식이 서로 영향을 주고 받는 것이다. 나아가서는 색수상행식 이외에 별도로 성격을 세우지 않으므로, 색수상행식에 성격이 포함된다고 할 수 있다. 이제 색수상행식과 성격을 어떻게 연관시킬 수 있을지를 살펴볼 수 있다.

첫째 성격에는 심리뿐만 아니라 신체도 포함된다고 하는 성격의 정의는 불교심리학에도 그대로 적용할 수 있다. 오온 가운데 색은 신체를 말한다. 오온 전체를 성격과 연관해서 볼 수 있다면, 색이라는 신체는 성격의 구성요소로 포함된다. 색은 지수화풍 사대(四大)와 사대로 형성된 것[四大所造]을 말한다. 이들에 의해서 물질적 토대가 마련된다. 사대와 사대소조의 균형과 불균형에 의해서 신체적인 특징이 드러난다. 그 균형과 불균형에 의해서 드러난 신체적인 특징을 체질이라고 부를 수 있을 것이다. 불교적 관점에서는 지수화풍 사대의 균형과 불균형에 의해서 건강과 불건강이 드러나고, 성격적 특성이 드러나게 된다. 지수화풍은 견습난동(堅濕暖動)이라는 딱딱함, 수분, 열기, 움직임의 기능 가운데 어떤 기능이 작용하는지에 따라서 고유한 성격이 드러나게 된다. 이러한 체질은 성격의 한 부분을 구성한다. 이러한 체질은 단순히 체질로만 남는 것이 아니라, 식(識)과 명색(名色)의 상호작용에 의해서 심신연기(心身緣起)가 성립한다. 이는 십이연기의 명색과 식의 상호작용적 연기구조에서 볼 수 있다.

유전과 환경의 문제에서 유전을 몸의 부분으로 생각하면, 몸과 마음과 환경은 하나의 스펙트럼을 가지는 성격의 범위로 성립할 수 있게 된다. 몸과 마음과 환경의 상호작용은 시간상에서, 과거·현재·미래의 삼세(三世)에서 이루어지게 된다. 이때의 과거는 유전이라는 요소로 인해서 몸이 탄생하기 이전부터를 말한다. 이는 몸의 형성과정 이전의 영향을 의미한다. 이를 오온 가운데 색이라고 할 때 지수화풍이라는 구성요소는 개인으로서의 인간이 존재하기 이전부터 존재한다. 또한 연기에 의해서도 현세 이전부터 인간이 성립하는 것을 볼 수 있다. 그러므로 시간적으로 과거라고 할 때 한 개인의 성격은 그 개인의 육체적인 탄생 이전부터 영향을 받는다고 할 수 있다. 그리고 미래는 미래에 대한 지금의 생각이 현재에 영향을 끼치기 때문에 미래가 성격에 영향을 미치는 것이다. 미래에 대한 지향과 관점이 현재의 성격에 영향을 미친다는 의미라고 할 수 있다. 그러므로 불교심리학에서 성격의 범위는 몸, 마음, 환경의 과거세에서부터 미래에 대한 생각까지의 시공간적인 범위라고 할 수 있다.

둘째 성격의 구성요소와 관련해서 인지, 정서, 행동이 성격의 구성요소이면서 동시에 성격에 영향을 미친다. 세 가지 구성요소와 성격은 상호연기적으로 영향을 미치고 있다. 이러한 의미에서 인지심리학, 정서심리학, 행동심리학 이후에 등장하는 것이 성격심리학이라고 할 수 있다. 불교심리학적 관점에서 보면 정서, 인지, 행동은 오온 가운데 수상행(受想行)에 해당한다고 할 수 있다. 수상행은 마음의 다양한 기능을 말한다. 다양한 기능은 인지적 기능, 정서적 기능, 동기적 기능으로 대표된다. 행동을 동기의 외현으로 말할 수 있다면 인지, 정서, 행동은 오온 가운데 대표적인 마음의 기능의 영역이라고 할 수 있다. 행동의 물질적인 측면은 색에서 표현된다고 할 수 있으므로 기능의 측면에서 인지, 정서, 행동을 볼 수 있다. 인지, 정서, 행동이라는 기능이 성격의 구성요소이면서 성격의 결과라고 한다면, 성격은 마음의 기능과 밀접하게 연관되어 있다고 할 수 있다. 마음의 기능뿐만 아니라 물질, 즉 색 또한 물질적 기능이라고 한다면, 불교심리학에서 성격은 인간의 기능이 구성요소가 되고 결과물이 되는 일종의 기능이라고 할 수 있다.

불교심리학은 인간을 기능적 존재와 가능적 존재로 파악한다. 인간은 다양한 기능을 하는 존재이다. 이러한 기능의 대표가 물질적 기능, 정서적 기능, 인지적 기능, 행동적 기능이다. 이러한 기능이 구성요소가 되고 기능이 결과물로써 도출된다면, 성격은 기능의 역동성과 복합성을 일관되고 고유하게 유형화되고 조직화된 형태로 만드는 내적인 기제라고 할 수 있을 것이다. 즉 성격은 역동적이고 복합적인 기능을 일관되고 고유하게 유형화되고 조직화된 형태로 만드는 내적인 기제라고 할 수 있다.

여기서 한 걸음 더 나아가면, 셋째 성격의 목적이 불교심리학적 관점에서 드러난다. 올포트의 성격 정의에는 성격의 목적이 드러나고 있다. '환경에 대한 적응'이 성격의 목적이라고 할 수 있다. 불교심리학에서는 인간을 기능적 존재이면서 가능적 존재로 보기 때문에 가능성을 위해서 기능성을 발휘하는 것이 성격의 목적이 될 것이다. 이때의 가능성은 궁극적으로는 붓다가 될 수 있는 가능성, 즉 불성의 가능성을 말하는 것이다. 이때의 불성은 가능성이 완전히 기능하는 상태라고 할 수 있다. 즉 인간의 기능성이 완전히 또는 온전히 작동하는 상태인 것이다. 인간의 기능성이 완전히 작용하기 위해서는 번뇌가 제거될 필요가 있다.

불교심리학에서는 기능 자체가 성격을 구성하는 것이 아니라, 기능성의 작용 여부가 성격을 구성한다고 보는 것이다. 기능 자체는 모든 인간에게 공통적으로 존재하므로, 각각의 기능이 어떤 방식으로 작용하는지의 고유성이 성격을 구성하는 요소가 된다. 이러한 각각의 고유성이 단지 축적되는 것이 아니라 전체적으로 통합되고 조직화된 형태를 가지는 것이 성격이 된다. 그렇다면 불교심리학에서 성격은 인지, 정서, 행동이라는 각각의 기능에 대한 번뇌의 작용 여부에 따라서 결정된다고 할 수 있다. 이러한 성격의 결정은 오온 가운데 식(識)의 작용이 함께 한다. 성격은 단지 수동적으로 결정되는 것이 아니라, 능동적인 과정이다. 이러한 능동성은 마음의 결택작용에 의해서 가능하다. 결택은 선택을 말하는 것으로 마음의 작용에 의해서 번뇌의 활동 여부가 선택된다. 이렇게 되면 성격은 인지, 정서, 행동이라는 기능성 여부에 따라서 선택되는 것이다. 성격은 수동적인 것이 아니라, 능동적인 선택의 문제로 나아갈 수 있는 여지가 생기게 된다.

성격에는 물질의 기능에 의한 측면과 마음의 기능에 의한 측면이 있다. 물질의 기능에 의한 성격의 측면은 물질의 변화로 인해서 선택 또는 역동적 변화가 가능하고, 마음의 기능에 의한 성격의 측면은 마음의 기능의 변화로 인해서 역동적 선택적 변화가 가능해진다. 변화의 가능성에는 일관성과 유형성이 양립가능하다. 일관적이고 패턴화된 형태로의 변화가 가능하기 때문이다.

이렇게 되면 불교심리학에서 성격을 정의할 수 있게 된다. 정의는 유개념과 종차를 통해서 살펴볼 수 있다. 성격의 유개념과 종차를 통해서 성격의 정의도 살펴볼 수 있다. 이 유개념과 종차 안에는 성격이 영향을 미치는 범위, 성격의 구성요소, 성격의 목표, 성격의 특징이 포함된다. 성격의 유개념은 '기능'이라고 할 수 있다. 이는 구성요소가 기능이고, 결과물 또한 기능이고, 기능과 기능을 연결하는 기제라고 할 때 기제 또한 기능의 일종이라고 할 수 있다. 성격을 기능으로 보는 것은 불교심리학의 독특한 관점이다. 이는 불교심리학의 인간관에 기반한다. 인간을 기능적, 가능적 존재로 보기 때문에 성격을 기능으로 보는 것이 가능해진다. 종차와 관련해서는 기능은 기능인데 어떤 기능인지가 문제가 된다. 불교심리학에서 성격은 '인간의 몸과 마음과 환경의 영향하에서 인지, 정서, 동기, 행동으로 대표되는 인간의 기능을 일관되고 고유하게 유형화되고 조직화된 형태로 만드는 역동적, 복합적, 내적 기능'이라고 정의할 수 있다.

이러한 성격의 정의를 요약적으로 설명하면 첫째 성격은 일종의 기능이다. 이는 오온 전체가 기능이므로 성격도 또한 기능이라고 할 수 있다. 성격의 주요 구성요소이면서 결과물이라고 할 수 있는 몸도 기능의 관점에서 볼 수 있고, 마음도 기능의 관점에서 볼 수 있다는 것이다. 둘째 성격은 몸과 마음과 환경을 통해서 형성된다. 성격에는 몸의 기능과 관련된 측면, 마음의 기능과 관련된 측면, 환경과 관련된 측면이 있다는 것이다. 셋째 성격은 인간의 대표적인 기능인 인지, 정서, 행동을 고유하고 일관되게 유형적으로 조직하는 기능을 한다. 넷째 성격은 반대로 이러한 인간의 대표적인 기능인 인지, 정서, 행동이 고유하고 일관되게 유형적이며 조직적인 기능의 형태로 성격을 형성한다. 다섯째 이러한 성격은 인지, 정서, 행동이라는 각각의 기능이 잘 기능하도록 하는 역할을 한다. 이렇게 되면 성격은 어떠한 형태로 유형화되고 조직화되는지가 문제가 된다. 여기에서 각각의 기능이 역기능하게 하는 번뇌가 등장한다.

3. 성격의 유형

1) 몸의 기능에 따른 분류

성격은 몸, 마음, 환경에 영향을 받는다. 이들 가운데 먼저 몸에 의해서 형성되는 성격을 살펴보고자 한다. 몸에 의해서 영향을 받는 성격에 대해서는 동서양에서 공통적으로 등장한다. 서양에서는 히포크라테스와 갈렌의 의학에서 점액에 따른 분류를 볼 수 있다. 사람을 점액질(phlegmatic), 우울질(melancholic), 다혈질(sanguine), 담즙질(choleric)로 분류하고 그 각각에 대해서 성격 특징이 등장한다.[9] 동양의학에서는 오장육부(五臟六腑)라는 장부의 기능이 활성화되는 정도에 따라서 성격의 특징이 등장한다. 두 경우 모두 의학을 중심으로 발전한 것으로, 체질에 따른 성격의 특징을 밝히고 있다. 이때의 체질은 점액질의 다소에 따른 기능의 차이와 내부기관의 기능의 대소에 따른 기능의 차이를 보여준다. 둘 다 기능을 중심으로 하고 있다는 점에서 공통점을

---

9 Charles S. Carver, Michael F. Scheier, 김교헌·심미영·원두리 옮김(2005) pp.107. 점액질은 정서적으로 안정되면서 내향적인 성격을 가지고, 우울질은 정서적으로 불안정하면서 내향적인 성격을 가지고, 다혈질은 정서적으로 안정되면서 외향적인 성격을 가지고, 담즙질은 정서적으로 불안정하면서 외향적인 성격을 가진다. 히포크라테스, 여인석·이기백 옮김(2011); 최자영(2005) pp.1-30.

볼 수 있다.

몸과 관련한 또 하나의 예로 볼 수 있는 것이 애니어그램에 의한 성격유형이다. 애니어그램에 따르면 머리, 심장, 장이라는 몸의 장부 가운데 어떤 기능을 주로 사용하는지에 따라서 성격이 결정된다. 이는 오장육부의 장부보다는 거친 분류이지만, 머리, 즉 뇌가 성격을 결정하는 하나의 요소로 들어간다는 점에서는 진일보하고 있다고 할 수 있다. 클로닌저가 개발한 기질 및 성격검사(Temperament and Character Inventory, TCI)는 기질과 성격을 함께 측정한다.[10] 이는 기질과 성격을 함께 다룰 때 성격의 전모가 드러날 수 있다는 점을 보여준다고 할 수 있다.

최신 관점으로 신경전달물질에 의한 성격분류를 볼 수 있다. 신경전달물질에 의한 성격분류의 가능 근거를 살펴볼 수 있다. 첫째 신경전달물질은 단순히 신경계만 다루는 것이 아니라 신경계, 내분비계, 면역계 전반에 걸쳐서 영향을 끼치므로 우리 몸의 전체성을 보여주는 시스템조절물질이라고 할 수 있다. 신경전달물질은 몸에서 하나의 기능을 담당하는 것이 아니라 몸 전체를 담당하므로, 성격은 전체성을 다룬다는 테제에 부합한다고 할 수 있다. 둘째 신경전달물질은 몸의 기능을 다루고 있다고 할 수 있다. 각각의 기관이 존재하는 동시에 기관들 간의 균형을 맞추는 것으로 신경계, 내분비계, 면역계가 존재

---

10 이수진, C. Robert Cloninger, Kevin M. Cloninger, 채한(2014) pp.213-224.

한다. 세 가지 계가 동조함으로써 하나의 기능을 내게 된다. 셋째 신경 전달물질이 매우 짧은 기간 동안 유지되고 다른 신경전달물질로 바뀐다고 할지라도 신경전달물질에 의해서 보이는 성격적 특징은 유한하다고 할 수 있고, 이 성격 특징은 몸이 표현할 수 있는 최대치의 성격 특징이라고 할 수 있다는 점에서 신경전달물질의 성격적 표현양태가 몸의 성격의 최대치라고 할 수 있다. 이 셋을 함께 보면 신경전달물질을 통해서 몸의 전체적인 기능성을 볼 수 있게 된다. 그러므로 신경전달물질에 의해서 드러나는 특징은 몸의 전체적인 기능성의 특징이라고 할 수 있고, 몸의 성격이라고 할 수 있다. 성격을 '인지, 정서, 동기, 행동으로 대표되는 인간의 기능을 일관되고 고유하게 유형화되고 조직화된 형태로 만드는 역동적, 복합적, 내적 기능'이라고 할 때, '인지, 정서, 동기, 행동으로 대표되는 인간의 기능'에 '몸의 기능'이 추가된다고 할 수 있다. '몸의 기능을 일관되고 고유하게 유형화되고 조직화된 형태로 만드는 역동적, 복합적, 내적 기능'이 될 것이다.

먼저 교감신경계와 부교감신경계를 보면 교감신경계(sympathetic nervous system)는 스트레스적 상황에 따른 신경계이고, 부교감신경계(parasympathetic nervous system)는 이완 상태에 따른 신경계이다. 이 둘 가운데 어떤 것이 활성화되는지는 외부상황에 대한 인식에 기반하고 있다. 이는 환경이 성격에 영향을 미치고 있는 것이라고 할 수 있다. 신경계 각각의 활성화 하에서 인간의 나머지 모든 기능이 작동한다. 그러나 모든 기능이 작동할지라도 어떤 기능을 줄이고, 어떤 기능을 확대할지는 어떤 신경계가 활성화되는지에 따라서 결정된다. 교감신경계에서는 감각기능이 활성화되는 대신 소화기능, 생식기능은 비활성화된다. 이러한 신경계는 몸과 관련된 성격의 전형을 보여준다고 할 수 있다. 즉 신경계는 이미 신체적으로 타고난 것이고, 환경에 대한 마음의 태도에 따라서 어떤 신경계를 선택하는지를 볼 수 있기 때문이다. 이러한 선택에 의해서 나타나는 반응은 일관적이고 조직적이고 복합적이고 패턴화되어 있고 개인에 따라서 고유한 형태로 나타난다. 예를 들어 긴장을 한다고 할지라도 개인에 따라서 고유한 긴장의 방식이 존재한다.

신경전달물질 가운데 대표적인 것으로 도파민, 노르에피네프린, 세로토닌이 있다. 이들 각각을 탐진치에 대응시켜서 탐진치의 신경생리학을 보여준다.[11] 탐진치라는 번뇌를 신경전달물질과 연결시키고 있다. 아리타 히데호(有田秀穂)의 이러한 연구에서 좀 더 발전한 연구라고 할 수 있는 헬렌 피셔(Helen Fisher)의 연구에 의하면 도파민·노르에피네프린, 세로토닌, 테스토스테론, 에스트로겐·옥시토신이라는 네 가지 생물학적 시스템이 각각 특정한 성격적 특성과 연결되어 있다고 한다.[12] 연구의 타당성 검증을 위해서 기능적 자기공명영상(fMRI)을 통하여 검증하고 있다. 몸이 성격에 영향을 미치는 것과 관련해서 뇌의 기능을 측정하는 기능적 자기공명영상에 의한 특정 부위의 뇌활성화

11 　有田秀穂(2017) pp.115-119.
12 　https://www.hbrkorea.com/article/view/atype/ma/category_id/2_1/article_no/921/page/1 (2025년 9월 18일 검색)

정도를 보는 것이 지금 현재로는 가장 정확한 측정방법일 것이다. 이것에 기초한 체질에 따라 성격유형을 구분하는 것이 최적이라고 생각된다.

도파민·노르에피네프린 시스템과 관련해서는 호기심이 많고, 창의적이고, 즉흥적이고, 활동적이고, 생각이 유연하고, 모험을 좋아하고, 새로운 것을 추구하게 된다. 도파민(dopamine)은 '사랑과 창조의 호르몬'으로 불리지만, 한편으로는 '쾌락과 중독의 호르몬'이라 불리기도 한다. 열정, 활력, 창조력의 원천이 되는 신경전달물질이며 기쁨, 사랑 등의 긍정적 감정을 생성하고 적극적 생각과 예술적 영감이 떠오르도록 한다.[13] 도파민은 다른 동물에 비해 특별히 인간의 뇌에서 많이 생산되어 인간에게 고도의 정신기능과 창조성이 발휘되도록 한다. 도파민은 쾌락과 관련된 물질이기도 하지만, 공포감이 신경계를 자극할 때에도 분비된다. 그래서 두려움과 쾌락은 같은 기원을 가진다고 말한다. 공포를 경험할 때 도파민의 분비가 증가하는 것에는 생리학적으로 타당한 이유가 있다. 도파민이 노르에피네프린과 에피네프린의 전구물질이기 때문이다. 주의력이나 경계심 유지에 중요한 역할을 하는 노르에피네프린(norepinephrine)은 뇌에서 작용하는 물질 중에서 가장 강력한 각성 작용을 한다. 노르에피네프린은 스트레스나 위기 상황에 직면했을 때 뇌세포를 활성화시켜 집중력, 사고력, 이해력을 향상시킨다.[14] 이처럼 도파민이 노르에피네프린의 전구물질인 만큼 둘은 밀접

---

13 신경희(2018) p.331.

14 신경희(2018) p.142.

히 연관되어 있다고 할 수 있으므로, 둘을 하나의 시스템으로 묶어서 성격특성을 보는 것이다.

세로토닌 시스템과 관련해서는 사교적이고, 소속 욕구가 강하고, 전통적 가치관을 중시하고, 탐구 욕구가 약하게 된다. 세로토닌(serotonin)은 내면의 평화, 휴식, 행복감과 관련된 물질이므로 행복 호르몬, 치유 호르몬이라고도 불린다. 세로토닌은 도파민이나 에피네프린과 같은 각성형 호르몬을 억제함으로써 평온한 마음, 침착한 기분이 되도록 작용한다.[15]

테스토스테론 시스템과 관련해서는 의지가 강하고, 직설적이고, 단호하고, 회의적이고 자기주장이 강하고, 에스트로겐·옥시토신 시스템과 관련해서는 직관적이고, 상상력이 풍부하고, 남을 잘 신뢰하고, 감정 이입을 잘하고, 맥락을 고려해 장기적인 사고를 하고, 타인의 감정을 잘 파악하고, 일반적으로 말주변과 사회성이 좋다고 한다. 옥시토신(oxytocin)은 눈맞춤, 애착, 신뢰감 형성 등 전반적 사회성에 관여한다. 모성을 매개하는 호르몬이면서 심신이 충분히 이완된 상태에서 분비되는 치유의 호르몬이기도 하다. 옥시토신은 불안을 낮추고 안정감과 신뢰감을 느끼게 하며, 애착과 접근행동을 일으키고 사회적 상호작용을 향상시키는 호르몬의 역할을 한다.[16]

도파민·노르에피네프린 시스템에서 허용되는 성격적 특징은 열정,

---

15 신경희(2018) p.144.

16 신경희(2018) p.149, pp.164-165.

활력, 창조력, 기쁨, 사랑, 적극적 생각과 예술적 영감, 주의력, 집중력, 사고력, 이해력, 공포감이다. 정서적인 면에서 보면 기쁨과 사랑에서 공포감까지를 포괄하고 있다. 인지적인 면에서는 창조력, 예술적 영감, 주의력, 집중력, 사고력, 이해력이 포함되어 있고 동기적인 면에서는 열정, 활력, 적극이 포함되어 있다. 여기서 중요한 점은 인지, 정서, 동기는 구분할 수 있는 것이 아니라 이들이 도파민·노르에피네프린 시스템하에서 하나의 유기체적 특징을 가진다는 것이다. 이들을 긍정, 부정의 측면에서 보면 기쁨과 사랑이라는 긍정적 정서에서 공포라는 부정적 정서까지를 포함한다. 성격의 전체성 안에 긍정과 부정이 모두 포함될 수 있기 때문이다. 여기에서 중요한 것은 긍정과 부정은 이후에 판단에 의한 것이고, 기쁨, 사랑과 공포가 하나의 시스템에서 동일한 근원을 가지고 유기적으로 활동한다는 것이다. 즉 이렇게 되면 기쁨과 사랑과 공포가 상반되는 정서라서 함께 묶을 수 없는 것이 아니라, 상반된 정서가 하나의 유기적인 성격 특징으로 묶일 수 있다는 결론에 도달하는 것이 중요한 지점이 된다.

도파민은 즐거움의 추구가 근원적인 동기로 작용한다. 즐거움의 추구는 즐거움의 상실이 함께 한다. 즐거움과 두려움이 함께 존재한다. 그러므로 도파민과 노르에피네프린을 하나의 시스템으로 분류하고 있다. 도파민은 즐거움의 추구가 근원적 동기이므로 호기심이 많고, 새로운 것에 대한 추구가 많다. 이러한 추구의 좌절은 성냄으로 나아간다.

세로토닌은 도파민과 노르에피네프린을 안정화시킨다. 도피민의 가장 큰 특징이 새로움의 추구인 반면, 세로토닌은 탐구 욕구가 약하고 기존의 가치를 유지한다는 것에 방점이 찍힌다. 세로토닌은 평화, 휴식, 행복감, 평온한 마음, 침착한 기분이 성격적 특징으로 드러난다. 좀 더 나아가서는 섬세, 차분, 깐깐, 꼼꼼, 소심이 성격적 특징으로 포함될 수 있다. 이러한 한 그룹의 특징이 하나의 성격으로 분류될 수 있다. 이러한 특징에는 지속적인 가치를 유지하는 것에 중점을 두고 있다.

테스토스테론은 강력한 의지로 단호하게 자기주장을 하고, 공격적이고 경쟁적인 성격으로 나아간다. 이와는 반대로 에스트로겐·옥시토신 시스템은 눈맞춤, 애착, 안정감, 신뢰감, 감정이입 등 전반적 사회성과 연관되어 있다. 이들 둘의 차이는 남녀의 차이를 반영한다고 할 수 있다. 이는 신체적인 특징에 있어서 가장 큰 차이인 남녀의 차이가 성격으로 반영된 것이라고도 할 수 있다.

그러므로 도파민·노르에피네프린과 세로토닌이 한 쌍을 이루고, 테스토스테론과 에스트로겐·옥시토신이 한 쌍을 이룬다.[17] 테스토스

---

17 아이젱크의 연구는 히포크라테스와 갈렌, 융과 분트 등이 확인한 네 가지 유형이 두 개의 초특성(supertrait)의 상하위 수준의 조합으로 구성되었을 것이라는 아이디어로 연구를 시작했다. Charles S. Carver, Michael F. Scheier 공저, 김교헌·심미영·원두리 공역(2005) pp.106-108. 신경전달물질에 의한 두 쌍의 시스템의 경우도 최상위의 신체적인 특징이라고 할 수 있을 것이다. 테스토스테론과 에스트로겐·옥시토신시스템은 남녀의 구분이라는 최상위의 구분에 해당하고, 도파민·노르에피네프린과 세로토닌시스템은 외부환경을 대하는 최상위의 두 가지 반응이라고 할 수 있다. 이는 5요인모델에 대해서도 성립할 수 있는 가능성을 볼 수 있다. 5요인이 다시 2개의 상위 차원으로 줄어들 수

테론과 에스트로겐·옥시토신이 가장 큰 신체적인 특징에 따른 성격 분류라고 한다면, 도파민·노르에피네프린과 세로토닌은 외부환경에 대한 가장 큰 범위의 대처방식이라고 할 수 있다. 도파민·노르에피네프린은 새로운 것의 추구이다. 새로운 것에 대해서 즐거움을 추구할 수도 있고, 전투를 추구할 수 있다. 세로토닌은 이러한 추구를 하지 않는 상태이다. 추구와 비추구가 대상에 대한 두 가지 대표적인 태도라고 할 수 있다.

불교심리학에서는 몸과 관련하여 번뇌의 특징에 따라서 살펴볼 수 있다. 도파민·노르에피네프린과 세로토닌은 탐진-치로 구분하여 볼 수 있다. 도파민에는 탐의 특징이, 노르에피네프린은 진의 특징이, 세로토닌에는 치의 특징이 있다고 볼 수 있다. 도파민과 노르에피네프린이 하나의 시스템으로 작용한다는 것은 탐진이 떨어질 수 없을 만큼 밀접하게 연관되어 있다는 점을 보여준다. 탐에 의해서 새로운 것에 대한 추구를 한다면, 진에 의해서 기쁨에서 공포까지의 포괄적인 정서가 드러난다. 반면 세로토닌은 이러한 탐진이 발현되기 이전의 상태를 말한다. 즉 탐진의 근원이지만 아직 탐진으로 발현되지 않은 상태라고 할 수 있다. 그러나 언제든지 발현될 수 있는 상태이기도 하다. 그러한 측면에서 치는 세로토닌시스템의 특징을 닮아있다고 할 수 있다.

있다는 지적이 있다. 우호성과 성실성은 정서적 안정성으로 설명될 수 있고, 외향성과 지성은 많이 연관되어 있다. Charles S. Carver, Michael F. Scheier, 김교헌·심미영·원두리 공역(2005) p.119.

도파민·노르에피네프린과 세로토닌은 외부대상에 대한 태도와 연관되어 있다. 반면 테스토스테론과 에스트로겐·옥시토신은 신체 내부의 특징이라고 할 수 있다. 외부대상에 대해서는 두 가지 태도, 즉 추구와 비추구를 취하는 것이 가능하다. 그리고 이에 대해서는 탐진치라는 마음의 기능이 개입할 여지가 있게 된다. 두 가지 태도이므로 탐진과 치라는 마음기능의 구분으로 이야기할 수 있다. 몸 자체의 신체적인 특징에 따른 구분이라고도 할 수도 있는 테스토스테론과 에스트로겐·옥시토신은 신체를 대하는 두 가지 태도라고 할 수도 있고, 몸을 바라보는 두 가지 관점이라고 할 수도 있다. 자기를 주장하고 비아(非我)를 공격하고 경쟁하는 존재로 파악할 것인지, 비아와 사회적인 관계성을 맺어야 하는지에 대한 이해라고 할 수 있다. 이는 자기를 드러내고 표현하는 방식의 차이라고 할 수 있다. 이렇게 되면 네 가지 시스템은 자기를 드러내는 방식과 연관해서 테스토스테론과 에스트로겐·옥시토신시스템이 있고, 외부대상과 관계맺는 방식과 연관해서 도파민·노르에피네프린과 세로토닌시스템이 있다고 할 수 있다.

2) 마음의 기능에 따른 분류

몸의 기능에 따른 분류는 뇌과학적 연구성과를 적극 활용한 성격분류라고 한다면, 마음의 기능에 따른 분류는 불교의 고유한 영역을 드러낸다.

> 그때 세존께서는 '불안(佛眼)'으로 세상을 바라보면서 조금밖에 오염되지 않은 중생, 많이 오염된 중생, 예리한 감각능력을 지

닌 중생, 둔한 감각능력을 지닌 중생, 아름다운 모습의 중생, 추한 모습의 중생, 가르치기 쉬운 중생, 가르치기 어려운 중생 그리고 내세와 죄악을 두려워하는 중생(두려움을 가지고 내세와 죄악을 보는 자)을 보았다.'[18]

이 구절은 불교 성격심리학의 정초가 되는 구절이라고 할 수 있다. 붓다가 불안, 즉 붓다의 관점으로 중생들의 근기를 파악한 것이다. 이는 붓다가 깨달음을 얻은 직후 천신 사함파티의 권청에 의해서 세상에 자신의 법을 설하고자 할 때 중생의 근기를 본 것을 기록한 것이다. 조금밖에 번뇌에 오염되지 않은 중생, 예리한 감각능력을 지닌 중생, 가르치기 쉬운 중생이 있기 때문에 붓다는 설법을 결정하게 된다. 범부에게도 이러한 구분이 있다는 것이다.

불교에서 가장 큰 구분 가운데 하나가 범부와 성인의 구분이다. 그러나 범부를 더 구체적으로 다루지는 않고 있다. 성인으로 나아가는 것이 목표이기에 범부는 전체로 하나의 특징을 가진다. 탐진치에 물들어 있는, 오염되어 있는 존재라는 것이다. 그러나 이들 범부를 둘로 나누어 볼 수 있기 때문에 붓다는 설법을 결정하게 되고, 범부에게 불사의 문이 열리게 된다.

이렇게 되면 범부의 구분은 붓다로 하여금 설법을 결심하게 할 만큼 중요한 구분이라고 할 수 있다. 붓다가 실제로 교화행을 시작하게 된

---

18 『마하박가-율장대품』 p.96.

것은 이러한 구분으로부터 시작한다고 해도 과언이 아니다. 그러므로 이러한 범부의 구분을 명료하게 하는 것은 붓다의 설법의 여부와 기준을 보는 것이므로 중요한 의미를 지닌다.

　불교심리학 가운데 불교심소학의 분야는 마음의 다양한 기능을 보여준다. 이러한 다양한 기능을 현대심리학의 분류에 따라서, 인지, 정서, 행동, 성격으로 구분하여 볼 수 있다. 성격은 인지, 정서, 행동의 요소를 모두 가지고 있다. 그럼에도 불구하고 성격을 따로 설정할 수 있는 근거는 이들의 비율로 인해서 새로운 무엇인가가 만들어질 수 있기 때문이다. 이때 만들어지는 것은 단순하게 이전의 인지, 정서, 행동의 요소로 환원할 수 없는 것이 된다. 왜냐하면 인간이라는 유기체 안에서 어떤 비율로 되어 있는지가 그 개인의 전체가 되기 때문이다. 아무리 부분으로 구분할 수 있다고 할지라도 실제로 한 인간 안에서는 이들의 비율로 한 인간이 이루어지기 때문이다. 인지적 요소, 정서적 요소, 행동적 요소로 구분할 수 있고, 이들이 상호보완적으로 연결되어 있다고 할지라도 실제로 인간의 기능에서는 이 각자들의 종합으로서 성격은 또 다른 문제가 될 수 있다. 이들의 종합으로서 성격은 오히려 그 구성요소에게 영향을 주게 된다. 성격이 단순히 구성요소로 구성된 것이라면, 구성요소들이 성격에 영향을 끼치는 하나의 방향만이 가능한데, 쌍방향의 영향이 가능하다는 점에서 인지, 정서, 행동과 성격은 구분된다고 할 수 있다. 이러한 성격의 구분의 불교적 가능 근거를 위의 인용문에서 볼 수 있다. 이 경전에 따라서 불교 성격심리학은 성립할 수 있다.

(1) 번뇌에 조금 밖에 오염되지 않은 중생, 많이 오염된 중생

(2) 예리한 감각능력(indriya)을 지닌 중생, 둔한 감각능력을 지닌 중생

(3) 아름다운 모습(ākāra)의 중생, 추한 모습의 중생[19]

(4) 가르치기(viññāpeti) 쉬운 중생, 가르치기 어려운 중생

(5) 내세와 죄악을 두려워하는(bhaya) 중생, 내세와 죄악을 두려워하
　지 않는 중생

　이들은 모두 번뇌의 심천(深淺, deep or shallow)에 따르고 있다. 번뇌
의 심천에 따라서 오온이 기능하는 정도가 드러나게 된다. 오온의 기
능의 정도가 문제되는 것은 성격의 정의가 목표와 연관되기 때문이다.
목표는 기능을 잘 하는 것이다. 이러한 기능을 잘하는 데 있어서 일반
적인 퍼슨, 즉 범부는 번뇌의 심천에 따라서 기능의 여부가 결정된다.
　번뇌의 대표를 탐진치로 볼 수 있다. 인지, 정서, 행동은 모든 인간에
게 있지만 이러한 기능이 어떤 방식으로 유형화되고 조직화될지는 번
뇌의 정도가 결정한다고 할 수 있다. 인지, 정서, 행동은 성격의 구성요

19　PED p.93. Ākāra [a + karoti, kṛ] "the (way of) making", i. e. (1) state, condition
　　J i.237 (avasan° condition of inhabitability); ii.154 (patan° state of falling, labile
　　equilibrium), cp. paṇṇ°. -- (2) property, quality, attribute D i.76 (anāvila sabb° --
　　sampanna endowed with all good qualities, of a jewel); ii.157 (°varûpeta); J ii.352 (sabb°
　　paripuṇṇa altogether perfect in qualities). -- (3) sign, appearance, form, D i.175; J i.266
　　(châtak° sign of hunger); Miln 24 (°ena by the sign of . .); VvA 27 (therassa ā. form
　　of the Th.); PvA 90, 283 (rañño ā. the king's person); Sdhp 363. -- (4) way, mode,
　　manner, sa -- ākāra in all their modes D i.13 = 82 = iii.111; J i.266 (āgaman° the
　　mode of his coming).

소인 동시에 성격의 결과물로써 제시된다. 이렇듯 탐진치는 인지, 정서, 행동을 매개로 성격의 구성요소이면서 성격의 결과물이 된다.

　이제 번뇌를 중심으로 성격을 분류하는 근거를 살펴볼 수 있다. 성격을 기능이라고 했을 때 이러한 것이 잘 기능하도록 하거나, 역기능하도록 하는 역할을 하는 것을 번뇌라고 할 수 있다. 인지, 정서, 행동이라는 기능 자체는 모든 인간에게 있고, 번뇌 또한 모든 일반적 인간에게 존재한다. 즉 모든 인간 전체에 해당되기 때문에 번뇌가 성격을 유형화하는 근거로 사용될 수 있다. 또한 번뇌는 기능과 작용을 하기 때문에 기능성과 연관된다. 그러므로 번뇌는 기능의 총체성과 연관된다는 측면에서 마음의 기능을 중심으로 성격을 구분할 때 구분의 기준이 될 수 있을 것이다. 이는 신경전달물질이 모든 인간의 몸에 존재하고, 기능과 관련되기 때문에 신경전달물질을 중심으로 몸의 성격, 즉 체질을 유형화하는 근거로 사용되었듯이, 번뇌도 모든 인간의 마음의 기능을 유형화할 수 있기 때문에 일종의 마음의 기능인 성격을 유형화하는 기준이 될 수 있다.

　인지, 정서, 행동이라는 기능 각각에 대해서 탐진치는 이들이 제대로 기능하지 못하도록 방해한다. 번뇌는 성인(聖人)이 되기 이전의 모든 인간에게 존재한다. 탐진치 모두가 인간에게 존재한다. 그렇다면 성격은 기능의 관점에서는 이러한 번뇌가 존재하는 방식, 즉 고유하고 패턴화된 형태를 보여주는 것이 될 것이다. 번뇌의 심리학은 성격심리학의 일종이라고 할 수 있다.[20] 각각의 기능이 제대로 기능하는 성격에서 각각의 기능이 제대로 기능하지 못하는 성격까지가 성격의 분류가 될 것이다. 번뇌가 없으면 제대로 기능할 수 있을 것이고, 이러한 것으로 나아가는 것은 성격의 목표가 될 것이다. 그러나 범부는 기능이 제대로 기능하지 못하고 그 패턴의 분류가 곧 기능에 따른 성격의 분류가 될 것이다.

기능에 따라서 성격을 분류하면 탐진치의 정도에 따라서 기능이 발휘되는 정도가 달라진다. 기능에 따른 성격분류는 탐진치의 정도에 따른다고 할 수 있다. 탐진치의 정도는 번뇌의 세기와 정도에 따라서 다음과 같이 구분할 수 있다. 첫 번째 행동으로 표출되는 번뇌[違犯煩惱, vītakkama-kilesa]는 거친 단계의 번뇌, 즉 말과 행동으로 표출되는 매우 거친 번뇌(coarse kilesa)를 말한다. 몸과 말로 하는 행으로 표출되어 계를 어기도록 하는 거친 단계의 번뇌이다. 두 번째 마음을 속박하는 번뇌[繫縛煩惱, pariyutthāna-kilesa]는 중간 단계의 번뇌, 즉 마음에 일어나는 감각적 욕망, 성냄, 적의 등과 같은 중간 번뇌(medium kilesa)를 말한다. 말하자면 마음에서 일어나는 장애이다. 감각적 욕망, 성냄, 적의 등과 같이 마음을 속박하는 중간 단계의 번뇌이다. 세 번째 잠재하는 번뇌[隨眠煩惱, anusaya-kilesa]는 잠재 성향의 번뇌, 즉 내면에 잠복해 있는 매우 미세한 번뇌(subtle kilesa)를 말한다. 내면에 잠복해 있어서 표면으로는 나타나지 않으나 적당한 대상이 출현하면 바로 발현하는 매우 미세한 단계의 번뇌이다.[21]

---

20 번뇌의 심리학에 대해서는 다음의 논문을 참조할 수 있다. 윤희조(2018) pp.215-243.

첫 번째 번뇌는 계(sīla)로 제거할 수 있고, 두 번째 번뇌는 정(samādhī)으로 제거할 수 있다. 세 번째 번뇌는 성스러운 도의 지혜인 통찰지[慧, paññā]로 제거할 수 있다. 여기에서 번뇌의 제거를 이야기하는 이유는 몸에 영향을 받는 성격은 몸의 변화를 통해서 변화가 이루어지지만, 마음의 기능에 따른 성격은 그보다 자유롭게 변화할 수 있기 때문이다. 그래서 이러한 변화의 방법을 제시할 수 있다.

탐진치의 구체적인 예는 『청정도론』에서 볼 수 있다. 『청정도론』에서는 여섯 가지 기질(cariyā)을 다섯 가지 방법에 따라서 분류하고 있다. 빨리어 짜리야(cariyā)는 우선 행위에 기반한다.[22] 행위에 따라서 성격을 구분하는 형태가 된다. 짜리야(cariyā)는 '기질' 또는 '성향'으로 번역한다.[23] 그러나 행동을 따라서 이들을 분류하므로 체질과 기질의 분류보다는 마음의 기능에 따른 성격의 분류라고 할 수 있다. 『청정도론』은 탐하는 성격을 가진 사람, 성내는 성격을 가진 사람, 어리석은 성격을 가진 사람, 믿는 성격을 가진 사람, 지적인 성격을 가진 사람,

---

21 마하시 아가 마하 빤디따, 김한상 옮김(2011) pp.418-424.

22 PED p.263. Cariya (nt.) & cariyā (f.) [from car, carati] (mostly -- ˚) conduct, behaviour, state of, life of. Three cariyās at Ps i.79; six at Vism 101; eight at Ps ii.19 sq., 225 & four sets of eight in detail at Nd2 237b. Very freq. in dhamma˚ & brahma˚, a good walk of life, proper conduct, chastity -- eka˚ living alone Sn 820; unchā˚ begging J ii.272; iii.37; bhikkhā˚ a life of begging Sn 700; nagga˚ nakedness Dh 141. -- See also carati 2b. In cpds. cariyā˚.

23 『청정도론』 제1권, p.299. 대림스님과 이자랑은 '기질'로, 정준영은 '성향'으로 번역하고 있다. 이자랑(2014) pp.9-31; 정준영(2006) pp.125-162. 불교와 비교할 수 있는 인도철학의 성격분류와 관련해서 다음의 논문을 참조할 수 있다. 문진건(2015) pp.5-43.

사색적인 성격을 가진 사람으로 분류한다. 다섯 가지 즉 행동거지, 일하는 것, 먹는 것, 보는 것, 심리현상이 일어나는 것에 따라서 성격을 알 수 있다.[24] 특히 심리현상이 일어나는 것에 따른 분류는 각각의 성격에 해당하는 특징을 보여준다고 할 수 있다.

> ① 탐하는 성격을 가진 자는 속임수, 사기, 자만, 삿된 욕심, 크나큰 욕심, 만족하지 않음, 맵시내기, 치장하려는 욕심 등의 심리 현상들이 자주 일어난다. ② 성내는 성격을 가진 자에게는 노여움, 적의, 얕봄, 비교함, 질투, 인색 등의 심리 현상들이 자주 일어난다. ③ 어리석은 성격을 가진 자에게는 해태, 혼침, 들뜸, 근심, 의심, 천박하게 거머쥠, 버리기를 싫어함 등의 심리 현상들이 자주 일어난다. ④ 믿는 성격을 가진 자에게는 관대함, 성인을 뵙기를 원함, 정법 듣기를 원함, 아주 기뻐함, 솔직담백함, 정직함, 신뢰할 만한 것을 신뢰함 등의 심리 현상들이 일어난다. ⑤ 지적인 성격을 가진 자에게는 상냥한 말씨, 선우의 성품, 음식에서 적당량을 앎, 마음챙김과 알아차림, 깨어 있으려고 노력함, 두려움을 일으키는 원인을 두려워함, 두려움을 가진 자의 지혜로운 노력 등의 심리 현상들이 일어난다. ⑥ 사색하는 성격을 가진 자에게는 말이 많음, 대중을 좋아함, 유익한 법을 위한 노력을 지겨워함, 일을 끝마치지 못함, 밤에 연기 냄, 낮에 타오름, 이 대상 저 대상으로 마음이 달려감 등의 심리 현상들이 자주 일어난다.[25]

---

24 『청정도론』 제1권, p.299.
25 『청정도론』 제1권, pp.309-310. 인용문의 '성격'은 '기질'을 필자가 바꾼 것이다.

행동, 일, 먹는 것, 보는 것, 심리현상의 발생은 모두 행위에 기반하고 있다. 이러한 행위를 기반으로 탐진치(貪瞋癡) 신각심(信覺尋)의 성격이 분류된다. 그리고 이러한 성격에 따른 분류는 또한 자신에게 적합한 명상주제를 선정하기 위한 방법 가운데 하나라고 할 수 있다. 결국 성격의 분류는 불교의 궁극 목표로 나아가기 위한 과정이라고 할 수 있다. ①②③⑥은 부정적 성격을 말하고 있다. ④⑤는 긍정적인 성격을 말하고 있다. 긍정과 부정이 나올 수 있는 것은 목표가 있기 때문에 가능한 것이다. 또한 '④믿는 성격을 가진 자는 ①탐하는 성격을 가진 자와 비슷하다.' 왜냐하면 탐욕이 감각적 욕망을 찾듯이 믿음도 계 등의 덕을 찾기 때문이고, 탐욕이 이롭지 못한 것을 버리지 않듯이 믿음도 이로운 것을 버리지 않기 때문이다. '⑤지적인 성격을 가진 자는 ②성내는 성격을 가진 자와 비슷하다.' 왜냐하면 성냄이 대상을 거머쥐지 않듯이 통찰지가 유익한 법을 거머쥐지 않기 때문이고, 성냄이 중생을 비방하듯이 통찰지는 상카라를 비방하기 때문이다. '⑥사색하

『인간유형 해설(puggalapaññātti)』에서는 탐진치를 다음과 같이 설명한다. "어떤 이가 탐냄을 지닌 인간인가? 어떤 인간에게 탐냄이 제거되지 않았다. 이를 탐욕을 지닌 인간이라고 부른다. 어떤 이가 성냄을 지닌 인간인가? 어떤 인간에게 성냄이 제거되지 않았다. 이를 성냄을 지닌 인간이라고 부른다. 어떤 이가 어리석음을 지닌 인간인가? 어떤 인간에게 어리석음이 제거되지 않았다. 이를 어리석음을 지닌 인간이라고 부른다. 어떤 이가 아만을 지닌 인간인가? 어떤 인간에게 아만이 제거되지 않았다. 이를 아만을 지닌 인간이라고 부른다." 여기서의 탐진치는 『청정도론』처럼 구체적인 특징을 기술하고 있지 않다. 단지 제거되지 않는 상태를 지닌 상태로 기술하고 있다. 백도수 역주 (2009) pp.417-418.

는 성격을 가진 자는 ③어리석은 성격을 가진 자와 비슷하다.' 왜냐하면 어리석음이 혼란으로 인하여 들떠있듯이 사색도 생각함 때문에 들떠있기 때문이고, 어리석음이 대상에 깊이 들어가지 못해서 동요하듯이 사색도 경솔하게 추측해서 대상에 깊이 들어가지 못하고 동요하기 때문이다.[26]

탐하는 성격과 믿는 성격은 찾고 버리지 않는 것, 즉 모으는 특징을 가지고 있다. 지적인 성격과 성내는 성격은 거머쥐지 않고 비방한다. 이는 밀쳐내는 특징을 말한다. 사색하는 성격과 어리석은 성격은 들떠 있고 동요하는 것, 즉 도거를 특징으로 한다. 여기에서 탐(貪)과 신(信), 진(瞋)과 각(覺), 치(癡)와 심(尋)이 비슷한 이유를 볼 수 있다. 나를 중심으로 모으는 특징, 나를 중심으로 밀쳐내는 특징, 나의 불안정함으로

	심리현상		심리현상
탐하는 성격	속임수, 사기, 자만, 삿된 욕심, 크나큰 욕심, 만족하지 않음, 맵시내기, 치장하려는 욕심	믿는 성격	관대함, 성인을 뵙기를 원함, 정법 듣기를 원함, 아주 기뻐함, 솔직 담백함, 정직함, 신뢰할 만한 것을 신뢰함
성내는 성격	노여움, 적의, 얕봄, 비교함, 질투, 인색	지적인 성격	상냥한 말씨, 선우의 성품, 음식에서 적당량을 앎, 마음챙김과 알아차림, 깨어 있으려고 노력함, 두려움을 일으키는 원인에 두려워함, 두려움을 가진 자의 지혜로운 노력
어리석은 성격	해태, 혼침, 들뜸, 근심, 의심, 천박하게 거머쥠, 버리기를 싫어함	사색하는 성격	말이 많음, 대중을 좋아함, 유익한 법을 위한 노력에 지겨워함, 일을 끝마치지 못함, 밤에 연기 냄, 낮에 타오름, 이 대상 저 대상으로 마음이 달려감

26 『청정도론』 제1권, p.300.

나타낸다. 탐진치는 방향성과 안정성을 나타내고 있다. 이렇게 되면 결국 탐진치의 성격만 남게 되고, 탐진치의 성격의 스펙트럼이 넓어지게 된다. 탐진치의 구체적인 성격적 특성이 드러나게 된다.

　표를 통해서 불교의 성격유형의 몇 가지 특징을 볼 수 있다. 성격유형을 탐진치(貪瞋癡)라는 근본번뇌를 중심으로 구분하고 탐진치와 유사한 성격의 신각심(信覺尋)을 제시한다. 신각심은 탐진치와 유사한 성격이지만 구체적인 특징은 반대를 이루고 있다. 전자가 부정적인 성격적 특징이고 후자는 긍정적인 성격적 특징이라고 할 수 있다. 그러므로 탐하는 성격이라고 해서 부정적인 성격적 특징만 가지는 것이 아니라 긍정과 부정 모두에 해당하는 스펙트럼을 가지고 있다. 이는 성내는 성격, 어리석은 성격에 대해서도 마찬가지이다.

　정반대되는 성격적 특징을 하나의 스펙트럼에서 볼 수 있는 것은 신경전달물질에 의한 분류에서도 볼 수 있다. 기쁨과 두려움이라는 반대되는 정서가 하나의 도파민·노르에피네프린 시스템에서 드러나는 것에서 볼 수 있다. 기쁨에서 두려움까지의 정서적 스펙트럼을 가지는 것이다. 탐하는 성격과 성내는 성격을 대표하는 정서가 기쁨과 두려움이고, 도파민·노르에피네프린 시스템에서 기쁨과 두려움이 나오는 것을 보면 이들이 연관이 있다고 할 수 있다.

　세로토닌 시스템은 평화, 휴식, 행복감, 평온한 마음, 침착, 섬세, 차분, 깐깐, 꼼꼼, 소심의 정서인 반면, 어리석은 성격은 해태, 혼침, 들뜸, 근심, 의심을 말한다. 이들도 연결될 수 있을 것이다. 해태와 혼침, 들뜸, 의심은 선정으로 나아가기 위해서 극복해야 하는 다섯 가지 장애

가운데 세 가지에 해당한다. 감각적 욕망과 악의라는 두 가지 장애는 도파민·노르에피네프린 시스템과 연관된다. 감각적 욕망과 악의가 거친 번뇌에 해당한다면, 해태와 혼침, 들뜸, 의심은 미세한 번뇌라고 할 수 있다. 탐진이 발현되기 이전의 토대가 되는 것이 치라고 할 수 있고, 어리석은 성격은 탐하는 성격과 성내는 성격보다는 약하다고 할 수 있을 것이다. 세로토닌 시스템도 여전히 번뇌를 가지고 있는 시스템이다. 세로토닌 시스템은 단순히 긍정적인 시스템이 아니라 긍정과 부정이 모두 포함되어 있는 시스템이라고 할 수 있다.

따라서 여기서 중요한 점은 탐하는 성격, 성내는 성격, 어리석은 성격은 도파민·노르에피네프린 시스템, 세로토닌 시스템과 연관성을 가질 수 있다는 것이다. 이는 몸의 유형과 마음의 유형이 서로 연관을 가질 수 있다는 것을 보여준다. 불교의 심신연기론이 몸의 유형과 마음의 유형에서도 드러나고 있는 것을 볼 수 있다. 체질과 마음의 성격과의 연관성을 볼 수 있다. 테스토스테론 시스템과 에스트로겐·옥시토신 시스템은 몸과 밀접히 연관된 반면, 도파민·노르에피네프린 시스템, 세로토닌 시스템은 외부대상과 연관이 된다. 그러므로 도파민·노르에피네프린 시스템, 세로토닌 시스템이 특히 마음의 기능과 연관될 수 있다.

4. 범부의 성격

먼저 불교심리학에서 성격은 '인간의 몸과 마음과 환경의 영향하에서 인지, 정서, 동기, 행동으로 대표되는 인간의 기능을 일관되고 고유하게 유형화되고 조직화된 형태로 만드는 역동적, 복합적, 내적 기능'이라고 정의하였다. 이후 성격에 대한 논의는 몇 가지 관점에서 시작한다. 이러한 관점은 붓다의 '번뇌의 심천'이라는 한 마디에서 시작한다고 할 수 있다. 즉 불교의 성격심리학의 출발점은 붓다가 깨달은 이후에 범부를 보는 관점에서 시작한다고 할 수 있다.

번뇌의 심천에서 가장 깊은 번뇌는 몸에서 시작되는 번뇌라고 할 수 있다. 이는 아라한이 되어 마음에 의한 번뇌를 벗어난다고 할지라도 몸에 의한 번뇌를 여전히 받아야 하는 것에서도 볼 수 있다. 육체적인 번뇌는 육체가 소멸하기 전까지는 지속되는 것이라고 할 수 있고, 이것의 시작은 인간 개인의 탄생 이전부터라고 할 수 있다. 이는 인간을 이루는 물질적 특징이 인간 이전에 존재하고 있다는 점에서도 알수 있다. 이러한 물질인 사대의 균형에 따라서 몸을 통한 성격, 즉 체질이 드러나게 된다. 이러한 체질은 성격의 물질적인 토대가 되는 중요한 구성요소라고 할 수 있다. 오온 가운데 첫 번째가 색인 것에서도 몸이 성격의 구성요소라는 것을 볼 수 있다.

다음으로 번뇌를 중심으로 살펴보면, 번뇌는 범부를 특징짓는다. 오온을 오취온으로 특징지을 만큼 범부의 모든 기능은 취(取)라는 번뇌를 중심으로 이루어지고 있다. 그러므로 범부의 기능은 탐진치에 의해서 '고유하게 유형화되고 조직화된 형태'로 이루어진다. 기능 자체는 그대로 있지만, 즉 오온은 그대로 기능하지만, 취에 의해서 고유하고 유형화되고 조직화된 형태로 인지, 정서, 행동이라는 각각의 기능이 기능하게 된다. 이러한 기능이 하나의 시스템으로 기능하게 된다. 이러한 기능의 총체가 성격이 된다. 이때의 성격에는 물질적인 기능에서 마음의 기능까지가 있다. 성격을 번뇌의 심천의 차원에서 볼 때 가장 깊은 번뇌인 물질적인 번뇌에서부터 탐진치에 의한 마음의 기능까지를 성격으로 볼 수 있을 것이다.

탐진치가 인지, 정서, 행동의 기능을 방해하는 방식에서 탐의 기능이 센지, 진의 기능이 센지, 치의 기능이 센지에 따라 성격을 분류할 수 있을 것이다. 탐진치는 모든 범부에게 있지만, 그 가운데 어떤 번뇌가 더 힘을 쓰는지에 따라서 분류해 볼 수 있을 것이다. 탐(貪)이라는 욕구를 중심으로 각각의 기능에 대해서 역기능을 일으킬 수 있고, 진(瞋)이라는 비여리적 정서를 중심으로 각각의 기능에 대해서 역기능을 일으킬 수 있고, 치(癡)라는 비여실지견의 앎을 중심으로 각각의 기능에 대해서 역기능을 일으킬 수 있다. 이러한 탐진치의 다양한 양태는 현대 심리학에서 볼 수 있는 다양한 역기능적 행동, 역기능적 정서, 역기능적 인지의 예에서 볼 수 있을 것이다.

범부의 성격은 탐진치를 중심으로 번뇌의 심천에 따라서 형성된다고 할 수 있다. 번뇌는 각각의 기능을 역기능화한다. '일관되고 고유하고 유형화되고 조직화된 형태'로 기능의 기능성을 한정한다고 할 수 있다. 탐진치가 심화되는 형태로 성격이 형성되는 것에서부터 탐진치가 옅어지는 형태로까지 성격이 형성되는 것이 가능해진다. 번뇌의 심천에 따라서 두 가지 아이디얼타입으로서 성격이 형성된다. 그 사이에 다양한 유형화가 진행되는 것이다. 이러한 유형화 가운데 몸의 기능에서 신경전달물질을 활용하는 유형화가 가능하다. 이때의 유형화는 물질을 바탕으로 하는 유형화이므로, 토대를 가지고 있는 유형화가 된다. 마음의 측면을 다루는 탐진치의 경우는 근원적인 번뇌의 측면에 따라서 탐중심, 진중심, 치중심의 성격으로 구분할 수 있다. 범부의 성격의 특징은 번뇌이고, 번뇌 가운데 가장 근원적인 번뇌를 중심으로 분류한 것이 불교적 토대를 가지고 있다고 할 수 있다. '번뇌의 심천'에서 번뇌를 기준으로 심천의 극단에 있는 두 가지 성격과 그 사이의 스펙트럼이 있을 수 있고, 번뇌 자체의 분류에 따라서 탐중심, 진중심, 치중심의 세 가지 성격으로 구분할 수 있다.

성격심리학은 심리학의 꽃이라고 불린다. 꽃이 피기 위해서는 뿌리, 줄기, 가지가 있어야 한다. 그만큼 토대가 튼튼해야만 가능한 영역이라고 할 수 있다. 인지, 정서, 행동, 몸에 대한 이론적 토대 위에 확립할 수 있는 영역이라 할 수 있다. 성격은 인간의 전체성에 대한 담론이므로 논의의 틀을 구성하는 것 자체가 어려운 작업이라고 할 수 있다. 그러나 성격이론은 주요 심리치료이론의 핵심이론이므로 불교심리학의 관점에서 성격이론을 정립하는 것은 반드시 필요한 작업이다.

성격은 인간 전체에 대한 논의이므로, 불교심리학의 인간관에 기초를 두고 있다. 기능적 존재, 가능적 존재로 인간을 바라보므로 불교심리학에서 성격은 일종의 기능으로 정의할 수 있게 된다. 몸의 기능에 따라서 네 가지 성격, 마음의 기능에 따라서 세 가지 성격을 볼 수 있었다. 그리고 몸의 기능과 마음의 기능이 서로 연관됨을 볼 수 있다. 기능을 중심으로 불교심리학의 성격을 일관되게 보고자 한 것이 본 장의 작업이라고 할 수 있다. 이러한 작업을 통해서 불교심리학과 불교심리치료가 주요한 심리치료이론으로 한 걸음 더 나아갈 수 있을 것이다.

참고문헌

PED = *The Pali Text Society's Pali-English Dictionary,* ed. by T. W. Rhys Davids and William Stede, London: The Pali Text Society, 1921-5/1986.

『마하박가-율장대품』= 전재성 역주(2014), 『마하박가 - 율장대품』, 서울: 한국빠알리성전협회.

『상윳따 니까야』= 각묵스님 옮김(2009), 『상윳따 니까야』 제1-5권, 울산: 초기불전연구원.

『청정도론』= 붓다고사 스님, 대림스님 옮김(2004), 『청정도론』 제1-3권, 서울: 초기불전연구원.

Charles S. Carver, Michael F. Scheier, 김교헌·심미영·원두리 옮김(2005), 『성격심리학 - 성격에 대한 관점들』, 서울: 학지사.

Lawrence A. Pervin, 정영숙·안현의·유순화 옮김(2005), 『성격심리학』, 서울: 박학사.

마하시 아가 마하 빤디따, 김한상 옮김(2011), 『초전법륜경』, 서울: 행복한 숲.

문진건(2015), 「인도 심리학의 삼질 성격이론」, 『인도철학』 44, 서울: 인도철학회.

민경환(2002), 『성격심리학』, 서울: 법문사.

백도수 역주(2009), 『법의 분석 2 - 인간유형해설』, 서울: 해조음.

신경희(2018), 『정신신경면역학 개론』, 서울: 학지사.

有田秀穂(2017), 「브릿지 6 탐진치의 신경생리학」, 『불교심리학사전』, 서울: 씨아이알.

윤희조(2018), 「영역과 정의의 관점에서 보는 번뇌의 심리학」, 『동서철학연구』 89, 대전: 한국동서철학회.

이수진, C. Robert Cloninger, Kevin M. Cloninger, 채한(2014), 「기질 및 성격검

사의 통합의학적 활용」, *Journal of Oriental Neuropsychiatry* 25(3).

이자랑(2014), 「불교의 기질과 사상의학의 체질에 따른 효율적인 수행법 고찰－『청정도론』을 중심으로」, 『불교학보』 68, 서울: 동국대학교 불교문화연구원.

정준영(2006), 「인간의 성향에 따른 수행방법에 대한 연구－주석문헌을 중심으로」, 『불교와심리』 창간호, 서울: 불교와심리연구원.

최자영(2005), 「『히포크라테스』와 동방의 전통 의학철학 비교」, 『대구사학』 81, 대구: 대구사학회.

하영삼(2014), 『한자어원사전』, 부산: 도서출판 3.

히포크라테스, 여인석·이기백 옮김(2011), 『히포크라테스 선집』, 서울: 나남출판.

https://www.hbrkorea.com/article/view/atype/ma/category_id/2_1/article_no/921/page/1 (2025년 9월 18일 검색)

https://www.etymonline.com/word/character?ref=etymonline_crossreference (2025년 9월 18일 검색)

https://www.etymonline.com/word/dispose (2025년 9월 18일 검색)

10 불교 성격발달

본 장은 불교 성격심리학의 주제와 이어진다. 불교 성격심리학은 성격의 의미와 정의를 바탕으로 성격의 유형을 설명한다. 성격은 일종의 기능이라는 관점에서 다루고 있다. 기능이 고유하게 잘 발휘될 수 있도록 유형화된 패턴으로 성격을 바라본다. 성격은 인간의 기능 전체를 다루고 있기 때문에 성격의 영역은 오온 전체에 걸쳐 있다고 할 수 있다. 그러므로 성격은 몸과 마음을 동시에 다룰 때 그 전체적인 함의가 드러난다고 할 수 있다.

본 장에서는 몸과 마음을 다룰 뿐만 아니라 몸과 마음에 의해서 만들어진 자아라는 관점에서 성격을 보아야 한다고 주장한다. 몸과 마음, 자아를 전체적으로 다루어야 한다는 것이다. 몸과 마음은 오온이고, 이 오온을 통해서 드러나게 되는 자아는 다시 오온에 영향을 끼치게 된다. 이러한 상호영향 과정에 놓여 있는 자아까지를 성격으로 다루고자 한다.

오온을 다루므로 몸과 인지, 정서, 동기 또는 행동이 성격의 구성요소가 된다. 성격에 있어서 또 하나의 요소는 이러한 구성요소의 비율이다. 비율에 따라서 인간 각자의 고유성이 드러나기 때문이다. 불교는 탐진치의 근본번뇌를 구성요소의 비율에 영향을 끼치는 것으로 보고 있다. 탐진치의 비율에 따라서 몸과 인지, 정서, 동기 또는 행동이라는 성격의 구성요소의 비율이 달라지게 된다. 따라서 불교의 성격심리학에서는 성격 자체의 의미를 밝히는 데 중점을 두었다면, 본 장은 탐진치의 개념을 구체적으로 밝히고자 한다. 탐진치의 본래적 의미는 무엇인지, 탐진치의 구성요소로는 어떠한 것이 있는지를 밝히고자 한다. 이를 통해 성격의 유형을 좀 더 세밀하게 분류하고자 한다. 즉 탐진치에 따른 불교의 성격분류를 시도하고자 한다.

본 장에서 또 하나 시도하고자 하는 것은 성격발달에 대한 논의이다. 발달 특히 성격발달에 대한 논의는 서구의 주요 심리치료에서 핵심적으로 등장하는 이론이라고 할 수 있다. 불교의 성격심리학이 주요 심리치료이론으로 나아가기 위해서는 성격발달에 대한 논의가 필요할 것으로 생각된다. 탐진치의 발달과정을 삶의 과정에 따라서 밝히고자 하는 것이 본 장의 또 하나의 목표이다.

탐진치는 불교의 성격심리학과 성격발달의 주요 관점이면서, 이를 극복하는 것이 또한 불교의 목표이기도 하다. 그렇다면 성격발달과 동시에 성격소멸에 대한 논의가 함께 이루어지게 된다. 서구의 성격심리학은 성격을 중립적인 용어로 사용하고, 평생을 두고서 변화할지라도 성격의 소멸과 관련된 논의를 하지는 않는다. 불교 성격심리학의 독특성으로는 성격의 발생과 동시에 소멸에 대한 논의가 가능하다는 것이다. 이러한 논의는 성인의 성격에 관한 논의에서 다루고자 한다.

1. 탐진치의 개념

여기서 새로운 논점으로 떠오를 수 있는 것이 탐진치의 개념이다. 탐진치를 구체적으로 어떻게 위치 지을지에 따라서 유형화된 성격의 내용이 달라질 수 있기 때문이다. 먼저 탐을 구성적으로 나누어 보면 감각적 욕망[欲貪], 보이는 것에 대한 욕망[有貪], 보이지 않는 것에 대한 욕망[無有貪]이 있다.[1] 유탐과 무유탐은 보통은 존재에 대한 욕망, 비존재에 대한 욕망을 말한다. 또는 색계에 대한 욕망, 무색계에 대한 욕망으로 표현한다. 욕계, 색계, 무색계 삼계에서 발현되는 욕망 전체를 말한다. 그렇다면 욕탐(欲貪)에는 욕계에서 발현되는 욕망 전체가 포함된다.

욕망에 대해서는 매슬로우가 정의하고 있는 욕구단계설에 따른 욕구를 살펴보면 존재의 유지에 대한 욕구에서부터 존재의 성장에 대한 욕구까지가 제시되고 있다.[2] 존재의 생존과 발전이 핵심에 놓인다. 이

---

1   S45:170 「갈애경(Taṇhā-sutta)」 비구들이여, 세 가지 갈애가 있다. 무엇이 셋인가? 감각적 욕망에 대한 갈애, 존재에 대한 갈애, 비존재에 대한 갈애이다. 비구들이여, 이러한 세 가지 갈애가 있다. 각묵스님 옮김(2009b) p.276.

2   James W. Kalat, 김문수 외 옮김(2017) pp.420-421.

러한 욕구가 성격유형을 따를 경우에는 위계적으로 발생한다기보다는 그 가운데 어떤 욕망이 발현되는가의 문제라고 할 수 있다. 어떤 이에게는 존재의 생존만큼이나 존재의 성취와 발전이 중요할 수 있다. 의식주의 해결보다 자아의 이상을 유지하는 것이 더 중요하게 작용하는 경우가 있다. 이러한 경우를 볼 때 각각의 발현에 따라서 어떤 욕망이 드러나는지를 볼 수 있다.

그러므로 단순히 시간적인 순서와 발생단계에 따라서 논의하기보다는 탐(貪) 가운데 어떤 것이 발현되는지에 따라서 탐의 다양한 성격이 드러난다고 할 수 있다. 이러한 탐의 다양한 유형을 밝힐 수 있다.

감각적 욕망에 기초해서 탐을 분석할 수 있다. 이는 12연기에서 여섯 가지 감각기관에 의해서 나머지가 발생하는 것에서도 볼 수 있다. 감각기관에 의한 감각적 욕망을 볼 수 있다. 안이비설신의(眼耳鼻舌身意) 각각에 대해서 그 대상의 쾌(快)·불쾌(不快)를 볼 수 있다. 눈의 즐거움, 귀의 즐거움, 코의 즐거움, 혀의 즐거움, 몸의 즐거움, 마음의 즐거움을 볼 수 있다. 몸의 즐거움은 가장 원초적이라고 할 수 있다. 이들 가운데 마음의 즐거움은 포괄하는 범위가 가장 넓다고 할 수 있다. 자아와 관련된 즐거움은 마음의 즐거움으로 볼 수 있을 것이다. 자아와 관련해서 자신이 가치있게 생각하는 것이 결부되는 것이 마음의 즐거움이라고 할 수 있다. 그것이 자신에 의한 평가일 수도, 환경에 의한 평가일 수도 있다.

이러한 관점에서 탐을 분류해 볼 수 있다. 직접적인 감각의 즐거움, 자아의 즐거움, 외부대상의 즐거움을 볼 수 있다. 이는 점점 더 외부적으로 확장되는 것을 볼 수 있다. 그러한 의미에서 탐은 자신을 중심으로 모으는 것을 말하고, 모으는 것에 의한 즐거움의 추구를 말한다.[3] 이는 신(身)으로 대표되는 감각기관의 욕망, 아(我)와 관련된 욕망, 아소(我所)와 관련된 욕망이라고 할 수 있다. 아(我)를 감각기관과 자아로 구분하여, 아를 자아에 배대시킨 것이다.

진(瞋)은 분노를 말한다. 이러한 분노는 큰 크기에서부터 작은 크기까지 다양하다. 분노와 광분과 같이 큰 크기가 있다면, 미세한 짜증과 같은 작은 크기가 있을 수 있다. 또한 양적인 분노가 있다면, 음적인 분노가 있을 수 있다. 분노는 드러난 형태라면, 안으로 들어간 형태의 분노가 있을 수 있다. 이는 우울의 형태로 드러날 수 있다.

또한 진(瞋)은 탐에 대한 반응양태라고 할 수 있다. 탐이 수용될 경우에는 기쁨을, 탐이 거부될 경우에는 슬픔을 느끼게 된다. 탐의 욕구를 성취할 때 기쁨이 생기게 되고, 탐의 욕구가 좌절될 때 슬픔이 생기게 된다. 그리고 이 사이에 다양한 스펙트럼이 존재한다.

이처럼 진은 두 가지 축을 따라서 정서가 형성된다. 전형적인 분노는 대상에 대한 대응방식이라고 할 수 있다. 즉 대상의 힘의 강도에 따라서 분노로 나아갈 수도 있고, 두려움, 우울로 나아갈 수도 있다. 또 하나는 탐에 대한 대응방식으로 기쁨과 슬픔, 즉 쾌와 불쾌로 나누어진다. 이렇게 보면 진은 일종의 대응(response)이라고 할 수 있다.

---

3   윤희조(2018) pp.234-236.

탐이 추구라면, 이에 대한 대응이 진으로 나타난다고 할 수 있다. 반응으로서 진은 인간에게 고유한 특징 가운데 하나라고 할 수 있다. 탐은 모든 존재가 생존을 위한 근원적인 추동(drive)의 측면을 가지고 있는 반면, 진은 탐에 대한 다양한 반응으로 부수적이라고 할 수도 있다. 그러므로 부수적이면서 다양한 반응양상이 가능하다는 것은 선택적이라고 할 수 있는 것이다. 이는 성격이 기능인 동시에 선택적일 수 있다는 측면과 상통한다.

치(痴)는 어리석음으로 시작할 수 있다. 중요한 것은 어리석음의 종류가 다양하다는 것이다. 알지 못함, 즉 무지(無知)에서 시작되는 어리석음이 있는 반면, 알긴 알더라도 제대로 알지 못하는 치도 가능하다. 이는 사고방식과 연관된다. 팔정도 가운데 정견(正見)이 아닌 사견(邪見)이 여기에 해당한다고 할 수 있다. 견해에서 가장 큰 분류는 단견(斷見)과 상견(常見)의 두 가지이다. 이러한 두 견해의 중심에는 실체(實體, substance)가 있다. 실체의 존재 여부와 관련해서 고정적 실체가 없으므로 허망하다는 견해로 나아가거나, 고정적 실체가 있으므로 그것에 집착하는 견해로 나아간다. 이들 둘 모두는 실체를 중심으로 하므로 실체적 사고라고 할 수 있을 것이다. 이러한 실체적 사고로 인해서 이분법적 사고, 분별적 사고, 희론적 사고, 당위적 사고, 나중심적 사고, 냉소적 사고, 허무적 사고 등이 가능하다. 이러한 사고의 대척점에 서있는 사고로 연기적(緣起的) 사고와 무아적(無我的) 사고를 들 수 있다. 연기론에 기반한 사고방식과 이를 통한 무아적 사고가 가능해진다. 무아적 사고는 아(我)라는 고정불변의 실체가 없는 유연한 아(我), 개방적인 아(我),

수용적인 아(我)를 기반으로 하는 사고를 가능하게 한다.[4]

　이러한 탐진치를 통해서 탐진치의 비율로 인한 유형정립이 가능해진다. 탐진치의 비율에 따른 분류를 통해서 성격의 유형이 구분된다. 지금의 탐진치의 개념은 본질적 정의의 차원에서 보면 탐은 축적, 진은 반응, 치는 사고로 볼 수 있다. 좀 더 구체적으로 탐은 존재의 유지와 발전으로 볼 수 있고, 진은 대상에 대한 반응과 탐에 대한 반응으로 볼 수 있고, 치는 사고의 방식과 태도로 볼 수 있다.

　이러한 탐진치를 포괄적 정의의 차원에서 보면 탐은 감각기관의 욕망, 아(我)와 관련된 욕망, 아소(我所)와 관련된 욕망의 셋으로 볼 수 있고, 진은 분노에서 두려움까지, 기쁨에서 슬픔까지의 두 축으로 볼 수 있고, 치는 사고의 태도의 차원에서 실체적 사고, 이분법적 사고, 희론적 사고와 같은 실체(實體) 중심의 사고방식과 당위적 사고, 나중심적 사고, 냉소적 사고, 허무적 사고와 같은 집(集) 중심의 사고방식으로 볼 수 있다.

　이러한 방식의 탐진치의 분류가 가능하다면 이를 기반으로 탐진치의 유형 분류가 가능하게 될 것이다. 탐 중심의 성격은 위와 같은 종류의 탐을 중심으로 할 것이고, 진중심의 성격도 위와 같은 종류의 진을 중심으로 할 것이고, 치 중심의 성격은 위와 같은 종류의 치를 중심으로 할 것이다.

4　윤희조(2019) pp.195-201.

2. 나에 대한 세 가지 관점

이러한 탐진치의 성격을 기반으로 '나'와 '환경'에 대한 태도를 볼수 있다. 오온을 전체적으로 보는 것이 '나'이고, '나'의 여집합으로 성립하는 것은 '환경'이라고 할 수 있다. 몸과 마음과 환경에 의해서 결국만들어지는 것이 '나'라는 유위법(有爲法)이라고 할 수 있다. 성격의 구성요소를 통해서 만들어진 것이 '나'이고, 이 '나'를 통해서 성격의 구성요소가 다시 결과물로 도출된다. 결국에는 '나'를 통해서 성격이 형성되고 변화하고 일관된 패턴으로 나아가는 것이다. 나를 어떻게 볼것인가가 자신의 성격을 규정한다고 할 수 있다. 나에 대한 태도로인해서 성격이 분류된다고 할 수 있다. 나를 어떻게 보는가에 따라서성격이 달라질 수 있다. 성격이 총체적이라고 한다면, 그와 마찬가지로 총체적인 것이 나이므로, 나를 바라보는 관점이 성격을 바라보는관점이라고 할 수 있다.

오온이라고 할 때 오온(五蘊)은 인간의 전체성을 표현한다. 성격도또한 전체성을 표현한다. '나'는 성격의 유형화된 기능뿐만 아니라 비유형화된 기능까지 포함하므로 더 넓은 외연을 가진다고 할 수 있지만, 전체적인 관점에서 보고자 한다는 점에서 둘은 유사성을 가진다고할 수 있다. 그러므로 성격의 논의에서 '나'에 대한 논의가 도출될 수있을 것이다. 나와 관련된 논의에서 성격이 나를 규정하는 일정 정도의 토대를 제공할 수 있을 것이다. 즉 성격에 대한 설명이 '나'의 전체성을 모두 표현할 수는 없다고 할지라도, '나'의 전체성의 상당 부분을 설명할 수 있을 것이다. 이러한 맥락에서 나와 관련된 관점 또는 태도를 볼 수 있을 것이고, 이러한 관점과 태도가 고유하고 유형화된 형태를 지닌다면 성격이 될 수 있을 것이다.

몸의 기능과 마음의 기능에 이어서 '나'를 성격에 포함시키고자 하는 이유로는 '나'도 또한 기능의 측면에서 바라볼 수 있기 때문이다. '나'는 불교적 관점에서 보면 '만들어진 것[有爲法]'으로 언제든지 해체될 수 있지만, 유위법으로서 '나'는 기능을 한다. 오온 전체에 대해서 기능의 통일성과 일관성과 고유성을 제공하는 기능을 한다. 이러한 기능은 그 유기체 자신의 생존에 중요한 역할을 한다. 생존에 도움이 되는 방식으로 지속적으로 환경과 교류하면서 '나'를 존속시키고자 한다. 이러한 '나'에게 유리한 방식으로 지속적으로 기능하는 측면은 전체 성격의 한 측면이 될 수 있을 것이다. 몸의 기능, 마음의 기능, 나와 환경의 기능이라는 세 측면을 전체 성격으로 볼 수 있을 것이다. 이는 성격의 정의에서 '몸과 마음과 환경의 영향하에서'라는 구절에서 볼 수 있듯이,[5] 성격에 영향을 끼치는 세 가지 측면을 배려한 성격의 분류라고 할 수 있다.

성격이라고 할 때 퍼슨(person)이 여기서는 '나'가 되고, 나에 대한 관점이 성격심리학이 된다. 성격에 대한 관점(perspective on personality)이 나에 대한 관점(perspective on me)이 된다. 그러므로 자아심리학이

---

5   윤희조(2020) p.333.

성격심리학과 연관될 수 있다. 이는 '나'에 대한 파악으로 세 가지 관점에서 볼 수 있다. 첫 번째로 '나'의 수용성(acceptability)을 볼 수 있다. 즉 나의 그릇의 크기가 작을 수도 있고, 클 수도 있다. 이것이 나를 중심으로 보는 성격의 첫 번째라고 할 수 있다. 이는 그릇의 크기에 따른 축적의 정도를 볼 수 있는 것으로 탐하는 성격과 연관된다고 할 수 있다. 축적과 수용을 동시에 볼 수 있다.

두 번째로 '나'의 유연성(flexibility)을 볼 수 있다. 예를 들어 나라고 하는 그릇이 유연해서 잘 깨지지 않는지, 한 번에 깨지는지를 볼 수 있다. 이는 유연성이면서 고착성이라고 할 수 있다. 이는 성내는 성격이라고 할 수 있다. 유연하지 못한 것이 성내는 성질과 연결될 수 있다. 유연과 고착을 동시에 볼 수 있다.

세 번째는 '나'의 개방성(openability)이라고 할 수 있다. 나가 타인과 연결되는 정도를 볼 수 있다. 타인과의 연결성은 연기에 대한 이해와 연관된다. 연기에 대한 이해는 나 이외의 환경에 대한 인식으로 나아간다. 외부대상 즉 환경에 대한 개방성은 어리석은 성격의 분류에 해당한다. 개방과 폐쇄를 동시에 볼 수 있다.

이러한 수용성, 유연성, 개방성을 통해서, '나'에 대한 태도를 통해서 성격을 볼 수 있다. 12연기의 과정에서 취(取)에 해당하는 것으로 네 가지가 제시되는데, 그 가운데 하나가 자아의 교리에 대한 취착이다.[6]

---

6 S12:2 「분석경(Vibhaṅga-sutta)」 "비구들이여, 그러면 어떤 것이 취착[取]인가? 비구들이여, 네 가지 취착이 있나니 감각적 욕망에 대한 취착, 견해에 대한

이때의 자아는 '나'를 말하고 나에 대한 태도를 말하는 것이라고 할 수 있다. 나에 대해서 취착할 수 있는 태도가 탐진치(貪瞋痴)의 세 가지 태도로 가능하다는 것이다. 이는 나를 확장시키려는 태도, 나를 고착시키려는 태도, 나를 단절시키려는 태도를 말한다.

아(我)에 의해서 아(我)의 활동이 드러나게 된다. 아의 활동으로는 제7식의 활동이 대표적이다. 아견(我見), 아만(我慢), 아애(我愛), 아취(我取)가 드러난다. 아(我)에 의해서 나머지 활동이 드러나므로 아에 대한 견해가 생기는 것이 우선이 된다. 아를 실체적인 존재로 볼 수도 있고, 생멸적인 존재로 볼 수도 있다. 전자를 유신견(有身見)이라고 한다면, 후자를 무상견(無常見)이라고 할 수 있다. 이러한 아에 대한 견해로 인해서 나머지 활동이 가능하게 된다. 그리고 아만에 의해서 타인과 비교하게 되고, 이러한 비교를 통해서 오호(惡好)가 생기게 된다. 그리고 취의 활동이 시작된다. 견만애취(見慢愛取) 다음에 제6식에서 다양한 외부대상과 내부대상에 대해서 다양한 활동을 하게 된다.

이러한 '나'의 활동 가운데 아(我)를 바라보는 태도에서 성격을 볼 수 있다. '나'는 유위법 가운데 가장 유위법적인 유위법이다. 그러므로 '나'를 바라보는 태도는 유위법을 바라보는 태도 전반이라고 할 수 있다. 이러한 '나'를 바라보는 태도 가운데, 수용성의 정도에 따라서 성격을 볼 수 있고, 유연성의 정도에 따라서 성격을 볼 수 있고, 개방성의

취착, 계율과 의례의식에 대한 취착, 자아의 교리에 대한 취착이다. 비구들이여, 이를 일러 취착이라 한다." 『상윳따 니까야』 제2권, p.95.

정도에 따라서 성격을 바라볼 수 있다. 이들은 '나'를 둘러싼 대표적인 관점이라고 할 수 있다.

유위법의 최고봉이라고 할 수 있는 '나'는 언제든지 변화할 수 있고, 해체될 수 있지만 이것에 대한 집착으로 인해서 범부를 범부로 특징짓는다. 범부에서 성인으로 나아가는 첫 번째 관문이 '나'에 대한 견해와 태도에서 출발한다. '나'는 가장 유위법적인 특징을 가지는 동시에 이것에 대한 견해에 따라서 범부로 남기도 하고, 성인으로 나아가기도 한다. 그러므로 '나'를 대하는 태도는 유위법 전반을 대하는 태도를 볼 수 있는 바로미터라고 할 수 있다. '나'를 하나의 대상으로 본다면, '나'의 크기, 즉 수용성, '나'의 강도, 즉 유연성, '나'와 '비아(非我)'와의 관계, 즉 개방성을 볼 수 있다. '나'를 어느 정도 수용적으로 바라보는지, '나'를 유연하게 바라보는지, '나'를 연기법적으로 바라보는지에 따라서 번뇌의 심천(深淺)을 볼 수 있는 척도가 될 수 있다. 이 세 가지를 통해서 번뇌의 심천을 볼 수 있다.

3. 탐진치의 심천에 따른 성격유형

지금까지 성격의 구성요소로서 탐진치를 밝혀왔다. 탐진치를 몸의 기능, 마음의 기능, 자아의 기능의 측면에서 살펴보았다. 탐진치는 이들 각각의 기능이 고유하고 일관되고 유형화되고 조직화된 패턴을 가지도록 한다. 이 장에서는 이러한 패턴의 유형을 밝히고자 한다. 성격의 패턴에 영향을 끼치는 요소로서 탐진치의 정도에 따라서 성격패턴의 유형이 결정될 것으로 생각된다.

왜 성격을 탐진치에 기반해서 구성하는가라는 질문이 가능하다. 첫째 범부의 가장 큰 특징이 탐진치이고, 이는 모든 존재가 가지고 있는 특징이다. 모든 존재가 가지고 있다는 측면에서 보편성을 가지고 있다. 또한 탐진치를 얼마만큼 가지고 있는지는 각자의 근기에 따라서 다양할 수 있다. 즉 고유성을 가지고 있다. 이로 인해서 탐진치를 성격의 척도로 사용하는 것은 보편적인 타당성을 가지는 동시에 차별적인 고유성을 함께 가질 수 있게 된다. 둘째 탐진치는 인지, 정서, 행동, 동기의 심리학에 모두 영향을 끼친다. 성격은 인지, 정서, 행동, 동기를 종합하는 것이다. 그러므로 성격은 탐진치를 종합하는 것이라고 할 수 있다. 성격유형은 탐진치의 유형이라고 할 수 있고, 성격의 발달은 탐진치가 어떻게 변화하는지를 말하는 것이라고 할 수 있다. 셋째 불교에서 성격발달은 탐진치의 제거로 볼 수 있다. 성격발달과정은 탐진치의 제거과정으로 볼 수 있다. 성격발달기제는 탐진치의 제거 기제라고 이야기할 수 있다. 탐진치가 끝나는 것이 열반이라면, 열반에서 성격의 발달이 완성되는 것이다. 성격발달은 번뇌의 소멸과정으로 볼 수 있다.

성격의 전형적인 형태로는 탐중심, 진중심, 치중심의 성격이 가능하다. 탐진치 셋은 모든 사람에게 존재하는 것이지만, 이들 가운데 어떤 것이 중점적으로 발현되는지에 따라서 성격의 유형화가 가능하다. 이들 세 가지 가운데 어떤 하나가 전형적으로 발현되는 경우가 가능하다. 이는 탐진치라는 근본번뇌의 심천(深淺, deep or shallow)에 따른 성격유형 분류라고 할 수 있다.

탐진치 가운데 어떤 하나가 전형적으로 발현되는 상황에서 나머지 둘의 관계에 따라서 성격의 유형화가 가능하다. 나머지 둘이 비슷한 정도로 발현되는지, 둘 가운데 어느 하나가 좀 더 두드러진 형태로 발현되는지에 따라서 그 유형이 달라질 수 있다. 즉 일강이약(一强二弱)의 형태로 강탐유형, 강진유형, 강치유형이 발현될 수도 있고, 일강일중일약(一强一中一弱)의 형태로 발현될 수도 있다. 또한 가능한 형태가 이중일약(二中一弱)의 형태가 가능하다. 탐진(貪瞋), 진치(瞋痴), 치탐(痴貪)이 비슷한 크기의 강도로 발현되고 나머지 하나는 약하게 발현되는 경우가 가능하다. 여기에서 일강이약의 3가지와 일강이중(一强二中)의 3가지는 유사한 형태를 띤다고 할 수 있다. 비율의 차원에서 탐진치 셋의 강약을 비교하므로 이약(二弱)과 이중(二中)은 일강(一强)에 대해서 유사한 비율을 가진다고 할 수 있다. 마지막으로 탐진치 셋이 모두 강하게 발현되는 경우[三强], 탐진치 셋이 모두 중간 정도로 발현되는 경우[三中], 탐진치 셋이 모두 약하게 발현되는 경우[三弱]가 있다.

유형	일강이약	일강일중일약	일강이중	이중일약	삼강	삼중	삼약
분류	**탐**진치 **진**탐치 **치**탐진	**탐**진치 **탐**진치 **진**탐치 **진**탐치 **치**탐진 **치**탐진	**탐진**치 **진탐**치 **치탐**진	**탐**진치 **진치**탐 **치탐**진	**탐진치**	**탐진치**	탐진치

일강이약의 경우 3가지, 일강일중일약의 경우 6가지, 일강이중의 경우 3가지, 이중일약의 경우 3가지, 삼강의 경우 1가지, 삼중의 경우 1가지, 삼약의 경우 1가지로 18가지의 유형화가 가능하다. 탐진치 각각의 강도의 정도에 따라서 18가지의 유형화가 가능하다.

그러므로 전체적으로 구분할 수 있는 성격유형은 18가지라고 할 수 있다. 성격을 구성하는 요소들 간의 비율에 따라서 일강이약으로는 강탐이약중심, 강진이약중심, 강치이약중심이 있고, 일강일중일약으로는 탐진중심, 탐치중심, 진탐중심, 진치중심, 치탐중심, 치진중심이 있고, 일강이중으로는 강탐이중중심, 강진이중중심, 강치이중중심이 있고, 이중일약으로는 중탐진중심, 중진치중심, 중치탐중심이 있고, 삼강으로는 강탐진치중심, 삼중으로는 중탐진치중심, 삼약으로는 약탐진치중심이 있다.

4. 성격의 발달

이러한 탐진치에 의한 성격의 구분은 정태적이고, 유형적이고, 메커니즘 중심의 구분이라고 할 수 있다. 탐진치를 발달적 관점에서 볼 수 있다. 탐진치가 성격의 구성요소라고 한다면, 이는 성격발달의 관점에서 탐진치를 보는 것이라고 할 수 있다.

프로이트(S. Freud)의 경우는 원아, 자아, 초아라는 아(我)를 중심으로 성격을 구분하고 있다. 초아(超我)가 우세할 경우에는 도덕적 성격으로, 자아(自我)가 우세할 경우에는 현실적, 적응적 성격으로, 원아(原我)가 우세할 경우에는 신경증적 성격으로 나타난다. 그리고 이러한 성격이 형성되는 과정을 삶의 시간에 따라서 구강기, 항문기, 남근기, 잠복기, 생식기의 순으로 표현하고 있다.[7] 정신역동적 관점(psychodynamic perspective)으로 불리는 이러한 관점은 생존과 번식이라는 인간의 기본적인 추동을 중심으로 성격발달을 논의하고 있다.

에릭슨(E. Erikson)의 경우는 심리와 동시에 사회적 차원을 다루고 있는 발달모델을 제시한다. 신뢰감 대 불신감, 자율성 대 수치심과 회의감, 주도성 대 죄책감, 근면성 대 열등감, 정체성 대 정체성 혼미, 친밀감 대 고립감, 생산성 대 침체성, 통합감 대 절망감이라는 이원적 발달모델을 제시하고 있다.[8] 이 모델은 전 생애에 걸친 발달모델을 제시하고 있는 장점이 있지만, 성인중심의 단계적으로 이루어야 할 과업의 배열이라고 할 수 있다. 단계별로 나아가야 할 지침을 제시하는 것과 유사하다고 할 수 있다.

불교에서 성격발달을 논의하는 것에는 두 가지 전제가 있다. 먼저 탐진치는 타고난다는 것이고, 두 번째는 성격에는 유전적 요소와 환경적 요소가 함께 있다는 것이다. 이 두 가지를 전제로 불교의 성격발달을 논의할 수 있게 된다. 탐진치 가운데 어떤 것은 타고난 것이고, 어떤 것은 환경적으로 만들어진 것이라는 논의가 성립하게 된다. 탐진치

---

7   권석만(2012) pp.60-63.
8   James W. Kalat, 김문수 외 옮김(2017) pp.209-210.

가운데 어떤 것이 유전적 요소의 경향이 강하고, 어떤 것이 환경적 요소가 강한지를 살펴볼 수 있다.

탐진치와 같은 번뇌를 일컫는 다른 용어로 수면(隨眠, anusaya)이 있다. '따라서 눕는다(anu-√śī)'는 의미이다.[9] 이는 따라서 누운 상태로 있다가, 환경에 의해서 발현되는 것을 말한다. 이는 후생유전학의 전제와도 맥을 같이 한다. 유전자 자체가 중요한 것이 아니라, 이러한 유전자가 발현될 수 있는 조건과 환경이 만들어질 경우에 그 유전자는 발현되지만, 그러한 환경과 조건이 조성되지 않을 때는 그 유전자가 발현되지 않는다. 유전자가 거의 일치하는 쌍둥이라고 할지라도 환경에 따라서, 조건에 따라서 특정 유전자가 발현되기도 하고, 발현되지 않기도 한다. 그러한 의미에서 탐진치는 수면, 즉 잠재적 경향성(latent tendency)으로 볼 수 있다.

이러한 측면에서 보면 탐진치라는 경향성은 환경과 조건에 의해서 발현될 수도 있고, 발현되지 않을 수도 있다. 이는 연기의 법칙과도 상통한다. 연기에 있어서도 조건이 맞을 때 결과가 발생하는 것이지, 조건이 없이 결과가 발생하지는 않는다. 탐진치의 경우도 탐진치 자체가 있는 것이 문제가 아니라, 이들이 발현될 수 있는 조건과 환경이 갖추어지는 것이 중요하다고 할 수 있다.

---

9   A7:11, 12 「아누사야 숫따(Anusaya-sutta)1, 2」에서는 감각적 욕망의 잠재성향, 적의의 잠재성향, 견해의 잠재성향, 의심의 잠재성향, 자만의 잠재성향, 존재에 대한 탐욕의 잠재성향, 무명의 잠재성향의 7가지 잠재성향을 이야기하고 있다. 『앙굿따라 니까야』 제4권, pp.344-345.

태어날 때는 생존 자체가 중요하다. 생존에 대한 탐 또는 추동(drive)이 발현되는 시기라고 할 수 있다. 이러한 탐은 이후에도 지속되지만 가장 처음 발현되는 시기를 태어날 때 또는 유아기라고 할 수 있다. 이때 생존의 탐이 채워질 때는 기쁨 또는 쾌락의 반응이 생기고, 이러한 탐이 채워지지 않을 때는 불쾌의 반응이 생긴다. 이때의 반응은 진(瞋)이라고 할 수 있다. 이때는 생존과 존재유지에 필요한 인식이 가장 먼저 발달하게 된다. 나에게 유익한 존재에 대한 인식과 유익한 존재와 불익한 존재의 구별적 인식이 나타나게 된다. 이때의 생존의 탐은 안정과 안전에 대한 탐과도 연관될 수 있다. 애착이라고 불리는 것이 여기에 해당한다고 볼 수 있다. 안정과 안전은 생존의 필수적인 요건일 수 있다.

중요한 것은 이러한 생존의 탐은 언제든지 발현될 수 있다는 것이다. 생존의 환경과 조건이 유리할 때는 생존의 탐은 잠재하지만, 생존의 환경과 조건이 불리해지면 생존의 탐은 전면에 드러나게 된다. 그러므로 생존의 탐은 어린 시절에 일어나고 끝나는 것이 아니라, 이러한 생존의 탐이 위협받는 때가 되면, 즉 연기적 조건이 되면 그것은 언제든지 발생할 수 있다. 이는 죽음의 때에도 그러하다. 에릭슨에 의하면 통합감이 생겨야 되는 시기임에도 불구하고, 생존의 탐이 절대적으로 위협받고 있는 죽음의 시기에 생존의 탐은 적극적으로 발현된다. 생존의 탐의 좌절로 인해서 두려움이라는 정서의 반응이 또한 일어난다. 이때의 인지는 죽음이 끝일 수 있다는 단멸적 사고에 기반하는 것이라고 할 수 있다.

생존의 욕구가 확보된 상황에서는 다양한 감각기관을 통한 탐의 수용이 이루어진다. 다양한 감각기관에 의한 탐 가운데 구강과 항문과 생식기가 있다. 이러한 몸에 의한 즐거움은 원초적인 탐의 감각이라고 할 수 있다. 이러한 탐의 감각으로 인해서 쾌락의 반응은 증가하게 된다. 쾌락의 원칙(the pleasure principle)이라고 불릴 만큼 쾌락의 추구는 하나의 원리가 된다.

이러한 쾌락의 추구도 또한 지속적으로 추구하게 되는 즐거움이라고 할 수 있다. 성적인 것은 생식기를 지난 이후에는 폐기되는 것이 아니고 죽음의 순간까지도 이러한 쾌락을 추구한다. 몸으로 이루어지는 쾌락은 이후에 점점 더 계발되고, 일생에 걸쳐서 지속된다. 맛있는 음식, 즐거운 음악, 볼거리 등은 평생에 걸친 추구대상이 된다. 이러한 감각기관에 의한 탐의 추구를 처음 시작하게 되는 시기가 구강기이고, 항문기이고, 생식기라는 것이다. 이후에 감각기관을 통한 추구는 더욱 복잡한 형식과 고차적인 방식으로 이루어지게 된다. 이때 감각기관의 탐의 추구는 쾌락을 낳고, 탐의 좌절은 불쾌를 낳는다. 이러한 추구와 관련된 다양한 인지가 발생하게 된다.

이러한 감각기관의 탐의 추구에 이어서 자아(自我)라는 전체성에 대한 사고가 발생하게 된다. 이때부터 '나'라는 정체성이 성립하게 된다. 나라는 정체성의 성립은 인지적으로 치적(痴的)으로, 실체적 사고, 이분적 사고로 나아갈 수 있는 토대가 마련되게 된다. '나'의 성립으로 인해서 '나'의 확장이라는 탐의 추구가 시작된다. 나의 확장은 나를 높이는 것, 나의 영역을 키우는 것, 나의 영향력을 키우는 것 등이 있을 수 있다. 이때부터는 탐의 영역 가운데 두 번째 영역이 시작된다. 아(我)와 관련된 욕망이 시작된다. 나와 관련된 탐이 시작된다. 이러한 탐이 만족될 때, 쾌가 발생하게 되고, 이러한 탐이 불만족될 때, 불쾌가 발생하게 된다. 아에 대한 탐이 생긴 이후부터는 아와 관련해서 좀 더 복잡한 진(瞋)이 발생하게 된다. 감각기관과 관련해서는 단순하게 쾌, 불쾌만이 있을 수 있지만, 여기에서는 '아'가 생김으로 인해서 '비아'가 생기게 되고, 관계성이 발생하게 된다. 그러므로 반응으로서의 '진'은 좀 더 복잡한 양상을 띠게 된다.

타인과의 관계에 있어서 인색이 나타날 수도 있고, 관대, 관용이 나타날 수도 있고, 질투가 나타날 수도 있고, 함께 기뻐함이 나타날 수도 있고, 무덤덤함이 나타날 수도 있다. 이처럼 정서적 반응은 '아'의 발생과 더불어 복합적인 형태로 나타날 수 있게 된다.

인식의 경우도 복합적으로 나타나게 된다. 치(痴)는 아가 고정불변이라고 생각할 수 있고, 아를 확장하고 영향력을 확장하기 위해서 희론적 사고, 분별적 사고, 당위적 사고 등이 나타날 수 있다. 이처럼 '아'가 발생함으로 인해서 탐에 있어서는 새로운 차원의 탐이 발생하게 되고, 진에 의한 반응도 다양하게 발생하게 되고, 인지의 치도 복합적인 형태를 띠게 된다. 이처럼 '아'로 인해서 탐진치 모두 기존의 감각적 기능에 의한 탐과는 다른 차원의 탐진치가 형성되고 발현된다고 할 수 있다.

이러한 의미에서 '아'는 성격심리학의 발달과정에 있어서 새로운 도약의 단계가 된다고 할 수 있다. 이러한 '아'의 발생은 불교 성격심리학에서 중요한 위치를 차지하게 된다. 성격발달에 있어서 아의 발생 이전과 발생 이후로 나눌 수 있을 정도로, '아'로 인해서 탐진치의 발현이 증폭된다고 할 수 있다. 이 때문에 아의 문제를 불교에서 지속적으로 다룬다고 할 수 있다. 불교에서 '아'를 모든 해로움의 근원으로 보는 것도 이 때문이라고 할 수 있다. 그렇기에 무아의 교리가 불교의 최고 교리가 되는 것이기도 하다.

'아'로 인해서 '비아(非我)'와 관계의 문제가 발생하고, '아소(我所)'의 문제가 발생하게 된다. 나의 것이라는 취착이 생기게 된다. 이는 아가 비적응적으로 더 나아간 경우를 말한다. 아의 물리적, 비물리적 확장을 통해서 탐은 확대되게 되고, 이를 통한 반응도 확대되게 된다. 분노는 더욱 커지게 되고, 우울과 두려움은 더 깊어지게 된다. 기쁨과 상실의 슬픔의 폭도 확장되게 된다. 이는 탐이 커짐으로 인해서 이에 대한 반응으로서 정서도 폭이 커지게 되는 것이다.

이러한 방향성의 발달단계가 있는 반면, 이와는 반대되는 발달단계가 가능하다. 이러한 발달단계는 불교 고유의 발달단계라고 할 수 있다. '아'가 유위법(有爲法)이라는 것을 인지함으로 인해서, 즉 실체적 사고의 치에서 벗어남으로 인해서, 연기적 사고의 도입으로 인해서 탐이 점점 저감되는(deminuate) 방향성을 볼 수 있다. 이는 아가 탐을 증폭시키는 기폭제 역할을 한다는 것을 알기 때문에, 아를 중심으로 탐을 저감하는 발달과정이 가능하게 된다. 탐이 저감됨으로 인해서 진도 또한 저감되게 된다. 인식은 연기적, 비실체적 사고방식으로 나아가게 된다. 이러한 성격발달의 궁극에는 성인의 성격과 맞닿아 있다고 할 수 있다.

불교의 성격심리학에서 성격발달과 관련해서 몇 가지 특징을 볼 수 있다. 첫째 성격발달은 중층적이다(multi-layered). 존재의 탐이 일정시기에 발현되었다고 해서 그것으로 끝나는 것이 아니라, 존재의 탐이 위협받을 때는 언제든지 발현될 수 있다는 것이다. 존재의 탐이 발현될 조건, 즉 존재가 위협받을 때는 언제든지 발현될 수 있다. 그러한 극단적인 예는 죽음에서 볼 수 있다. 존재의 탐이 어린 시절에 끝나는 것이 아니라, 평생에 걸쳐서 잠재하고 있다는 것이다.

둘째 성격발달은 복합적이다(complex). 특히 '아'의 발현과 더불어 성격발달이 복합적으로 나아간다. '아'로 인해서 희론적 특징의 발현이 극대화되는 것을 볼 수 있다. 감각기관은 그나마 실재에 기반하고 있는 반면, '아'는 실재가 아니라 개념으로 존재하므로 희론적 성격의 발현이 극대화된다.

셋째 성격발달은 비단선적이다(non-linear). 성격발달은 다양한 환경적 계기와 조건적 계기에 의해서 다양한 방향으로 나아갈 수 있다. 에릭슨의 경우처럼 성격은 평생을 두고 발달하지만, 하나의 방향성으로 나아가지는 않는다. 어떤 방향성은 기존의 성격의 구성요소를 제거하는 새로운 성격형성의 방향성으로 나아가기도 한다. 어떤 방향성은 잠재되어 있다가 현현하는 방향성으로 나아가기도 한다. 이처럼 성격발달은 단선적이지 않고, 다선적이라고 할 수 있다.

넷째 성격발달은 조건적이다(conditional). 성격의 발생과 관련하여 유전적 요인과 환경적 요인에 관한 논쟁이 있었다. 성격이라는 한자

용어 자체에서 보듯이 성격은 유전적 요인과 환경적 요인이 함께 포함되어 있다.[10] 유전적 요인의 경우는 내재적 경향성으로 존재하는 것이 환경에 의해서 조건 발생한다. 이는 후생유전학의 전제와 궤를 같이한다. 조건발생하는 성격은 특정 시기에 특정한 성격적 과업으로 발생할 수도 있고 아닐 수도 있다. 예를 들어 미숙한 성격적 특질을 가진 어른의 존재가 있을 수 있고, 성숙한 아이가 존재할 수도 있다. 특정 성격적 과업이 형성될 조건이 이루어지지 못할 때 특정 성격발달이 이루어지지 못하는 것이라고 할 수 있다.

다섯째 성격발달은 특이점을 가질 수 있다(singular pointed). 자아와 관련하여 특정 시기에 어떤 조건하에서 자아의 형성이 어떻게 이루어지는지에 따라서 이후의 성격발달에 지대한 영향을 미치게 된다. 그러므로 서구심리학은 자아에 대한 논의가 핵심에 놓이게 된다. 자아로 인해서 심리학적 논의가 가능하기 때문이다. 육체적 탄생과 마찬가지로 심리적 탄생은 자아의 탄생으로 이루어지게 된다고 할 수 있다. 불교의 관점에서 보더라도 세 가지 탐 가운데 두 가지 탐은 자아와 연관되어 있다. 이처럼 자아로 인해서 새로운 탐(貪)과 그로 인한 진치(瞋痴)가 새롭게 발생하게 된다. 그러므로 자아는 새로운 심리학적인 탄생인 동시에 새로운 탐진치의 발생 근원이 된다. 새로운 탐진치의 발생은 새로운 성격발달의 출발점이 된다. 또한 새로운 탐진치의 발생

---

10   윤희조(2020) pp.325-326.

은 탐진치에 대한 변화가 발생할 수 있는 기반이 될 수 있다. 또한 아의 소멸, 즉 무아로 인해서 성격이 소멸되는 특이점도 가능하다. 이는 성인의 성격에서 볼 수 있다.

5. 성인의 성격

성인의 성격은 불교의 고유의 영역을 말하는 것이다. 이제까지의 성격에 대한 논의는 세간적인 논의, 범부의 성격과 관련된 논의라고 할 수 있다. 성격으로 번역되는 퍼스낼리티(personality)의 퍼슨(person)은 범부를 말하는 것이다. 범부의 기능의 총체로서의 성격을 말하는 것이다. 기능의 총체는 목적이 있다. 기능은 목적을 가지고 있다. 범부의 경우는 세간적인 목표를 가지고 있고, 이를 성취하는 데 최적으로 생각되는 기능을 가지게 된다. 이러한 기능을 하는 데 있어서 역기능적으로 작용하는 성격과 기능적으로 작용하는 성격이 있을 수 있지만, 두 가지 모두 범부의 목표에 종사하는 기능을 한다.

성인의 경우에는 범부와는 목표가 다르다. 동일한 기능을 하더라도 목표가 다르면, 기능의 맥락성이 달라지게 된다. 이렇게 되면 기능은 달라지게 된다. 여기에서 불교가 생각하는 궁극적인 목표가 중요해진다. 불교의 궁극적 목표는 탐진치의 소멸 또는 탐진치로부터 자유롭게 되는 것이다. 전자는 열반, 후자는 해탈이라고 부를 수 있을 것이다. 이는 열반을 소멸로, 해탈을 벗어남, 해방으로 해석한 것이다. 탐진치는 기능이 제대로 발휘되지 못하도록 하는 역할을 하는 것이다. 그렇다면 성인의 성격은 기능이 제대로 발휘되는 상태의 총체라고 할 수 있을 것이다. 성인의 기능은 인지, 정서, 행동에 있어서 탐진치로부터 자유롭게 되는 방향성을 추구한다. 이는 범부의 성격이 탐진치의 유형화된 패턴이라고 한다면, 성인의 성격은 이러한 탐진치의 유형화된 패턴을 제거하는 형태 또는 이러한 유형화된 패턴으로부터 자유롭게 되는 것이 된다.

성인의 경우도 몸을 가지고 있는 이상, 몸을 통한 성격은 여전히 있을 수 있다. 이러한 성격적 특성이 있다고 할지라도 이들로부터 자유롭게 되는 것이 또 하나의 방향성으로 제시된다. 이것이 또 하나의 성격적 특징이 된다. 다음으로 탐진치의 경우는 몸과는 달리 고정성이 덜하고 마음의 기능의 차원이라고 할 수 있기 때문에 가변적이라고 할 수 있다. 이러한 탐진치를 제거하고, 이로부터 자유로워지는 방향의 성격 형성이 가능하게 된다. 그리고 '나'와 관련해서도 '나'라는 것이 최고의 유위법이고, 무위법의 대표가 열반이므로, 유위법을 해체하는 방향성으로 나아가게 된다. 이렇게 되면 나의 해체의 방향성으로 나아가게 된다. 나에 대한 다양한 태도, 즉 수용성, 유연성, 개방성이라는 태도 그 자체를 해체하는 방향성으로 나아가거나, 이러한 방향성의 반대의 방향성을 해체하고 이를 극대화시키는 방향성으로 나아가게 된다.

이렇게 성인의 성격의 방향성은 성격을 해체시키는 방향성 또는 이들로부터 자유로워지는 방향성이 된다. 기능 자체는 존재하지만 이들

기능에 대한 탐진치는 제거되는 방향성으로 나아간다. 이렇게 되면 성격의 정의가 더 이상 맞지 않게 된다. 굳이 고유하지도 일관적이지도 유형적이지도 않아도 된다. 불교의 목표에 충실한 기능 자체만으로 남아있을 수 있게 된다.

성격은 '인간의 몸과 마음과 환경의 영향하에서 인지, 정서, 동기, 행동으로 대표되는 인간의 기능을 일관되고 고유하게 유형화되고 조직화된 형태로 만드는 역동적, 복합적, 내적 기능'이라는 정의에서,[11] 성인의 성격은 '인간의 몸과 마음과 환경의 영향하에서 불교적 목표와 연관해서 전체적으로 잘 기능하는 것'이라고 할 수 있을 것이다. 일관되지 않고, 고유하지 않고, 유형화되지 않고, 조직화되지 않고, 역동적이지 않고, 복합적이지 않고, 내적이지 않을 수 있다. 일관성, 고유성, 유형화, 조직화, 역동성, 복합성, 내향성이라는 이러한 특징은 범부의 성격의 특징이라고 할 수 있다. 이러한 일관성 등은 기능 자체에서 나온다기보다는 기능에 붙는 탐진치에 의한 것이라고 할 수 있다. 이러한 탐진치로부터 자유로워지면 이러한 특징이 엷어지고, 사라질 수 있게 된다.

이러한 모습이 붓다가 이야기한 번뇌의 심천 가운데 번뇌가 얕은 것을 말한다고 할 수 있다.[12] 이렇게 되면 여실한 기능의 총체, 나아가서는 여실한 인간의 총체라고 할 수 있을 것이다. 이때의 기능은 불교

---

11 윤희조(2020) p.333.
12 『마하박가-율장대품』 p.96.

적인 목표를 이루기에 적합한 기능이라고 할 수 있다. 예를 들어 붓다의 경우도 화를 낸다고 할지라도 불교적 목표를 이루기 위한 탐진치 없는 기능으로서의 화라고 보아야 할 것이다. 화라는 현상은 동일하지만, 그 기능의 내용은 다르다고 할 수 있다.

불교적 관점의 성격발달에 대한 본래적 정의와 포괄적 정의를 볼 수 있다. 피정의항을 안다고 할 때, 무엇을 안다고 하는지에 대한 두 가지 해석이 있다. 피정의항의 본질을 보여주는 방식이 있고, 피정의항의 전체를 보여주는 방식이 있다. 전자는 본래적 정의의 방식이고, 후자는 포괄적 정의의 방식이다. 본래적 정의는 피정의항의 가장 본래적인 모습을 보여줌으로써 피정의항을 파악하는 것이다. 본래적 정의의 방식으로 불교의 성격발달을 정의하면 성격발달은 '기능의 완전한 발현'이라고 할 수 있다. 이는 기능으로서의 성격이 완전히 발현된 상태가 성격발달의 본래적 의미라는 것을 보여주는 정의이다. 심천에 따른 분류 가운데 번뇌가 가장 옅은 상태의 성격이 본래적 정의의 피정의항이 된다. 포괄적 정의의 관점에서 보면 번뇌의 심천에 따른 분류가 있다. 이는 성격발달의 포괄적 정의에 해당한다. 포괄적 정의는 피정의항의 종류를 열거함으로 정의하는 방식이다. 종류를 포괄하는 방식의 정의이다. 종류를 분류하여 포괄하는 방식의 토대가 되는 것이 '번뇌의 심천'이라고 할 수 있다.

불교심리학적 관점에서 성격발달은 궁극적으로 이러한 변화를 말한다고 할 수 있다. 범부의 범주 안에서 탐진치의 비율과 반응양태의 변화가 아니라, 탐진치를 제거하고 벗어나고 자유로워지는 방향성의 성격 변화가 불교가 추구하는 궁극적인 성격발달이라고 할 수 있을 것이다.

6. 불교에서 성격발달

성격발달에서 발달(development)은 불교에서 수행을 의미하는 바와나(bhāvanā)의 영어번역어이기도 하다. 바와나는 '되어감(becoming)', '계발(development)'을 의미한다. 성격의 발달에서 발달은 수행을 통해서 발달, 즉 발전한다는 함의를 가진다. 이는 성격발달이 수행과 밀접한 관련을 가진다는 의미이다.

성격발달을 지금까지 탐진치라는 근원적인 번뇌의 차원에서 설명하고 있는데, 이와는 다른 차원에서 설명할 수 있을 것이다. 오계(五戒)와 오장애(五障礙)의 관점에서 성격발달을 살펴볼 수 있다. 먼저 계는 단순히 사회생활을 위한 윤리적 덕목이기 이전에 불교의 궁극적 목표를 이루기 위한 방법론이다. 그러므로 이는 범부가 성인으로 나아가기 위해서 단속하여야 할 번뇌를 대표하는 것이라고 할 수 있다. 이는 붓다가 범부의 특징적인 번뇌를 다섯으로 구분하고 있는 것이다. 이는 붓다가 보기에 이러한 다섯 가지 번뇌가 범부의 특징으로 드러난다는 것을 보여주는 것이다.

살도음망주 각각에 대해서 탐진치가 모두 포함되어 있는 것으로 볼 수 있지만, 각각에 대해서 탐진치가 특징적으로 포함되어 있는 것을 볼 수 있다. 살도음망주의 다섯 가지 가운데 먼저 살생은 살아있는 모든 존재를 죽이지 말라는 의미를 포함하여 광범위하게 해석하면 살아있는 모든 존재의 생명의 존엄(dignity)을 존중하라는 의미이다. 이는 탐진치의 관점에서 보면 진의 형태에 해당된다. 살생은 진의 극단적인 표현이라고 할 수 있다. 존재를 사라지게 할 만큼[無有]의 진심을 나타낸다. 도는 남의 것을 내 것으로 삼는 탐심의 극대화된 표현이라고 할 수 있다. 더 많은 것, 자신의 것을 넘어서는 것을 탐하는 탐심의 극단적인 형태가 도둑질이라고 할 수 있다. 음은 사음을 하는 것으로, 또한 탐심의 일종이라고 할 수 있고, 주는 중독적인 것을 탐하는 것으로 탐심의 일종이라고 할 수 있다. 도음주 모두 탐심의 일종이라고 할 수 있다.

망은 양설, 악구, 기어, 망어를 말한다. 양설은 두 가지 말을 하는 것, 이간질하는 것이고 악구는 욕을 하는 것이고, 기어는 기묘한 말로 속이는 것, 사기를 치는 것을 말한다. 망어는 없는 것을 있는 것으로, 있는 것을 없는 것으로 말하는 것으로 속이는 것이다. 네 가지는 모두 있는 그대로의 모습을 드러내지 않는 말이다. 말과 실재를 다르게 사용하는 것이다. 이는 말과 존재의 특징을 이해하지 못하는 것이고, 말은 생각과 연결되기 때문에 이를 치심과 연결시킬 수 있을 것이다.

오계를 탐진치와 연결시킬 수 있고, 오계는 탐진치를 구체적으로 설명한다고 할 수 있다. 진심의 극단적 특징으로 존재를 없애는 것을 보게 되고, 탐심의 종류로 남의 것을 내 것으로 취하는 것, 과도한 성적 욕망, 중독적인 행위가 있는 것을 보게 되고, 치심이 언어적으로 드러나는 것을 보게 된다.

오장애는 색계선으로 나아가기 전에 없애야 하는 것으로 다섯 가지이다. 또는 다섯 가지가 장애가 되기 때문에 색계로 나아갈 수 없는 것이다. 색계로 나아가는 데 있어서 가장 장애가 되는 것이 다섯 가지라면, 이는 욕계의 가장 큰 특징이라고 할 수 있을 것이다. 욕계에서 끝까지 남아있으면서 색계로 나아가는 것을 방해하는 것이므로, 욕계의 특징으로 다섯 가지를 볼 수 있을 것이다. 감각적 욕망, 악의, 해태와 혼침, 들뜸과 회한, 회의적 의심의 다섯 가지이다. 여기서 우선 감각적 욕망은 탐에 해당하고, 악의는 진에 해당하고, 회의적 의심은 치에 해당한다고 할 수 있다. 해태와 혼침은 마음이 가라앉는 것을 말하고, 들뜸과 회한은 마음이 들뜨는 것을 말한다. 이 둘은 진심의 형태를 보여준다고 할 수 있다. 마음이 들뜨는 것만이 진심이 아니고, 마음이 가라앉는 것도 진심의 형태라고 할 수 있다. 마음의 들뜸과 가라앉음이 진심에 해당한다고 할 수 있다. 우울과 슬픔에서 분노까지는 진심이라는 하나의 스펙트럼에서 이루어지는 것이라고 할 수 있다. 오계와 오장애 모두 탐진치의 여러 형태를 보여주고 있다고 할 수 있다. 계는 인간으로 윤회할 수 있는 최소한의 자격요건이라고 할 수 있기에 인간과 비인간의 구분 조건이라고 할 수 있다. 오계는 다른 오도(五道)로 나아갈 수 있는 조건을 말하는 것이기도 하기에, 인간으로서의 조건을 말하는 것이다.

오장애는 인간이 더 나은 세계, 즉 색계로 나아가기 위한 조건이다. 욕계에서 색계로 나아가기 위해서 제거해야 되는 것이다. 오계와 오장애 모두 인간으로서 가지고 있는 기본적인 성격을 말하는 것이기에, 이를 넘어설 경우에는 인간이 아닐 수 있는 인간으로서의 경계선적인 특징이라고 할 수 있다. 그러므로 이는 인간이 형성할 수 있는 성격인 동시에 발달과정에 있어서 변화를 이룰 수 있는 요소가 된다. 성격은 인간의 특징이면서 이는 발달, 즉 수행을 통해서 성격의 특성이 약해질 수 있다. 또한 동시에 탐진치의 반대되는 성격 특징인 무탐, 무진, 무치가 계발될 수 있다. 이처럼 성격의 특징이 발달하는 것을 볼 수 있다.

성격은 탐진치가 활동하는 한에서는 순환한다. 성격은 탐진치가 활동하면 원래의 상태로 돌아간다. 물론 육도 안에서도 그 특징이 각각 다르기 때문에 구분은 될 수 있지만, 육도라는 측면에서는 여전히 하나라고 할 수 있다.

성격의 발달, 그것도 비약적 발달은 육도(六道)에서 벗어나는 것이다. 그 이전에는 탐진치의 배분에 따라서 구분될 뿐이다. 탐진치의 정도에 따라서 육도로 구분되는 것이다. 탐의 경우에는 아귀와 천신으로 구분될 수 있다. 아귀는 탐욕을 주로 하는 것으로, 탐욕이 채워지지 않는 것을 그 특징으로 한다. 항상 배가 고픈 상태이다. 천신은 좋은 것들이 채워져 있는 상태이다. 즐거움을 누리고 있는 상태이다. 좋은 것, 즐거운 것은 탐의 대상이라는 점에서 탐의 측면과 연결될 수 있다.

진은 아수라와 지옥으로 연결될 수 있다. 아수라는 다툼을 좋아한다. 천신과의 다툼도 그렇고, 항상 논쟁, 언쟁을 좋아하는 것도 그렇다. 지옥은 중범죄를 저지른 것으로 성냄, 분노의 표현인 것이다. 치는 축생으로 대표된다. 축생은 어리석음으로 인해서 깨달음으로 나아가지 못한다. 인간의 경우는 탐진치가 모두 있지만, 그 가운데서도 치심이 바탕이 된다. 탐진의 바탕으로 치심이 있다. 인간은 무명으로 인해서 깨달음으로 나아가지 못한다. 육도를 벗어나는 데 근본적인 장애가 무명, 즉 치심에 있다.

육도 안의 존재는 이렇게 탐진치의 순환구조 속에서 지속적으로 활동하게 된다. 탐진치를 제거하느냐, 제거하지 못하는가가 성격발달의 핵심이 된다. 제거하기 이전까지는 성격은 발달이 아니라, 순환하게 된다. 이는 육도를 벗어나지 못하면, 육도를 윤회하는 것과 마찬가지이다. 성격의 순환과 육도의 윤회는 궤를 같이 한다.

성인은 탐진치를 벗어나므로 성격의 분류가 약해지면서 성격의 본래성이 드러난다고 할 수 있다. 이는 가능적 존재로서의 인간의 성격에 해당한다고 할 수 있다. 탐진치에 따라서 성격이 고유하게 유형화되는 것이 범부의 성격분류에 해당한다면, 성인의 성격은 기능의 온전한 발현으로 볼 수 있고, 탐진치의 영향을 받지 않으므로 유형화의 정도도 약하게 된다. 그러므로 본래적 의미의 성격은 불교적 목표와 관련된 것으로 가능적 존재로서의 인간과 연관되며, 성인의 성격이 여기에 해당한다고 할 수 있다. 불교에서 성격발달은 나이에 따른 성격발달이 아니라, 번뇌의 제거를 통한 성격발달, 새로운 성격으로의 발전을 말한다고 할 수 있다. 불교에서는 범부의 성격에서 성인의 성격으로의 발달을 이상적인 형태의 성격발달로 본다고 할 수 있을 것이다.

불교 성격심리학 장에서 불교 성격심리학의 기본적인 내용을 다루고 있다면, 본 장에서는 이러한 주제를 좀 더 세밀하게 다루고 있다. 이전 장에서 불교의 성격유형을 다루고 있다면, 본 장에서는 성격유형을 18가지로 구체적으로 분류하고 있다. 이전 장에서 오온을 중심으로 몸의 기능과 마음의 기능을 탐진치의 비율에 따라서 성격을 논의하고 있다면, 본 장에서는 몸과 마음을 바탕으로 만들어진 '아'와 '비아'의 상호교섭의 태도를 통해서 성격을 구분하고 있다. 이전 장에서 공시적 관점에서 성격의 유형을 다루고 있다면, 본 장에서는 통시적 관점에서 성격의 발달을 다루고 있다. 이를 통해서 불교 성격발달의 독특성을 볼 수 있다. 또 하나의 독특성으로 성인의 성격을 볼 수 있다. 이는 성격발달과 더불어 성격소멸이 가능하다는 불교의 전제로부터 출발한 것이다. 탐진치는 성격의 구성요소인 몸, 인지, 정서, 동기와 행동이라는 구성요소의 비율과 연관된다고 한다면, 탐진치의 소멸은 성격의 소멸로 연결된다. 이는 서구심리학에서는 볼 수 없는 불교 성격심리학의 독특성이면서, 불교 성격발달의 고유성이라고 할 수 있다.

심리학에서 성격에 대한 논의는 인간 전체를 다루는 논의이므로 그 범위가 가장 광범위하다고 할 수 있다. 서구의 성격심리학에서 다룰 수 있는 주제를 두 장에 걸쳐서 다루고 있다. 이러한 논의를 통해서 불교 성격심리학과 성격발달이라는 영역의 가능성을 볼 수 있을 것이다.

참고문헌

『마하박가 – 율장대품』 = 전재성 역주(2014), 『마하박가 – 율장대품』, 서울: 한국빠알리성전협회.

『상윳따 니까야』 = 각묵스님 옮김(2009a), 『상윳따 니까야』 제1-6권, 울산: 초기불전연구원.

『앙굿따라 니까야』 = 대림스님 옮김(2007), 『앙굿따라 니까야』 제1-6권, 울산: 초기불전연구원.

James W. Kalat, 김문수·강영신·고재홍·박소현·박형생·정윤경 옮김(2017), 『심리학개론』, 서울: 사회평론.

권석만(2012), 『현대 심리치료와 상담이론』, 서울: 학지사.

윤희조(2018), 「영역과 정의의 관점에서 보는 번뇌의 심리학」, 『동서철학연구』 89, 대전: 한국동서철학회.

윤희조(2019), 「불교철학과 기초심리학의 관점에서 본 무아의 심리학」, 『철학논총』 95, 대구: 새한철학회.

윤희조(2020), 「기능과 탐진치의 관점에서 보는 불교의 성격심리학」, 『불교문예연구』 15, 서울 : 동방문화 대학원대학교 불교문예연구소.

11 불교 자아심리학

『현대 심리치료』를 보면 가장 먼저 나오는 것이 성격에 대한 논의이다. 성격의 원어는 '퍼스낼리티(personality)'이다. 이는 인간됨을 말한다. 인간에 대한 이해가 먼저 나오고 있다. 인간에 대한 이해로부터 이후의 심리에 대한 견해가 등장하고, 심리에 대한 이해로부터 이후의 치유에 대한 견해가 등장하게 된다. 인간, 심리, 치유의 순서로 나아간다. 인간에 대한 이해는 나머지를 이해하는 데 토대가 된다. 자아에 대한 이해는 인간에 대한 이해를 말한다. 이때의 자아는 자기 자신에 대한 이해이다. 자신을 포함한 인간에 대한 이해를 말한다. 이러한 인간에 대한 이해를 바탕으로 이후의 이해가 가능하게 된다.

서구 심리학에서는 인간에 대한 이해를 자아에 대한 이해로 표현하고 있다. 프로이트의 경우도 자아를 어떻게 이해하는지에 따라서 심리치유 모델이 결정된다. 인간에 대한 이해는 이후의 다양한 차원의 이론과 실천을 선도하게 된다. 이러한 자아에 대한 탐구는 서구심리학의 출발과 함께 시작한다. 프로이트로부터 시작된 자아에 대한 탐구 이후 다양한 심리학파에서도 이에 대한 견해를 피력하고 있다. 이러한 견해는 각각의 학파에서 자신의 이론을 전개하는 데 중요한 개념이 되고 있다. 자아에 대해서 어떤 견해를 가지는가에 따라서 이론의 전개가 달라질 수 있다.

그러므로 불교든, 심리학이든 인간에 대한 이해는 선행하여야 한다. 인간에 대한 이해를 바탕으로 나머지가 연결된다고 할 수 있다. 그러므로 불교를 심리학적으로 이해하는 데 있어서도, 인간에 대한 이해는 우선되어야 할 것이다. 불교의 인간에 대한 이해는 심리학에서 자아에 대한 이해와 같은 차원의 논의라고 할 수 있다.

본 장에서는 불교의 인간에 대한 이해를 심리학의 자아에 대한 이해와 같은 차원에서 다루고자 한다. 인간에 대한 이해를 통해서 불교의 자아심리학이라고 할 수 있는 영역의 확보가능성을 논의하고자 한다. 자아를 포괄적, 본래적, 발생적 차원에서 정의하고, 이를 바탕으로 자아정체성을 다루어보고자 한다. 이를 통해서 불교의 자아에 대한 이해 또는 불교의 인간에 대한 이해를 살펴보고자 한다.

1. 자아의 포괄적 정의

불교학의 이론을 인간론, 존재론, 실천론의 차원에서 볼 수 있다. 인간론에서는 인간의 기능을 중심으로 다양한 측면을 살펴보고 있다.

이러한 기능을 하는 존재로 인간을 파악하는 동시에 인간을 가능적 존재로 파악한다. 가능적 존재로서의 인간은 기능적 존재로서의 인간에게 방향성을 제시하는 것이라고 할 수 있다. 이러한 방향성의 제시를 통해서 인간은 다양한 실천으로 나아가게 된다. 또한 인간은 단순히 인간적인 차원뿐만 아니라 존재적인 차원의 영향을 받는다. 인간 또한 존재이므로 존재론적 특징에 영향을 받고, 가능성으로서의 인간이므로 실천론적 특징을 가지게 된다. 이처럼 인간은 존재론과 실천론의 영향을 모두 받는다고 할 수 있다.

불교에서는 인간을 기능성과 가능성이라는 두 가지 차원에서 보고 있다.[1] 기능성에 중점을 두는 것은 인간을 보는 새로운 관점으로 제시되고 있다. 붓다 이전에는 인간을 단일한 실체로 보고 있다. 아트만이라는 신적인 측면만이 실체이고, 나머지는 환영으로 보고 있다. 이러한 관점에서는 인간의 다양한 측면을 모두 포괄하지 못하고, 단지 신적인 측면만으로 인간을 정의한다. 이러한 관점에서 인간을 정의할 경우 인간의 나아갈 바도 분명해진다. 신과의 합일로 나아갈 수밖에 없게 된다.

붓다의 경우는 이러한 신적인 측면을 인간에게서 발견할 수 없다고 한다. 신적인 측면은 발견할 수 없고, 단지 다양한 기능의 집합체로서

---

1   기능적 존재와 가능적 존재에 관해서는 다음을 참조할 수 있다. 윤희조(2017) p.221. 특히 가능적 존재로서의 불성과 관련해서는 다음을 참조할 수 있다. 시모다 마사히로 외 지음, 김성철 옮김(2015).

인간만이 있을 뿐이다. 기능성의 관점에서 인간을 보게 되는 것이다. 붓다의 원래 의도는 신적인 부분을 발견할 수 없다는 것을 밝히고자 한 것이다. 그러나 결과적으로 붓다는 인간에 대한 새로운 관점을 보여주게 된다. 인간을 기능으로 정의하는 것은 인도의 사상적 전통에서는 처음 있는 인간에 대한 정의이다. 붓다는 인간을 다섯 가지 기능으로 볼 수 있다고 한다. 인간이 가지고 있는 다양한 기능을 이 다섯 가지 범주로 이야기하고 있다. 여기서 중요한 것은 다섯 가지라는 것이 아니라, 기능의 차원에서 인간을 정의한다는 것이다.

인간이라는 용어는 나를 포함한 종 일반을 지칭한다. '나'에 중점을 맞추면 '나'는 '아(我)' 또는 '자아(自我)'라고 할 수 있다.[2] 붓다는 나를 비롯한 인간 전반에 대한 정의를 기능적 관점에서 하고 있는 것이다. 기능에 따른 분류는 나뿐만 아니라 모든 인간에게 적용될 수 있다. 따라서 인간에 대한 정의는 '나', '자아'에 대한 정의라고 할 수 있다. 여기에서 붓다의 자아에 대한 정의를 볼 수 있다. 붓다는 오온이라는 다섯 가지 기능으로 자아를 정의하고 있다. 다섯 가지 기능을 포괄적으로 거론하면서 자아를 정의하고 있다. 붓다는 자아에 대한 포괄적인 정의를 내리고 있다.

포괄적 정의는 정의의 한 방법으로, 정의하고자 하는 피정의항이 포함하는 전체 범위를 열거의 방식을 통해서 정의를 내리는 방법이다.

---

2   불교에서 자아에 대한 연구는 다음을 참조할 수 있다. 정승석(1999); 김정근 (2010); 김성철(2013) pp.115-140; 최경아(2010) pp.85-112; 이남경(2012) pp.223-256.

정의를 통해서 피정의항에 대한 앎을 추구할 때, 피정의항이 포함하는 전부를 이야기할 수 있으면, 우리는 피정의항에 대한 앎 또는 지식을 가지고 있다고 이야기할 수 있다는 것이다. 피정의항이 포함하는 항목을 열거할 수 있다면, 피정의항에 대한 포괄적 정의를 내리고 있다고 이야기할 수 있다.

다섯 가지 기능을 가지고 있는 존재로서 나를 '오온(五蘊)'으로 칭한다. 자아는 다섯 가지 기능의 집합체라는 의미이다. 자아의 다섯 가지 기능은 색수상행식(色受想行識), 즉 물질적 기능, 정서적 기능, 인지적 기능, 동기적 기능, 의식적 기능을 말한다. 이때의 색수상행식은 인간이 가지고 있는 대표적인 기능을 말한다. 인간은 이보다 훨씬 복잡하고 다양한 기능을 가진다. 이러한 기본적인 기능을 바탕으로 복잡한 형태의 기능으로 나아간다는 것이다. 인간의 기능을 알 수 있을 때 인간을 알 수 있다는 측면에서 오온은 인간, 나, 자아에 대한 포괄적 정의라고 할 수 있다.

서구심리학에서도 자아에 대한 포괄적 정의를 볼 수 있다. 프로이트는 제2지형학을 설명하면서 이드, 에고, 슈퍼에고를 설명하고 있다. 인간을 이 세 가지의 영역으로 구분한 것이다. 이러한 영역은 각각의 고유한 기능을 가지고 있다. 이드(id), 즉 '그것'이라고 불리는 것은 인간에게는 의식되지 않고 심리적으로 현현되지는 않지만, 영향을 끼치는 어떤 것을 말한다. 그것이 현현되면 이름 붙일 수 있지만, 이름 붙일 수 없기 때문에 '그것'이라고 칭하고 있다. 이와는 달리 도덕률, 사회규범에 따라서 활동하는 기능을 슈퍼에고(superego)라고 한다. 현실적인 원칙에 따라서 활동하는 기능을 에고(ego)라고 한다. 쾌락의 원칙, 현실의 원칙, 도덕률에 따라서 활동하는 기능으로 분류하고 있다. 프로이트가 이렇게 분류하는 이유가 있을 것이다. 프로이트의 최고의 업적은 무의식의 발견, 이드의 영역 발견일 것이다. 인간에게 이러한 기능을 하는 영역과 기능의 존재를 발견함으로써 현대적 의미의 심리학이 시작되었다고 할 수 있다. 무의식과 이드의 영역을 발견함으로써, 인간을 세 가지 기능으로 분류하게 된다. 즉 이와는 반대적인 영역으로 이드를 억제하고 제어하고자 하는 영역으로 초자아의 기능이 나오게 되고, 이 둘을 조율하는 역할을 하는 에고의 기능이 나온다. '나'를 세 가지 기능으로 보는 것이다. 이러한 관점은 인간을 기능적 관점에서 보고 있는 것이다. 붓다의 기능은 프로이트의 기능에 비해, 현대적인 기능에 부합한다고 할 수 있다. 즉 현대심리학의 학문 분류체계에 부합한다고 할 수 있다. 기초심리학으로서 인지심리학, 정서심리학, 동기심리학과 같이 기초심리학의 분류에 근접하는 분류법을 오온은 제시하고 있다고 할 수 있다. 프로이트의 기능의 분류가 수직적인 반면, 붓다의 기능의 분류는 수평적이라고 할 수 있다. 빙산모델에서 보면 밑에 잠겨있는 부분과 에고와 수퍼에고의 층위가 있는 것을 볼 수 있다. 플라톤의 삼분법에서 마부가 두 마리 말을 끄는 비유에서 보듯이 두 마리 말을 마부가 조정하고 있는 것을 볼 수 있다. 반면 붓다의 오온의 비유는 다섯 가지 기능이 동등한 기능으로서 역할을 한다. 어떤 것 하나가 우위에 있지 않다. 아비담마로 나아가면서 색, 심소, 심으로 분류는 되지만 하나가 우위를 점하지 않는다. 오히려 심이 역할을

하기 위해서 심소의 도움이 필요한 것이지, 심이 나머지를 지배하지는
않는다.

이러한 기능이 활동하는 것이 인간이고 자아라고 할 수 있다. 이러
한 기능의 측면에서 인간을 보는 것이다. 포괄적 정의에서 인간은 오
온이라는 다섯 가지 기능의 집합체로 정의된다.

2. 자아의 본래적 정의

1) 비본래적 정의

인간의 다양한 기능을 열거하는 것은 인간에게 가능한 기능을 열거
하는 것이라고 할 수 있다. 다양한 기능을 전부 열거하면 인간 전반에
대한 정의는 될 수 있다. 인간을 기능의 차원에서 정의할 수 있다는
것은 '나'라고 할 때의 자아에 대한 정의가 되기에는 부족하다. 포괄적
정의가 전반적인 영역을 획정하는 작업이라면, 이러한 작업이 지향하
는 바를 보여줌으로 인해서 정의를 하는 방법이다. 인간의 가장 모범
적인 경우를 보여줌으로써 인간을 정의하는 방법이 가능하다. 이는
인간의 가장 모범적인 기능을 보여주는 것이 될 것이다. 불교가 생각
하는 가장 인간다운 인간을 보여주는 것이 인간에 대한 정의가 될 수
있다. 포괄적 정의가 열거에 의한 방식이라면, 이러한 정의는 핵심, 본
질, 가장 인간다움을 보여주는 방식이라고 할 수 있다. 이러한 정의의
방식을 본래적 정의라고 할 수 있다. 인간의 기능이 가장 잘 발현된

상태를 보여주는 것이 인간에 대한 앎이라고 이야기할 수 있다. 이는 기능의 차원에서 가능성의 극한을 보는 것이 될 것이다.

인간의 기능 전체를 보여줌으로써 알 수 있고, 인간의 핵심을 보여줌으로써 알 수 있다. 두 가지 방식에 의해서 앎이 확립되고, 확장된다고 할 수 있다. 이렇게 알 때 안다고 말할 수 있는 것이 된다. 인간의 본래적 정의에서 불교는 두 가지를 보여줄 수 있다. 인간의 기능이 잘 기능할 때와 잘 기능하지 못할 때를 모두 보여줄 수 있다. 이를 통해서 본래적 정의에 대한 이해를 확장할 수 있다. 포괄적 정의에 따르면 모든 인간이 기능을 가지고 있다. 반면 본래적 정의에 따르면 잘 기능하는 인간과 잘 기능하지 못하는 인간을 구분할 수 있게 된다. 기능을 잘하는 인간을 성인(聖人)으로, 기능을 잘하지 못하는 인간을 범부(凡夫)로 구분한다.

여기에서 범부의 자아와 성인의 자아가 차이가 난다고 할 수 있다. 기능에 있어서 변화가 둘의 차이를 만든다. 기능에 있어서 탐진치(貪瞋痴)로 대변되는 번뇌를 가진 기능을 하는가, 번뇌를 벗어나는 상태에서 기능을 하는가에서 차이가 난다. 번뇌를 가진 경우의 자아와 번뇌가 옅어진 상태의 자아가 차이가 난다. 기능의 차이는 번뇌의 유무에 기인한다. 기능이 있는 그대로 작동하는 데 있어서 방해하는 작용을 하는 것이 번뇌이다. 번뇌는 '있는 그대로 활동하지 못하는 것[非如理作意, ayoniso manasikāra]으로 인한 괴롭힘'으로 정의할 수 있다.[3] 번뇌가 가지고 있는 다양한 특징들은 기능성이 제대로 발휘되지 못하도록 방해하는 역할을 한다. 그러므로 기능성과 비기능성의 문제는 번뇌의 유무로 볼 수 있게 된다.

인간은 기능에 따라서 활동한다. 이러한 기능에 따라서 활동하는 존재를 둘로 구분하여 볼 수 있다. 범부로서의 인간과 성인으로서의 인간이 가능하다. 범부로서의 인간은 기능성에 있어서 탐진치의 역할이 함께 기능하는 것을 말하고, 성인으로서의 인간은 기능성에 있어서 탐진치가 역할을 하지 않는 것을 말한다. 탐진치가 아니라 불탐·부진·불치가 역할을 한다고 할 수 있다. 불교에서 인간을 구분할 때 가장 큰 범주의 구분이 범부와 성인의 구분이라고 할 수 있다. 이는 초기불교에서부터 선불교에 이르기까지 공통적인 인간의 구분법이라고 할 수 있다. 붓다가 깨달음을 얻은 이후에 먼지가 많이 낀 중생과 먼지가 적게 낀 중생을 구분하고,[4] 붓다의 실천론에 따른 인간이 성취한 단계를 성인으로 구분하여 보고 있다. 선불교에서는 상근기와 하근기를 구분한다. 범부 가운데 상근기는 성인으로 나아갈 수 있는 능력이 있다는 것이다. 이는 혜능, 마조에게서도 동일하게 적용된다.[5]

범부 안에서도 구분을 볼 수 있다. 성인의 경우는 탐진치를 아예

---

3   윤희조(2018) pp.215-243. PED p.560. yoniso manasikāra "fixing one's attention with a purpose or thoroughly," proper attention, "having thorough method in one's thought" Opp. ayoniso manasikāra disorderly or distracted attention.

4   『마하박가-율장대품』 p.96.

5   『육조대사법보단경(六祖大師法寶壇經)』 T.48.n2008.346c22-23. 我法爲上上根人說者宜之也。 350c12-13. 此法門是最上乘。爲大智人說。爲上根人說。 352a18-20. 便是說遠。說遠爲其下根。說近爲其上智。人有兩種。法無兩般。迷悟有殊。見有遲疾。迷人念佛求生於彼。悟人自淨其心。『강서마조도일선사어록(江西馬祖道一禪師語錄)』 X.69.n1321. p.4. 若是上根眾生。忽爾遇善知識指示。

벗어난 경우이지만, 범부의 경우에는 탐진치라는 번뇌와 비번뇌가 함께하는 경우가 있다. 이러한 스펙트럼으로 인해서 번뇌적 자아와 청정적 자아를 구분할 수 있다. 범부의 자아를 번뇌적 자아에서 청정적 자아 사이의 스펙트럼 가운데 존재하는 하나로 볼 수 있다. 번뇌는 불선과 불선할 수 있는 가능성을 함께 부르는 것이고, 청정은 선과 선할 수 있는 가능성을 함께 부른 것이다. 번뇌와 청정이 불선과 선보다 범위가 넓다고 할 수 있다. 왜냐하면 잠재적인 가능성까지도 포함하기 때문이다.

탐(貪)은 단순히 물질적인 것뿐만 아니라 나 중심으로 모으는 것 전부와 연관이 있다. 축적(accumulation)과 연관된 전반적인 것을 말한다. 재산, 명예, 명성 등까지를 말한다. 진(瞋)은 광분에서부터 불안까지 다양한 스펙트럼을 가진다. 부러움도 일종의 분노의 범주에 포함된다. 진은 진의 범주 가운데 전형적 성격이지만, 진에 해당되는 범주는 탐의 범주를 제외한 전부라고 할 수 있을 것이다. 왜냐하면 탐진의 범주에 정서와 동기가 모두 포함되기 때문이다. 번뇌의 원형모델에 의하면 탐진은 두 가지 축을 이룬다. 두 가지 축은 독립변수이면서 종속변수이라고 할 수 있다. 탐이 일어날 때 진은 없고, 진이 일어날 때 탐은 없다고 한다. 이때 둘은 독립변수라고 할 수 있다. 반면 진은 탐이 좌절될 때 일어난다고 하면 탐진은 연결되어 있다고 할 수 있다. 이때 둘은 종속변수라고 할 수 있다. 이때의 종속은 상관관계를 이야기한다. 진을 단순히 진으로만 보면 문제의 해결이 되지 않는다. 탐과의 상관관계하에서 살펴보아야 한다.

치(痴)는 탐진의 근본이 된다. 탐진의 근본에 치가 있다고 할 수 있다. 치는 불교의 전반적인 성격을 결정한다고 할 수 있다. 불교의 수행의 핵심에 해당하는 관(觀), 견(見)은 모두 이러한 치를 극복하는 데 있다고 할 수 있다. 나아가서 불교의 수행은 두 가지, 즉 보는 것과 제거하는 것이다. 보는 것은 치와 연결되어 있고, 제거하는 것은 탐진과 연결되어 있다. 이 두 가지 방법에 의해서 수행의 전반이 가능하게 된다. 이 가운데 치가 근본이 되므로, 수행에서도 관견이 근본이 된다. 관견(觀見) 이후에 제거하는 다양한 수행이 이루어지고 있다.

실제로 아는 것과 제거하는 것은 동일한 작업의 스펙트럼이라고 할 수 있다. 예를 들어 아는 것은 무지를 제거하는 것이다. 이때의 무지는 관념이나 인식을 대상으로 하기 때문에 미세하고, 탐진은 정서의 차원에서는 좀 더 크다고 할 수 있다. 정서를 아는 것도 이를 제거하는 것이다. 관념이나 인식을 아는 것도 제거하는 것이고, 탐진의 정서를 아는 것도 제거하는 것이다. 반대로 관념이나 인식을 제거하는 것은 관념이나 인식을 아는 것이고, 탐진을 제거하는 것은 이를 아는 것이다. 그러므로 아는 것과 제거하는 것은 미세와 추중의 관계이지 동일한 스펙트럼 위에서 움직인다고 할 수 있다.

이러한 번뇌가 포함된 자아를 오취온(五取蘊)이라고 할 수 있다. 오온은 오온인데, 취(取)의 기능이 함께하는 오온을 말한다. 이때의 취는 번뇌 전반을 말한다. 각각의 오온의 기능에 취가 붙는다. 색취온, 수취온, 상취온, 행취온, 식취온을 말한다. 오온의 기능성이 제대로 발현되지 못하도록 방해하는 것 전반을 말한다. 이러한 오취온은 번뇌적 자아의 정체성이라고 할 수 있다. 또한 오취온은 자아의 비본래적 정의라고 할 수 있다. 비본래적 정의는 피정의항이 비본래적 측면을 드러냄으로써 피정의항에 대한 앎을 추구하는 것이다. 오온의 비본래적 측면을 오취온이라고 정의하는 것이다. 비본래적 측면에서 범부로서의 인간을 정의하는 것이 된다.

2) 본래적 정의

본래적 정의는 비본래적 정의에 반대된다고 할 수 있다. 본래적 정의는 피정의항의 핵심적인 측면 또는 본래적인 측면을 드러냄으로써 피정의항에 대한 앎을 추구하는 것이라고 할 수 있다. 자아를 본래적으로 정의할 경우에는 자아를 오법온(五法蘊)으로 정의할 수 있다. 취 대신 법으로 바뀌게 된다. 본 장에서 오법온은 오취온에서 취의 기능이 없는 상태의 기능을 말한다. 취의 기능이 없이, 법의 기능으로 나아가는 것이다. 이때의 법은 취착이 없는 상태를 말한다. 법의 특징 가운데 하나가 생멸이다. 생멸이 자유로울 때 취착이 되지 않는다. 이러한 법의 특징에 중점을 두고서 오온 각각의 기능이 취착으로부터 벗어난 것을 말한다. 여기서 취착은 단순히 탐만을 말하는 것은 아니다. 취착은 클링(cling), 즉 가져다 붙는 것을 의미한다. 탐진치 모두에서 이러한 가져다 붙는 작용을 볼 수 있다. 취는 탐진치 모두의 기능을 말한다고 할 수 있다.

불교의 존재론은 생멸을 특징으로 한다. 이러한 생멸의 특징을 가진 존재를 법이라고 한다. 법은 불교의 존재론을 대표한다고 할 수 있다.

인간도 또한 존재이므로 이러한 법의 특징을 가진다. 이러한 존재론적 특징을 가질 때 인간은 본래적인 인간이 되는 것이다. 반면 이러한 본래적인 특징이 가려지는 것은 번뇌의 작용에 의한 것이고, 그러한 존재의 상태를 오취온이라고 한다. 법과 취는 불교의 존재론적 특징을 가지고 있는지의 여부에 달린 것이다. 따라서 법의 존재론으로 가면 본래적 측면으로 나아가는 것이 되고, 취의 존재론으로 가면 비본래적 측면으로 나아가는 것이 된다. 이를 인간론에 적용한 것이 오법온이고, 오취온이다. 오법온은 인간, 자아, 나에 대한 본래적 정의가 되는 것이고, 오취온은 인간, 자아, 나에 대한 비본래적 정의가 되는 것이다.

오법온의 원래적 의미는 계, 정, 혜, 해탈, 해탈지견을 말한다. 본 장에서는 원래적 의미를 염두에 두고, 계정혜를 사용하고 있다. 탐진치를 제거하는 방법론으로 계정혜를 사용하고 있다. 혜 다음에 해탈과 해탈지견이 나오고 있다. 혜는 치가 제거된 상태이다. 해탈은 이러한 탐진치의 번뇌로부터 벗어나기 시작하는 것이다. 무아적 자아로 나아가는 첫 번째라고 할 수 있다. 이러한 해탈이 지혜에 의해서 더욱 확고해질 때 해탈지견이 생기게 된다. 지견이라는 말 자체가 앎이라는 의미이다. 지혜적 앎을 의미한다. 그러므로 계정혜의 바탕 위에 해탈과 해탈지견으로 나아가게 된다. 이러한 의미의 오법온의 경우는 무아적 자아라는 성인의 자아로 나아가게 된다.

오법온을 자아의 본래적 정의라고 한다면, 오취온은 자아의 비본래적 정의라고 할 수 있다. 본래적 정의와 비본래적 정의를 인간에게 배대한 것이 성인과 범부이다. 두 가지 오법온 가운데 첫 번째는 잘

기능하는 기능성으로 본래적 정의에 부합하는 것이다. 왜냐하면 비본
래적 기능성을 잘 기능하지 못함으로 정의하기 때문이다. 두 번째 오
법온은 비본래적 정의인 오취온을 벗어나는 방법과 벗어난 상태를 보
여주고 있기 때문에 본래적 정의에 해당한다고 할 수 있다. 본래적
인간으로서 성인의 상태와 성인으로 나아가는 계정혜를 동시에 포함
하기 때문에 두 번째 오법온도 자아에 대한 본래적 정의라고 할 수
있다.

3. 자아의 발생적 정의

1) 연기론적 관점

연기론을 바탕으로 자아의 생멸을 볼 수 있다. 이는 발생과 소멸의
관점에서 자아를 볼 수 있다는 것이다. 자아의 발생을 십이연기에서
볼 수 있다. 십이연기의 각지 가운데 열 번째 각지인 유(有)와 네 번째
각지인 명색(名色)에서 자아를 볼 수 있다.

다섯 번째 각지인 육입(六入)은 여섯 가지 감각기관을 말한다. 이
감각기관에서 외부의 여섯 가지 감각대상과 만난다. 이를 촉(觸)이라
고 한다. 이러한 촉을 통해서 다양한 감각들이 발생하게 된다. 수(受)가
발생하게 되고, 수를 통해서 이것에 대한 다양한 반응이 생긴다. 그것
을 좋아하는 마음[愛]이 생기고, 집착하는 마음[取]이 생기게 된다. 수
가운데 괴로운 느낌이 생기면 싫어하는 마음이 생기고, 밀쳐내는 마음

이 생기게 된다. 오호를 따라서 감각과 이에 따른 느낌, 느낌에 따른 정서가 생기는 것을 볼 수 있다.

이를 통해서 열 번째 각지인 유가 생기게 된다. 이때의 유는 욕유(欲有), 색유(色有), 무색유(無色有)로 나누어 볼 수 있다. 욕유는 욕계의 존재, 색유는 색계의 존재, 무색유는 무색계의 존재를 말한다. 삼계의 존재를 모두 말한다. 유는 단순히 '있음'을 이야기하는 것이 아니라, 존재를 말한다. 존재 가운데서도 출세간계의 존재가 아니라 윤회하는 삼계의 존재를 말한다. 이러한 존재는 '나'라는 자아를 형성하게 된다. 이로 인해서 이러한 존재의 탄생[生]과 늙음[老]과 죽음[死]을 맞이하게 된다. 윤회하는 존재가 있으므로 생로사가 생기게 된다.

유가 발생하게 되는 계기는 가깝게는 애취(愛取)에서 볼 수 있다. 감각기관에서 감각기능이라는 활동을 하는 것은 누구에게나 가능한 일이다. 이는 오온의 활동이라고 할 수 있다. 오온의 활동은 범부든, 성인이든 활동을 한다. 중요한 것은 이러한 감각기능 다음에 애취 또는 진취(瞋取)의 행을 하는 것이다. 애취는 좋아해서 취착하는 것이고, 진취는 싫어해서 취착하는 것이다. 싫어하고 성내는 것 또한 취착이라고 할 수 있다. 취는 행(行)의 일종이다. 행은 '마음의 형성작용(mental formation)'으로 볼 수 있다. 즉 마음의 유위적인 작용을 말한다. 마음이 행하는 모든 작용을 행으로 볼 수 있다. 행 가운데 감각하는 작용, 인식하는 작용이 특별하므로 수·상으로 따로 분류하는 것이다. 수·상을 포함해서 마음의 모든 작용은 행이라고 할 수 있다. 그러므로 행이라는 의미는 모든 마음 작용의 특징이 된다. 행은 만드는 작용이므로,

마음의 모든 작용은 유위법이 된다.

유가 발생하게 되는 계기 가운데 먼 계기는 무명(無明)으로 볼 수 있다. 무명은 십이연기의 첫 번째에 위치하고 있다. 무명으로 인해서 행이 발생하게 된다. 이때의 행은 유위법을 말한다. 무명으로 인해서 모든 유위법이 발생하게 되는 것이다. 무명으로 인해서 연기가 발생하게 된다. 그러므로 연기는 범부의 삶을 지배하는 원리가 된다. 무명은 범부의 삶에서 벗어나는 원리와 반대가 된다. 성인으로 나아가는 원리는 붓다의 가장 광범위한 가르침인 사성제에 있다. 그러므로 사성제에 대한 무지로 인해서 연기법이 발생하게 된다. 이렇게 되면 무지로 인해서 마음의 다양한 작용을 멸하는 방향이 아니라, 유위법이 발생하는 방향으로 나아가게 된다. 무지로 인해서 두 번째 각지인 행(行)이 발생하게 된다. 이러한 행은 여덟 번째, 아홉 번째 각지인 애취를 말한다. 행의 구체적인 형태를 애취라고 할 수 있다. 이러한 애취로 인해서 자아인 유가 발생하듯이, 행은 식과 함께 명색(名色)을 발생시킨다. 명색은 물질적인 요소와 정신적인 요소를 말한다. 즉 존재를 물질적인 요소와 정신적인 요소를 구분하여 본 것이다. 이는 행식으로 인해서 발생하게 되는 존재라고 할 수 있다.

연기는 삼세양중인과라고 한다. 과거, 현재, 미래 삼세에 걸쳐서 발생하게 되는 것이다. 원인과 결과라는 인과를 삼세에 걸쳐서 겹쳐서 설명하고 있다. 그러므로 명색이라는 존재의 발생의 원인을 무명과 행에서 볼 수 있고, 유라는 존재의 발생의 원인을 애취에서 볼 수 있다. 명색과 유는 존재로서 과거의 나, 현재의 나라고 할 수 있다. 나를 두 가지 표현법으로 기술하고 있는 것이다. 명색은 나를 정신적 요소와 물질적 요소의 화합으로 보는 것이고, 유는 단지 욕계에 살고 있는 나만 아니라 다른 계에 살고 있는 존재 전체를 가리키는 것이다.

이러한 나의 원인으로 전자에서는 무명과 행을 제시하고 있고, 후자에서는 애취를 제시하고 있다. 전자에서는 첫 번째 원인으로서 무명과 광범위한 행을 자아의 원인으로 보고 있다면, 후자에서는 광범위한 행 가운데 구체적인 예시로서 애취를 자아의 원인으로 보고 있다. 이처럼 발생적 관점에서 자아를 정의하면 자아, 즉 유와 명색은 애취와 무명행에서 발생한다고 할 수 있다. 이러한 자아의 발생과 관련된 논의는 연기론으로부터 도출할 수 있다.

이러한 연기론에서는 자아의 발생과 동시에 자아의 소멸을 볼 수 있다. 연기에는 두 가지 종류의 연기가 있다. 자아의 발생과 관련해서는 유전연기라고 한다. 유전연기는 범부의 삶이 진행되는 방향으로 연기가 나아가는 것을 말한다. 이와는 반대의 연기인 환멸연기가 가능하다. 무명이 없어지면 이것을 원인으로 해서 행이 사라지는 결과가 생기고, 행이 사라지는 것을 원인으로 이후의 결과가 발생하는 연기가 가능하다. 이러한 연기로 인해서 자아의 원인이 사라짐으로 인해서 자아가 사라지게 된다. 이때 사라지게 되는 것은 범부의 자아이다. 유전연기에 의해서 범부의 삶이 지속되므로 반대로 환멸연기로 인해서는 범부의 삶이 끝나는 것을 보게 된다. 자아의 소멸은 존재의 소멸이 아니라 범부와 중생의 소멸로 보아야 하는 것이다. 무명과 애취의 소멸로 인해서 범부의 자아는 사라지게 되고, 성인의 자아로 나아가게 된다.

연기론에서 유전연기와 환멸연기는 따로 존재하는 것이 아니라, 어떤 방식으로 보는지에 따라서 유전연기로 갈 수도 있고, 환멸연기로 갈 수도 있다. 반면 하나의 이론 안에 두 가지 가능성을 동시에 표현하고 있는 이론이 사성제라고 할 수 있다. 그러므로 자아의 발생과 소멸을 사성제적 관점에서 다시 한번 볼 수 있다.

2) 사성제적 관점

사성제적 관점에서 보면 고집멸도라고 할 때, 고는 지금 현재의 범부의 자아의 상태를 말한다. 자아의 상태는 고의 상태이다. 이러한 범부의 자아를 형성하는 것은 집이라고 할 수 있다. 범부의 자아의 발생적 원인을 집(集)에서 찾을 수 있다. 탐진치로 대표되는 집에서 범부의 자아가 형성된다. 집은 자아의 발생적 정의에 해당한다고 할 수 있다. 십이연기에서 보자면 취(取)와 같은 의미이다. 십이연기의 취, 사성제의 집은 모두 번뇌를 대표하는 용어이다. 이러한 번뇌로 인해서 자아가 만들어지게 되는 것이다. 이러한 자아를 십이연기에서는 유, 명색으로, 사성제에서는 고로 표현하고 있다.

이러한 자아의 발생은 번뇌에서 볼 수 있다. 자아의 활동은 항상 번뇌를 동반하게 된다. 이러한 자아를 벗어날 수 있는 계기가 서구의 심리학에는 없지만, 불교적 관점에서는 이러한 자아, 즉 번뇌에 의해서 형성된 자아를 벗어날 수 있는 계기가 마련된다. 계정혜 가운데 계는 단순히 지켜야 될 것이고, 하지 말아야 할 것이 아니다. 계는 고귀한 덕목(noble virtue)으로서 지속적으로 계발해야 할 것이다. 정은 미세 번뇌를 다루는 과정이라고 할 수 있다. 이는 일상적인 의식을 고요히 함으로 인해서 미세의식을 다루게 된다. 사회규범, 가치, 윤리체계는 상당 부분 계에 해당한다고 할 수 있다. 이러한 가치관을 넘어서 자아 자체에 대한 통찰은 혜에서 이루어진다고 할 수 있다. 자아의 범위, 자아의 본래적 특징, 자아의 생멸을 안다면 범부의 자아를 넘어서게 되는 계기가 된다. 이를 바탕으로 계와 정이 함께 할 때, 성인의 자아, 즉 무아적 자아로 나아갈 수 있게 된다.

유신견을 없애는 것이 지혜의 첫 번째라고 할 수 있다. 자아에 대한 견해를 유신견(有身見)이라고 부른다. 이때의 신(身)은 단순히 몸을 뜻하는 것이 아니라 '나'라는 의미의 '아'에 가깝다고 할 수 있다. 나가 있다고 하는 견해가 유신견이다. 나가 있다는 유신견에서 벗어날 때 범부의 경지에서 성인의 경지로 들어가게 된다. 범부와 성인을 가르는 경계선에 '자아'에 대한 관점이 있게 된다. 자아에 대해서는 어떤 정체성을 가지는가에 따라서 범부와 성인이 구분되게 된다. 자아에 대해서 '자아는 번뇌의 일종이다', '자아는 유위법이다'라는 견해를 자아에 대한 정체성으로 인지하면 성인의 경지로 나아가는 것이 된다. 반면 '자아는 나이다.', '자아는 나의 것이다', '자아는 내 안에 있다'라는 방식의 견해를 자아에 대한 정체성으로 인지하면 범부에 머물게 된다. 크게 두 가지 방식으로 자아 또는 나에 대한 견해를 가질 수 있다.

계정혜라는 방식으로 인해서 번뇌에 의해서 형성된 자아가 기능하기를 그만두게 된다. 계정혜라는 방식을 도(道)라고 할 수 있고, 번뇌에 의해서 형성된 자아가 기능하기를 그만두는 것을 멸(滅)이라고 할 수 있다. 단순히 자아가 기능하기를 그만두는 것이 아니다. 번뇌에 의해서 형성된 자아가 기능하는 것을 그만두는 것이다. 번뇌의 반대, 즉 반번뇌에 의해서 형성된 자아는 여전히 활동한다. 이러한 자아는 성인의 자아이고, 무아적 자아라고 한다. 이러한 무아적 자아로 나아가는 방법론으로 제시되는 것이 계정혜이다. 이러한 방법론에 의해서 무아적 자아를 성취하는 전체 과정을 오법온이라고 할 수 있다. 반면 번뇌에 의해서 범부적 자아의 현재 상태를 이야기하는 것이 오취온이라고 할 수 있다. 결국 자아는 오취온에서 오법온까지의 스펙트럼상의 하나라고 할 수 있다.

사성제에서 보면 오취온은 고이고, 오법온은 멸이다. 고에서 멸 사이의 스펙트럼상에 자아가 존재한다고 할 수 있다. 고라는 오취온의 원인은 집이라는 번뇌이고, 멸이라는 오법온의 원인이 되는 것은 도이다. 오법온이라는 결과를 만들어내는 것이 도이므로, 도는 오법온의 원인이 된다. 사성제를 자아의 관점에서 볼 수 있다. 이때의 자아는 두 가지 자아로 범부의 자아, 성인의 자아로 볼 수 있고, 범부의 자아의 원인을 알고 그 원인을 제거하는 방법을 제시하고 있다.

3) 인간기원의 관점

인간이 최초에 발생하는 관점에서 살펴볼 수 있다. '완전히 하나인 물만으로 되어 있다가 참으로 긴 세월이 지난 그 어느 때, 어느 곳에서 달콤한 땅이 물 위에 퍼지게 된다. 그러자 어떤 중생에게 '오, 참으로 이것이 무엇일까?'라는 탐심이 생겼다. 그는 손가락으로 달콤한 땅을 맛보았는데, 그 맛은 그를 뒤덮었고 갈애가 엄습해왔다. 달콤한 땅을 먹기 시작하면서 광채가 사라지고, 태양과 달과 별들이 드러나고 밤낮과 계절과 연도가 알려지기 시작했다. 중생들의 몸이 견고해지고 잘생긴 용모와 못생긴 용모가 드러났다. 잘생긴 것으로 자만과 거만이 드러나자 달콤한 땅이 사라지게 된다. 이후에 중생들의 몸은 더욱 견고하게 되고 남녀의 생식기가 생겨나고 애욕이 생겨난다.[6] 여기에서 모든 중생의 발생의 근원에는 탐심이 있다는 것을 알 수 있다. 이 탐심의 근본에는 이것은 무엇인가라는 분별이 자리하고 있다. 분별, 탐심에 의해서 몸의 변화가 생겨난다. 즉 마음에 의해서 몸의 변화가 이루어지게 된다.

여기에서 중생의 마음에 따라서 이후의 상황이 전개되는 것을 볼 수 있다. 마음에 따라서 존재가 결정된다. 중생의 마음의 상태가 계(界)로 나타낸다. 이러한 중생의 마음은 삼계, 즉 욕계, 색계, 무색계로 나뉜다. 무색계와 색계와 욕계의 최상부에는 신들이 거주하고 있다. 광음천(光音天)은 이러한 신들의 세계 가운데 하나이다.

이는 인간을 포함한 모든 존재에 대한 분류이면서 그들의 마음에 따른 분류이다. 여섯 종류[六道]의 대표적인 마음으로 분류한다는 것이 중요한 점이다. 이 여섯 가지 마음은 이로 인해서 존재가 결정될

---

6 『디가 니까야』 제3권, pp.163-168; 「세기의 기원경(Aggañña-sutta, 世紀經)」

만큼 결정적인 마음이다. 그러므로 세속적인 차원에서 마음을 분류하고, 마음의 분류를 통해서 존재가 결정된다면 삼계의 여섯 가지 영역에 거주하는 여섯 종류의 중생의 여섯 가지 마음을 자아를 구분하는 기준으로 사용할 수 있을 것이다. 이는 승의적인 차원에서는 구분되지 않는다고 할 수 있다. 왜냐하면 마음 또한 무아이므로 이러한 구분을 벗어나기 때문이다. 아가 존재한다는 세속적인 진리의 차원에서 이러한 구분이 가능하고, 마음에 의해서 존재가 결정될 만큼의 결정적인 마음이므로 이를 기준으로 '아'를 분류할 수 있다는 것이다.

중생의 발생의 차원에서 볼 때 분별과 탐심, 즉 치탐이 자아의 형성의 원인으로 자리하고 있음을 알 수 있다. 빛으로 존재하는 존재가 분별과 탐심을 냄으로 인해서 점점 분화되어 간다. 특히 마음에 의해서 존재가 결정되는 것을 볼 수 있다. 인간의 기원에서 볼 때도 치탐이 '나'의 발생의 근원이 됨을 알 수 있다.

4. 자아정체성

자아정체성은 서구심리학의 핵심적인 논의이다. 자아에 대한 자신의 이해를 바탕으로 자아정체성이 형성된다. 이러한 정체성을 기반으로 이후의 다양한 작용이 결정된다. 그러므로 자아정체성의 형성은 이후의 삶의 행보를 결정할 만큼 중요한 것이라고 할 수 있다. 자아에 대한 이해를 어떻게 가지는가에 따라서 이를 바탕으로 이후의 삶이

결정된다고 할 수 있다.[7]

　심리학은 자아정체성을 범부 안에서 살펴보고 있다면, 불교는 자아
정체성을 범부를 포함한 성인의 범위 안에서 살펴보고 있다. 불교와
심리학은 동일한 범주에서 자아정체성을 찾는다고 할 수 있지만, 동일
한 범주 안의 내용에서 차이가 난다고 할 수 있다. 동일한 기능이라고
할지라도 탐진치의 번뇌가 있는 기능인지, 번뇌가 없는 기능인지의
여부에 따라서 자아정체성이 달라진다고 할 수 있다. 자아정체성이
결정되는 범주는 오온이라고 할 수 있다. 즉 자아의 내용의 범주는
오온이라고 할 수 있다. 구체적인 내용은 오온의 결합양상이다. 결합
은 범부에게는 유위법에 해당한다. 이러한 유위법에 의해서 다양한
기능이 전개된다고 할 수 있다. 결합을 할지라도 번뇌 없는 결합의
경우는 무위법에 해당한다고 할 수 있다. 붓다의 경우에도 다양한 활
동을 전개하고 있다. 이러한 다양한 활동이 무위법이 될 수 있는 이유
는 번뇌가 없는 활동이기 때문이다. 이는 선불교에서도 마찬가지이다.
단지 헤아리기를 그만두라고 한다.[8] 활동을 할지라도 헤아리는 사량
(思量)의 활동을 하지 말라는 것이다. 사량으로 대표되는 번뇌를 그만
두라는 것이지, 활동 자체를 그만두라는 것은 아니다. 행주좌와의 활
동 자체는 번뇌가 없는 활동이지만, 여기에 헤아림이 더해질 때 번뇌

7　자아정체성과 관련한 다음의 논의는 심리치료적으로 의미가 있다. 김선희
　　(2009) pp.227-248; 김선희(2015); 김진태(2011) pp.303-326.
8　『강서마조도일선사어록(江西馬祖道一禪師語錄)』 X.69.n1321. p.4. 無造作。無是
　　非。無取捨。無斷常。無凡無聖。

가 된다는 것이다.

이렇게 되면 자아정체성을 결정하는 것은 번뇌라고 할 수 있다. 자아정체성은 번뇌에 의해서 범부의 자아정체성으로 갈 수도 있고, 성인의 자아정체성으로 갈 수도 있다. 그러므로 번뇌를 다루는 것이 중점이 되게 된다. 번뇌를 어떻게 다루는지에 따라서 자아에 대한 정체성을 새롭게 가지게 된다. 이는 자아가 유위법이라는 것에서도 볼 수 있다. 유위법이기 때문에 항상 무너질 수 있게 된다. 무너질 수 있기 때문에 자아는 새롭게 확립될 수 있는 것이다.

범부의 정체성이라고 할지라도 다양한 정체성이 가능하다. 이는 번뇌의 종류가 다양한 것 만큼 자아의 정체성도 다양할 수 있다. 번뇌는 탐진치를 기반으로 하는 근본번뇌와 이를 바탕으로 더 구체화되고 세밀화되고 강력해지는 지말번뇌가 가능하다. 근본번뇌는 강도는 약할 수 있지만 미치는 범위는 광범위한 방면, 지말번뇌는 미치는 범위는 제한적일 수 있지만 강도는 강력하다고 할 수 있다. 이른바 이상심리라고 할 수 있는 것은 지말번뇌의 영역에 해당한다고 할 수 있다. 자아의 방어기제라고 불리는 것 가운데 강력한 방어기제도 여기에 해당한다고 할 수 있다.

이러한 번뇌적 정체성 이외에도 번뇌의 반대가 되는 청정적 정체성도 가능하다. 번뇌는 불선(不善)과 지금은 불선은 아니지만 불선할 수 있는 가능성[有覆無記]을 모두 포함하는 용어인 반면, 청정은 선과 지금은 선은 아니지만 선할 수 있는 가능성[無覆無記]을 모두 포함하는 용어이다. 청정의 가능성 가운데 불탐(不貪), 부진(不瞋), 불치(不痴)의 영역에서 자아의 정체성이 확립될 수 있다. 이처럼 불교에서는 자아의 정체성을 크게는 범부와 성인으로 구분하고, 범부 안에서도 번뇌적 정체성과 청정적 정체성으로 구분할 수 있다.

범부의 정체성은 탐진치라는 세 가지 차원에서 구분할 수 있다. 탐은 욕구, 동기와 관련된 전반적인 정체성을 말한다. 진은 정서와 관련된 전반적인 정체성을 말한다. 치는 견해와 관련된 전반적인 정체성이다.

자아는 이들의 결합 정도에 따라서 결정된다. 나아가서 자아는 자신이 인식하는 정도에 따른 것이기도 하다. 자아정체성에서 정체성은 자신의 인식의 정도를 나타낸다. 자신의 자아가 어떤 결합 정도인지와 상관 없이 정체성은 자신의 인식 정도에 따라서 달라질 수 있다. 그러므로 자아에 대한 인식이 선행할 수 있다. 자아인식으로부터 자아정체성이 결정될 수 있다. 이러한 자아인식은 탐진치 가운데 치와 연관이 된다. 이때 치는 단순히 어리석음을 이야기하지 않는다. 번뇌와 함께 하는 인식을 말한다. 치는 인식의 일종이지만, 번뇌와 함께 한다. 탐진 치라는 번뇌와 함께하는 인식을 말한다. 아와 관련해서 치는 아가 실체적으로 있다는 것이 된다. 탐과 함께하는 자아인식은 자아에 대한 팽창적, 손감적 인식으로 나아가게 되고, 진과 함께하는 자아인식도 또한 자아왜곡으로 나아간다. 탐진과 함께하는 자아인식은 어떤 경우라고 할지라도 자아에 대한 왜곡된 인식으로 나아가게 된다.

그러므로 자아에 대한 올바른 정체성의 확립을 위해서는 치로부터 벗어나야 하고, 이를 위해서는 탐진으로부터 벗어나야 한다. 이렇게 되면 올바른 자아정체성의 확립은 탐진치로부터 벗어난 인식에 의해서 만들어지게 된다. 이러한 자아정체성의 확립은 성인의 경지에서 이루어지게 된다. 여기서 올바른 자아정체성의 확립이 자아를 '선하게' 확립하는 것이 아니다. 여기서의 '올바른'은 탐진치를 벗어난 것이기에 '있는 그대로'를 보는 정체성이다. 그러므로 성인이라고 해서 뛰어나고 훌륭한 자아정체성을 가지는 것이 아니라, 있는 그대로를 볼 수 있는 능력을 가지는 것이다. 자신의 정체성을 있는 그대로 볼 수 있다는 것에 중점이 주어진다.

자아정체성을 확립하는 것은 자아정체성을 확립하지 못하는 것의 반대이다. 자아정체성을 확립한다고 할지라도, 있는 그대로의 정체성을 확립하는 것은 별도의 문제이다. 있는 그대로의 정체성은 올바른 자아인식으로부터 출발한다. 이때의 '올바른'은 탐진치를 벗어난 인식을 말하게 된다. 탐진치를 벗어나게 되는 것은 성인의 경지를 이야기하는 것이 되므로, 자아정체성이 바르게 확립되는 것은 성인의 경지에서 가능하다. 그렇다면 범부에게 있어서 자아정체성의 확립이 제대로 되지 않거나, 왜곡된 자아정체성을 확립하는 것은 당연한 일일 수 있다. 이는 보통의 경우 건강이 정상적이라고 생각할 수 있지만, 오히려 질병이 정상적인 것과 마찬가지로[9] 왜곡된 자아정체성을 가지는 것이 오히려 정상적이게 된다. 불교의 관점에서 자아정체성은 성인의 경지에서 왜곡 없이 이루어질 수 있는 것이다. 그러므로 왜곡된 자아정체

---

9   윤희조(2015) pp.331-354.

성의 확립을 전제로 하는 것이 이후 논의의 출발점이 될 수 있다.

1) 성인의 관점

성인의 입장에서 자아를 인식하게 되고 이를 통해서 정체성을 인식하게 된다. 성인의 첫 번째 단계에서 이러한 자아는 만들어진 것이라는 것을 인식하는 것이 첫 번째이다. 유신견, 즉 신(身)이 있다는 견해를 없애는 것이 첫 번째이다. 이러한 자아라고 정체성을 부여할 만한 것이 없다는 것이다. 정체성의 부여는 고정적인 어떤 것이 있기에 가능한 것이다. 성인의 경지에서는 사물의 있는 그대로의 특징을 파악하기 시작하므로 정체성을 부여하는 것이 불가능하다는 것을 알게 된다. 정체성의 부여라는 것이 가설로서 가능한 것이지, 있는 그대로의 실재에 대해서 정체성을 부여하는 것은 불가능하다는 것을 알게 된다.

부파불교에서는 이러한 정체성은 빤냐띠(paññatti), 즉 개념적 존재일 뿐이고,[10] 중관불교에서는 쁘라즈납띠(prajñapti), 즉 알려지게 하는 것, 가설적 존재일 뿐이고,[11] 유식불교에서는 이러한 아는 단지 은유적 표현에 불과하다는 것을 보여준다.[12] 이러한 정체성의 부여에 대해서 모든 유파에서 일관되게 개념적 존재, 가설적 존재, 은유적 표현이라고 한다. 그러한 것이 존재하지 않는다는 것이 아니라, 이는 단지 실재

---

10   대림스님·각묵스님 옮김(2002) pp.719-724.
11   MMK.24.18. 龍樹菩薩 著 靑目 釋 鳩摩羅什 漢譯, 김성철 역주(2001) p.414.
12   『유식삼십송』 제1게송; 이지수(1998) p.75.

적 존재성이 아니라, 가설적, 개념적, 은유적 존재성을 가진다는 것을 지적한다.

이러한 자아에 대해서 정체성을 부여하는 것은 성인의 경지에서는 불가능하다. 그렇다고 해서 자아를 부정하는 것은 아니다. 정체성의 부여가 불가능하다는 것이다. 존재성을 부여하는 것이 불가능한 것이 아니라 어떠한 존재성을 부여하는지가 문제가 된다. 여기에서 성인은 존재의 존재론적 특징, 즉 법의 특징을 보게 된다. 모든 존재를 법의 특징에 따라서 보게 된다. 인간도 또한 법의 특징을 따르는 존재이다. 삼법인(三法印), 즉 모든 존재는 무상하고, 이로 인해서 괴롭고, 정체성을 가지지 않는다는 특징을 철저하게 인식한다. 인간에 대한 인식은 이에 따라서 이루어지게 된다. 인간의 정체성을 획정하는 것이 불가능한 것은 모든 존재가 생멸을 거듭하기 때문이다. 생멸을 거듭하면서 유지하는 존재이므로, 존재의 영속성이 유지되지 않는다. 지속성이 유지되는 것처럼 보일 뿐 생멸성으로 인해서 모든 존재는 정체성이 유지되지 않는다. 정체성이 유지되지 않는다는 것이 오히려 존재의 정체성이라고 할 수 있다. 비정체성의 정체성이 모든 존재의 정체성이다.

이는 불교에서 자성과 무자성의 관계에서 볼 수 있다. 자성(自性)은 모든 존재의 특징을 말한다. 자성은 공성(共性), 즉 공통된 특징과 반대되는 개별적인 특징을 말한다. 그러나 대승불교에서는 엄밀한 의미에서 이러한 자성 자체가 존재하는 것이 불가능하다는 것을 논증한다. 부파불교에서 자성의 기반 위에서 존재를 분류하고자 한 것에 대해서 자성의 존재 불가능성을 주장함으로 인해서 부파불교의 주장을 정면으로 반박한다. 그러한 자성이 존재하지 않는다는 무자성(無自性)을 주장하게 된다. 후대에 가면 무자성이 모든 존재의 원래의 성질, 즉 자성이라는 주장으로 나아가게 된다. 여기서는 무자성이 자성이 된다. 즉 무자성의 자성이 성립한다.

이러한 논리적 관계가 성인의 자아에서도 성립된다. 자아의 정체성이 성립하지 않는다는 비정체성이 자아의 정체성이 된다. 무자아(無自我)가 자아가 된다. 성인에게 자아라는 것은 무자아가 된다. 무자아를 줄여서 무아(無我)라고 한다. 자아의 정체성을 획정하는 것이 불가능하다는 것이 자아의 특징이 된다. 성인의 무아의 심리학이 성인의 자아의 심리학으로 나아가게 된다. 무아의 심리학과 자아의 심리학이 성인의 단계에서는 등치가 가능하다. 그러나 범부의 단계에서는 자아의 심리학과 무아의 심리학은 별개의 것이 된다. 왜곡된 자아는 무아와 등치가 될 수 없다. 무아와 자아의 관계가 일의적으로 정립되는 것이 아니라, 범부의 자아인지 성인의 자아인지에 따라서 다르게 평가된다.

성인의 무아의 자아 또는 무아적 자아는 존재의 특징과 밀접히 연관되어 있다. 모든 존재와 인간의 특징이 무아의 특징을 따르기 때문에 자아의 범위는 모든 존재에게로 확장된다. 왜냐하면 자아의 특징과 사물의 특징이 동등하기 때문이다. 굳이 '나'라고 구획 지을 필요가 없게 된다. 아니 더 이상 구획 지을 수 없게 된다. 아(我)와 비아(非我)를 구획할 근거가 사라지게 된다. 무아의 특징하에서 자아는 무아의 특징을 가지게 된다. 이렇게 되면 성인의 무아적 자아는 범위가 확장되게 된다. 자아의 범위가 확장된다고 하더라도 성인의 무아적 자아에서는 자아에 대한 왜곡이 없어지게 된다. 모든 존재의 존재론적 특징에 기반하기 때문에, 이 관점에 기반해서 '나'를 보기 때문에 나를 특별하게 보지 않고 모든 존재와 마찬가지로 그 존재론적 특징을 보게 될 것이다. 이로 인해서 나에 대한 왜곡이 아니라, 있는 그대로의 나를 보게 된다.

있는 그대로의 나를 보는 것은 여실지견(如實知見, yathābhūtañāṇadassana)이라는 불리는 봄[見]을 말한다.[13] 이러한 봄으로 인해서 나에 대해서 부여할 수 있는 다양한 특징은 부여된 것이라는 것을 알게 된다. 부여된 것, 가설된 것, 개념적인 것, 은유적인 것은 동일한 의미를 가진다. 나에 대해서 부여된 것이 문제가 아니라, 부여된 것을 부여된 것으로 아는 것, 즉 여실지견이 문제이다. 여실지견할 수 있는 것이 성인의 첫 번째 단계이자 마지막 단계이다. 마지막 단계에서 없어지는 무명도 여실지견과 여리작의(如理作意)를 통해서 없어지게 된다. 여실지견은 탐진치 가운데 치를 없애는 것에 해당한다면, 여리작의는 탐진을 없애는 것에 해당한다고 할 수 있다. 이들에 의해서 자아에 대한 새로운 정체성을 확립하게 된다. 자아의 무아를 확립하게 된다. 즉 자아라고 부를 만한 것이 없음을 확립하게 된다. 이렇게 되면 무아적 자아를 어떻게 형성하는지는 성인에게 달려 있다고 할 수 있다. 유위적인 것

---

13   PED p.550. yathābhūta(ṃ) in reality, in truth, really, definitely, absolutely; as ought to be, truthfully, in its real essence.

을 만들 수도 있고, 만들지 않을 수도 있다. 어떤 자아도 만들 수 있지만, 이 자아가 만들어진 것이라는 것을 여실하게 알기 때문에 이에 대해서 탐진치, 즉 집착을 일으키지 않는다.

이제 불교에서 자아정체성의 확립은 성인의 경지에서 다루어지게 된다. 성인의 자아정체성은 무아의 자아가 된다. 자아라고 획정할 수 없다는 것이 정체성이 된다. '자아라고 획정할 수 없다는 것'을 무자아, 무아라고 표현한다. 그러므로 성인의 자아는 무아의 자아이고, 무아의 자아는 자아의 확장을 가져온다. 이러한 상황 속에서 자아의 내용은 범부를 돕는다는 기준하에 다양하게 채워질 수 있다. 자아의 내용이 다양하게 채워지는 것을 방편이라고 한다. 다양한 방편의 사용은 자아정체성의 다양한 가능성을 보여준다. 하나의 정체성에 획정되지 않고, 다양한 정체성을 만들어 갈 수 있다. 범부의 경우 이러한 다양한 정체성은 이미 사회적 관계에서 주어지고 있으며, 다양성에 함몰되지 않고 다양성이 유위법임을 철저하게 알 때 무아의 자아로 나아갈 수 있게 된다.

자아는 무아이고 정체성은 확립불가능하다. 이 테제는 서구심리학에서 자아정체성의 확립이라는 테제의 정반대에 놓여있다. 그러나 불교는 정반대처럼 보이는 두 테제가 연결될 수 있음을 보여준다. 자아정체성 확립은 정반대에 놓여있는 것까지를 염두에 두어야 이른바 확립이 될 수 있다. 이 두 테제가 동시에 성립할 수 있을 때, 심리학과 불교의 입장을 동시에 포괄하는 근원적 자아정체성을 확립할 수 있다. 자아정체성의 확립이라는 심리학의 근본물음에 대해서 '자아는 무아이고 정체성은 확립불가능하다'는 대답은 근본적인 대답이라고 할 수 있다. 대극이 드러날 때 하나의 지평이 온전하게 드러나게 된다고 할 수 있다.

2) 세속적 관점

위에서 자아정체성의 확립이 불가능하다는 것은 성인의 차원이고, 승의제의 차원이라고 할 수 있다. 궁극적 진리의 차원에서 사물의 있는 그대로의 모습이 드러난다. 있는 그대로의 차원에서는 모든 존재, 즉 법은 항상 변화하고 있고, 핍박받고 있고, 정체성을 확립할 수 없다. '정체성의 확립불가'는 무아에 대한 궁극적 해석이다. '나라고 할 만한 것이 없다'고 번역할 수 있는 것을 모든 사물로 확대시키면 정체성 확립불가능성이 된다. '그것을 그것이라고 지시할 수 없다'는 것이다. 지시하려는 순간 이미 다른 사물로 변화하였기 때문이다. 모든 사물과 정신 현상이 찰나찰나 변화하기 때문이다.

그럼에도 현실세계에서는 사물에 대해서 이름을 붙이고, 변화를 느끼면서 살고 있다. 변화를 인식한다는 것은 변화하지 않고 지속되는 어떤 것이 있기 때문에 가능한 것이다. 현실에서 정체성을 확보하도록 하는 것에는 두 가지가 역할을 한다. 언어와 감각기관이 그러한 역할을 한다. 감각기관은 들어오는 데이터를 일정 규격에 맞게 가공한다. 이렇게 될 때 다른 감각기관을 통해서 들어온 데이터와 소통과 교류가 가능해진다. 이를 통해서 공감각과 전체적인 데이터의 처리가 가능해지게 된다. 원래의 데이터가 있는 그대로 인식되는 것이 아니게 된다.

이러한 의미에서 유식(唯識), 즉 인식된 것만 있다는 것이 성립할 수 있다. 우리에게는 감각기관의 감각기능을 통해서 인식된 것만이 존재하는 것이다.

또 다른 세속제로 언어가 있다. 언어는 어떤 현상을 지칭하는 역할을 한다. 언어는 어떤 것을 고정화시키고자 한다. 그러므로 매 순간 변화하는 현실을 있는 그대로 담지하지 못한다. 언어는 언어로 발화되는 순간 이미 어떤 현상을 왜곡하고 있는 것이다. 있는 그대로의 사물의 존재와 언어는 발생 자체에 있어서 서로 맞지 않다. 고정화될 수 없는 무상하고 무아인 현상 자체를 유상하고 유아인 언어로 파악한다는 것이다. 이러한 것 자체가 인간의 현실이고 이러한 괴리로 인해서 인간의 괴로움이 발생하게 된다. 두 가지 경우로 인해서 인간은 세속적인 차원에서 현상을 구제한다. 인간에게 실제로 일어나고 있는 현상을 설명할 수 있는 설명력을 세속제라고 한다.

언어를 사용함으로 인해서 인간은 정체성을 가지게 된다. 인간뿐만 아니라 모든 사물을 '그것'이라고 지칭할 수 있게 된다. 그것을 그것이라고 지칭하는 과정이 정체성을 부여하는 과정이라고 할 수 있다. 즉 정체성이 성립하는 것이다. 이러한 정체성은 불교적 관점에서는 세속제의 차원에서 성립한다. 자아라는 용어도 대표적인 유위법이다. 있는 그대로의 현상이 있고, 인간의 인식작용이 만든 현상이 있다. 각각을 지칭하는 용어로 승의적 언어와 세속적 언어가 있다. 자아라는 용어는 대표적인 세속적 언어이다. 자아는 만들어진 현상이다. 세속제를 담고 있는 언어이다. 세속에서 통용되는 용어라는 의미이다. 이러한 자아와 정체성은 둘 모두 세속제에서, 세속의 언어로 성립한다고 할 수 있다.

아(我)는 불교의 궁극적 진리인 무아의 반대이면서, 세속적 진리에 해당한다. 이러한 아를 어떻게 동일시할지가 자아정체성이라고 할 수 있다. 이러한 아에 대한 동일시가 자아정체성이라고 할 수 있다. 자아 정체성은 확립하는 것이고, 만들어지는 것이다. 유위법의 특징은 언제든 무너질 수 있다는 것이다. 왜냐하면 만들어진 개념이므로 언제든지 무너지고 새롭게 정립할 수 있는 것이기 때문이다. 그러므로 자아정체성은 확립하고 세우는 기투적인 개념인 것이지, 확립되고 세워진 피투적인 개념이 아니다. 자아정체성은 항상 움직이는 어떤 개념이다. 고정화되어 있으면서도 항상 변화가능한 어떤 것이다.

성인의 차원에서 자아와 정체성은 확립불가능한 것이지만, 세속의 차원과 범부의 차원에서 자아는 세속적 진리에 해당한다. 현실로서 존재한다. 감각기능과 언어에 의해서 자아가 확립되고 정체성이 부여되는 것이다. 그러나 자아와 정체성은 항상 변화하는 것이고, 기투적인 개념이라는 측면은 세속제에서도 성립가능하다. 이처럼 성인의 차원과 범부의 차원을 구분하여 자아와 정체성을 파악함으로 인해서 유아·무아 논쟁에 새로운 해법을 제시할 수 있게 된다. 또한 심리학과 불교가 주장하는 자아·무아 논쟁에 대해서도 새로운 해법을 제시할 수 있게 된다.

본 장은 불교에서 자아심리학의 성립가능성을 살펴보고 있다. 무아를 최상의 교리로 하는 불교에서 자아심리학의 가능성을 본다는 것이다. 먼저 자아를 인간, 나라는 개념으로 살펴보았다. 불교에서 인간은 오온이라는 기능의 집합체로 본다. 여기에서 자아에 대한 포괄적 정의가 성립한다. 또한 오온의 기능이 잘 기능하는 것이 인간의 본래적 측면이라는 점에서 자아에 대한 본래적 정의가 성립한다. 오온의 기능이 제대로 기능하지 못하는 것은 비본래적 정의에 해당한다. 또한 이러한 자아의 발생은 연기론적 관점과 사성제적 관점에서 볼 수 있다.

본래적, 비본래적 정의를 바탕으로 성인의 자아와 범부의 자아가 구분되고, 이를 바탕으로 자아정체성의 확립을 성인과 세속이라는 두 가지 차원에서 볼 수 있다. 성인의 차원에서 성인의 자아정체성은 무아적 자아로 성립하고, 범부의 차원에서 범부의 자아정체성은 유위법으로, 세속적 진리로 세워진다는 것을 볼 수 있다.

서구의 자아심리학은 자아의 기능, 자아의 방어기제를 주로 다루고 있다. 기능과 방어기제는 자아의 원인이 되는 번뇌의 영역에서 찾아볼 수 있다. 번뇌와 결합된 오온의 기능에서 이러한 기능과 기제를 찾을 수 있을 것이다. 이렇게 되면 불교 안에서 자아의 정의, 자아의 발생, 자아의 정체성, 자아의 기능과 기제를 볼 수 있게 된다. 불교 안에서 자아심리학이라는 영역의 확보가능성을 보게 된다.

참고문헌

MMK = *Nāgārjuna Mūlamadhyamakakārikāḥ,* ed. by J. W. de Jong, Madras: The Adyar Livrary and Research Centre, 1977.

PED = *The Pali Text Society's Pali-English Dictionary,* ed. by T. W. Rhys Davids and William Stede, London: The Pali Text Society, 1921-5/1986.

T = 『大正新脩大藏經』

T.48.n2008. 『육조대사법보단경(六祖大師法寶壇經)』

X = CBETA電子佛典集成 『卍新纂大日本續藏經』

X.69.n1321. 『강서마조도일선사어록(江西馬祖道一禪師語錄)』

『디가 니까야』 = 각묵스님 옮김(2006), 世記經)」, 『디가니까야』 제1-3권, 서울: 초기불전연구원.

『마하박가 - 율장대품』 = 전재성 역주(2014), 『마하박가 - 율장대품』, 서울: 한국빠알리성전협회.

김선희(2009), 「자아정체성에 기초한 철학상담 방법론」, 『철학연구』 35, 서울: 철학연구회, pp.227-248.

김선희(2015), 『철학상담』, 서울: 아카넷.

김성철(2013), 「여래장사상에서 자아와 무아」, 『인도철학』 37, 서울: 인도철학회, pp.115-140.

김정근(2010), 「무아와 아트만에 관한 연구」, 서울: 동국대학교 대학원 박사학위논문.

김진태(2011), 「자아정체성 부정을 통한 새로운 윤리의 가능성」, 『철학연구』 44, 서울: 고려대학교 철학연구소, pp.303-326.

시모다 마사히로 외, 김성철 옮김(2015), 『여래장과 불성』, 서울: 씨아이알.

대림스님·각묵스님 옮김(2002), 『아비담마 길라잡이』, 서울: 초기불전연구원.

龍樹菩薩 著 靑目 釋 鳩摩羅什 漢譯, 김성철 역주(2001), 『中論』, 서울: 경서원.

윤희조(2017), 「마음의 기능을 중심으로 한 불교심리학의 정의와 분류에
　　　대한 일고찰」, 『동서철학연구』 85, 대전: 한국동서철학회, pp.209-236.

윤희조(2015), 「불교와 수용전념치료에 대한 재고찰」, 『동서철학연구』 78,
　　　대전: 한국동서철학회, pp.331-354.

윤희조(2018), 「영역과 정의의 관점에서 보는 번뇌의 심리학」, 『동서철학
　　　연구』 89, 대전: 한국동서철학회, pp.215-243.

이남경(2012), 「심리치료를 위한 '我'에 관한 一考察」, 『한국선학』 31, 서울:
　　　한국선학회, pp.223-256.

이지수(1998), 「安慧의 <釋>에 따른 唯識三十頌의 이해」, 『불교학보』 35, 서
　　　울: 동국대학교 불교문화연구원, pp.69-95.

정승석(1999), 『윤회의 자아와 무아』, 서울: 장경각.

최경아(2010), 「자아(self)와 개인(person)에 대한 정의 고찰 – 초기불교를 중
　　　심으로 –」, 『인도철학』 28, 서울: 인도철학회, pp.85-112.

12 불교 실존심리학

현대인이 겪고 있는 다양한 질병은 스트레스와 연관되어 있다. 마음과 관련된 괴로움은 특히 스트레스를 원인으로 하는 경우가 많다. 우울과 불안은 대표적인 괴로움이라고 할 수 있다. 이러한 스트레스는 보다 근원적인 원인을 가지고 있다. 이른바 인간의 실존적인 문제, 즉 삶 자체에 대한 불안, 희망의 상실, 의미의 부재와 같은 문제와 연관되어 있다. 이러한 문제는 문제의 원인이 근원에 있는 만큼 문제의 해결도 또한 근원적인 해결책을 추구해야 한다. 대증(對症) 요법이 아니라, 존재자의 문제가 아니라, 대원(對源) 요법인 존재론의 문제로 실존의 차원에서 접근할 필요가 있다.

본 장은 서양철학의 한 사조인 실존주의의 문제의식을 불교심리학의 관점에서 살펴보고 있다. 현대 실존주의의 흐름은 서구의 다양한 철학과 심리학 사조 가운데 불교 철학, 심리학과 가장 유사하게 전개되고 있다. 또한 실존주의는 현대인의 스트레스와 영적 위기에 대처하는 다양한 방법 가운데 근원적인 방법을 채택하고 있다는 점에서 불교의 접근법과 유사하다고 할 수 있다. 그러므로 불교의 실존적인 문제인 괴로움의 해결과 관련해서 실존주의가 제시하는 문제를 불교적 관점에서 고찰하는 것은 의의가 있을 것으로 생각된다.

얄롬은 실존상담의 주제를 죽음, 자유, 소외, 의미로 꼽고 있다.[1] 이러한 문제 자체는 인간의 근원적인 문제해결과 연결되어 있다. 근원적 문제의식이라는 측면에서 실존주의 철학과 불교는 밀접한 연관을 가지고 있다. 내담자의 문제 가운데 사소한 문제는 없다. 왜냐하면 사소하다고 생각되는 문제가 보편적이고 근원적인 문제의식과 연결되어 있기 때문이다. 증상에 대한 대증적 요법뿐만 아니라 근원적인 연결성을 볼 수 있어야 한다. 불교상담의 경우도 전체적인 방향성이 설정되면 내담자의 호소 문제를 보편적이면서도 근원적인 차원에서 바라보는 시각을 가지고 접근한다.

불교의 근원적 관점을 바탕으로 실존주의 철학과 심리학과 상담이 제시하는 문제에 대한 불교적 대답을 제시하고자 한다. 이러한 주제에 대해서 두 가지 관점, 즉 존재론적 특징과 연결성의 관점에서 불교적 해법을 제시해 보는 것이 본 장의 목적이다. 이러한 문제에 대해서 불교적 관점에서는 어떤 해답을 제시할 수 있는지를 보고자 한다.

---

1 어빈 얄롬, 임경수 옮김(2007); 김정현(2012).

1. 불교에서 실존의 문제

불교 실존심리학은 서구의 실존철학, 실존치료, 실존상담이 제시하는 실존의 문제에 대해서 불교심리학적 관점에서 이를 연구하는 불교심리학의 한 분야라고 할 수 있다. 나아가서는 불교 고유의 문제의식, 인간, 존재, 세계, 시간의 문제를 실존적 관점에서 보는 것을 포함한다.[2]

불교에서 실존적 문제는 단연 괴로움의 문제이다. 붓다의 문제의식도 여기에 있다. 붓다는 사문유관을 통해서 노병사의 괴로움을 자각하고 이를 해결하고자 출가의 방법을 택한다. 괴로움이라는 실존의 문제를 해결하고자 붓다는 대표적인 두 가지 방법론을 사용한다. 선정과

---

2   서양철학의 한 분야인 실존주의(existentialism)는 샤르트르가 자기 철학에 대해서 사용한 용어이다. 야스퍼스(Karl Jaspers), 하이데거(Martin Heidegger), 부버(Martin Buber), 발(Jean Wahl), 마르셀(Gabriel Marcel) 등이 실존주의 철학자에 속하고, 19세기의 키에르케어(Søren Kierkegaard), 니체(Friedrich Nietzsche)는 실존주의의 선구자 역할을 한다. https://plato.stanford.edu/entries/existentialism/ (2025년 9월 18일 검색) 각각의 철학자마다 다양한 이론이 존재하지만 실존의 우선성은 대부분의 실존주의자가 동의한다. 실존철학에 정신분석을 접목하는 흐름에는 빈스방거(Ludwig Binswanger)와 보스(Medard Boss)가 대표적이다. 실존치료가 서양의 심리치료의 주요 분과로 등장하는 데에는 메이(Rollo May)와 얄롬(Irvin D. Yalom)의 공헌이 지대하다. 최근 들어 영국과 미국을 중심으로 새로운 흐름의 실존치료가 등장한다. 드루젠(Emmy van Deurzen), 스피넬리(Ernesto Spinelli), 슈나이더(Kirk J. Schneider)가 대표적인 인물이다. 권윤주는 1976년부터 2016년까지 발표된 45편의 실존주의 상담 관련 논문의 연구 동향을 분석하고 있다. 권윤주(2016) pp.123-137. 2016년 이후 발표된 논문으로 다음이 있다. 오신택(2019a) pp.227-250; 오신택(2019b) pp.275-295. 실존치료의 최신경향을 논의하는 논저로는 다음이 있다. 커크 J. 슈나이더·오라 T. 크러그, 신성만·황인식 옮김(2017); 에미 반 두르젠, 윤희조·윤영선 옮김(2017); Emmy van Deurzen, 이정기·윤영선 옮김(2010); 윤영선(2016) pp.451-478; 임인구·박성현(2016) pp.195-220.

고행의 방법론으로도 괴로움의 문제를 해결할 수 없게 된 붓다는 괴로움의 원인이 되는 번뇌를 제거하는 데 중점을 둔다. 이를 통해서 번뇌가 제거되고, 괴로움이 해결된 상태에서 새로운 인식을 얻게 된다. 이러한 인식상태에서 붓다는 존재, 인간, 세계를 새롭게 인식하게 된다. 괴로움이라는 붓다의 실존적 문제의 해결로 인해서 새로운 관점이 개현된 것이라고 할 수 있다.

붓다의 문제의식은 모든 인간에게 적용될 수 있고, 인간의 모든 문제의 근원이라고 할 수 있다. 붓다의 문제인식은 보편적이면서 근원적인 문제의식이라고 할 수 있다. 왜냐하면 괴롭지 않은 인간은 없기 때문이다. 또한 붓다의 가장 폭이 넓은 교리인 사성제에서도 괴로움이 주제가 된다. 고성제, 고집성제, 고멸성제, 고멸도성제에서 알 수 있듯이, 괴로움의 현상, 원인, 제거된 상태, 제거하는 방법이 중심이 된다. 괴로움의 해결로 인해서 붓다의 실존과 연결된 관점에서 존재, 인간, 세계를 볼 수 있게 된다.

먼저 불교의 실존, 즉 불교의 존재, 인간, 세계를 살펴볼 수 있다. 불교에서 존재는 담마(dhamma, 法)로 볼 수 있다. 이는 담마의 존재론(ontology of dhamma, dhammalogy, 法論)이라고 부를 수 있다. 담마는 어원적으로[√dhṛ] 보면 유지하면서 생멸하는 것이다. 즉 모든 존재에 대해서 생멸하는 존재가 실제 존재라는 것이다. 즉 고정불변의 실체가 존재한다고 할지라도 이것은 잘못된 인식 즉 전도된 인식일 뿐 실재는 생멸하는 존재이다.[3] 이러한 존재가 실재(reality), 즉 실존(existence)으로 존재하는 것이다. 이러한 실존을 불교에서는 담마라고 부른다. 그러므로 불교의 존재론은 담마의 존재론, 담말로지, 법론이라고 할 수 있다. 고정불변의 실체가 아닌, 생멸하고 유지하는 담마의 존재론이다. 법론은 불교의 존재론이면서 실재론이라고 할 수 있다. 불교에서 가장 실재적인 것(the most real thing)은 생멸하는 것이다. 이것이 불교의 실존, 즉 실제로 존재하는 것이다.

불교에서 바라보는 세계는 처계(處界)에서 볼 수 있다. 처는 인간 존재와 외부의 만남의 장소가 중심이 된다. 이러한 영역이 처이고, 감각기능에 따라서 처의 범주가 나뉜다. 인간이 외부세계와 만나는 장소는 감각 장소, 즉 처(處)이다. 이러한 감각 장소를 통해서 외부와 만난다. 각각의 감각 장소의 감각기능과 그 감각대상으로 전체의 세계가 이루어진다. 매 순간 새로운 감각기능과 감각대상이 생하고 멸한다. 이로 인해서 만들어지는 세계는 존재의 생멸만큼 생멸하는 영역이고 공간이다. 생하는 공간은 다음 순간에 새로운 공간으로 열려 나간다. 이러한 공간은 인식에 의해서 매 순간 새롭게 열려간다. 공간은 단순히 객관적인 공간이 아니라, 인식과의 접촉을 통해서 매 순간 새롭게 되는 계(界)이다. 계는 처의 열려감으로 인해서 매 순간 현은되는 공간이다. 공간은 감각기능과 감각대상의 만남에 의해서 열리고, 다음 순

---

3   실체(substance)와 실재(reality)는 구분된다. 실체는 고정불변의 성질을 가지는 어떤 것이다. 토대를 이룬다는 의미에서 기체(基體)로 번역되기도 하지만, 실체가 반드시 기체가 되는 것은 아니다. 실재는 '실제로 있는 것'을 말한다. 불교에서 실재는 생멸하는 것이지만, 인도의 유파철학에서는 고정불변의 아트만이 실재이다.

간 새로운 인식에 의해서 새로운 공간이 열려간다. 이처럼 열리는 공간, 현은하는 공간을 불교적 관점에서 세계(世界)라고 할 수 있다. 객관적인 세계, 절대적인 시공간이 아니라 인간의 감각기능에 따라서 매 순간 개폐, 현은하는 공간이다. 계가 공간이라면, 세(世)는 시간을 말한다. 식은 현재에 생멸하는 식(識)을 말한다. 다음 순간 현재의 식은 의(意)가 되고, 새로운 식이 현재가 된다. 현재의 식만이 인식된다.[4] 직전의 식(識) 즉 의(意)가 인식되는 것은 현재의 식에 의해서만 가능하게 된다. 현재의 식만이 인식되는 것이다. 의는 식을 돕는 역할을 하지, 현재는 식만이 존재한다. 이처럼 현재의 시간이 중요하다.[5] 이러한 시간을 세(世)라고 한다. 세와 계는 지금[世] 여기[界]를 의미한다. 지금 여기가 변화하는 실재이다. 실존주의에서 지금 여기에서의 실존을 중시하는 것은 불교의 세계에서 볼 수 있다. 지금 여기의 존재론, 세계의 존재론이라고 할 수 있다. 불교에서 존재론은 법론이므로 지금 여기의 법론, 세계의 법론이라고 할 수 있다.

　인간의 감각에 따른 시공간의 분류는 불교 특유의 일체(一切)의 분류법이다. 이러한 분류방식은 소박한 것처럼 보이지만 강력한 분류법

4　의(意)는 식(識)의 전후에서 식을 돕는 역할을 한다. 식의 전후에 있기 때문에 의는 식의 대상이 되지 못한다. 감각기능이 감각기관을 인식하지 못하는 것과 마찬가지이다. 눈은 눈을 보지 못하는 것과 마찬가지이다.

5　현재의 중요성은 인식에서도 알 수 있다. 아무리 미래, 과거라고 할지라도 이들이 인식되기 위해서는 현재에서 인식되어야 한다. 현재에 인식된 과거이고 미래이다. 과거가 과거 자체로 남거나, 미래가 미래 자체로 남지 않는다. 둘 다 떠오를 때는 현재에 떠오른다.

이라고 할 수 있다. 왜냐하면 모든 인간이 육근(六根)이라는 감각기능을 가지고 있기 때문이다. 그러므로 누구에게나 통용되면서, 누구에게나 고유한 시공간이 가능하다. 보편화와 개별화가 동시에 이루어지는 시공간이면서 지금 여기의 시공간이다. 지금 여기에서 생멸하는 식과 은현하는 계에 의해서 지금 여기라는 시공간의 존재론이 형성된다.

이러한 시공간에서 인간은 현은을 거부한다. 현은은 세계의 특징 즉 모든 존재의 특징이다. 그러나 인간은 이러한 생멸을 거부하는 존재이다. 생멸의 거부를 통해서 인간은 존재를 유지한다. 생멸을 거부하는 존재를 오취온(五取蘊)이라고 부른다. 취는 생멸과 은현을 거부하는 것이다. 오취온은 색수상행식(色受想行識)에 있어서 생멸과 은현 대신 지속적인 취착을 하는 존재이다. 물질을 존재의 유지를 위해서 취착하고, 느낌을 셋[苦受, 樂受, 不苦不樂受]으로 집착하고, 상으로 집착하고, 행으로 집착하고, 식을 집착한다. 이러한 집착으로 인해서 인간은 생명을 유지한다. 오취온으로서 인간 존재는 감각기능의 원래 그러한 생멸하는 성질에 순응하는 것이 아니라 취를 통해서 생존한다. 연기적인 관점에서 보더라도 취(取) 다음에 유(有), 즉 존재가 나온다. 취를 통해서 존재가 발생하게 된다. 이러한 취성(取性)을 어떻게 다루는가에 따라서 인간은 오취온의 존재가 되기도 하고, 취를 제거한 오법온(五法蘊)의 존재가 되기도 한다. 범부로서 인간의 실존은 오취온에 있다. 실존주의에서 제기하는 문제는 오취온을 기반으로 성립하고 있다. 자유, 불안, 죽음, 소외, 의미의 문제가 오취온의 기반 위에서 성립한다. 오취온의 기반 위에서 이러한 문제가 성립하고 있다.

2. 실존의 문제

실존주의는 '실존은 본질에 앞선다'는 테제를 기본으로 한다.[6] 이 테제는 실존주의 철학자 대부분이 동의하는 테제이다. 실존(existence)의 어원에서 보면 실존은 '존재(istence)로부터 나온 것(ex)'을 의미한다. 존재로부터 앞으로 나와 있는 부분을 말한다. 여기서 존재는 본질이다. 즉 실존의 어원 자체에서 실존은 본질에 앞선다. 이는 본질과 존재의 구분이기도 하다. 본질(essence)과 존재(existence)의 구분은 한글의 '임'과 '있음'의 구분이다. '임'에 대해서 '있음'의 우선성을 주장하는 것이다. '임'보다 '있음'이 더 근원적이라는 의미이다. 이 구분에서 본질은 '~임'으로 정의할 수 있는 개념화라고 할 수 있다. 어떤 형식으로든 본질은 '임'이라는 개념으로 존재한다. 이렇게 되면 본질은 개념적 존재성을 가지게 된다. '임'은 '있음'을 가지고 있지만, 개념적, 언어적 존재성을 가진다는 의미에서 '임'의 존재성을 가진다.

존재는 '실재'의 의미에 따라서 두 가지 존재가 가능하다. 존재는 고정불변의 존재와 생멸하고 있는 존재를 동시에 의미한다. 고정불변의 존재와 생멸하는 존재가 가능하다. 이 두 가지 가운데 어떤 것을 보다 실제적인 것으로 보는가는 각각의 학파에 따라서 달라질 수 있다. 고정불변의 존재와 생멸의 존재는 각각의 '있음'의 존재성을 가진다. 둘 가운데 어떤 것이 더 많은 존재성을 가지는가는 철학 학파에

---

6   장 폴 사르트르, 박정태 옮김(2008).

따라서 달라진다. 더 많은 존재성을 가지는 것은 더 실재적(more real)이고, 더 적은 존재성을 가지는 것은 덜 실재적(less real)이다.[7]

실존은 본질에 앞선다는 것은 우선 '실재'의 존재성이 '임'의 존재성보다 더 존재적이라는 것이다. 실존철학에서 논의하는 실존은 인간의 현실에 바탕을 두고 있다. 인간의 삶과 죽음에 중점을 두고 있다. 특히 죽을 수밖에 없는 인간의 운명이라는 자명한 진리로부터 논의를 출발한다. 이러한 실존적인 상황에서 나머지 주제들이 도출된다. 자유와 소외, 의미와 가치의 문제가 도출되고, 이러한 문제는 다시 죽음으로 귀결된다.

실존은 죽음이라는 자명한 원리로부터 시작하고 끝난다. 논의의 시작과 끝에는 죽음이 있다. 자유와 소외는 죽음으로부터의 자유이고 죽음으로부터의 소외이다. 의미와 가치는 죽음의 상황에서 인간이 가질 수 있는 의미와 가치이다. 이들은 죽음과 연결되는 네 가지 주제이다. 결국 실존철학은 죽음의 문제를 어떻게 보는가에 달려 있다. 죽음의 문제로 논의가 귀결된다. 이러한 죽음을 실존주의 관점에서 어떻게 볼 것인지의 문제이다. 죽음만큼이나 중요한 것이 현재의 문제이다. 죽음의 문제로 인해서 지금 여기의 나는 어떤 자세와 태도를 취할 것인가가 죽음 문제의 귀결이다. 지금 여기의 삶은 죽음의 필연성에 의

7　존재성을 더 많은, 더 적은, 더 실재적, 덜 실재적으로 구분하는 것은 존재성의 다양한 차원이 가능하다는 것에 근거한다. 각각의 이론에 따라서 확실하고 절대적인 존재가 있는 반면에 불확실하고 상대적인 존재가 있을 수 있다. 그러므로 존재의 정도를 위와 같은 형용사로 표현한 것이다.

해서 영향을 받고, 죽음은 필연적으로 현재의 삶에 영향을 미친다. 이러한 상호작용 속에서 죽음과 현재는 연결되어 있다. 두 가지 시간, 죽음과 현재가 연결되어 있다. 죽음의 시간은 현재의 시간에 항상 영향을 끼친다. 이러한 환경 속에서 삶의 의미는 어떠한 것인가가 실존주의의 주제 가운데 하나인 의미의 문제이다. 의미는 단순한 의미가 아니라, 죽음과의 연관성하에서의 의미이다.

불교에서 실존은 죽음뿐만 아니라 법의 생멸성에 기반하고 있다. 이로 인해서 세계와 인간의 생멸성이 담보된다. 멸만이 아니라 생멸을 동시에 보고 있다. 생멸성에 기반해서 인간과 세계를 보는 것이다. 생멸의 기반 위에서 죽음, 의미, 자유, 불안, 소외 등의 문제를 다루는 것이다.

3. 의미의 문제

불교에서 인간 존재는 취착적 존재이다. 오온이라는 다섯 가지 기능은 취착적 기능이다. 물질의 파멸성에 반해서 지속하고자 하는 것이 색이고, 수많은 느낌을 셋으로 유지하고 있는 것이 수이고, 내외부 대상을 이미지와 개념의 형태로 보관하는 것이 상이고, 가장 많은 숫자의 의도와 마음씀(sorge, 作意)을 지속하는 것이 행이고, 매 순간 이러한 작용을 별물 판단으로 유지하고 있는 것이 식이다.[8] 이러한 오온의 존재는 생멸하고, 무상하고, 핍박받는다는 삼법인(三法印)이라는 존재론적 특징과는 반대로 나아가고자 한다. 이러한 삶을 유지하고 있는 존재가 인간이다. 생명의 유지는 삼법인의 흐름을 거슬러 올라가는 것에 있다. 삼법인이라는 존재론적 특징을 거슬러 가고[反流] 있는 것이 인간 존재이다. 왜냐하면 이러한 존재는 생멸을 특징으로 하기 때문이다. 오취온의 존재인 인간은 생멸의 특징과는 반대로 취착의 특징으로 나아간다.

취착으로 인한 생명의 특징은 존재론적 특징과 구분된다. 그러므로 생물학과 물리학은 원리를 달리하고 있는 것이다. 이러한 오취온적 인간의 존재론적 특징은 시지프스의 신화와 일치하는 면이 있다.[9] 끝없이 쏟아지는 존재의 폭류로부터 거슬러가는 생명의 약진을 존재로 보고 있다.[10] 이러한 생명의 특징은 한 순간 포기하면 존재를 무화시키

---

8   전통적으로 색수상행식을 물질, 느낌, 지각, 의도, 의식으로 해석한다. 이는 인간의 물질적, 정신적 기능을 대표한다. 본 문맥에서는 취착의 차원에서 각각을 해석하고 있다. 생멸 가운데서 각각을 취착의 측면에서 보고 있다.

9   신화와 관련해서 인간의 괴로움의 근원을 볼 수 있다. 에덴동산에서 인간은 선악과를 먹는 것으로 인해서 괴로움이 시작된다고 한다. 선악을 알게 됨으로 인해서 괴로움이 시작되고, 여성은 악의 유혹자가 되고, 우리는 원죄를 빚으로 가지고 있다는 형태로 나아간다. 필자는 오히려 먹는 행위에 중점을 맞추고자 한다. 먹는 행위는 인간이 물질화되는 첫걸음이다. 인간은 먹음으로 인해서 물질화가 시작된다. 물질화된 인간은 존재의 특징에 지배받기 시작한다. 이른바 괴로움과 핍박이 시작된다. 괴로움과 핍박은 물질성으로 인해서 시작된다. 선악의 문제라기보다는 물질화의 필연적 과정으로 괴로움이 시작된다고 볼 수 있다.

10   존재론적 법칙의 필연성을 보이기 위해서 폭류라는 표현을 사용하고 있다. 불교에서 폭류(ogha)는 번뇌의 특징이기도 하다. 번뇌는 배어 나오는 것부터 폭류하는 것까지 다양한 운동성을 보이고 있다.

는 거센 폭류와 하나가 된다. 이때를 죽음이라고 할 수 있다. 이러한 폭류 가운데서 인간은 무엇을 할 수 있을까? 폭류를 막을 수 있을까? 우선 인간은 태생적으로 이러한 폭류 안에서 존재할 수밖에 없다. 인간은 세계 내 존재(being in the world)로밖에 존재할 수 없다. 세계 자체의 특징을 바꿀 수는 없다. 법의 특징은 붓다의 경우에도 자신이 만든 것이 아니라, 단지 발견한 것일 뿐이다. 붓다 또한 존재의 특징을 발견한 존재이지, 창조한 존재가 아니다.

이 존재의 흐름에 따르는 것을 실존에서는 죽음으로 보고 있다. 이 존재의 흐름에 몸을 맡기는 순간 인간은 흐름을 거스르기를 거부한다. 죽음을 택하게 되는 것이다. 이러한 흐름을 거슬러야 하는 이유는 무엇인가? 이는 존재의 흐름을 거스르는 이유, 즉 삶의 이유이다. 너무나 자명하고 도도하게 폭류하는 이 흐름에 대해서 나약하고 힘겨운 거스르기를 해야 하는 존재 이유(raison d'etre)가 무엇인가이다. 그 이유를 실존주의에서 '의미'라고 부른다. 이러한 의미가 없으면 인간은 거스르기를 포기하게 된다. 이때 의미는 생에 대한 처절함이라고 할 수 있다. 불교적으로 보면 오취온(五取蘊)에서 취를 유지하는 이유이다. 가장 근본적인 이유는 거스름 자체이다. 취 자체, 즉 오취온의 삶 자체이다. 실존주의에서 삶을 사는 것, 사는 것 자체를 의미로 파악하는 것이 이 때문이다. 실존에서 삶 자체가 의미가 될 수 있다.

여기에서 의미의 의미(the meaning of meaning)를 살펴볼 수 있다. 의미는 첫째 연결성하에서 성립한다. 의미는 단독자로 존재할 수 없다. 신 앞의 단독자라고 할지라도 신과 나와의 관계가 성립한다. 의미는 관계의 맥락하에서 성립한다. 의미는 관계적이고 맥락적이다. 하나의 단어의 의미라고 할 때 다양한 연결고리가 가능한 만큼 다양한 의미가 성립한다. 취착적 존재에게 연결고리의 궁극은 '나'이다. 나와의 연결고리가 가장 궁극의 의미이다. 모든 의미는 결국 나와의 연관하에서 성립하는 의미이다. 그러므로 의미는 단독적이지 않다.

둘째 의미는 자체적이지 않다. 그 자체적으로 존재하는 의미는 없다. 그 자체로 좋거나 나쁘거나 하는 의미는 없다. 의미는 연결고리와의 연관성하에서 존재하는 의미이다. 의미가 자체적으로 존재하는 것은 아니다. 이러한 측면에서 의미는 잉여적이다. 의미 잉여론(redundant theory of meaning)은 의미가 외재적으로 부여되는 것이지, 의미가 그 자체로 존재하는 것은 아니라는 것이다. 의미 잉여론에서 의미는 부여된 것이므로 선택에 따라서 다양한 의미가 부여될 수 있다.[11] 여기에서 의미가 '외재적으로 부여되는 것'을 불교적으로는 '연기적인 것'이라고 표현한다. 연기적인 연결망과 맥락 속에서 의미가 부여되기도 하고, 박탈되기도 하고, 변화하기도 한다. 어떤 고정불변의 의미는 없다.

셋째 의미는 진리와 구별된다. 진리가 반드시 의미가 있거나, 의미가 있는 것이 반드시 진리인 것은 아니다. 이러한 예는 다양하게 볼 수 있다. 물리학의 법칙이 나에게 의미가 있는 것이 아니라, 우연적인 사건이 더 의미가 있는 경우가 많은 것을 볼 수 있다. 객관적인 진리체

---

11 윤희조(2017) p.251.

계보다 나 중심의 의미체계가 더 의미가 있을 수 있다. 이는 진리가 나를 자유롭게 하기보다는 의미가 나를 자유롭게 하는 경우라고 할 수 있다.

넷째 의미와 선택, 의미와 가치는 연관되어 있다. 진리와 의미는 숨겨져 있는 주어가 다르다. 진리는 객관적 관점이 주어 역할을 하고, 의미는 주관적 관점이 주어 역할을 한다. 반면 선택과 가치는 둘 다 주관적 선택, 주관적 가치가 숨겨져 있는 주어 역할을 한다. 그러므로 둘은 구분된다. 의미, 가치, 선택은 하나의 주관적 관점, 즉 '나'의 의미, 가치, 선택이므로 '나'를 매개로 연결되어 있다고 할 수 있다. 그러므로 의미는 연결적 맥락에 있어서 '나'를 중심으로 연결된 맥락이지만 진리는 객관적 맥락이다. 둘은 시점을 달리한다. 그러므로 둘에게는 이미 존재론적인 불협화음이 존재한다.

인간은 생존을 위해서 의미적 존재일 수밖에 없다. 의미로 연결되지 않으면 생존이 어려워진다. 의미의 최고 연결체가 '나'이고, '취'이기 때문이다. 생존과 연결되기 때문에 생존에 유리한 쪽으로 의미는 변화한다. 예를 들어서 인간이 수많은 대상을 각각의 경우에 대해서 단순하게 인식하는 작업보다 개념화는 생명 보존에 도움이 된다. 느낌의 경우도 셋으로 나누어지는 것이 생명유지에 도움이 된다. 수많은 느낌을 각각 다른 방식으로 프로세싱하는 과정을 거친다면 이 또한 생명 지속에 도움이 되지 않는다. 오취온의 취는 이미 '나'의 생존이라는 최고의 의미와 연결되어 있다고 할 수 있다.

불교는 의미 해체론(deconstruction theory of meaning)으로 나아간다.

나 중심의 의미는 해체되고 의미의 새로운 연기적 회로가 배선된다. 의미의 최고의 통치자인 '나'의 해체를 불교에서는 최고의 목표로 한다. 무아는 붓다가 본 새로운 인식의 내용 가운데 하나이다. '나'는 만들어진 것[有爲法]이라는 점이 불교에서 바라보는 자아관의 첫 번째 테제이므로, 나를 중심으로 배선되어 있는 회로는 새로운 연기적 연결망을 가지게 된다. 이렇게 연결된 회로망은 새롭게 연결되어야 한다. 새로운 연결망에서는 최고의 주체, 즉 '나'가 존재하지 않는다. 연결망 자체가 존재한다. 그러므로 나 중심의 의미의 회로망은 해체되게 된다. '나'를 중심으로 하는 의미는 없어지게 된다. 그렇다고 해서 새로운 무엇인가를 중심으로 하는 의미 회로망이 새롭게 만들어지는 것은 아니다. 연결망만 이루어지게 된다. 연결망은 '나'를 중심으로 하지 않기 때문에 의미의 해석망은 연기적인 연결망만큼 자유롭게 주어진다. 의미는 나로부터 자유로운 연기적 연결망의 길을 갈 수 있다. '한 생각 한 느낌도 옳지 않다', '좋은 것이 좋은 것이 아니고 나쁜 것이 나쁜 것이 아니다'라는 것이 성립 가능하다. '나' 중심의 의미의 고정성은 해체되고 의미는 연기된다. 의미는 연기망 만큼 자유롭게 된다. 여기서 연기적 연결망은 붓다가 발견한 것으로 사물의 있는 그대로의 모습이라고 칭해지는 것이다. 이러한 망에 따라서 자유롭게 의미를 부여할 수도 있고, 철회할 수도 있다. 즉 의미는 자유롭다. 범부로서의 인간에게 의미는 '나'에 의해서 주어지는 것이고, 부여되는 것이므로 자유롭지 못하다. '나'의 해체로 인해서 나 중심의 의미 연결망 또한 해체된다. 단지 연기적인 연결망만이 남게 된다. 이러한 상황하에서 의미는 나로부터 자유롭고 연기적이게 된다. 의미는 더 이상 '나'에 메이지 않을 수 있게 된다.

4. 자유의 문제

이 존재의 흐름에 대해서 인간이 할 수 있는 것은 세 가지 정도로 볼 수 있다. 지속적으로 존재의 흐름과 투쟁하면서 삶을 지속하는 것, 존재의 흐름과 함께하는 것이 대표적인 두 가지 방식이다. 전자는 괴로운 삶을 지속하는 것[常]이고, 후자는 죽음으로 나아가는 것[斷]이다. 불교는 제3의 방식을 택한다. 둘과는 다른 길을 택한다. 붓다의 수행방법론이 중도의 길이듯이 존재에도 중도의 길이 가능하다. 존재의 거대한 흐름은 붓다가 발견한 삼법인(三法印)이라는 존재의 법칙을 따른다. 이 존재의 법칙을 거슬러서는 어떤 것도 가능하지 않다. 존재의 흐름을 거스르지 않으면서 존재의 흐름에 유실되지 않는 길을 찾는 것이라고 할 수 있다.

그러한 길을 찾는 것이 붓다의 방법론이다. 여기에서도 여전히 문제가 되는 것은 '나'이다. '나'로 인해서 지속적인 투쟁이 일어난다. '나'를 어떻게 처리하는가에 따라서 흐름과 투쟁하지 않으면서, 투항하지 않고 나아가는 방법론이 가능하다. 붓다는 세상과 투쟁하지 않는다고 한다. 붓다는 '그 누구와도 논쟁하지 않고 머무는 그런 가르침'을 설한다. 분별과 함께 일어나는 인식에 대해 즐거움과 기쁨과 집착이 없으면 몽둥이를 들고 무기를 들고 싸우고 말다툼하고 논쟁하고 상호비방하고 이간하는 말을 하고 거짓말하는 것의 끝이라고 한다.[12] 이러한 것이 가능한 것은 붓다가 '나'로부터 자유롭기 때문이다. 붓다가 '나'를 다루는 방법론을 따라서 새로운 길을 모색해 볼 수 있을 것이다.

그 방법론은 나를 존재의 흐름과 화해시키는 것이다. 폭류를 거슬러만 가는 물고기는 이제 방향을 틀게 된다. 더 이상 흐름과 투쟁하지 않는다. 물고기는 폭류 속에서 자유롭게 거닌다. 폭류와 같은 방향으로 나아가는 것에 대해서 더 이상 문제를 제기하지 않는다. 폭류는 나의 존재를 언제든지 집어삼킬 수 있는 크로노스(kronos)의 입이 아니라, 나의 편인 카이로스(kairos)가 된다. 폭류를 내 편으로 만드는 것이다. 더 이상 시지프스는 바위를 굴리지 않는다. 바위는 신이 정한 것이지, 자신이 정한 것도 아니고, 존재의 본래적 특징도 아니다. 바위 위에서 놀 수도 있고, 바위 아래서 쉴 수도 있다. 이처럼 다른 방향 사이에서 간극이 가능한 것은 존재의 흐름을 보기 때문이다. 흐름을 끝없는 노동과 투쟁의 대상으로 보지 않는다. 존재의 흐름은 함께 해야 할 어떤 것이다. '나' 또한 존재인 이상 이를 벗어날 길이 없다는 것을 알게 된다. 이러한 앎이 자유를 가능하게 한다. 진리가 자유롭게 하는 것이 아니라, 앎이 자유롭게 하는 것이다. 오로지 아는가, 모르는가에 달려 있다. 앎으로 인해서 자유의 정도가 정해진다. 아는 만큼 자유로

---

12 「마두삔디까경(Madhupiṇḍika-sutta, 蜜丸經)」『맛지마 니까야』제1권, pp.490-494.

워진다.

이러한 앎으로 인해서 얻어지는 자유는 '나'가 헤게모니를 쥐고 있는 모습이나, 무엇으로부터의 자유가 아니다. '나'가 헤게모니를 쥔 모습은 여전히 '나'를 전제로 하고 있는 모습이다. 나의 해체로 나아가는 것과 마찬가지로 더 이상 '나'의 주도권이 아니다. 또한 무엇으로부터의 자유는 소극적 의미의 자유이다. 여기서는 벗어남으로서의 자유를 의미한다. 자유는 프리덤(freedom)이 아니라 리버레이션(liberation)이다. 속박으로부터 벗어남으로서의 프리덤이 아니라, 해탈로서의 리버레이션이다. 이때의 해탈은 벗어남이 아니라, 폭류의 흐름을 함께하는 것이다. 소극적인 벗어남이 아니라, 적극적인 행함이 함께 있는 것이다.

'나'가 행위의 주체가 되는 것이 아니라, 실존의 흐름이 행위의 주체가 된다. '나'가 행위의 주체가 됨으로 인해서 맞서게 되는 투쟁이 아니라, 존재론적 특징과 함께하는 화해이다. 이로 인해서 '나'가 원인이 되는[自由] 자유의 존재가 아니라, 존재론적 특징을 따르는[緣起] 연기의 존재가 되는 것이다. 연기는 붓다가 발견한 실존의 흐름이다. 이러한 흐름에 따른 존재가 연기적 존재가 된다. 자유가 단순히 '나'로부터 비롯되는 결핍으로서의 자유라면, 존재의 흐름, 즉 존재론적 특징과 함께하는 자유는 풍요로서의 자유라고 할 수 있다. 소극에서 적극으로, 부정에서 긍정으로 나아가는 자유이다.

5. 불안의 문제

불안에는 존재적 불안과 존재론적 불안이 있다. 이는 존재적(ontic)과 존재론적(ontological)의 구분에 기인한다. 존재적 불안은 특정 대상에 대한 불안이지만, 존재론적 불안은 대상을 알 수 없는, 따라서 모든 대상에 대한, 나아가서는 존재 자체에 대한 불안이다. 이러한 불안은 인간의 내재적인 불안이라고 할 수 있다. 실존주의에서는 이러한 불안의 궁극을 죽음에 두고 있다. 죽음에 대한 실존적이고 근원적인 불안을 말한다.

불교적 관점에서 이를 보면 죽음뿐만 아니라 존재 자체가 불안하다. 삼법인의 측면에서 보면 존재의 특징 자체가 불안의 특징과 일치한다. 무상한 것에 대한 불안[無常], 어떤 고정점과 지지처도 갖지 못하는 불안[無我], 핍박성으로 인한 괴로움[苦]이 존재론적 특징으로 명시되어 있다. 이는 단순히 우리에게 미지의 세계에 대한 불안이라는 측면을 가지고 있는 것이 아니라, 우리에게 가장 친숙한 것마저도 불안이라는 것이다. 친숙한 것이 오히려 더 불안할 수 있다는 것이다. 미지에 대한 불안보다 친숙한 것에 대한 불안이 불안의 강도와 폭에 있어서 더 크다고 할 수 있다.

불안은 존재론적 특징이다. 불안은 막연한 것이 아니라, 우리가 바로 직면하고 있는 것이다. 멀리 있는 것이 아니라 당하(當下), 지금 바로 여기에 놓여 있다. 그러기에 불안은 인간이 함께해야 하는 것이다. 존재의 폭류는 동시에 불안의 폭류이다. 어떤 것도 고정점일 수 없다.

이러한 존재를 불교에서는 담마라고 하며, 담마가 진짜 존재이다. 실재이고 실존이라는 것이다. 만약 이것이 존재와 담마의 본래적인 특징이라면, 이에 대한 앎과 수용만이 가능한 것이다. 철저한 앎이 우선된다. 존재의 폭류 자체에 대한 앎이 우선이 된다. 붓다의 경우도 이를 발견한 것이 자신이 이룩한 최고의 일이다. 붓다 시대 이전의 인간은 이것을 발견하는 것조차 실패한 것이다. 붓다는 이것을 발견함으로 인해서 해탈이라는 이름의 자유를 구가하게 된다. 인간에게 놓인 것은 발견의 맥락이다. 발견과 앎으로 인해서 자유롭게 되는 것이다.

이러한 존재의 폭류 자체를 아는 것은 불안(不安)의 시발점이면서, 안심(安心)의 시발점이기도 하다. 어떤 것에서도 고정점을 찾을 수 없으므로 불안이 고정될 수 있는 곳이 존재하지 않는다. 불안한 그 마음을 볼 수 없기에 불안이 더 이상 불안으로 성립할 수 없는, 그때의 이 마음을 안심이라고 해도 좋고, 무엇이라고 해도 좋다.[13] 그 불안 자체도 고정화시킬 수 없다는 것이 비고정성의 최고의 장점이다. 비고정적이므로 불안을 비고정화하는 것이 가능하다. 불안을 고정화할 수 없기 때문에 더 이상 불안은 고정화된 불안으로 성립할 수 없게 된다.

비고정성에 대한 철저한 인식은 불안에 대한 근원적 해결책으로 제시될 수 있다. 만약 있는 그대로의 존재의 특징이 삼법인이라면 이것

---

13 언어의 고정성으로 인해서 어떤 이름을 붙인다고 해도 정확한 표현일 수 없다. 비고정성과 고정성의 괴리가 실재와 언어의 관계이기 때문이다. 달마와 혜가의 대화에서 마음을 보일 수 없기 때문에 안심을 주었다는 것도 마음의 비고정성으로 인한 것이라고 볼 수 있다.

이외에는 다른 길이 없다. 이 길에 대한 철저한 모색만이 가능할 것이다. 불교는 모색의 방법을 철저하게 권장한다. 관(觀), 견(見)의 방법이 어떤 방법론보다 우선시되는 것이 이 때문이다. 관법, 견성이 초기불교와 선불교의 대표적인 수행법이 되는 이유이다.

불안이 존재론적 특징 즉 삼법인의 함의로부터 도출된다면, 이러한 불안을 없애는 방법은 존재의 존재론적 특징과 함께하는 것이다. 불안의 주파수와 공명하는 것이다. 나의 존재의 불안이 아니라, 존재론적 불안이기에 불안은 비정상적인 것이 아니고, 정상적인 것이다.[14] 불안이 안심으로 바뀌는 것은 불안과 함께하는 것이다. 불안과 함께하는 대표적인 예가 고정성으로부터의 탈피이다. 고정성이 존재하는 한, 불안은 언제든지 고정성에 집착하게 된다. 고정성의 제거는 불안의 제거로 나아간다. 고정성의 제거, 즉 무아는 불안의 원인인 동시에 불안의 제거의 가능성이 된다. 즉 무아라는 사실 자체는 변화하지 않지만 무아에 대한 인식적 태도가 변화하게 된다.

---

14 이는 괴로움이 정상적이고(normality of suffering) 건강이 비정상적이라는(abnormality of health) 논의와 연관될 수 있다. 일반적으로 건강한 것이 일상적이고 정상적인 상태라고 생각하는데, 오히려 반대로 건강이 특별한 경우이고 보통의 경우는 비건강한 상태, 즉 괴로운 상태가 정상적이고 일반적이라고 주장한다. 이와 관련한 논의는 다음을 참조할 수 있다. 윤희조(2015) pp.331-354.

6. 죽음의 문제

죽음은 실존주의의 핵심이다.[15] 죽음에서 삶의 모든 의미가 소멸될 것으로 여겨진다. 이는 죽음을 삶의 소멸로 보기 때문이다. 삶의 소멸은 삶의 의미의 소멸로 연결되므로 삶의 의미는 죽음 앞에서 무력해진다. 의미의 연결고리는 더 이상 죽음 앞에서는 연결되지 않는다. 실존에서 죽음은 큰 장벽이 된다. 의미 없음(meaninglessness)의 종결에는 죽음이 있다. 이는 죽음을 어떻게 생각하는가에 달려 있다. 죽음을 삶과의 대척점 또는 모순으로 보는 한에서 삶의 의미는 죽음의 의미로 나아가지 못한다. 삶과 죽음의 연결고리가 나오지 않는 이상 의미 없음은 여전히 의미 없음으로 남을 수밖에 없다. 삶과 죽음의 연결성이 확보되지 않는 이상 의미 없음의 문제는 해결되지 않는다. 오취온의 관점에서 의미는 연결성을 통해서 확보되고, 의미는 '나'를 중심으로 연결된다. 그러나 오법온의 관점에서 의미는 연결성만이 존재하고, 나 중심의 의미는 해체된다. 의미의 연결성은 연기성만큼 무한한 가능성으로 존재한다. 이것 가운데 단지 의미의 선택의 문제가 남는다. 고정적인 의미는 더 이상 존재하지 않는다. 이러한 의미는 존재의 폭류와

---

15 죽음을 맞이하는 제자를 방문하여 붓다가 행하는 설법 또는 제자를 통해서 병든 수행승을 병문안하는 내용은 죽음의 문제에 대한 붓다의 태도를 보여준다. 죽음의 불가피성에 관해서는 다음을 참조할 수 있다. 특히 13장 죽음의 불가피성을 참조할 수 있다. Anālayo(2016) pp.110-117. 실존주의에서 죽음에 대한 이해는 다음을 참조할 수 있다. 배우순(2006) pp.127-146; 홍경자(2013) pp.9-37.

같이 생멸하는 특징을 가지는 의미이다. 의미 또한 무상·고·무아라는 존재론적 특징을 가지는 것이다.

죽음의 순간 자체는 삶의 순간과 마찬가지로 존재의 존재론적 특징을 가진다. 무상·고·무아라는 존재론적 특징을 가진다. 삶과 죽음 둘 다 존재론적 특징을 가진다. 삶에 대해서 죽음은 경계선이다. 죽음 자체를 알 수는 없지만 죽음은 삶의 경계선에 위치하는 존재 개념이다. 인간 인식의 한계와 마찬가지로 삶이라는 존재의 한계가 죽음이다. 그러므로 죽음에 대한 인식은 존재자에 대한 인식과 같은 일반적인 인식이 아니다. 죽음은 존재의 소멸인 동시에 존재의 일종이다. 개인으로서 죽음은 존재의 소멸이지만, 죽음은 개념으로든, 타인의 죽음으로든, 무엇으로든 내 삶에 존재하고 있다. 나 자신의 죽음을 자명한 사실로 믿을 만큼 존재성이 있는 것이다. 어떤 논리적 필연성보다 필연성을 가지고 있는 것이 나의 죽음이다. 죽음은 비존재가 아니라, 다른 의미의 존재이다. 죽음은 실존의 존재가 된다. 이러한 존재를 불교에서는 '유분(有分, bhavaṅga)', 즉 존재를 분유하고 있다고 한다.[16] 이러한 죽음에 대해서 인식이 가능하다. 죽음도 존재이기 때문에 인식이 가능한 것이다. 죽음이 비존재 자체라면 인식이 불가능하다. 따라서

---

16 유분(有分) 또는 바왕가(bhavaṅga)는 인간이 인간이 되기 위한 토대를 말한다. 삶과 죽음의 순간에도 바왕가에 의해서 존재의 지속을 말할 수 있다. 이때의 존재는 존재의 변화태로서 존재이다. 일상적인 인식과정에서도 일상적 인식이 작용하지 않을 때는 바왕가가 작용한다. 태어남, 삶, 죽음의 과정에서 존재를 분유하는 것은 유분에 의해서 가능하게 된다. 자세한 설명은 다음을 참조할 수 있다. 대림스님·각묵스님 옮김(2002) pp.290-295.

불교적 관점에서 죽음은 존재의 형태의 변화인 것이다. 존재의 형태의 변화이므로, 여전히 존재의 존재론적 특징의 영향을 받는다. 존재의 존재론적 형태의 변화를 죽음이라고 이름한다. 죽음은 변화를 의미한다. 존재 양태의 변화를 지칭한다.

죽음은 존재 양태의 변화(change in mode of being)이다. '존재 양태의 변화'를 죽음으로 정의한다면 소멸은 성립하지 않는다. 죽음은 어떤 형태로든 존재의 양태의 변화이다. 이는 오취온이라는 인간의 개념에서도 가능하다. 인간을 취착하는 존재라고 한다면, 죽음을 인간의 존재적 양태의 변화라고 한다면, 취착과는 다른 수식어가 붙는 존재가 가능할 것이다. 취착하지 않는 존재 또는 더욱 취착하는 존재가 가능할 것이다. 또한 다섯 가지 가운데 물질적 특징을 더 이상 갖지 않는 존재가 가능할 것이다. 이러한 다양한 존재의 가능성이 논리적으로 가능하다. 존재의 양태의 변화는 모든 존재가 다른 모든 존재일 수 있는 가능성을 함축하고 있다. 이는 불교의 연기성의 개념과 상통한다.

죽음은 소멸이 아니므로, 죽음에서 의미의 극한을 볼 수 있는 것이다. 의미의 소멸로서의 죽음은 존재하지 않고, 죽음은 단지 존재의 양태의 변화이므로, 의미는 죽음에서도 여전히 유효하다. 이렇게 되면 삶의 시작도 존재 양태의 변화이므로, 인간은 단지 피투된 존재(Geworfenheit), 기투되는 존재(Entwurf)가 아니게 된다. 인간의 탄생도 이미 존재의 연결성 안에서 형성된다. 죽음 이후에도 존재의 연결성은 여전히 존재하게 된다. 이렇게 되면 연결성 하에서 삶의 탄생과 변화와 죽음이 가능하게 된다. 오히려 의미는 죽음으로 인해서 소멸되는 것이 아니라, 연기성(緣起性)으로 인해서 지속적으로 연결될 수 있게 된다. 의미의 연결성은 지속된다. 의미의 주체도 더 이상 '나'가 아니라, 연결성하에서의 의미의 해체와 의미의 선택으로 나아가게 된다.

이렇게 되면 죽음은 필연적 운명이 아니라 필연적 연결성이 된다. 이러한 연결성의 지속은 가능하지만, 연결성의 단절이 오히려 불가능하게 된다. 연결성은 존재의 존재론적 특징이기 때문이다. 이러한 특징을 거스르기가 더 어려운 것이다. 물고기가 폭류를 거슬러 올라가는 것이 아니라, 폭류를 거니는 것이 더 쉬운 것처럼 말이다. 거스르는 것이 아니라 거니는 것이다. 죽음은 끝이 아니고, 연기 중이고 연기의 과정인 것이다. 이로 인해서 죽음은 더 이상 의미의 종결자가 아니라 의미의 새로운 담지자가 된다.

7. 소외의 문제

실존주의에서 소외는 단절의 문제이다. 삶으로부터 단절을 말한다. 삶의 시작과 끝으로 인해서 삶은 단절되어 있다. 시작에는 던져진 존재이고, 끝은 경험할 수 없는 미지의 무엇이다. 이러한 단절 속에서 인간은 선택을 해야 한다. 선택의 불안, 단절의 불안, 소외의 불안이 존재한다. 삶을 처음과 끝[始終]의 관점에서 보기에 불안과 소외의 문제가 대두된다.

시종을 종교적인 관점에서 신과 연결시키는 것은 신과 인간의 단절을 더욱 심화시킨다. 신과 인간을 다른 존재론적 차원으로 보는 한에서 단절은 이미 내재해 있다고 할 수 있다. 신과 인간의 소외를 해결하기 위해서는 신과 인간을 동일한 존재의 지평에서 다루어야 한다. 이러할 때 근원적인 차원에서 소외가 없어지게 된다. 불교적 관점에서 보면 존재의 변화태 가운데 하나가 신이고, 또 다른 변화태가 인간이다. 인간과 신은 존재의 변화태 가운데 가능한 하나의 양태이다.

불교적 관점에서 인간은 소외될 수 없는 존재이다. 인간을 비롯한 모든 존재는 존재론적 특징인 연기성에 의해서 연결되어 있기 때문이다. 연기성으로 인해서 모든 존재는 상호적으로 작용을 주고 받을 수밖에 없다. 단지 이러한 연결성을 알고 있는가, 모르고 있는가의 차이이다. 단지 모를 뿐이지, 인간은 소외될 수 없는 존재이다. 인간은 집착적 존재이므로 집착으로 인해서 연기성이 연기성으로 작동하지 않을 수 있지만, 집착성으로부터 해방은 곧 연기성으로 나아가게 된다. 존재론적 특징으로 인해서 모든 존재는 소외되지 않는다. 소외는 단지 전도된 사유이고, 분별된 사고이다. '아'와 '비아'를 구분하는 사고, 삶과 죽음을 단절하는 사고 등으로 인한 소외이다.

8. 치유의 문제

불교 실존심리학에서 치유는 집착적 존재로서의 인간이 연기성을 체득하는 것이다. 집착적 존재일 때 인간은 소외, 의미, 자유, 죽음이 문제가 된다. 연기성으로 인해서 인간은 원래 소외될 수 없는 존재이고, 본래적으로 존재하는 의미는 없고, 자유가 아니라 해탈이고, 죽음이 아니라 존재의 변화만이 있을 뿐이라는 것을 알게 된다.

연기성으로 인해서 인간의 처음과 끝을 다른 방식으로 이해할 수 있다. 이를 존재의 변화태로서 볼 수 있다. 이렇게 되면 죽음은 의미의 종결자가 아니라, 의미의 연결자가 될 수 있다. 이때의 의미의 연결성은 죽음의 의미를 더욱 증폭시킬 수 있다. 그러므로 죽음으로 인해서 삶의 의미가 더 커질 수 있다. 기존에는 죽음으로 인해서 삶의 의미가 무화되는 방향으로 나아갔다면, 죽음이 의미의 연결자가 되면 삶의 의미는 증폭되는 방향으로 나아갈 수 있게 된다. 삶을 더욱 풍부하게 할 수 있고, 삶을 성찰하게 하고, 삶을 가치있게 만들고, 삶을 선택하게 만들 수 있다. 죽음은 삶의 끝이 아니라, 새로운 존재의 시작일 수 있다는 새로운 가능성이다. 죽음은 절망이 아니라 새로운 희망이 될 수 있다. 또한 존재의 존재론적 특징을 철저히 경험할 수 있는 기회가 될 수 있다. 존재태의 변화라는 새로운 가능성의 시공간이 열리는 곳이 죽음이라고 할 수 있다. 이때의 죽음은 연기에 따른 죽음이라고 할 수 있다. 이제 어떤 시공간의 가능성을 열지는 삶의 선택의 문제라고 할 수 있다. 인간은 죽음 앞으로 예투된 존재가 아니라, 죽음을 선택할 수 있는 선택적 존재이다. 인간의 연기적 선택 가운데 하나의 선택이 죽음의 선택이라고 할 수 있을 것이다. 어떤 존재의 변화태를 선택할지는 여전히 삶을 살고 있는 자의 몫이다.

자유와 의미는 '나'를 중심으로 하는 것이 아니라 연결성을 중심으로 할 때 불교적 실존이 가능해진다. 자유를 나의 선택이라고 하면,

이는 집착적 존재로서 인간의 가능성으로 인해서 여전히 존재성의 특징을 벗어나게 된다. 의미도 '나'를 중심으로 하는 것이 아니라 연결성을 중심으로 하는 의미로 나아갈 때 나 중심의 의미는 해체된다. 즉 기존의 '나' 중심의 의미는 해체되고, 연결성의 의미망이 형성된다.

여기에서 보면 치유는 연결성과 존재론적 특징과 연관되어 있다. 연결성과 존재론적 특징 자체를 유위적 활동으로 바꿀 수는 없다. 인간이 할 수 있는 것은 이들 자체를 발견하고 보는 것이다. 연기성과 존재론적 특징을 알고 이해하는 것이 전부이다. 이를 바꿀 수 있는 것은 아니다. 인간을 포함한 모든 존재의 존재론적 특징을 따르는 것이 치유이다. 이것은 치유라기보다 인간의 실존을 따르는 것이라고 할 수 있다. 인간의 조건과 존재의 조건이 일치하기 때문에 치유를 실존이라고 부를 수 있다. 이렇게 두 가지 조건이 하나의 원리로 수렴하는(merge) 것을 붓다가 발견하였기 때문에 붓다의 실존심리학이라는 이름을 붙일 수 있는 것이다. 붓다가 발견한 존재론적 특징에 인간의 조건을 부합시키는 이유는 무엇인가가 마지막 문제가 된다. 이는 실존적 선택을 중요시하는 실존주의의 입장에서 보면 나의 선택을 붓다에게 위임하는 형태가 되기 때문이다. 여기에서 마지막 문제가 나온다. 선택의 문제이다.

9. 선택의 문제

이론의 선택에는 기준이 있다. 서구 실존주의의 출발점은 불안의 문제이다. 불안을 어떻게 해결할 것인가 하는 것이 문제이다. 여기서 불안은 존재론적 불안이다. 모든 존재가 가지고 있는 근원적 불안을 말한다. 이는 불교적 관점에서 보면 무상·고·무아라는 존재론적 특징이다. 존재론적 불안은 결코 병적인 것이 아니다. 불안은 정상적인 것이다. 무상·고·무아라는 존재론적 특징으로부터 도출될 수밖에 없는 현상이다. 이러한 불안을 일단 정상적으로 보아야 하고, 근원적으로 보아야 하고, 보편적으로 보아야 한다. 불교적 관점에서 보면 불안은 문제가 되지 않는다.

그럼에도 불구하고 서구 실존주의적 관점에서 불안을 문제로 삼는 것은 단절로 인한 것이다. 삶을 탄생과 죽음이라는 단절과 단절 사이의 어떤 것으로 인식하기 때문이다. 피투된 존재이면서 미지로 나아가는 존재로 파악하기 때문이다. 그러나 연결성의 관점에서 보면 존재태의 변화일 뿐이지 피투된 존재도, 미지로 기투되는 존재도 아니다. 연결성하에서 보면 존재론적 불안은 연결성을 타고 흐른다. 연결성하의 불안은 더 이상 불안이 아니라, 반대의 개념이 될 수 있다. 이는 '나' 중심의 의미와 '연결성' 중심의 의미가 반대의 개념인 것과 마찬가지이다.

불교에서 붓다의 문제의식은 괴로움의 해결이다. 자신의 괴로움, 나아가서는 인간의 모든 괴로움을 제거하기 위한 당찬 기획하에 붓다의 탐구는 시작된다. 괴로움은 모든 인간의 실존이다. 괴롭지 않은 인간은 없기 때문에 모든 인간에게 적용될 수 있는 보편적 문제의식이다. 불안이 보편적인 문제인 것과 마찬가지이다. 단지 붓다는 불안을 포함한 인간의 모든 괴로움을 해결하려고 시도한 것이다. 붓다가 자신의 문제를 해결하는 방식은 괴로움의 원인을 찾고 이를 제거하는 방식을 취하고 있다. 원인을 찾는 과정에서 붓다는 두 가지를 발견한다. 근원적인 원인을 발견하고, 모든 존재의 존재론적 특징을 발견한다. 이 둘을 통해서 붓다는 자신의 괴로움의 문제를 해결한다. 붓다 자신이 근원적인 원인을 철저하게 제거하고, 존재론적 특징을 철저하게 통찰한다.[17] 괴로움의 문제를 해결하고 싶어하는 모든 인간에게 이 둘을 제시한다. 서구 실존심리학이 제시하는 불안, 자유, 의미, 소외의 문제를 존재론적 특징과 연결성을 통해서 이를 해결하는 방식을 보여주고 있다.

붓다가 제시한 괴로움의 해결모델이 가지고 있는 해결 가능한 문제 범위의 포괄성, 문제해결의 효과성이 붓다의 이론을 선택하는 기준이 될 것이다. 이는 단지 이 문제에만 해당되는 것이 아니다. 과학이론의 경우에도 하나의 이론이 포괄하는 범위와 문제해결의 유효성, 이론의 단순성 나아가서는 이론의 아름다움까지도 고려의 대상이 된다. 이러한 것이 선택의 기준이 될 수 있다. 그러나 여전히 이것은 선택의 문제

---

17 이는 붓다의 깨달음과 연결되어 있다. 괴로움의 근원적인 원인인 번뇌를 제거함으로써 깨달음으로 나아가고, 깨달음의 내용으로 연기와 사성제가 드러나게 된다.

로 남는다. 즉 열려 있는 이론체계라는 것이다. 불교 실존심리학은 열린 체계로서 기능한다는 것이다. 이는 또한 붓다가 독려하고 장려하는 바이다.[18] 결국은 다시 인간의 실존적 선택으로 나아간다.

이러한 선택 또는 결택을 담당하는 것이 불교에서는 마음이다. 결국에는 마음의 문제로 나아간다. 심(心)이 가지는 대표적인 기능이 결택과 저장이다. 불교를 마음의 철학이라고 할 때, 마음은 이러한 실존적 문제를 기반으로 한다. 괴로움이라는 불교의 실존적 문제의식으로부터 마음의 문제가 도출된다. 이러한 문제의 궁극에 있는 선택의 문제는 결국 마음과 연결되고 있다. 불교 실존심리학과 불교심리학이 마음에서 연결된다.[19] 불교 실존심리학과 서구 실존주의에서 마지막까지 남는 실존적 선택은 마음의 영역이 된다. 이 영역은 불교심리학의 주제가 되는 영역이다. 여기에서 불교심리학의 한 분야로서 불교 실존심리학이 드러나게 된다.

---

18 붓다는 자신의 교의를 철저하게 검증하기를 권고하고, 단순히 믿음으로 접근하기를 거부한다. 믿음은 맹목적인 믿음이 아니라 스스로 경험함으로 인해서 생기는 자증의 믿음을 추구한다. 「깔라마경」(AN 3:65); 『앙굿따라 니까야』 제1권, pp.459-469.
19 마음과 관련해서 불교심리학을 정리, 분류하고 있는 논문으로 다음이 있다. 윤희조(2017) pp.209-236.

본 장은 삼법인이라는 존재론적 특징과 연기라는 연결성의 관점에서 서구 실존주의가 제시하는 문제를 살펴보고 있다. 오취온은 범부적 인간의 실존적 상황이면서, 붓다가 깨달음을 성취한 이후에 보게 되는 존재와 인간의 실존이다. 오취온의 실존과 삼법인과 연기의 실존 사이에서 오는 괴리로부터 문제해결로 나아갈 수 있게 된다. 오취온의 실존에서 취착을 벗어난 오법온의 실존으로 나아가는 데 있어서 존재론적 특징이 중요한 역할을 하게 된다. 오취온의 실존이 존재론적 특징과 화해함으로써 색수상행식은 더 이상 취착의 도구가 되지 않고 단지 기능으로 활동하게 되고, 처계는 존재론적 특징에 따라서 현은하고 열려가는 시공간이 된다. 무상·고·무아의 존재론적 특징 안에 치유의 기제까지도 포함되어 있다. 무아의 비고정성으로 인해서 둘 즉 오취온의 실존과 존재론적 특징의 화해가 가능하고, 실존주의가 가장 문제로 삼는 불안에 대한 근원적인 치유가 가능하게 된다.

연결성으로 인해서 의미, 자유, 불안, 죽음, 소외의 문제를 새롭게 볼 수 있게 된다. 의미에서 나 중심의 의미는 해체되고, 의미는 연결망 자체로 남게 된다. 자체적인 의미는 존재하지 않는다는 의미잉여론이 성립하게 되고, 의미와 진리, 의미와 가치의 관계가 새롭게 정립된다. 자유는 나로 말미암는 것이 아니라, 존재론적 특징과 연결성으로부터 말미암는 것이 된다. 죽음은 비존재가 아니라 일종의 존재이므로 연결망 속에서 존재 양태를 달리하는 것이다. 이로 인해서 의미 없음의 종결자인 죽음은 의미의 연결자가 된다. 불안의 근원인 죽음이 연결성에 포함됨으로 인해서 불안은 더 이상 불안이 아니게 된다. 또한 소외와 단절은 단지 연결성에 대한 인식 부재로 남게 된다. 이러한 연결성과 존재론적 특징에 대한 인식은 치유로 나아간다. 인간은 더 이상 피투된 존재도 아니고 기투된 존재도 아니고 소외된 존재도 아니고, 시지프스도 에덴의 아담도 아니게 된다. 이제 다시 인간에게 불교적 실존의 선택이 남게 된다. 이 지점에서 불교 실존심리학은 불교심리학과 상통하게 된다. 선택은 마음의 대표적인 기능이고, 마음은 불교심리학의 주제가 되므로 불교 실존심리학과 불교심리학은 연결되게 된다.

본 장을 통해서 현대의 가장 포괄적인 괴로움이라고 할 수 있는 우울과 불안 가운데 불안에 대한 근원적인 대처방안을 불교적 관점으로 실존주의가 제시하는 문제형식을 통해서 풀어보고 있다. 또한 우울 가운데 의미 없음과 연결되는 측면을 다루고 있다. 이는 현대인의 대표적인 괴로움에 대한 하나의 방안 제시가 될 수 있을 것이다.

참고문헌

『맛지마 니까야』 = 대림스님 옮김(2012), 『맛지마 니까야』 제1-4권, 울산:
　　초기불전연구원.

『앙굿따라 니까야』 = 대림스님 옮김(2006), 『앙굿따라 니까야』 제1-6권,
　　울산: 초기불전연구원.

Emmy van Deurzen, 이정기·윤영선 옮김(2010), 『실존주의 상담과 심리치
　　료의 실제』, 경기도: 상담신학연구소.

권윤주(2016), 「실존주의 상담에 관한 국내 연구의 동향」, 『인문사회 21』
　　7(6), 광주: 인문사회21, pp.123-137.

김정현(2012), 「얄롬의 실존적 심리치료와 니체사상」, 『니체연구』 22, 울
　　산: 한국니체학회, pp.129-159.

대림스님·각묵스님 옮김(2002), 『아비담마 길라잡이』, 서울: 초기불전연
　　구원.

배우순(2006), 「실존과 죽음의 문제: M. 하이데거의 경우」, 『철학논총』 44,
　　대구: 새한철학회, pp.127-146.

어빈 얄롬, 임경수 옮김(2007), 『실존주의 심리치료』, 서울: 학지사.

에미 반 두르젠, 윤희조·윤영선 옮김(2017), 『심리치료와 행복추구』, 서울:
　　씨아이알.

오신택(2019a), 「철학상담에 있어 키에르케고어 철학의 적용가능성 검토」,
　　『범한철학』 92, 전주: 범한철학회, pp.227-250.

오신택(2019b), 「키에르케고어 철학이 지닌 치료적 특성」, 『철학연구』 149,
　　대구: 대한철학연구회, pp.275-295.

윤영선(2016), 「드루젠의 실존주의 상담과 실존적 삶」, 『인문과학연구논
　　총』 37(1), 서울: 명지대학교 인문과학연구소, pp.451-478.

윤희조(2015), 「불교와 수용전념치료에 대한 재고찰」, 『동서철학연구』 78, 대전: 한국동서철학회, pp.331-354.

윤희조(2017), 「마음의 기능을 중심으로 한 불교심리학의 정의와 분류에 대한 일고찰」, 『동서철학연구』 85, 대전: 한국동서철학회, pp.209-236.

임인구·박성현(2016), 「Schneider의 실존상담과 실존주의 영성」, 『철학연구』 138, 대구: 대한철학연구회, pp.195-220.

장 폴 사르트르, 박정태 옮김(2008), 『실존주의는 휴머니즘이다』, 서울: 이학사.

커크 J. 슈나이더·오라 T. 크러그, 신성만·황인식 옮김(2017), 『실존적 인간 중심 치료』, 서울: 유원북스.

홍경자(2013), 「실존철학의 죽음이해」, 『철학논집』 35, 서울: 서강대학교 철학연구소, pp.9-37.

Anālayo(2016), *Mindfully Facing Disease and Death*, UK: Windhorse Publications.

https://plato.stanford.edu/entries/existentialism/ (2025년 9월 18일 검색)

13 불교 영성심리학

최근 들어 종교는 물론 일상적인 차원에서도 영성이라는 용어가 빈번하게 사용되고 있는 것을 볼 수 있다. 인간이 본래적으로 가지고 있는 종교적 감성이 현대에서 영성으로 표현되고, 현대인은 종교의 대안을 영성에서 찾는 것처럼 보인다. 이러한 움직임은 기존의 종교와 다른 새로운 것에 대한 요구일 것이다. 이러한 요구에 부응하여 심리학과 심리치료의 장면에서는 영성과 연관된 심리치료가 등장하고 있다. 이로 인해 불교가 심리학과 심리치료로 나아가는 데 있어서 영성에 대해서 언급할 필요가 생기게 된다.

본 장은 불교적 관점에서 영성을 살펴보고자 한다. 이를 위해서 먼저 전통적인 영성개념을 어원적 관점에서 살펴보고, 이어서 현대적인 영성개념을 가치적 관점에서 살펴볼 것이다. 두 가지 관점을 바탕으로 영성을 정의하고자 한다. 두 가지 관점에서 영성의 의미가 정의되면, 이를 바탕으로 불교에서 영성의 개념을 살펴보고자 한다. 이는 전통적인 영성개념에 부합하는 영성과 현대적인 영성 개념에 부합하는 영성을 모두 살펴보는 작업이 될 것이다. 특히 현대적인 영성의 의미에 비추어 불교 고유의 영성의 가능성을 모색하고자 한다.

영성을 불교에서 중요시하지 않는 개념이라고 해서 무시할 것이 아니라, 현대인의 영성에 대한 물음을 불교적 관점에서 답해야 할 것이다. 불교가 실제로 가지고 있는 영성적 함의를 충분히 드러냄으로써 현대인의 종교와 영성에 대한 요구에 응답할 필요가 있을 것이라고 생각한다. 영성이 단순히 문화적 산물이 아니라 인간이 가지고 있는 보편적인 것이라면, 영성에 대한 탐구는 현대적 의미의 종교성을 요구하는 현대인들에게 불교적인 대안 제시가 될 것이다. 이는 영성을 단지 서구적 산물로 남겨둘 것이 아니라 인류 보편의 자산으로 보는 길을 모색하는 것이 될 것이다.

1. 신적인 것으로서의 영성

영성의 라틴어 스피리투알리타스(spiritualitas)는 스피리투스(spiritus)를 어원으로 한다. 동사인 스피라레(spirare)는 '불다(blow)'라는 어근에서 파생된 것이다. 스피리투스(spiritus)는 호흡, 신의 호흡을 의미한다. 또한 성향, 성격, 신남, 활력, 용기와 같은 의미를 지닌다.[1] 영성의 희랍

---

1   spirit (n.) mid-13c., "animating or vital principle in man and animals," from

어 어원은 프네우마(pneuma)이다.[2] 프네우마는 '숨, 바람, 호흡, 생명의 숨'을 의미한다. 히브리어 루아흐(ruahh)도 '숨, 공기, 성격, 공간'을 의미한다.[3] 신은 자신의 형상을 따라 자신의 모양대로 흙으로 사람을 짓고 생기를 그 코에 불어 넣는다.[4] 아담을 흙으로 빚고서 숨을 불어 넣어서 인간을 만든다. 이는 인간을 흙과 숨을 통해 이원적으로 만든 것을 보여준다. 이때의 생기(生氣)는 숨으로 인간 생명의 원천이 된다. 호흡은 단순히 숨이 아니라, 인간에게 생명을 부여하는 것이 된다. 숨은 생명의 원천을 구체적으로 표현한 것이다. 공기 가운데 숨, 호흡의

Anglo-French spirit, Old French espirit "spirit, soul" (12c., Modern French esprit) and directly from Latin spiritus "a breathing (respiration, and of the wind), breath; breath of a god," hence "inspiration; breath of life," hence "life;" also "disposition, character; high spirit, vigor, courage; pride, arrogance," related to spirare "to breathe," perhaps from PIE *(s)peis- "to blow" (source also of Old Church Slavonic pisto "to play on the flute"). But de Vaan says "Possibly an onomatopoeic formation imitating the sound of breathing. There are no direct cognates." Meaning "supernatural immaterial creature; angel, demon; an apparition, invisible corporeal being of an airy nature" is attested from mid-14c.; from late 14c. as "a ghost" (see ghost (n.)).

https://www.etymonline.com/word/spirit (2025년 9월 18일 검색)

2 πνεῦμα 1 πνέω I. a blowing: alone, a wind, blast, Trag., etc. 2.metaph., θαλερωτέρῳ πν. with more genial breeze or influence. II. like Lat. spiritus or anima, breathed air, breath; πν. βίου the breath of life. III. spirit, Lat. afflatus, Anth.: inspiration, NTest. IV. the spirit of man, id=NTest. V.a spirit; in NTest. of the Holy Spirit, τὸ Πνεῦμα, Πν. ἅγιον:— also of angels, id=NTest.: — of evil spirits, id=NTest.

http://www.perseus.tufts.edu/hopper/text?doc=Perseus%3Atext%3A1999.04.0058%3Aentry%3Dpneu%3Dma (2025년 9월 18일 검색)

3 רוּחַ· ru-ahh Wind A natural movement of air; breath. The breath of man, animal or God. The character. A space in between.

http://www.ancient-hebrew.org/dictionary/7500.html#7307 (2025년 9월 18일 검색)

4 『창세기(Genesis)』 1:26, 『창세기(Genesis)』 2:7.

의미가 부각되고 이는 생명의 의미로 확장된다. 이러한 숨은 신이 인간에게 불어넣는 것으로, 영의 원천은 신이라는 것을 알 수 있다. 즉 영성의 원천은 신성이 된다. 인간의 창조신화에서 인간은 이원적으로 창조되었고, 영성은 신성에 기반하고 있다는 것을 알 수 있다.[5]

서구에서 영성이라는 용어는 사도 바울(Saint Paul)에 의해서 처음 만들어지게 된다. 영성을 의미하는 영적인 것, 즉 프네우마티코스(spiritual, pneumatikos)는 사도 바울의 서신에 그 기원을 두고 있다. 바울의 서신에서 프네우마티코스(pneumatikos)는 영적인 것을 의미한다.[6] 이와 반대되는 육체적인 것, 즉 사르키노스(sarkinos)는 단순히 육체적인 것이 아니라, 영적인 것이 아닌 전부를 말한다.[7] 『가톨릭대사전』에서 영성(靈性, spiritualitas, spirituality)은 "본질적으로 적어도 본질 및 활동에 있어서 물질에 의존하지 않는 정신적인 것의 속성을 지칭하는 말이다. 일반적으로는 신령스럽게 총명한 품성(品性)이나 성질, 또는 천부(天賦)의 총명을 영성이라고 한다. 그리스도교에서는 섞인 것이 조금도 없는 순전한 비물질성(非物質性)"을 말한다.[8] 사전에서는 영성

---

5   영성의 연구동향 관련해서는 다음의 논문을 참조할 수 있다. Shohei Ichimura ed.(2001); Takeuchi Yoshinori ed.(1995); 인경스님(2011) pp.499-537; 김용환·최금주·김승돈(2009) pp.813-829; 정명숙(2018) pp.385-409; 유해룡(2015) pp.177-206. 영성의 의미와 관련해서는 다음의 논문을 참조할 수 있다. 김은미(2011) pp.197-216; 유재경(2010a) pp.61-88.

6   유재경(2011) pp.246-247; 『고린도전서(1 Corinthians)』 10:3, 10:4, 15:44, 15:46. https://biblehub.com/greek/pneumatikon_4152.htm (2025년 9월 18일 검색)

7   박병준·윤유석(2015b) p.66; 유재경(2010b) p.186.

8   https://maria.catholic.or.kr/dictionary/term/term_view.asp?ctxtIdNum=2450&keyword=

을 정신적인 것, 비물질적인 것으로 보고 있는데, 그 가운데서도 신령스러운 것에 중점을 두고 있다. 이러한 신의 특징이 성스러우므로 영성은 성령(聖靈)으로 나아가게 된다.

한자어 영(靈)은 '비올 영(霝)'과 '무속 무(巫)'가 합쳐진 글자이다.[9] 제사장이 신에게 기우제를 지내는 모습을 형상화한 것이다. 신에게 제사를 지낸다는 의미, 즉 신과의 소통은 영(靈)의 첫 번째 의미라고 할 수 있다. 또한 기우제는 개인적인 것이 아니라 공적인 것이다. 이는 공적인 원리를 말한다. 신은 개인적인 기원을 따른 것이 아니라 공적인 원리에 따른 것이다. 그러므로 이는 우주의 원리로서 영과 연관된다고 할 수 있다. 공적인 원리, 우주의 원리가 영(靈)의 두 번째 의미라고 할 수 있다. 한자어 신(神)에서 신(申)은 떨어지는 번개를 양손으로 잡는 것을 형상화한 것이다.[10] 신은 번개와 같은 천상의 힘, 자연의 힘, 우주의 원리로 표현되고 있다. 그리고 공적 원리를 기원하면서 제사를 지내는 것이 신(神)이 된다. 이러한 신과의 소통이 영이 된다. 한자어 영(靈)은 신과의 소통, 공적인 원리라는 두 가지 의미와 연관되어 있다.

영이 공적인 일을 한다면 사적인 일을 하는 영도 가능할 것이다. 이러한 영을 귀(鬼)라고 한다. 한자어로 귀(鬼)는 도깨비 얼굴(田)과 발의 모습(儿)에 '나'를 의미하는 사(厶)를 포함하고 있다.[11] 이처럼 사적

%EC%98%81%EC%84%B1&gubun=01 (2025년 9월 18일 검색)

9   하영삼(2014) pp.230-231.

10 하영삼(2014) p.495.

11 하영삼(2014) pp.121-122.

인 일을 하는 영을 귀(鬼)라고 부른다. 혼백(魂魄)이라고 할 때 두 글자 모두 귀(鬼)를 사용하고 있다. 혼백은 사적인 원리와 연관되어 있다고 할 수 있다. 인간의 정신적 원리, 육체적 원리를 말한다. 영혼백이라고 할 때 영은 공적인 원리인 신과 연결된다면, 혼백은 사적인 원리와 연결된다고 할 수 있다.

정리하면 어원적 관점에서 보면 프네우마는 신을 원천으로 신으로부터 생명을 받는다는 이미지가 강한 반면, 한자어 영은 공적인 일과 연관해서 신과 소통한다는 이미지가 강하다. 그러나 둘 다 신과 연관되어 있다는 점에서는 공통적이라고 할 수 있다. 또한 프네우마티코스에서 보는 영성은 육체와 반대되는 정신적인 것, 비물질적인 것, 신령스러운 것, 성스러운 것과 연결되고, 한자어 영도 공적인 것, 유익한 것과 연관되어 있다. 어원적으로 볼 때 두 가지 영 모두 신과 연결되어 있다. 이를 바탕으로 영성의 의미를 도출해 볼 수 있다. 영성은 신으로부터 받은 것이다. 여기서 중요한 것은 '받은'이다. 인간의 육체가 더 이상 존재하지 않게 될지라도 신으로부터 받은 것이기에 사라지지 않는 것이다. 비물질적인, 정신적인 어떤 것은 육체의 소멸을 극복한다. 신으로부터 받은 것은 인간 존재가 소멸될지라도 유지되는 어떤 것이라고 할 수 있고, 이러한 신적인 특징을 영성이라고 할 수 있다. 이것이 어원적 관점에서 보는 영성의 의미라고 할 수 있다.

2. 궁극적 가치로서의 영성

최근 들어 영성에 대한 35가지 정의가 있다고 할 만큼[12] 영성에 대한 연구는 다양하게 이루어지고 있다. 프네우마티코스와 관련된 논의가 신학의 영역하에서 영성과 관련된 논의인 반면, 독립된 학문영역으로서 영성학을 주장할 수 있다.[13] 바울이 말한 영성은 신의 신성에 대한 추구였지만, 현대에는 다양한 궁극적 가치가 영성의 범주에 포함되게 된다. 현대의 영성은 신학의 범주를 넘어설 뿐만 아니라 종교와 문화를 넘어서고 있다. 영성은 더 이상 하나의 종교전통에 국한되지 않고 인간의 정신 활동을 지칭하는 포괄적인 의미로 사용되고 있다. 문제는 어떤 정신 활동을 지칭하는가이다.

현대 영성학 연구를 대표하는 학자인 슈나이더스(Sandra M. Schneiders)에 의하면 영성은 신성뿐만 아니라 궁극적 가치의 추구이다.[14] 슈나이더스는 영성을 "인간 존재가 추구해야 할 궁극적 가치를 향한 초월 안에서 삶을 의식적으로 통합하는 경험"으로 정의한다.[15] 이렇게 되면 영성은 궁극적인 것에 대한 관심의 지평 안에서 초월과 통합으로 나아가는 발전을 추구하고 자신의 삶에 대한 관심으로 나아간다. 이제 영

---

12 유재경(2011) p.247.
13 독립적 학문영역으로서 영성을 주장하는 대표적인 학자로 샌드라 슈나이더스 (Sandra M. Schneiders)가 있다. Schneiders, Sandra M.(2003a) pp.163-185; Schneiders, Sandra M.(2003b) pp.676-697. 샌드라 슈나이더스의 영성 이론을 다루고 있는 국내 논문으로는 다음이 있다. 김준(2017) pp.231-255; 최승기(2014) pp.297-327.
14 샌드라 슈나이더스, 권택조 외 4인 옮김(2017) pp.36-61.
15 Schneiders, Sandra M.(1986) p.266.

성은 궁극적 가치가 무엇인지에 따라서 종교의 영역을 벗어날 수 있게 된다. 궁극적 가치를 어떻게 설정하는지에 따라서 다양한 영성이 가능하게 된다. 영성의 다변화가 가능해진다. 바울의 영성이 신성에 기반한 영성이라면, 현대의 영성은 궁극적 가치에 기반한 영성이라고 할 수 있을 것이다. 어원적 관점에서 영성은 신적인 것이고, 가치적 관점에서 영성은 궁극적 가치가 된다. 신성으로서의 영성과 궁극적 가치로서의 영성이 영성에 대한 두 가지 관점으로 대별된다.

슈나이더스가 주장하는 현대의 영성에서 키워드는 '궁극적 가치'와 '체험'과 '인간'이라고 할 수 있다. 궁극적 가치의 차원, 내적이면서 자기초월적 경험의 차원, 인간이라는 주체의 차원, 즉 가치와 경험과 주체의 차원이다. 슈나이더스의 영성 정의는 세 가지 차원에서 볼 수 있고, 슈나이더스의 영성 정의를 통해서 현대 영성개념의 전형을 볼 수 있다.

첫째, 현대의 영성은 궁극적 가치를 추구한다. 궁극적 가치가 무엇인지에 따라서 종교적일 수도 있고, 초종교적일 수도 있다. 궁극적 가치가 기존에는 신으로 고정되어 있었다면, 현대에는 가치의 다변화가 이루어지고 있다. 나아가서는 문화에 따라서 궁극적 가치를 다양하게 설정하는 것을 인정하고 있다. 가치가 다변화로 인해서 그것을 체험하는 방식도 변화하게 된다. 가치의 다변화와 그로 인한 체험의 다변화로 인해서 다양한 영성이 가능해진다. 이렇게 되면 현대의 영성은 궁극적 가치의 다변화로 인해서 영성을 다양한 차원에서 보아야 한다는 논제가 도출될 수 있다. 기존에는 영성을 신학 또는 종교에 포함되는 개념으로 보았다면, 현대적인 영성은 반대로 영성이 종교의 토대가 되고 종교의 범위를 넘어선다는 것을 보여주고 있다. 영성은 종교뿐만 아니라 심리학, 인류학 등에서도 사용되고 있는 학제간 개념이 된다. 나아가서는 영적인 체험에 기초해서 종교가 성립한다는 주장까지도 가능하게 된다.

둘째, 영성은 내적인 차원에 관심을 두고, 경험에 관심을 두고, 경험 가운데 초월적인 경험, 전체성에 대한 경험에 관심을 둔다. 즉 영성은 내적이고 초월적이면서 전체적인 경험에 관심을 기울인다. 즉 영성은 체험적 또는 경험적이다. 영성은 단순히 이론적인 개념으로서가 아니라 실제 체험에 기초한다는 것이다. 이러한 영성은 체험에 기반한 영성이라고 할 수 있다. 내적인 체험에 기반을 둔다는 것은 외적인 존재 자체에 영성의 근거를 두는 것이 아니라, 인간의 다양한 기능 가운데 체험의 기능에 중점을 두는 것이다. 가치의 차원에서 영성을 정의하는 것이 신 이외의 대상이 영성의 대상이 될 수 있는 가능성을 열어둔 것이라면, 경험의 차원에서 영성을 보는 것은 객관적인 신과 가치의 존재유무를 떠나서 그것이 내재화되고 체험되어야 한다는 것으로 나아간다.

셋째, 궁극적인 가치를 경험하는 주체는 인간이다. 경험의 주체를 인간으로 제시하는 것은 영성의 근거가 인간에게 있다는 선언이기도 하다. 더 이상 신의 숨이 영성의 근거가 되는 것이 아니라, 인간 자신의 호흡이 영성의 근거가 되고 인간의 주체성이 영성의 근거가 된다. 인간의 영성은 실재적인 문제인 동시에 실존적인 현상이라고 할 수 있고 이로 인해서 영성은 보편적이고 자기화된다. 영성은 인간 주체의 실재적이고 실존적인 문제이면서 보편적이다. 영성은 거짓 또는 그럴듯한 것과 연관되지 않고, 실제로 있는 것[實在]과 연관되어 있고, 인간의 실제적인 모습[實存]과 연관된다. 이러한 실재와 실존은 진리와 연관되기 때문이다.[16] 이처럼 영성의 지위를 보편적인 것으로 가져가는 과정이 현대에 일어나고 있는 것이라고 할 수 있다. 현대의 영성은 모든 인간에게 보편적인 것이 된다.

이제까지 영성을 어원적 관점과 가치적 관점에서 살펴보았다. 어원적 관점에서 신적인 것을 영성으로 볼 수 있고, 가치적 관점에서 궁극적 가치를 영성으로 보고 있다. 이때 신적인 것도 실제로는 궁극적 가치의 일종으로 다양한 가치 가운데 하나라고 할 수 있다. 그러므로 영성의 정의는 결국 궁극적 가치를 어디에 두고 있는지와 관련된 가치의 차원 하나로 볼 수 있다. 신적인 것이 무엇인지, 궁극적 가치가 무엇인지에 따라서 영성의 내용이 다변화될 수 있지만, 영성의 정의의 틀은 하나로 볼 수 있을 것이다. 위의 세 가지 차원을 하나로 보면, 영성은 '인간이 신적인 것 또는 궁극적 가치를 추구하고 경험하는 것'이라고 정의할 수 있다. 이때 궁극적 가치가 무엇인지에 따라서 영성의 내용은 다양할 수 있지만, 정의 자체는 이와 같은 형식으로 내릴 수 있을 것이다.

그럼에도 불구하고 신적인 것과 궁극적 가치를 분리하는 이유는 영

---

16 실존과 불교와의 관계에 대해서는 다음의 논문을 참조할 수 있다. 윤희조 (2019) pp.215-239.

성 개념의 근원을 존중하는 것인 동시에 불교적 관점으로 영성을 정의할 때 신적인 것과 궁극적 가치가 일치하지 않기 때문이다. 둘의 불일치로 인해서 불교에서 영성이라는 용어가 보편적으로 사용되지 못한 측면이 있다. 즉 신적인 것이 궁극적 가치가 되지 못하기 때문에 이 둘을 분리하여 살펴볼 필요가 있다.

영성을 신적인 것으로 볼 것인지, 궁극적 가치로 볼 것인지와 관련된 논의는 영성의 대상의 차원이 된다. 반면 영성을 추구하고 경험하는 것으로 정의하면, 이는 영성을 행위의 차원으로 보는 것이 된다. 그리고 영성의 주체를 영성을 부여한 신으로 볼 것인지, 영성을 경험하는 인간으로 볼 것인지의 문제이다. 즉 영성을 대상으로 볼 것인지, 행위로 볼 것인지, 주체로 볼 것인지가 구분된다. 전통적 의미에서 영성은 대상과 밀접히 관련되어 있는 반면, 현대적 의미에서 영성은 주체와 경험의 차원이 강조되고 있다. 가치의 다변화로 인해서 대상 자체에 대한 관심보다는 이를 경험하는 주체와 경험하는 행위가 강조된다. 위의 정의는 대상, 주체, 행위의 차원을 모두 포괄하는 정의라고 할 수 있다.

이렇게 되면 '천신에게 속하는 영성', '붓다에게 속하는 영성'이라는 용어는 영성의 대상이 '천신에게 속하는 것', '붓다에게 속하는 것'이고, 이를 추구하고 경험하는 인간이 함께하게 된다. 따라서 불교의 관점에서 영성은 '인간이 천신에게 속하는 것 또는 붓다에게 속하는 것을 추구하고 경험하는 것'이라고 정의할 수 있다. 여기서 천신에게 속하는 것은 신적인 것이고, 붓다에게 속하는 것은 궁극적 가치이다.

3. 천신에게 속하는 영성

어원적 관점에서 영성은 신에게 속하는 것으로, 가치적 관점에서 영성은 궁극적 가치에 속하는 것으로 살펴보았다. 그러나 영성을 정의하는 데 있어서 신적인 것, 즉 신에게 속하는 것이 무엇인지를 구체적으로 밝히고 있지 않다. 이는 각각의 종교적 배경과 문화적 맥락에 따라서 다양하게 등장할 수 있다. 이 때문에 영성에 대한 정의 자체는 가능할지라도 영성의 구체적인 내용은 다양할 수 있다. 본 장에서는 불교적 관점에서 신에게 속하는 것을 살펴보고자 한다. 이는 불교적 관점에서 신에게 속하는 것으로서 영성의 구체적 내용이라고 할 수 있다. 그리고 다음 장에서는 불교적 관점에서 궁극적 가치를 살펴보고자 한다. 이는 다양하게 등장할 수 있는 궁극적 가치의 내용을 불교적 배경과 맥락에서 살펴보는 것이 될 것이다. 먼저 불교적 관점에서 신의 지위를 살펴보고자 한다.

불교는 신의 존재를 인정하지만 영원한 존재로서의 신을 인정하지 않는다. 불교에서 신은 고정불변의 신 또는 유일신이 아니라 윤회하는 존재로서, 자신의 행위, 즉 업에 따라서 과보의 삶을 누리고 과보가 다하면 다른 존재로 윤회한다. 이러한 과보의 삶이 워낙 길어서 자신을 불멸의 존재로 인식하는 것이지, 신도 또한 업이 다하면 새로운 존재로 윤회하게 된다.[17] 초기불교경전인 『상윳따니까야』의 첫 번째

---

17   D24 「빠띠까 경(Patika-sutta)」『디가 니까야』 제3권, pp.71-81.

주제가 천신(天神)과의 대화라는 것에서 볼 수 있듯이, 불교는 다양한 천신의 존재를 인정한다.

> "스승이시여, 당신은 어떻게 거센 물결을 건넜습니까?" "벗이여, 나는 머무르지도 않고 너무 애를 쓰지도 않고 거센 물결을 건넜노라." "스승이시여, 그렇지만 머무르지도 않고 너무 애를 쓰지도 않고서, 어떻게 거센 물결을 건널 수 있었습니까?" "벗이여, 내가 멈출 때 나는 가라앉아 버렸다. 내가 (건너려고) 애를 쓸 때 휩쓸려 나가 버렸다. 이처럼 나는 멈추지 않고 너무 애를 쓰지 않았기 때문에 폭류를 건널 수 있었다."[18]

이는 『상윳따니까야』 첫 번째 경에 등장하는 천신과 붓다의 첫 번째 대화이다. 윤회에서 벗어나고자 하는 천신은 붓다에게 그 방법을 묻는다. 윤회하는 존재인 이상, 천신 또한 윤회라는 거센 물결을 건너는 것이 초미의 관심사이다. 우리가 살고 있는 겁은 사바겁(娑婆劫)이라고 불린다. 사바는 핍박의 의미이다. 우리의 겁의 이름 자체가 핍박의 시대, 괴로움의 시대이다. 겁이 시간[世]이라면, 중생은 계(界)라는 공간에 살고 있다. 욕계(欲界), 색계(色界), 무색계(無色界)의 삼계(三界)에 살게 된다. 신도 중생이므로 삼계에 걸쳐서 살고 있다. 삼계에 걸쳐서 살고 있는 존재가 신이다.

욕계에 살고 있는 천신은 육천(六天)으로 나누어진다. 타화자재천

---

18   S1:1 「거센 물결 경(Ogha-sutta)」, 『상윳따 니까야』 제1권, pp.137-147.

(他化自在天), 화락천(化樂天), 도솔천(兜率天), 야마천(耶麻天), 삼십삼천(三十三天), 사천왕(四天王)이 있다.[19] 또한 선정의 단계에 따라서 색계에 살고 있는 천신과 무색계에 살고 있는 천신이 있다. 천신은 색계와 무색계에 살고 있는 범천계의 천신과 육계에 살고 있는 욕계의 천신으로 나누어진다. 범천계의 천신, 즉 범천은 넓은 의미의 천신에 포함된다. 그리고 이들 각각의 천신은 공덕에 의해서 화생한다. 욕계천신은 믿음, 지계, 보시의 공덕이 원인이 되고, 색계천신은 색계사선이 원인이 되고, 무색계천신은 사무색정이 원인이 된다.[20] 천신 이외의 중생, 즉 지옥, 축생, 아귀, 수라, 인간은 모두 욕계에 살고 있다. 지옥, 축생, 아귀, 수라, 인간, 천신의 육도(六道)는 삼계를 윤회한다. 각각의 계에 윤회하게 되는 이유는 각각의 중생이 행한 업의 과보 때문이다. 육도의 중생은 무리지어 살고, 천신도 중생이므로 여러 명의 천신이 존재한다.[21] 이들 천신은 각각의 계에 존재한다.

이러한 계는 마음의 상태에 의한 세계이다. 어떤 마음인지에 따라서 계가 결정된다. 계에 살고 있는 각각의 중생은 그 계에 맞는 마음을 가지고 있다. 예를 들어 천신으로 윤회한다고 할 때, 이는 천신의 마음가짐에 의해서 천신으로의 윤회가 정해진 것이다. 색계에 거주하는

---

19 M41 「살라의 바라문들 경(Sāleyyaka-sutta)」, 『맛지마 니까야』 제2권, pp.283-286.
20 T1.24. 『기세경(起世經)』 제1권 염부주품(閻浮洲品); 고익진(2015) pp.193-194; 전재성(2008) pp.820-823.
21 T1.24. 『기세경(起世經)』 제1권 염부주품(閻浮洲品) "천의 사천왕천, 천의 삼십삼천, 천의 야마천, 천의 도솔타천, 천의 화락천, 천의 타화자재천, 천의 마라천과 천의 범세천(梵世天)이 있다."는 구절에서도 이를 볼 수 있다.

천신인 범천(梵天, Brahma)도 공덕에 따라서 범천계에 태어나고 공덕이 다하면 또 다른 존재로 윤회한다.[22] 사함빠띠(Sahampati)라는 이름의 범천이 붓다를 공경하는 것을 볼 수 있는 반면[23] 범천이 잘못된 견해를 가지는 경우도 있다.

> 이와 같이 나는 들었다. 한 때에 세존께서 사왓티의 제타 숲에 있는 아나타삔디까 승원에 머물고 계셨다. 그 무렵 바까 범천에게 이러한 나쁜 견해가 일어났다. '이것은 항상하고, 이것은 견고하고, 이것은 영원하고, 이것은 유일하며, 이것은 불멸의 법이다. 이것은 참으로 태어나지 않고 늙지 않고 죽지 않으며, 떨어지지 않고 생겨나지 않는다. 이것을 넘어선 다른 더 수승한 벗어남이란 없다.'[24]

여기에 나오는 범천의 이름은 바까 범천(Bakabrahma)이다. 범천으로 분류되는 신이 한 명 이상이라는 것을 알 수 있다.[25] 이러한 잘못된

---

22 T1.24. 『기세경(起世經)』 제1권 염부주품(閻浮洲品) "비구들아, 범세(梵世) 안에 범왕(梵王)이 한 명 있는데 위력이 가장 강하여 항복시킬 이 없으며, 천의 범자재왕(梵自在王)의 영역을 모두 거느리면서 '나는 능히 짓고 능히 변화하고 능히 홀릴 수도 있다'고 말하고, '나는 아버지와 같은 이다'라고 말하며, 모든 일에서 스스로 이렇게 교만하여 큰소리를 치며 아만(我慢)을 내지만 여래는 그렇지 않다. 왜냐하면 일체 세간은 저마다 업의 힘을 따라 나타나 일어나고 성립되기 때문이다." 초기불교의 신관에 대해서는 다음을 참조할 수 있다. 안승준(1999) pp.285-320; 안양규(2003) pp.155-172; 안양규(2004) pp.45-67.

23 S6:1 「권청 경(Āyācana-sutta)」 『상윳따 니까야』 제1권, p.489.

24 S6:4 「바까 범천 경(Bakabrahma-sutta)」 『상윳따 니까야』 제1권, pp.501-502; M49 「범천의 초대 경(Brahmanimantanika-sutta)」, 『맛지마 니까야』 제2권, pp.375-376.

견해로 인해서 이들도 또한 윤회하는 존재가 되는 것이다. 그리고 범천에게는 범천의 신성이 있다. 범천을 대표하는 신성으로 사범주(四梵住, cattāri brahmavihārā)가 있다. 즉 사범주가 범천을 범천으로 윤회하게 하는 원인이 된다. 사범주는 범천이 머무는 네 가지 마음이다. 자비희사(慈悲喜捨)의 마음을 내고 그곳에 머무는 것이다. 여기에서 보면 깨달음에 머무는 것이 아니라, 자비희사라는 마음에 머무는 것을 볼 수 있다.[26] 자비희사의 마음을 내는 수행을 통해서 이들은 범천의 세계에 머물게 된다. 즉 범천을 범천이게끔 하는 것이 이들 네 가지 마음이라고 할 수 있다.

이러한 네 가지 마음을 인간이 추구하고 경험하는 것을 불교적 관점에서 신적인 것으로서의 영성이라고 할 수 있다. 이때의 신은 범천을 말한다. 범천 이외의 다양한 천신 각각에 대해서 신성을 이야기할 수 있다. 신 가운데 가장 강력한 신은 신들의 왕이라고 불리는 인드라 신이라고 할 수 있다. 인드라 신은 붓다에게 두 가지 질문을 한다.[27]

---

25 '사낭꾸마라'라는 이름의 범천의 일화는 「자나와사바 경(Janavasabha-sutta)」에서 볼 수 있다. D18 「자나와사바 경(Janavasabha-sutta)」 『디가 니까야』 제2권, pp.359-376.

26 M52 「앗타까나가라 경(Aṭṭhakanāgara-sutta)」 『맛지마 니까야』 제2권, pp.440-441; M83 「마가데와 경(Maghadeva-sutta)」 『맛지마 니까야』 제3권, pp.296-297. 자비희사에 대한 자세한 설명은 다음을 참조할 수 있다. 일중스님(2004) pp.95-134; 이필원(2010) pp.9-38; 아날라요, 이성동·윤희조 옮김(2018) pp.58-91; 이노우에 위마라·카사이 켄타·카토 히로키 편, 윤희조 옮김(2017) pp.141-143.

27 D21 「제석문경(帝釋問經, Sakkapañha-sutta)」 『디가 니까야』 제2권, p.461. "존자시여, 신들과 인간들과 아수라들과 용들과 간답바들과 그 이외의 모든 무리들은 비록 '원망하지 않고, 몽둥이를 들지 않고, 적을 만들지 않고, 적대감

「제석문경(帝釋問經, Sakkapañha-sutta)」의 마지막은 다음과 같이 마무리하고 있다.

> 이 상세한 설명이 설해지자 신의 왕 삭까에게는 '일어나는 법은 그 무엇이든 모두 멸하기 마련인 법이다(集法卽滅法)'라는 티 없고 때가 없는 법의 눈이 생겼으며 8만 명의 다른 신들도 그러하였다. 이와 같이 신들의 왕 삭까는 질문하기 원했던 것을 여쭈었으며 세존께서는 설명하셨다. 그러므로 이 상세한 설명은 '삭까의 질문'이라고 불린다.[28]

마지막 장면에서 신의 왕 인드라, 즉 삭까에게 법의 집멸(集滅)을 보는 법안(法眼)이 생기는 것으로 마무리한다. 여기서의 법안은 육안, 천안, 혜안, 법안, 불안의 오안(五眼)의 하나로 천신의 안목 이후의 안목으로, 붓다의 안목으로 나아가는 단계에 있다. 붓다와의 문답을 통해 천신들은 모든 존재, 즉 법의 특징을 알게 되는 안목으로 나아가게 된다. 천안(dibbacakkhu, 天眼)은 모든 중생들의 윤회를 본다.

없이 평화롭게 머무르리라.'고 하지만 무엇에 속박되어 원망하고, 몽둥이를 들고, 적을 만들고 적대감을 가져 원망하면서 머물게 됩니까?" 이에 대해서 붓다는 다음과 같이 대답한다. "신들의 왕이여, 질투와 인색에 속박되어서 신들과 인간들과 아수라들과 용들과 간답바들과 그 이외의 모든 무리들은 비록 '원망하지 않고, 몽둥이를 들지 않고, 적을 만들지 않고, 적대감 없이 평화롭게 머무르리라.'고 하지만 원망하고, 몽둥이를 들고, 적을 만들고 적대감을 가져 원망하면서 머무릅니다." 이후의 질문에서 질투와 인색의 원인을 끝까지 찾아간다.

28   D21 「제석문경(帝釋問經, Sakkapañha-sutta)」, 『디가 니까야』 제2권, p.488.

그는 인간을 뛰어넘은 청정한 천안으로 중생들을 본다. 죽어감, 태어남, 열등함, 수승함, 아름다운 용모, 추한 용모, 즐거운 곳, 고통스러운 곳에 그대로의 업에 따라가는 중생들을 알아차린다. '참으로 그대들이여, 이러한 중생들은 몸에 의한 악한 행위를 지녔고, 말에 의한 악한 행위를 지녔고, 마음에 의한 악한 행위를 지녀 성인을 비방하고, 삿된 견해를 지녀 삿된 견해의 업을 받는다. 그들은 몸이 무너져 죽은 후 고통스러운 곳, 비참한 곳, 험난한 곳, 지옥에 태어난다. 혹은 다시 그대들이여, 이러한 중생들은 몸에 의한 선한 행위를 지녔고, 말에 의한 선한 행위를 지녔고, 마음에 의한 선한 행위를 지녀 성인을 비방하지 않고, 바른 견해를 지녀 바른 견해의 업을 받는다. 그들은 몸이 무너져 죽은 후 좋은 곳에 나아가 하늘세계에 태어난다'라고. 이와 같이 인간을 뛰어 넘은 청정한 천안으로 중생들을 본다. 죽어감, 태어남, 열등함, 수승함, 아름다운 용모, 추한 용모, 즐거운 곳, 고통스러운 곳에 그대로의 업에 따라가는 중생들을 알아차린다.[天眼通]라는 것은 가능하다.[29]

이러한 중생의 윤회처를 보는 것이 천안이고, 천안 이외에도 네 가지 신적인 능력, 즉 신족(神足), 천이(天耳), 타심(他心), 숙명(宿命)의 능력이 추가된다.[30] 불교에서 신들은 수명이 워낙 길어서 자신의 수명을 영원한 것으로 생각한다. 신들은 영원성과 실체성으로 나아갈 수 있는

29 A6:70「삼매 경(Samādhi-sutta)」『앙굿따라 니까야』 제4권, pp.279-281.
30 M39「앗사뿌라 긴 경(Mahāassapura-sutta)」『맛지마 니까야』 제2권, pp.256-259; M51「깐다라까 경(Kandaraka-sutta)」『맛지마 니까야』 제2권, pp.431-432.

가능성이 농후하고, 실제로 신들은 색계와 무색계의 선정에 머무는 것으로 나온다. 선정의 상태는 고정적인 대상에 집중하는 것이므로 자신들의 고정성과 결이 맞다고 할 수 있다. 이러한 천신들이 존재하는 곳으로서 계 가운데 색계와 무색계는 선정을 통해서 머물 수 있다. 색계사선(色界四禪)과 사무색정(四無色定)은 신들이 머무는 계이면서, 신들의 마음이라고 할 수 있다.[31] 이러한 마음은 신들에게 속하는 것이고, 이를 인간이 추구하고 경험하는 것을 '신적인 것으로서의 영성'이라고 할 수 있다.

이렇게 되면 불교에서 신적인 것은 사범주와 선정과 신통이라고 할 수 있다. 천안을 비롯한 천신의 능력인 신통, 천신이 머무는 곳으로서의 색계사선과 사무색정, 신의 마음인 사범주가 모두 '천신에게 속하는 것'이 된다. 이들을 추구하고 경험하는 것이 불교적 관점에서 '신적인 것으로서의 영성' 또는 '천신에게 속하는 영성' 또는 '천신의 영성'이라고 할 수 있다.

신들은 자신이 영원히 존재하는 것처럼 생각하지만 실제는 신들도 생멸하는 존재이다. 또한 번뇌가 여전히 남아있는 존재이다. 이러한 번뇌로 인해서 욕계에 머물기도 하고, 색계와 무색계에 머물기도 한다. 무엇보다 신들은 윤회하는 중생적 존재이고, 번뇌를 끊지 못한 존재이

---

31   M43 「교리 문답의 긴 경(Mahāvedalla-sutta)」『맛지마 니까야』 제2권, pp.302-312; M51 「깐다라까 경(Kandaraka-sutta)」『맛지마 니까야』 제2권, p.430. 사무색정과 관련해서는 다음의 장에서 자세히 설명하고 있다. 아날라요, 이성동·윤희조 옮김(2018) pp.127-257.

다. 신은 윤회를 벗어나는 것, 번뇌를 끊는 것이라는 불교의 궁극적 가치 또는 궁극적 목표에 도달하지 못한 존재이다. 이러한 신들에게 모든 존재의 생멸의 특징을 보여주는 것이 붓다의 설법이다. 이를 통해서 신들은 법의 생멸을 아는 것으로 나아간다. 윤회로부터 벗어난 것, 번뇌를 끊은 것이 불교의 궁극적 가치가 된다. 이러한 궁극적 가치는 '붓다에게 속하는 것'이고, 이를 추구하고 경험하는 것이 '궁극적 가치로서의 영성' 또는 '붓다에게 속하는 영성' 또는 '붓다의 영성'이라고 할 수 있다.

4. 붓다에게 속하는 영성

붓다가 붓다일 수 있는 것은 그의 깨달음으로부터 시작된다. 붓다의 깨달음이 존재하지 않았다면, 고타마 싯다르타는 붓다가 될 수 없었고, 지금의 불교도 존재할 수 없다. 깨달은 자로서 붓다가 존재하고, 깨달음이라는 법이 존재하고, 이를 수행하고 실천하는 승가가 존재함으로써 불교가 존재한다. 불교가 있기 위한 조건으로서 불법승 삼보가 성립하게 된다. 이 가운데서도 깨달음이 있음으로 인해서 붓다가 존재하고, 승가가 존재하게 된다. 이처럼 깨달음은 불교의 중심이 되고, 기반이 된다.

불교의 궁극적 가치는 붓다의 깨달음으로부터 나온다. 붓다는 노병사라는 문제의식에서 출발하여 노병사의 인과적 관계를 통해서 노병사의 근원을 밝히게 된다. 번뇌가 괴로움이라는 현상의 원인임을 알게 되고, 이러한 번뇌를 제거함으로써 붓다는 노병사의 괴로움을 해결하고 노병사의 괴로움으로부터 벗어나게 된다. 이처럼 번뇌를 제거하는 것, 윤회로부터 벗어나는 것, 깨달음을 성취하는 것이 불교의 출발점이면서 목표이고 궁극적 가치가 된다. 사범주에 머무는 것, 선정을 성취하는 것, 신통을 얻는 것은 신적인 것에 속하지만, 궁극적 가치에 도달한 것은 아니다. 이처럼 불교의 '궁극적 가치로서의 영성' 또는 '붓다에게 속하는 영성'이라고 할 때, 붓다의 깨달음을 들 수밖에 없다.

첫 번째, 붓다의 깨달음은 그의 문제의식으로부터 출발한다. 붓다는 괴로움이라는 문제로부터 자신의 깨달음의 여정을 시작한다. 붓다의 깨달음의 바탕에는 괴로움이 전제되어 있다. 윤회하는 존재에게 괴로움은 해결해야 할 당면과제이다.[32] 이러한 괴로움은 사바세계라는 용어에서 보듯이 현재의 겁을 정의하는 용어이다. 이는 붓다의 문제의식일 뿐 만 아니라 현세의 문제의식이기도 하다. 그러므로 괴로움은 근원적이고 보편적인 문제라고 할 수 있다. 붓다는 괴로움과 괴로움의 소멸이라는 주제로부터 출발하기 때문에[33] 괴로움의 해결과 관련된 형태의 깨달음으로 나아가게 된다. 괴로움은 단순한 괴로움이 아니라 생멸하는 물질성 자체에 바탕을 두고 있는 괴로움이다. 물질성으로

---

32 이러한 당면과제의 해결이 우선한다는 것은 대표적으로 독화살의 비유에서 볼 수 있다. M63. 「말룽꺄 짧은 경(Cūḷamālukya-sutta)」『맛지마 니까야』 제2권, pp.613-615.

33 S44:2 「아누라다 경(Anurādha-sutta)」『상윳따 니까야』 제5권, p.140.

인해서 괴로움으로 나아갈 수도 있고, 깨달음으로 나아갈 수도 있다. 깨달음을 불교의 '궁극적 가치로서의 영성'이라고 보면, 붓다의 문제 의식은 이러한 영성으로 나아가는 출발점이 된다고 할 수 있다.

두 번째, 붓다의 깨달음은 번뇌의 제거라고 할 수 있다. 붓다가 깨달음으로 나아가는 과정은 탐진치의 소멸과정이라고 할 수 있다. 탐진치는 붓다가 파악한 현실의 괴로움의 원인이다. 괴로움의 원인이 되는 탐진치를 경험하면서 제거한다. 이러한 괴로움의 원인을 제거함으로써 괴로움을 해결하고자 한다. 붓다가 깨달음을 얻게 될 때 마지막으로 성취하는 것이 누진지(漏盡智), 즉 탐진치가 소멸한 것을 아는 지혜이다. 탐진치가 소멸된 것을 알 때, 붓다는 붓다가 된다. 탐진치를 제거하는 수행은 불교의 '궁극적 가치로서의 영성'으로 나아가는 과정이라고 말할 수 있다. 괴로움의 소멸이라는 문제의식이 불교의 '궁극적 가치로서의 영성'으로 나아가는 출발점이라면, 탐진치의 제거라는 수행의 단계는 이러한 영성으로 나아가는 과정이라고 할 수 있다.

세 번째, 이를 통해서 붓다는 새로운 인식이 자기 안에서 나오게 된다. 탐진치가 제거된 상태에서 새로운 인식이 개현된 것이다. 붓다는 이제까지 한 번도 해 본 적이 없는 연기(緣起)라는 사유를 하게 된다. 연기와 법에 대한 통찰은 붓다가 발견한 진리이다. 모든 존재의 있는 그대로의 모습을 보게 된 것이다. 이는 원래부터 있던 진리를 발견한 것이다. 번뇌의 제거와 함께 새로운 인식을 하게 될 가능성이 모든 존재에게 존재한다. 단지 붓다는 이를 실현한 사람이고, 이러한 가능성은 누구에게나 열려 있다. 무아와 연기라는 존재의 있는 그대로의 모습은 깨달음의 내용이다. 이는 윤회를 벗어난 상태, 즉 출세간의 상태에서 드러나는 존재의 있는 그대로의 모습이다. 이러한 붓다의 깨달음의 내용은 궁극적 가치이고 궁극적 가치로서 불교 영성의 원천이 된다고 할 수 있다. 이러한 붓다의 깨달음을 영성의 원천으로 볼 경우 이는 '깨달음의 영성'이라고 할 수 있다.

네 번째, 붓다의 깨달음 이후 붓다 자신의 교화행을 통해서 볼 수 있는 영성이 존재한다. 이는 윤회를 벗어난 자의 실천적 영성이고, 깨달음 이후의 교화행의 영성이다. 붓다의 교화행에서 드러나는 붓다의 특징을 10가지로 볼 수 있다. 붓다를 여래, 응공, 정등각자, 명행족, 선서, 세간해, 무상사, 조어장부, 천인사, 세존으로 부른다. 이들은 붓다의 영성의 특징을 구체적으로 나타낸 것이라고 할 수 있다. 붓다는 존재의 모습 그대로 태어나고[如來] 살고 돌아가신[善逝] 분이다. 붓다조차도 존재의 모습을 따른다. 붓다는 바르고 원만하게 알고 계신[正等覺] 분이고, 명행 즉 지혜와 실천을 겸비한[明行足] 분이고, 이 세간을 이해하는[世間解] 분이다. 붓다는 최상의 인간[無上士]으로 사람을 이끈다[調御丈夫]. 또한 붓다는 육도의 모든 존재의 모범[天人師]이 되고, 세상에서 존귀한 존재[世尊]이다. 그리고 이 분은 번뇌를 다 한 분[應供]이다.[34] 마지막 응공은 한자로는 공양과 존경을 받을 만한 분이지만 산스크리트어로는 번뇌를 없앤 분이다. 이러한 특징들은 붓다의 실천적

---

34 D26 「전륜성왕 사자후 경(Cakkavattisihanada-sutta)」 『디가 니까야』 제3권, p.145; M51 「깐다라까 경(Kandaraka-sutta)」 『맛지마 니까야』 제2권, pp.425-426.

영성, 교화행의 영성을 보여주고 있는 것이다. 이러한 특징을 추구하고 경험하는 것이 불교의 실천적 영성, 교화행의 영성이 된다.

정리하면 불교의 영성은 윤회를 기준으로 두 가지로 나눌 수 있다. 윤회하는 존재에게 영성은 신적인 것으로서, 천신의 영성이 되고, 윤회를 벗어난 존재에게 영성은 붓다의 영성이 된다. 윤회하는 존재 가운데 최상위에 있는 천신들의 영성과 윤회를 벗어난 존재인 붓다의 영성이 비교된다. 영성의 정의에서 신적인 것은 궁극적 가치에 해당될 수 있지만, 불교적 관점에서 신적인 것은 궁극적 가치에 해당되지 않는다. 붓다에게 속하는 것이 궁극적 가치에 해당한다. 불교에서 신과 붓다의 근원적 차이는 윤회에 있다고 할 수 있다. 윤회를 중심으로 윤회하는 자와 윤회를 벗어난 자가 구분되고, 궁극적 가치의 여부가 나누어진다.

깨달음으로 나아가는 출발점이 되는 괴로움과 괴로움의 소멸이라는 문제의식은 붓다의 영성의 출발점이 된다. 붓다의 문제의식이 인간의 보편적 문제의식이라는 측면은 현대의 영성에 있어서 인간이 주체로서 역할을 한다는 것을 예기한 것이라고 볼 수 있다. 번뇌를 제거하는 수행의 단계는 이러한 영성으로 나아가는 과정이 된다. 새롭게 출현하는 인식인 깨달음의 내용은 궁극적 가치로서 불교의 영성 자체가 된다. 즉 연기와 무아의 영성이 된다. 깨달음 이후의 붓다의 교화행은 교화행의 영성 또는 실천적 영성이 된다.

수행의 영성, 깨달음의 영성, 교화행의 영성 또는 실천적 영성은 불교적 관점에서 영성의 내용이라고 할 수 있다. 앞에서 보았듯이, 영성의 정의에서 신적인 것과 궁극적 가치의 구체적인 내용은 맥락과 관점에 따라서 다양하게 채워질 수 있다. 영성의 정의 자체는 모든 관점에서 유효할 수 있지만, 정의의 내용은 다양할 수 있다. 이 때문에 영성에 대한 다수의 정의가 출현하게 된다. 불교의 궁극적 가치인 붓다의 깨달음을 추구하고 경험하는 것이 '불교의 영성'이라고 할 수 있다. 이러한 깨달음을 추구하고 경험하는 것에서 그 출발점인 붓다의 문제의식에 대한 추구와 경험, 깨달음으로 나아가는 과정에 대한 추구와 경험, 깨달음 자체에 대한 추구와 경험, 깨달음 이후에 깨달음을 실천하기를 추구하고 경험하는 것 까지가 붓다의 깨달음을 추구하고 경험하는 것이 된다.

불교의 '궁극적 가치로서의 영성', '붓다에게 속하는 영성', '붓다의 영성'은 인간이 깨달음, 수행, 교화행과 실천을 추구하고 경험하는 것이 된다. 또한 불교의 '신적인 것으로서의 영성', '천신에게 속하는 영성', '천신의 영성'은 색계사선과 사무색정이라는 천신이 머무는 곳, 사범주라는 천신의 마음, 신통이라는 천신의 능력을 추구하고 경험하는 것이 된다.

본 장은 현대심리학에서 논의되고 있는 영성을 불교심리학의 관점에서 살펴본다. 이는 불교에서 영성이라는 용어를 사용하는지 여부를 떠나서 현재 사용되고 있는 영성 개념의 실제를 불교심리학의 관점에서 살펴보는 것이다. 서구에서 영성은 신의 개념과 밀접하게 연관되어 있듯이, 불교에서 영성은 윤회와 밀접하게 연관되어 있다고 할 수 있다. 서구의 영성의 어원은 신과 연관되어 있지만, 현대에는 신을 포함한 궁극적 가치의 경험을 영성으로 본다. 불교에서 영성은 신과 연관해서 천신의 영성, 궁극적 가치와 연관해서 붓다의 영성으로 볼 수 있다. 불교적 관점에서는 천신을 궁극적 가치로 볼 수 없지만, 천신에 속하는 영성의 내용과 궁극적 가치로서 붓다에 속하는 영성의 내용을 볼 수 있다.

본 장에서 영성의 정의를 제시하고 불교적 관점에서 영성의 내용을 살펴보는 작업은 영성에 관한 현대적 논의에 대한 불교의 응답이라고 할 수 있다. 윤회와 천신에 대한 논의는 과학적 논의에 적합하지 않은 것으로 도외시되는 경향이 있음에도 불구하고, 현대적인 영성에서 적극적으로 논의할 수 있는 주제가 됨을 볼 수 있다. 윤회와 천신에 대한 새로운 논의의 영역을 발견할 수 있을 것이다. 영성에 대한 추구는 모든 인간이 보편적으로 가지고 있는 것이라고 할 수 있다. 이는 종교적 배경과 문화적 맥락에 따라서 그 내용은 달리할 수 있지만, 영성 자체에 대한 탐구는 보편적이라고 할 수 있기 때문이다. 영성의 정의와 영성의 내용이 구분되는 것도 이 때문이라고 할 수 있다. 본 장은 이러한 보편적 질문에 대한 하나의 대답일 것이다.

참고문헌

T1.24. 『기세경(起世經)』 http://tripitaka.cbeta.org/T01n0024

『디가 니까야』 = 각묵스님 옮김(2006), 『디가 니까야』 제1-6권, 울산: 초기
불전연구원.

『맛지마 니까야』 = 대림스님 옮김(2012), 『맛지마 니까야』 제1-4권, 울산:
초기불전연구원.

『상윳따 니까야』 = 각묵스님 옮김(2009), 『상윳따 니까야』 제1-6권, 울산:
초기불전연구원.

『앙굿따라 니까야』 = 대림스님 옮김(2007), 『앙굿따라 니까야』 제1-6권,
울산: 초기불전연구원.

『고린도전서(1 Corinthians)』

『창세기(Genesis)』

고익진(2015), 『불교의 체계적 이해』, 서울: 광륵사.

김용환·최금주·김승돈(2009), 「한국에서의 영성관련 연구동향 분석 및
학문적 함의」, 『상담학연구』 Vol.10 No.2, pp.813-829.

김은미(2011), 「기독교 "영성"의 개념 연구 – 칼빈의 사상을 중심으로」,
『신학정론』, 29(1), 합동신학대학원대학교 출판부, pp.197-216.

김준(2017), 「성경적 영성: 산드라 슈나이더스(Sandra M. Schneiders)의 연구
를 중심으로」, 『한국기독교신학논총』 106, 한국기독교학회, pp.231-255.

박병준·윤유석(2015), 「영성과 치유–'치유의 철학'을 위한 영성 개념의
정초 작업–」, 『가톨릭철학』 25, 인천: 한국가톨릭철학회, pp.63-96.

샌드라 슈나이더스, 권택조 외 4인 옮김(2017), 「제1장 기독교 영성 연구에
대한 접근방식」, 『기독교 영성 연구』, 기독교문서선교회, pp.36-61.

아날라요, 이성동·윤희조 옮김(2018), 『자비와 공』, 서울: 민족사.

안승준(1999), 「아함경에 나타난 초기불교의 天神觀」, 『구산논집』 3, 서울: 보조사상연구원, pp.285-320.

안양규(2003), 「창조주 브라흐마(Brahmā) 신에 대한 붓다의 비판」, 『불교학보』 40, 서울: 동국대학교 불교문화연구원, pp.155-172.

안양규(2004), 「베다 및 브라흐만교의 신화에 대한 붓다의 견해」, 『불교학보』 41, 서울: 동국대학교 불교문화연구원, pp.45-67.

유재경(2010a), 「실천신학과 영성학의 창조적 만남」, 『신학과 목회』 33, 경산: 영남신학대학교, pp.61-88.

유재경(2010b), 「영성의 연구 경향과 전망」, 『신학과 실천』, 24(2), 안양: 한국실천신학회, pp.183-212.

유재경(2011), 「왜 이시대에 기독교 영성인가?」, 『신학과 목회』 35, 경산: 영남신학대학교, pp.245-272.

유해룡(2015), 「한국적 상황에서의 영성의 연구동향」, 『신학과 실천』 47, 안양: 한국실천신학회, pp.177-206.

윤희조(2019), 「존재론적 특징과 연결성으로 보는 불교 실존심리학」, 『동서철학연구』 92, 대전: 한국동서철학회, pp.215-239.

이노우에 위마라·카사이 켄타·카토 히로키 편, 윤희조 옮김(2017), 『불교심리학사전』, 서울: 씨아이알.

이필원(2010), 「사무량심의 '해탈도'적 성격 고찰 – 초기불교를 중심으로」, 『불교연구』 32, 서울: 한국불교연구원, pp.9-38.

인경스님(2011), 「영성에 기반한 명상상담 모형탐색」, 『보조사상』 35, 서울: 보조사상연구원, pp.499-537.

일중스님(2004), 「남방 상좌불교 전통에서의 자애관 수행」, 『구산논집』 9, 서울: 보조사상연구원, pp.95-134.

전재성(2008), 「불교의 세계관」, 『법구경 – 담마파다』, 서울: 한국빠알리성전협회, pp.820-823.

정명숙(2018), 「국내 영성연구의 동향: 연구에서 사용된 변수와 프로그램의 분석」, 『한국심리학회지: 일반』, 37(3), 서울: 한국심리학회, pp.385-409.

최승기(2014), 「영성학 방법론 탐구 – 산드라 슈나이더스(Sandra M. Schneiders)를 중심으로」, 『신학논단』 77, 서울 : 연세대학교 한국기독교문화연구소, pp.297-327.

하영삼(2014), 『한자어원사전』, 부산: 도서출판 3.

Schneiders, Sandra M.(1986), "Theology and Spirituality: Strangers, Rivals, or Partners?", *Horizons, 13*, pp.253-274.

Schneiders, Sandra M.(2003a), "Religion vs. Spirituality: A Contemporary Conundrum", *Spiritus, 3*, pp.163-185.

Schneiders, Sandra M.(2003b), "Spirituality in the Academy", *Theological Studies, 50*, pp.676-697.

Shohei Ichimura ed.(2001), *Buddhist critical spirituality: Prajñā and Śūnyatā*, Delhi: Motilal Banarsidass.

Takeuchi Yoshinori ed.(1995), *Buddhist Spirituality*, New York: Crossroad.

https://maria.catholic.or.kr/dictionary/term/term_view.asp?ctxtIdNum=2450&keyword=%EC%98%81%EC%84%B1&gubun=01 (2025년 9월 18일 검색)

http://www.ancient-hebrew.org/dictionary/7500.html#7307 (2025년 9월 18일 검색)

http://www.perseus.tufts.edu/hopper/text?doc=Perseus%3Atext%3A1999.04.0058%3Aentry%3Dpneu%3Dma (2025년 9월 18일 검색)

https://biblehub.com/greek/pneumatikon_4152.htm (2025년 9월 18일 검색)

https://www.etymonline.com/word/spirit (2025년 9월 18일 검색)

14 불교적 관점에서 보는 융심리학

프로이트로부터 시작된 심층심리학은 '무의식'의 발견을 기치로 삼고 있다. 그 이후에 등장하는 심리학은 무의식에 대해서 어떤 방식으로든 언급할 수밖에 없게 된다. 무의식처럼 과학적 방법론으로 처치할 수 없는 것은 괄호 속에 넣고 그 결과로만 평가하고자 하는 행동주의 심리학이 있는 반면, 프로이트의 무의식을 더욱 심화시키는 방향성도 또한 있었다. 융은 후자의 대표적인 경우라고 할 수 있다.

프로이트가 개척한 무의식이 개인적 차원의 무의식이라고 한다면, 융의 무의식은 시공간적으로 개인적 차원을 넘어서고자 한다. 공간적으로 보면, 프로이트의 무의식은 개인의 개체적 무의식에 해당하지만, 융의 무의식은 사회의 집단적 무의식으로까지 나아간다. 시간적으로 보면, 프로이트의 무의식은 개인의 출생에서 시작되는 개인적 무의식이라면, 융의 무의식은 개인의 출생 이전의 집단의 의식까지를 탐구하고자 한다. 융은 무의식을 개인 차원의 무의식에서 집단 차원의 무의식으로까지 범위를 확대하고 있다.

본 장은 우선 융심리학에 등장하는 자아(ego), 페르조나(persona), 그림자(shadow), 원형(archetype) 개념을 콤플렉스라는 범주에서 살펴보고자 한다. 다음으로 집단적 무의식과 그 내용인 원형에서 윤회적 함축을 볼 수 있다는 점을 살펴보고자 한다. 마지막으로 융심리학의 목표인 개성화를 개체성과 전체성의 관점에서 살펴보고자 한다. 그리고 개성화는 대승불교의 이상과 궤를 같이하고 개성화 과정은 수행의 과정과 궤를 같이 한다는 점을 살펴보고자 한다.

1. 콤플렉스, 유위법 또는 번뇌

융은 자신의 심리학을 콤플렉스의 심리학이라고 부를 만큼 콤플렉스는 융심리학의 핵심 개념이다. 콤플렉스는 분석심리학 최초의 기초 개념으로[1] 융은 콤플렉스를 자신의 핵심개념으로 보고 있다. 콤플렉스(complex)는 어원적으로 복합체(compound)라는 의미이고, 구체적으로는 '여러 관념과 정동(情動)의 복합체'를 말한다.[2] 어원과 융이 제시하는 정의에는 열등감과 같은 부정적인 의미가 없다. 융에 의하면 콤플

---

1 이부영(1998) p.43; 앤드루 새뮤얼·바니 쇼터·프레드 플라우트, 민혜숙 옮김 (2000) p.57.

2 「제반응除反應의 치료적 가치」 p.109.
   https://www.etymonline.com/word/complex#etymonline_v_17271 (2025년 9월 18일 검색)

496 제3부 불교상담과 서구상담

렉스는 단지 정상적인 정신 현상의 초점들이다.[3]

의식, 무의식을 막론하고 우리의 마음은 심리적 복합체, 즉 콤플렉스(complex)로 이루어져 있다. 융에 의하면 우리의 마음은 우리가 알고 있는 마음, 즉 의식(consciousness)과 모르는 마음 즉 무의식(the unconscious)으로 이루어져 있고, 무의식은 개인적 무의식과 집단적 무의식으로 이루어져 있다. 의식에서는 '나', 즉 '자아', '페르조나'를 볼 수 있고 무의식에서는 '그림자', '원형'을 볼 수 있다.

자아는 일반적으로 확고하게 짜 맞추어진 콤플렉스이다.[4] 자아가 의식의 중심이다.[5] 자아(ego, 自我) 또는 '나'는 의식의 중심에서 의식된 마음을 통솔하고, 무의식의 마음과도 관계를 맺을 수 있는 의식의 특수한 콤플렉스로, 자아콤플렉스로도 불린다. 의식의 내용은 모두 '나'와 연관되어 있다.[6] 이러한 자아는 두 가지 중요한 역할을 수행한다. 하나는 바깥세계와 관계를 맺고 이에 적응하는 것이고 다른 하나는 무의식의 내면세계를 살펴 이와 관계를 맺고 이에 적응하는 기능이다.[7] 마음과 마음작용은 기본적으로 생멸하고 변화하기 때문에 자아도 항상 변화한다고 보아야 한다. 그러나 의식의 일방성으로 인해서 고착화된 형태를 이루게 된 것이 자아이다. 자아(ego)는 마음작용이 고착화

---

3 「정신치료와 세계관」 p.62.
4 「정신의 본질에 관한 이론적 고찰」 p.91.
5 「꿈에 나타난 개성화 과정의 상징」 p.56.
6 이부영(1999) p.35.
7 이부영(2002) p.32.

된 형태라고 할 수 있다. 자아가 자아콤플렉스라면, 페르조나도 또한 기능콤플렉스라고 할 수 있다.

집단사회 속에 살면서 집단에 의해서 요구되는 태도, 생각, 행동규범, 역할을 분석심리학에서는 페르조나 또는 외적 인격이라 부른다. 페르조나는 바깥세계와의 관계, 즉 외적 관계의 산물인 외적 인격이다. 페르조나는 사회 속에서 살아가는 데 필수적인 기능 콤플렉스이지만 그것이 그 사람 자신의 길은 아니다. 페르조나는 가상이다. 그렇다고 해서 페르조나는 자기실현의 과정에서 무조건 버려야 하는 것이 아니다.[8] 페르조나는 나중에는 인간(person), 성격(personality)을 의미하는 단어와 어원을 같이한다. 보이고 싶은 마음작용은 페르조나의 형태로 드러나고, 보이고 싶지 않은 마음작용은 그림자(shadow)의 형태로 숨게 된다. 페르조나가 기능콤플렉스라면, 무의식에 있는 마음작용 또한 콤플렉스로 볼 수 있다.

그림자는 본성의 근원으로 있는 원시적 정신으로서 동물적 충동 양식이다.[9] 그림자는 낡은 인격, 인격의 열등한 부분, 부정적 측면이면서 감추어진, 바람직하지 않은, 잘 발전되지 못한 기능들이며, 강렬한 저항에 의해서 억압되고 있는 것으로 정의된다. 그림자는 일차적으로 개인적 무의식에 억압되어 있지만, 앞으로 의식화되기를 기다리고 있는 열등한 인격의 한 측면이다.[10] 그림자는 좋고 나쁜 것이 아니라 정

---

8   이부영(1999) p.36; 이부영(2001) pp.30-40; 이부영(2002) pp.44-46.
9   『인격과 전이』 p.258.

신생활의 살아 있는 조건이다. 오히려 이것이 있음으로써 사람은 사람다워진다. 그림자는 강력한 저항 아래 억압되고 있고 억압된 것이 의식화됨으로써 정신적 대극의 긴장이 형성되는데, 그것 없이는 어떠한 발전도 가능하지 않다.[11] 살아있는 한 그림자가 아주 없어질 수는 없는 것이다.[12] 그림자는 인간이 짊어지고 다녀야 할 영원한 숙명이기에 그림자를 없앨 수는 없지만 짧게 할지, 길게 할지는 선택할 수 있다. 즉 그림자는 전형적인 의미의 콤플렉스, 즉 열등 콤플렉스라고 할 수 있다.

콤플렉스 가운데 집단적 무의식에 있는 콤플렉스를 원형(archetype)이라고 한다. 무의식에는 무수한 콤플렉스가 있다.[13] 개인적 무의식의 내용은 주로 정감이 강조된 콤플렉스이고, 집단적 무의식의 내용은 소위 원형들이고,[14] 원형은 숙명적으로 나타나는 체험 콤플렉스이다.[15] 원형(Archetypus, archetype)의 개념은 정신 속 어디에나 보편적으로 있고, 널리 퍼져 있는, 어떤 일정한 형식들(Formen)이 존재한다는 사실을 가리키고 있다.[16] '원형'은 플라톤의 형상(eidos) 개념을 설명할 수 있도

---

10   이부영(1999) pp.40-42, pp.75-85.

11   이부영(1999) p.84.

12   이부영(2002) p.151; 이부영(1999) p.77.

13   이부영(1999) pp.34-35; 이부영(2001) p.32. 분석심리학과 불교의 관계에 대한 논저로는 다음을 참조할 수 있다. 서동혁·이문성(2015); 이죽내(2005); 이문성(2017); 천성문·장정희(2004) pp.1267-1279. 이 논저들이 분석심리학의 관점에서 불교에 접근하고 있다면 다음의 논문은 불교의 관점에서 분석심리학에 접근하고 있다. 남수영(1995) pp.101-127; 안환기(2009) pp.93-132; 김재권(2015) pp.5-33; 이경하(2019) pp.239-263; 문진건(2020) pp.11-64.

14   「집단적 무의식의 원형에 관하여」 p.106.

15   「집단적 무의식의 원형에 관하여」 p.141.

록 다른 말로 바꾸어 쓴 것으로, 집단적 무의식의 내용에서 고대의, 또는 더 적합하게 표현하자면 원초적 유형, 즉 고대로부터 존재해 온 보편적 상을 의미한다.[17]

> 미리 결정짓는 작용은 무의식으로부터 나온다. 그것은 전승과는 관계 없이 모든 개인에게 비슷한, 심지어 똑같은 경험과 똑같은 상상된 형상들을 보장한다. 이에 대한 주된 증거의 하나는 신화적 주제의 보편적인 유사성인데, 나는 이것을 그들이 지닌 원초상으로서의 성질에 의거하여 원형이라고 불렀다.[18]

원형은 인간정신의 선험적인 원초적 조건으로 시공간, 인종, 문화, 시대의 차이에도 불구하고 인간이면 누구나 태어날 때부터 이미 가지고 있는 인간행태의 조건들이다. 그것은 가장 인간적으로 느끼고 사유하며 행동하게 되는 조건이며 이것은 태초로부터 인간이 경험해 온 모든 것의 침전이다. 무수한 많은 원형이 있다. 모성원형, 부성원형, 아니마·아니무스 원형, 그림자원형, 영웅원형, 어린이원형, 노현자원형, 태모원형 등 원형 그 자체는 원초적 행동 유형의 조건들로서 인식할 수 없고 내용을 가지지 않으나, 체험을 통해 상(像)으로 나타남으로써 인식된다.[19] 그 꿈들 속에 이른바 신화적 주제 또는 신화소(神話素)

---

16 「집단적 무의식의 개념」 p.156.
17 「집단적 무의식의 원형에 관하여」 p.107.
18 「아니마 개념을 중심으로 본 원형에 대하여」 p.177.
19 이부영(2002) pp.56-57; 「모성 원형의 심리학적 측면」 p.201. "원형은 그 자체로

가 포함되어 있는데, 나는 이를 '원형'이라고 불렀다.[20] 원형은 전형적인 행동 형식이며 의식화될 때 표상으로 나타난다. 의식내용이 되는 모든 것은 그렇게 표상으로 나타난다.[21] 곧, 원형은 표상들을 배열하면서 나타나며 표상들은 그때마다 무의식적으로 일어나고 그래서 언제나 나중에야 비로소 인식된다.[22] 모든 원형은 무한히 발전할 수 있고 분화할 수 있다. 그러므로 많은 발전이 이루어질 수도 있고 그렇지 않을 수도 있다.[23] 심혼의 근원을 알지 못하듯이 우리는 원형이 궁극적으로 어디에서 유래하는지 전혀 알지 못한다.[24] 이렇게 되면 콤플렉스는 자아, 페르조나, 그림자, 원형에 모두 적용될 수 있다. 이처럼 융은 자신의 주요개념을 콤플렉스 개념을 통해서 전개하고 있다.

콤플렉스는 불교적 관점에서 심·심소의 구분에서 볼 때 마음작용[心所]에 해당한다고 할 수 있다. 불교에서 '존재(being)'를 의미하는 법은 형성된 존재, 즉 유위법(saṃskṛta-dharma, 有爲法)과 만들어지지 않은 존재, 즉 무위법(asaṃskṛta-dharma, 無爲法)으로 구분된다. 유위법은 형성된 것, 복합적인 것이라는 의미로 마음의 복합체인 콤플렉스도 일종

는 텅 빈, 형식상의 요소인데, 그 요소는 '미리 형식을 만드는 능력'으로, 즉 선천적으로 주어진 관념 형식의 가능성이다. 유전되는 것은 관념들이 아니라 형식들이며 마찬가지로 이것은 이런 관점에서 형식상 결정된 본능에 바로 해당한다."

20 「꿈의 특성에 관하여」 p.218.
21 「정신의 본질에 관한 이론적 고찰」 p.95.
22 「정신의 본질에 관한 이론적 고찰」 p.100.
23 「연금술의 종교 심리학적 문제 서론」 p.19.
24 「연금술의 종교 심리학적 문제 서론」 p.23.

의 유위법이라고 할 수 있다. 더 세분하자면 콤플렉스는 불교에서 심소(cetasika, 心所), 즉 마음작용의 역할을 한다. 마음작용 가운데 '유익하지 않은 마음작용(akusala cetasika, 不善心所)'과 '유익한 마음작용(kusala cetasika, 善心所)'이 있다. 콤플렉스는 부정적이지 않으므로, 유익한 심소와 해로운 심소를 모두 포함한다.

부정적 의미의 다양한 마음작용을 나열하기 위하여 콤플렉스라는 용어를 사용하는 것은 콤플렉스의 의미를 절반 정도만 사용한 것이다. 콤플렉스가 두 영역 가운데 부정적인 영역을 다루는 것은 다양한 마음작용 가운데 특히 심리적 문제를 일으키는 것에 주목하다보니, 콤플렉스가 협소한 의미로 사용된 것이라고 할 수 있다.

> 콤플렉스는 때에 따라서 에너지로 표현되며 의식의 의도를 넘어설 정도의 커다란 가치를 가지는 심리적 요인임이 틀림없다. 그렇지 않다면 그렇게 마음대로 의식의 질서를 어지럽히는 일이 결코 가능하지 않을 것이기 때문이다. 실제로 활동 중인 콤플렉스는 일시적으로 우리를 부자유의 상태, 강박적 사고 및 행동 상태에 처하게 한다. ... 일반적으로 콤플렉스는 강한 의지에 의해서 억압될 수 있지만 제거할 수는 없으며, 적절한 기회가 오면 본래 가지고 있던 힘을 가지고 다시 등장한다.[25]

콤플렉스는 의식의 질서를 어지럽히고, 부자유, 강박적 사고와 행동

---

25 「콤플렉스 학설의 개요」 p.232.

으로 이끈다. 나아가서는 우리가 콤플렉스를 가지는 것이 아니라 콤플렉스가 그 사람을 가지고 있다[26]고까지 할 정도가 된다. 이러한 의미의 콤플렉스는 불교적 관점에서 보면 번뇌(defilement)에 해당한다고 할 수 있다. 불선심소, 즉 번뇌의 작용을 다루는 번뇌의 심리학(psychology of defilement)에 해당한다고 할 수 있다. 번뇌는 의식의 영역을 비롯하여 무의식에 걸쳐서 나타나고 있는 마음작용이다. 번뇌는 마음작용 가운데서 유익하지 않은 마음작용으로 '괴롭히다'와 '더럽히다'가 대표적인 의미이다. 이러한 번뇌는 루(āsava), 폭류(ogha), 속박(yoga), 매듭(gantha), 취착(upādāna), 장애(nivaraṇa), 잠재성향(anusaya), 족쇄(saṃyojana), 오염(kilesa)이라는 다양한 이름으로 불릴 만큼 다양한 특징을 가진다.[27] 이 가운데 '잠재성향'은 콤플렉스가 가지는 '적절한 기회가 오면 본래 가지고 있던 힘을 가지고 다시 등장한다'는 특징을 그대로 가지고 있다. 또한 콤플렉스가 가지는 '억압될 수 있지만 제거할 수는 없다'는 특징은 범부인 인간의 경우에 번뇌가 제거되지 않은 것과 동일한 의미라고 할 수 있다. 콤플렉스가 '자율성을 가진다'[28]는 특징은 번뇌에 대해서도 성립한다. 잠재성향으로 있는 번뇌가 지속적으로 생멸을 거듭하면서 활동을 하는 것과 마찬가지이다.

'여러 관념과 정동(情動)의 복합체'라는 의미에서 콤플렉스는 유위

---

26 「콤플렉스 학설의 개요」 p.231.

27 윤희조(2018) p.226.

28 「콤플렉스 학설의 개요」 p.232, p.235.

법 전반을 의미하는 동시에, '질서를 어지럽히고, 부자유, 강박적 사고와 행동으로 이끈다'는 점에서 번뇌라는 의미를 가진다. 콤플렉스에는 넓은 범위의 유위법 전반이 있고, 좁은 범위의 불선심소인 번뇌가 있다. 유위법 가운데서도 범위가 협소하면서 상당한 부작용을 남기는 마음작용을 전형적으로 번뇌라고 부르게 된 것이다. 전자의 의미에서 융은 마음작용 전반을 보고자 하는 심리학으로서 자신의 심리학을 '콤플렉스 심리학'이라고 부른 것이다.[29]

넓은 의미의 유위법과 좁은 의미의 번뇌 모두 활동하는 영역은 의식의 영역부터 무의식의 영역까지이다. 의식과 무의식에서 활동하는 마음작용 모두 유위법적인 특징과 번뇌적인 특징을 가진다. 왜냐하면 의식과 무의식에서 활동하는 마음작용을 모두 콤플렉스라고 부를 수 있기 때문이다. 콤플렉스, 즉 복합체로서 자아, 페르조나는 의식적인 마음작용으로 활동하고, 그림자, 원형은 무의식적인 마음작용으로 활동하고 있다.

이처럼 콤플렉스는 융심리학의 토대가 되는 개념으로 의식과 무의식에 걸쳐서 자아, 페르조나, 그림자, 원형은 모두 일종의 콤플렉스이다. 불교적 관점에서 콤플렉스는 심·심소의 구분에서는 심소에 해당하고, 넓은 의미로는 유위법에 해당하고, 좁은 의미로는 번뇌에 해당한다고 할 수 있다.

---

29 「정신의 본질에 관한 이론적 고찰」 p.94; 「콤플렉스 학설의 개요」 p.241; 「집단적 무의식의 원형에 관하여」 p.154.

2. 집단무의식의 윤회적 함축

무의식은 그저 알려지지 않은 정신이며 따라서 규정 불가능한 것이기 때문에 또한 무제한적이다.[30] 의식은 방향성이 있는 기능의 힘으로, 그에 어울리지 않는 모든 자료를 억제시켜 그것들을 무의식 상태에 머물게 한다. 의식이 잠정적인 적응 과정을 이루고 있는 반면 무의식은 개인의 과거의 잊혀진 모든 재료들과 유전되고 구조적인 인간 정신의 모든 기능의 징후들을 담고 있다.[31] 앞에서 다룬 자아, 페르조나, 그림자, 원형을 마음작용이라고 할 수 있다면, 의식과 무의식은 마음이라고 할 수 있다. 융은 무의식을 개인적 무의식(individual unconsciousness)과 집단적 무의식(collective unconsciousness)으로 구분한다.

어느 정도 표면에 있는 무의식 층은 명백히 개인적이다. 우리는 그것을 개인적 무의식(das persönliche Unbewußte)이라 부른다. 그러나 이 개인적 무의식은 개인의 경험이나 습득에 의하지 않고 태어날 때부터 있는 더 깊은 층의 토대 위에 있다. 이 더 깊은 층이 소위 집단적 무의식(das kollektive Unbewußte)이다. 나는 '집

---

30 「꿈에 나타난 개성화 과정의 상징」 p.231.
31 「초월적 기능」 p.339. 무의식과 의식의 관계에 대해서 융은 "무의식이 의식에 보상적 또는 보완적으로 관계하고 있다. 무의식이 의식과 무의식 사이의 칸막이에 투과성이 있다"고 말한다. 또한 의식에 대해서는 "의식의 규정성과 정향성은 값비싼 희생의 대가를 치르고 획득된 것이고 인류의 편에서 보면 가장 위대한 임무를 수행하여 얻은 매우 중요한 성과인 것이다. 이 성과가 없었다면 과학과 기술, 문명은 불가능했을 것이다"라고 평가한다. 「초월적 기능」 pp.339-340.

단적'이란 표현을 선택했는데, 그 이유는 이 무의식이 개인적이 아닌 보편적 성질을 가지고 있기 때문이다. 즉 그것은 개인적 정신과는 달리 모든 개인에게 어디서나 똑같은 내용과 행동 양식을 가지고 있는 것이다. 달리 표현하자면 그것은 모든 인간에게 동일하며 모든 사람에게 존재하는 초개인적 성질을 지닌 보편적 정신의 토대를 이루고 있다.[32]

그리고 개인적 무의식의 내용은 주로 이른바 정감이 강조된 콤플렉스인데, 이것은 정신생활 가운데에서 개인적으로 친숙한 내용들로 이루어지고 있다. 이와는 반대로 집단적 무의식의 내용은 소위 원형(原型)들(die Archetypen)이다.[33]

우리의 무의식에는 자아가 조절하거나 소화할 수 없는 층이 있다. 원형으로 구성된 집단적 무의식의 층이 그것이다. 그것은 부단히 움직이고 있고 정신생활에 활력을 제공하는 에너지원이다.[34] 개인적 무의식은 태어난 이후 개인이 살아오면서 형성된 무의식의 측면이라면, 집단적 무의식은 태어날 때부터 갖추어져 있는 인간 고유의 원초적인, 그리고 인간이면 누구에게나 있는 보편적인 특성을 나타내는 무의식의 심층을 말한다.[35]

융은 윤회 자체를 심리적 실재로 인정한다. '심리적'이라는 단서를 달고 있는 것은 감각경험에 의해서 확증할 수 없기 때문이다. 그럼에

---

32 「집단적 무의식의 원형에 관하여」 pp.105-106.
33 「집단적 무의식의 원형에 관하여」 p.106.
34 이부영(2002) p.150.
35 이부영(1999) p.32.

도 불구하고 윤회가 실재한다는 것에 대해서는 이견을 가질 수 없다고 이야기한다.

> 윤회(rebirth)는 어떤 방식으로든 관찰할 수 있는 과정이 아니다. 측정할 수도, 사진을 찍을 수도 없다. 우리의 감각지각을 완전히 넘어선다. 우리는 순수하게 심리적 실재(psychic reality)로 다루어야 한다. … 내 견해로는 '심리적'인 것은 인간의 삶에 있어서 가장 중요한 사실이다. 심리적인 것은 인간의 모든 사실의 어머니와 같다. 문명이든, 문명의 파괴이든, 전쟁이든 처음에는 모두 심리적이고 보이지 않는다. 심리적인 것이 "단지" 감각에 의해서 경험되지 않는다고 할지라도 그럼에도 불구하고 논란의 여지없이 실재한다.[36]

이러한 윤회를 어디에서 볼 수 있는지에 대해서 융은 집단적 무의식에 주목하는 것으로 보인다. 집단적 무의식을 논의하면서 융은 윤회를 함축하는 언급을 하고 있는 것을 볼 수 있다. 집단적 무의식은 개인적인 경험과 구분된다는 측면에서 이번 생에서 취득한 경험이 아니라고 할 수 있다. 그렇다면 이번 생 이전의 경험, 즉 윤회와 연관된 경험이라

---

36 "Concerning Rebirth" p.116. 융은 구체적으로 윤회의 종류를 다섯 가지 Metempsychosis, Reincarnation, Resurrection, Rebirth(renovatio), Participation in the process of transformation로 나눈다. 특히 첫 번째 개념에 대해서 융은 이는 인격의 연속이 아니라 까르마(karma)의 연속일 뿐이라고 이야기한다. 이는 불교에서 특별히 중요하고 붓다 자신도 이러한 윤회를 오랜 기간 동안 경험했다고 한다. "Concerning Rebirth" p.113.

고 할 수 있다.

> 집단적 무의식은 정신의 한 부분으로 개인적인 경험에서 생겨
> 난 것이 아니고 개인적으로 획득된 것도 아니라는 점에서 개인
> 적 무의식과 구별될 수 있다. 개인적 무의식이 본질적으로 한때
> 의식이었던 것이 잊어버리거나 억압되어 의식에서 사라진 내
> 용으로 이루어지는 데 비해서 집단적 무의식의 내용은 결코 의
> 식에 머문 적이 없고 그래서 일찍이 <u>한 번도 개인적으로 획득되
> 지 않았으며, 그것은 예외 없이 유전 덕택으로 존재하는 것이
> 다.</u>[37] (밑줄은 필자)

융은 집단적 무의식을 인용문과 같이 정의하고 있다. 밑줄 친 부분
에서 융은 집단적 무의식에 대해서 불교적 관점에서 윤회라는 용어는
사용하고 있지 않지만 윤회적 함축을 가지고 있다고 추론할 수 있을
것이다. 또한 융은 집단적 무의식에 대해서 다음과 같은 논제를 제시
한다.

> 집단적 무의식은 개별적으로 발전하는 것이 아니라 <u>상속되는</u>
> 것이다. 집단적 무의식은 <u>선재하는 틀들</u>, 즉 원형들로 이루어지
> 며 그것들은 단지 이차적으로 의식될 수 있고 의식 내용에 뚜렷
> 한 형태를 부여하는 것이다.[38] (밑줄은 필자)

37　「집단적 무의식의 개념」 p.156.
38　「집단적 무의식의 개념」 p.157.

집단적 무의식을 '상속된 것', '선재하는 틀'로 보는 것은 윤회적 함축을 가지고 있다고 할 수 있을 것이다. 집단적 무의식의 내용인 원형에 대한 융의 언급에서도 윤회적 함축을 볼 수 있다.[39] 융은 윤회라는 용어를 정확하게 언급하고 있지 않으므로 '윤회적 함축'을 가진다고 이야기하는 것이다.

> 원형은 그 자체로는 텅 빈, 형식상의 요소인데, 그 요소는 '미리 형식을 만드는 능력(facultas praeformandi)'으로, 즉 <u>선천적으로 주어진</u> 관념 형식의 가능성이다. <u>유전되는</u> 것은 관념들이 아니라 형식들이며 마찬가지로 이것은 이런 관점에서 형식상 결정된 본능에 바로 해당한다.[40] (밑줄은 필자)

'선천적으로 주어진 것', '유전되는 것'은 윤회적 함축을 가지고 있다고 할 수 있다. 불교적 관점에서 무의식은 일의적이지 않다. 다양한 무의식의 집합을 말한다. 무의식은 의식되지 않는 것이 아니라, 의식되지 않을 만큼 미세한 대상을 이야기한다. 무의식은 인식하지 못하는 것이 아니라, 거친 의식으로는 인식되지 않는다는 의미이다. 무의식과

---

39 집단적 무의식과 집단적 무의식의 내용인 원형 둘 다 윤회적 함축을 가진다고 할 수 있다. 이는 윤회의 주체에 대한 언급이 아니라 융이 집단적 무의식을 제시함으로 인해서 윤회적 가능성 또는 윤회적 함축을 제시하고 있다는 것이다. 또한 융의 무의식은 원형으로 이루어져 있으므로 인식대상의 역할을 한다. 이는 유식에서 팔식에서 '식'이 '소식(所識)'의 의미를 가지는 것과 유사하다고 할 수 있다.

40 「모성 원형의 심리학적 측면」 p.201.

비교되는 유식의 팔식도 '식(識)'으로 불린다. 그러한 의미에서 무의식은 독자적인 영역을 차지할 수는 있지만 의식과 별개는 아니다.

불교에서 의식(意識)은 의(意)와 식(識)으로 구분된다. 불교적으로 보면 의식은 의(意)에 의해서 매순간 식(識)이 발현되는 것을 말한다. 의는 안이비설신(眼耳鼻舌身)과 같은 감각기관의 역할을 하고, 식이라는 감각기능은 매순간 현현하고 있다. 매순간 현현하는 식은 다음 순간의로 바뀌어, 의는 새로운 식이 현현하는 토대가 된다. 의와 식은 시간의 순서에 따라서 지속적으로 생멸하고 있다. 여기에서 '지속'과 '생멸'을 함께 사용하고 있다. 지속과 생멸은 양립할 수 없을 것처럼 보이지만, 의와 식은 지속적으로 생멸하고, 생멸하면서 지속하고 있다.

의와 식은 지속적으로 생멸하면서 흔적을 남기게 되는데, 그 흔적을 모은 것을 마음(心)이라고 한다. 마음은 어원적으로 '모으다'라는 의미가 있다.[41] 현재와 직전 찰나에 대해서는 식(識)과 의(意)라는 용어를 사용하지만, 그보다 과거의 시간의 의와 식의 흔적은 마음에 모이게 된다. 이러한 흔적은 지속적으로 변화한다. 이러한 변화를 현재의 식이 알아차리지 못할 뿐이지, 지속적으로 생멸하고 있다. 일단 우리가 식을 만들면 그 식은 없어지기 전까지는 지속적으로 생멸과 변화를 지속한다. 은현(隱現)의 작용을 지속한다. 종자의 형태로 저장되고, 계기가 되면 현실로 현현한다. 이때의 계기는 아무리 오랜 시간이 지날

---

41   PED pp.728b-729a; Online Etymology Dictionary.
　　https://www.etymonline.com/word/mind (2025년 9월 18일 검색)

지라도 기회가 주어지면 현현한다. 그러기에 미세하다고 할지라도 사라지지 않고 언제든지 현현한다. 평생에 걸쳐서, 아니 전생에서부터 시작되어서 현생에 현현하고, 현생의 마지막 순간, 다음 생에서도 이러한 은현은 지속된다.

그러나 이러한 변화를 알아차리지 못하기 때문에 '무의식'이라고 하는 것이다. 의식이 없기 때문에 무의식이 아니라, 의식하지 못하기 때문에 무의식인 것이다. 이러한 무의식은 의식되기만을 기다린다. 그러므로 융에게 있어서는 '무의식의 의식화'가 중요하게 된다. 의식화되지 않은 의식, 즉 미세한 의식은 의식화되기를 기다리므로, 이러한 작업을 하는 것이 무의식에 대한 최고의 작업이 되는 것이다. 그러기에 융의 목표는 '무의식의 의식화'가 된다. 즉 융은 자기 자신을 전체적으로 알고 싶은 것이었다. 남에게 보이고 싶은 자아만이 아니라, 인간 전체를 알고 싶은 것이었다. 그러기 위해서 '무의식의 의식화'가 필수적인 작업이었던 것이다. '너 자신을 알라'는 델퍼 신전의 경구는 융에게도 적용된다. 융에게 있어서는 너 자신을 알기 위해서는 '무의식의 의식화'가 반드시 필요했던 것이다. 이러한 작업은 융심리학의 목표인 개성화로 이어진다.

무의식의 의식화 가운데 궁극적인 과정은 집단적 무의식의 의식화에서 볼 수 있을 것이다. 집단적 무의식은 융에게 있어서는 가장 깊은 곳에 있는 무의식으로 의식화되기가 매우 어렵다고 할 수 있다. 붓다의 경우에 있어서도 궁극의 목표인 깨달음의 직전에 자신의 윤회를 의식화한다. 붓다의 윤회의 의식화와 융의 집단적 무의식은 최후에 의식화되는 무의식이라고 할 수 있을 것이다. 이처럼 무의식의 궁극은 윤회와 연결되어 있다고 할 수 있다.

유식불교의 팔식(八識)에는 개인적 무의식과 집단적 무의식이 모두 포함된다고 할 수 있다. 이는 팔식이 다양한 기능을 가지기 때문이다. 팔식은 이숙식, 알라야식, 유지식, 유분식, 종자식, 훈습식, 기세간식, 공업식, 장식, 심 등 다양하게 불린다. 단순히 기억에서 전생의 기억까지를 의미하는 이숙식(異熟識)에서부터 인간종의 기억인 유분식(有分識)까지를 포함하고 있다. 불교적 관점에서 보면 집단적 무의식은 윤회의 영역까지를 포함한다고 할 수 있다. 한 개인이 윤회하면서 쌓아온[collective] 기억의 집합이라고 할 수 있다. 각자가 육도를 윤회하면서 쌓아온 기억의 집합이다. 이러한 윤회가 지속됨으로 인해서 기억은 개인의 기억을 넘어서 인류 공통의 영역까지를 포괄한다고 할 수 있다. 사회적, 신화적, 집단적 무의식뿐만 아니라 인간종의 집단적 무의식으로까지 나아간다. 좀 더 나아가서는 인간 자체로서 가지게 되는 집단적 무의식뿐만 아니라 육도(六道)라고 하는, 인간을 비롯한 생명이 존재하는 영역을 윤회하면서 쌓은 기억까지를 포함한다.

무의식의 범주의 다양성, 시간의 길이의 측면에서 보면 불교가 단연 으뜸이라고 할 수 있다. 이러한 점은 붓다의 깨달음에서도 볼 수 있다. 붓다는 자신의 깨달음을 삼명(三明)을 통해서 얻게 된다. 깨달음을 얻는 그날 초저녁에 붓다는 자신의 전생을 기억한다. 자신이 살아온 모든 삶의 모습을 기억한다.

비구들이여, 그와 같이 비구는 여러 전생을 기억해 낸다. 즉 한 생, 두 생, 세 생, 네 생, 다섯 생, 열 생, 스무 생, 서른 생, 마흔 생, 쉰 생, 백 생, 천 생, 백 천생, 수많은 무너지는 겁, 수많은 이루어지는 겁, 수없이 무너지고 이루어지는 겁에 대해 기억한 다. '거기에서 이름은 이러했고, 가문은 이러했고, 피부색은 이 러했고, 음식은 이러했고, 즐거움과 괴로움의 경험은 이러했고, 목숨의 마침은 이러했으며, 그와 같이 그곳에서 죽어 저곳에 태어나 거기에서의 이름은 이러했고, 가문은 이러했고, 피부색 은 이러했고, 음식은 이러했고, 즐거움과 괴로움의 경험은 이러 했고, 목숨의 마침은 이러했으며, 그와 같이 거기에서 죽어 다 시 태어났다'라고. 이처럼 특징을 지닌, 내력을 지닌, 다종다양 한 전생의 거처를 기억해 낸다.[42]

숙명지(宿命智)를 통해서 붓다는 자신의 모든 전생을 알게 된다. 그 리고 한밤에 붓다는 모든 중생들의 전생을 기억한다. 천안지(天眼智)를 통해서 모든 존재의 마음을 알게 된다.

비구들이여, 그와 같이 비구는 인간을 뛰어넘은 청정한 천신과 같은 눈으로 중생들을 본다. 죽어감, 태어남, 열등함, 수승함, 아 름다운 용모, 추한 용모, 즐거운 곳, 고통스러운 곳에 그대로의 업에 따라가는 중생들을 알아차린다. '참으로 그대들이여, 이러 한 중생들은 몸에 의한 악한 행위를 지녔고, 말에 의한 악한

---

42 M39 「앗사뿌라 긴 경(Mahāassapura-sutta)」, 『맛지마 니까야』 제2권, pp.256-257; M71 「왓차곳따 삼명 경(Tevijjavaccha-sutta)」

행위를 지녔고, 마음에 의한 악한 행위를 지녀 성인을 비방하고, 삿된 견해를 지녀 삿된 견해의 업을 받는다. 그들은 몸이 무너져 죽은 후 고통스러운 곳, 비참한 곳, 험난한 곳, 지옥에 태어난다. 혹은 다시 그대들이여, 이러한 중생들은 몸에 의한 선한 행위를 지녔고, 말에 의한 선한 행위를 지녔고, 마음에 의한 선한 행위를 지녀 성인을 비방하지 않고, 바른 견해를 지녀 바른 견해의 업을 받는다. 그들은 몸이 무너져 죽은 후 좋은 곳에 나아가 하늘세계에 태어난다'라고 이와 같이 인간을 뛰어넘은 청정한 천신과 같은 눈으로 중생들을 본다. 죽어감, 태어남, 열등함, 수승함, 아름다운 용모, 추한 용모, 즐거운 곳, 고통스러운 곳에 그대로의 업에 따라가는 중생들을 알아차린다.[43]

이렇게 자신과 모든 중생의 전생을 기억하게 되는 것은 융의 용어로 보면 '집단적 무의식'의 영역이 된다. 자신과 중생 모두 윤회하는 존재라는 것을 알게 되었고, 윤회하는 과정에서 각자는 다양한 삶을 경험하게 되고, 이러한 경험 가운데 전형적인 경험은 그 집단 안에서 공통으로 경험하는 것이 될 것이다. 붓다는 깨달음의 과정에서 이러한 경험을 통해서 집단적 무의식을 의식화하게 된다. 이로 인해서 붓다는 자신의 무의식을 모두 본 것이 된다. 무의식에 대해서 더 이상 의심과 어둠[無明]이 없게 된다. 자신의 가장 미세한 대상까지를 본다면, 그에게 더 이상 무명이 남지 않게 되고, 무명에서 명(明)으로 나아가게 된

---

43 M39 「앗사뿌라 긴 경(Mahāassapura-sutta)」, 『맛지마 니까야』 제2권, pp.257-258;
    M71 「왓차곳따 삼명 경(Tevijjavaccha-sutta)」

다. 무의식의 의식화가 붓다에게는 바로 깨달음으로 연결된 것이다.

앞에서 보았듯이 집단적 무의식의 내용은 원형들이고,[44] 원형은 숙명적으로 나타나는 체험 콤플렉스라고 한다면,[45] 원형들은 윤회의 내용이라고도 할 수 있을 것이다. 특히 원형은 숙명적으로 나타난다고 할 때 이 언급에서도 윤회적 함축을 볼 수 있다. 집단적 무의식에서 '집단'이라는 용어로 인해서 윤회적 함축을 가지는 것과 동일한 의미를 가진다고 할 수 있다. '집단적'으로 인해서, 윤회로 인해서 공유하는 선험적 삶의 형식이라는 윤회의 내용이 집단적 무의식이라는 영역에 저장된다고 할 수 있다. 이러한 영역은 불교에서는 팔식의 일부에 해당할 것이고, 팔식이 가지는 윤회적 함축은 유분식, 전생에서부터 유전되는 이숙식, 유지식에서 볼 수 있을 것이다. 유분식(bhavaṅga consciousness)은 인간 종으로서의 기억이고, 전생에서부터 유전되는 이숙식(vipāka consciousness)은 전생으로부터 이어지는 기억이고, 유지식(ādāna consciousness)은 전생에서부터 이어진 미세신에 각인된 기억까지를 포함한다. 유분식을 제외한 이숙식과 유지식은 현생의 이숙식과 유지식도 함께 포함하고 있다. 팔식 자체가 현생의 기억과 현생 이전의 기억을 모두 포함하는 포괄적인 영역이라고 할 수 있다. 중요한 것은 이러한 영역이 존재한다는 것을 발견하는 것이고, 붓다와 융에게서 이를 볼 수 있다는 것이다.

---

44 「집단적 무의식의 원형에 관하여」 p.106.
45 「집단적 무의식의 원형에 관하여」 p.141.

3. 개성화, 개체성 또는 전체성

융심리학은 인간정신의 특징을 목표지향성이라고 본다.[46] 이 과정은 새로운 인격중심으로서 많은 것을 만들어내는데, 그것은 먼저 상징들을 통해서 자아보다 우월한 것으로 특징지어지고, 나중에 경험적으로도 자아보다 우월하다는 것이 밝혀진다. 그러므로 우리는 이 중심을 자아에 포함할 수 없고, 자아보다 높게 평가하여야 한다. 또한 우리는 그것에 자아(Ich)라는 명칭을 줄 수 없기 때문에, 나는 그것을 자기(Selbst)라고 부른다.[47] 융에게 있어서 목표지향은 자아(ego, 自我)에서 자기(Self, 自己)로 나아가는 것이다.

자기는 중심점일 뿐만 아니라 의식과 무의식을 포괄하는 크기이기도 하다. 자아가 의식의 중심이듯이 자기는 그러한 전체성의 중심이다.[48] 즉 자아(ego)가 의식의 중심이라면, 자기(Self)는 의식과 무의식을 포괄하는 전체정신의 중심이다.[49] 또한 의식과 무의식을 통틀어 인간의 모든 정신현상 전체를 자기(Self)라고 한다. 자기는 전체인격의 통일성과 전일성을 나타낸다. 그러므로 자기는 전체인격인 동시에 또한 전체인격의 중심이다.[50]

자기에 대한 융의 설명에서 볼 수 있듯이, 자기에는 전체성과 중심

---

46 『상징과 리비도』 머리말.
47 「정신치료의 현재」 p.78.
48 「꿈에 나타난 개성화 과정의 상징」 p.56.
49 이부영(1999) p.45; 이부영(2002) p.90.
50 이부영(2002) pp.53-55.

성이라는 의미가 동시에 포함되어 있다. 전체의식이면서 전체의식의 중심을 의미한다. 그러나 전체성은 역설을 포함한다.

> 자기라는 개념은 한편으로 인간 전체성의 총 개념을 전달하기
> 에 충분히 확실한 것이며, 다른 한편으로는 전체성의 기술불가
> 능성과 확정 불가능성을 표현하기에 충분히 불확실한 것이다.
> 전체성이 한편으로는 의식적 인간으로, 다른 한편으로는 무의
> 식적 인간으로 구성된다는 사실은 자기의 개념이 지닌 그러한
> 역설적 특성에 들어맞는다.[51]

전체는 전체를 조망할 수 없다. 조망하는 의식 자체가 이미 전체의 일부이기 때문이다. 의식은 항상 전체의 일부를 조망할 뿐이다. 융은 '자기'를 의식적 정신과 무의식적 정신의 전체성이라고 정의하지만 그러한 전체성은 조망할 수 없다. 왜냐하면 무의식이 존재하는 한 자기는 진술할 수 없고, 실존적으로 단순한 명제에 지나지 않아 그것이 지니고 있을 만한 내용은 전혀 표명할 수 없기 때문이다. 전체성이 오직 부분적으로만 경험되는 한 그 부분들은 바로 의식의 내용이다. 그러나 전체성으로서 그것은 필연적으로 의식을 초월한다. 따라서 '자기'는 이른바 칸트가 말한 '물 자체(Ding an sich)'와 같이 완전히 하나의 경계 개념이다.[52] 이러한 의미에서 융은 의식을 초월한 전체성을

---

51 「연금술의 종교 심리학적 문제 서론」 pp.28-29.
52 「꿈에 나타난 개성화 과정의 상징」 pp.229-230.

자기(Selbst)라고 명명한다.[53]

이러한 역설적 상황은 대극을 낳는다. 융은 '자기는 대극과 그것의 갈등 속에서 표명된다. 그것은 '대극의 일치(coincidentia oppositorium)'다. 그러므로 자기로 가는 길은 갈등으로 시작된다.'[54]고 한다. 즉 자기는 대극의 합일($\kappa\alpha\tau'$ $\varepsilon\xi\circ\chi\eta\nu$)이다.[55] 자기(Selbst) 안에서 선과 악은 그야말로 일란성 쌍생아보다도 더 밀착된 관계로 공존하고 있는 것이다.[56] '자기'에는 나의 전체적인 모습이 들어 있다. 나의 무의식에는 내가 숨기고 싶은 온갖 것들이 모두 포함되어 있다. 앞에서 언급한 모든 번뇌들이 포함되어 있다. 융은 자신이 숨기고 싶은 모든 것들, 그러한 것 전부를 알고자 하는 것이다.

우리들에게는 의식화되지 않은 무의식적인 부분이 수없이 많이 있다. 이를 밝히고자 하는 것이 융의 작업이었다고 할 수 있다. 이러한 무의식적인 부분과 의식적인 부분을 모두 포괄하는 것이 '자기'이다. 이른바 대문자 'Self'이다. 융의 대문자 셀프, 즉 자기는 자아를 포함하는 더 넓은 부분을 말한다. 나의 전체적인 모습을 말한다. 이렇게 되면 '자아에서 자기로 나아가는 것' 또는 자기실현은 나에게 있어서 의식화되지 않은 채 남아있는 무의식적인 부분을 의식하는 것이다. 이는 더 고귀한 자기로 나아가는 것이 아니다. 나의 에센스, 정수와 같은

---

53 「어린이 원형의 심리학에 대하여」 p.253.
54 「꿈에 나타난 개성화 과정의 상징」 p.237.
55 「연금술의 종교 심리학적 문제 서론」 p.30.
56 「연금술의 종교 심리학적 문제 서론」 p.32.

자기가 아니다.

개성화는 전체 인간의 완전한 실현이다.[57] 융은 이러한 긴 꿈의 계열의 상징성 속에 자율적으로 스스로를 표현하는 무의식 과정을 개성화 과정이라고 규정한다.[58] 개성화 과정의 목표는 자기의 합성이다. 다른 관점에서 고찰하면 '합성'이라는 용어 대신 '엔텔레키(Entelechie)'를 추천한다.[59] 즉, 자기를 잠재태에서 현실태로 실현하는 것을 말한다.[60]

> 보편타당한 인간적 숙명의 법칙이, 개인적 의식의 의도와 기대 그리고 견해를 부수어버릴 때 개인의 삶의 모든 순간들은 동시에 개성화 과정의 길을 따라 존재하는 정류소들이다. 이 과정은 그러니까 자율적인 전체 인간의 실현이다. … 그것은 궁극적인 무의식의 의식으로의 통합, 혹은 자아의 보다 넓은 인격으로의 동화를 목표로 한다.[61]

자아에서 자기로 들어가는 것, 즉 자기실현의 상태를 융은 '개성화

---

57 「꿈 분석의 실용성」 p.148.

58 「꿈의 특성에 관하여」 p.217. 개성화 과정을 수반하는 주제는 주로, 그리고 무엇보다도 먼저 오직 분석 과정 안에서 얻은 꿈의 계열 속에서만 나타난다. 「꿈의 특성에 관하여」 p.217.

59 「어린이 원형의 심리학에 대하여」 p.253.

60 불교심리학에서는 인간을 기능적 존재(functional being)와 가능적 존재(potential being)로 본다. 가능적 존재는 잠재태의 현실태화라는 의미로도 볼 수 있다. 인간이 가지고 있는 원래의 가능성을 실현하는 것을 의미한다. 윤희조(2017) pp.209-236.

61 「꿈의 특성에 관하여」 p.220.

(individualization)'라고 부른다. 개성화는 개별적인 존재가 되는 것이다. 그리고 우리가 개성이라는 말을 우리의 가장 내적이며 궁극적이고 다른 것과 비길 수 없는 고유성이라고 이해한다면 그것은 본래의 자기가 되는 것이다. 개성화는 자기화 또는 자기라고 규정할 수 있을 것이다. 자기는 진정한 의미의 그 사람의 개성이고, 자기실현 즉 개성화는 '자기가 되는 것'이다.[62] 이러한 자기실현 또는 개성화는 자기인식(Self knowledge)의 과정이다. 자기인식은 무의식의 내용들을 인식하는 과정이다. 이것을 의식화라고 한다. 의식화는 우리말의 '깨달음'에 가까운 뜻을 가지고 있다.[63] 자기실현은 그 사람의 의식과 무의식을 통합한 전체정신이며 진정한 의미의 개성의 실현이다. 진정한 의미의 개성은 다른 사람과 다른 고유한 특성뿐만 아니라 다른 사람과 같은 보편적 특성을 모두 통합한 그 사람 전체를 말한다.[64]

진정한 의미의 개성을 고유성과 보편성의 차원에서 본다고 하면, 불교적 관점에서는 개인의 고유한 번뇌를 보는 것이 전자의 차원이 될 수 있다. 즉 모든 번뇌는 개인의 업이라는 행위로 인해서 고유할 수밖에 없으므로, 이는 고유성이라고 할 수 있다. 이러한 번뇌 전체는 고유성 차원에서의 개성이라고 할 수 있다. 고유성이 마음작용의 차원이라면, 보편성은 마음의 차원이라고 할 수 있다. 보편성 차원에서의

---

62   이부영(2002) pp.91-95.
63   이부영(2002) p.96.
64   이부영(2001) p.25.

개성은 모든 인간이 가지고 있는 마음의 원래 모습이라고 할 수 있다. 고유성과 보편성은 마음작용과 마음의 차원을 이야기하고, 고유성은 마음작용인 번뇌를 보는 것이고, 보편성은 마음의 원래 모습을 보는 것이다. 이러한 두 가지 차원에서 고유성과 보편성이 획득될 때에 개성화가 실현된다고 할 수 있다.

> 자연스런 개성화 과정은 인간 공동체의 의식성을 가져다준다. 왜냐하면 그것은 모든 인간을 결합하는, 모든 인간에 공통되는 무의식을 의식성으로 인도하기 때문이다. 개성화는 자기 자신과 하나가 되는 동시에 인류와 하나가 되는 것이다.[65]

개성화(individualization)는 어원적으로 보면 하나의 개체(individual)가 되는 것이면서 더 이상 나눌 수 없는(individible) 전체가 되는 것이다. 즉 고유성과 보편성의 획득을 의미한다. 무의식이 의식화되기 이전에는 나의 전체가 아니다. 단지 의식화된 부분만을 '자아'라고 지칭하는 것이다. 나의 의식화되지 않은 부분까지 의식화될 때 개체로서의 나, 단독자로서의 나를 확보하게 된다. 이때가 되어서야 비로소 '나'라는 개체를, 고유성을 의식할 수 있게 된다.

불교적 관점에서 보면 무의식의 범위는 전생까지 연결되어 있다. 인간을 포함한 모든 무리짓는 생명체[衆生]는 윤회하는 존재이기에 자

---

65 「정신치료의 현재」 p.86.

신의 윤회의 전체모습을 봄으로 인해서 개체의 범위는 확장된다. 또한 중생은 현재 무리 지어 살고 있는 사회 안에서 교류하기 때문에 이러한 교류까지도 무의식의 범위에 포함된다. 이렇게 되면 나의 전생의 모든 존재와 현생을 함께 살고 있는 모든 존재가 나의 개체의 범위라고 할 수 있다. 이렇게 되면 개체의 범위는 엄청 확장되는 것을 볼 수 있다. 실제로 개체는 모든 존재로까지 확장된다. 개성화는 더 이상 개인화, 개체화가 아니게 된다. 개성화는 전체화로 나아가게 된다. 자신을 포함한 모든 존재의 무의식을 의식화하는 작업이 되는 것이다. 엄청난 분량의 집단적 무의식을 의식화하는 작업을 통해서 '개성화'로 나아갈 수 있게 되는 것이다. 실제로 이는 붓다의 깨달음에서도 볼 수 있고, 이러한 개성화의 전체화는 대승불교의 이상이기도 하다. 대승불교에서는 이러한 작업을 하고자 한다.

> 이 자기의 경험과 체험은 인도 요가의 최상의 목표여서, 인도의 지혜의 보물에서 자기의 심리학에 관한 것을 찾고자 하는 것은 좋은 일이다. 자기의 경험은 우리에게서나 인도에서나 주지주의와는 상관이 없으며, 그것은 생명력이 넘치는 근본적으로 변화하는 과정이다. 이러한 경험에 이르는 과정을 나는 개성화 과정(Individuationsprozeß)이라고 불렀다.[66]
> 우리의 개성화 과정의 긍정적 예증을 보여주는 전혀 다른 종류의 정신사적 기념물들이 있다. 나는 특히 선불교의 공안(公案)

---

66 「정신치료의 현재」 p.78.

을 지적하고 싶은데, 그것은 패러독스를 통해 쉽게 간파할 수 없는 자아와 자기와의 관계를 전격적으로 밝힌다.[67]

대승불교에서는 자신과 모든 존재가 연결되어 있기 때문에 자신의 번뇌만을 없애는 것이 불가능하다는 것을 알기에, 모든 존재의 번뇌를 함께 없애고자 한다. 예를 들어 지장보살의 서원처럼 '모든 지옥중생이 성불할 때까지 나는 성불하지 않겠다.'는 것이 아니라, 모든 지옥중생이 성불해야 나도 성불할 수 있게 되는 것이다. 모든 존재의 연결성에, 이른바 연기, 공, 무자성, 불이라는 불교적 가르침의 정수가 놓여 있다. 이에 대한 철저한 이해는 나를 포함한 모든 존재의 번뇌를 없애는 작업으로 이어지게 된다. 대승불교적 관점에서 융의 '개성화'는 더 이상 개별적 개성화가 아니고, 전체적 개성화로 나아간다. '개성화(individualization)'는 개인, 개체(individual)가 되는 것이 아니고, '더 이상 분리할 수 없는(individible)' 것으로 전체가 되는 것이다. 개성화는 개별화가 아니라, 전체화가 된다. 개성화의 이상은 연결된 전체의 이상으로 나아가게 된다.

지금껏 '중생구제'에서 중생을 대부분 외부적 존재로 해석해 왔다. 그러나 무의식의 의식화 차원으로 본다면, 중생구제는 내부적 존재로 해석할 수 있다. 육조 혜능은 사홍서원의 첫 번째 "무량한 중생을 모두 제도하기를 서원한다."는 구절에서 중생을 마음속의 중생으로 해석하

---

67 「정신의 본질에 관한 이론적 고찰」 pp.93-94.

고 있다.[68] 혜능은 우리 내부에 수많은 것들이 살고 있다고 말한다. 내면의 살아있는 수많은 중생들을 구제하는 것이 바로 깨달음의 목적이다. 이렇게 되면 깨달음은 무의식에 남아 있는 중생들을 구제할 수 있는 것이 된다. 깨달음의 중요한 목적이 내면의 중생을 구제하는 일이라면, 보살의 행위는 깊은 어둠으로 있던 내면의 중생들을 의식의 세계로 끌어올리는 정신작용이 된다. 이것이 대승불교가 말하는 중생 구제이고 융이 말하는 무의식의 의식화라고 할 수 있다.

이렇게 개성화는 연결된 전체에서 중생 즉 번뇌를 구제하는 일이면서, 연결된 전체의 보편적 특징을 아는 것이다. 모든 존재의 특징을 아는 것이 개성화의 보편적 의미라고 할 수 있다. 마음의 원래 특징을 앎으로 인해서 개인의 개체적 특징뿐만 아니라 전체의 보편적 특징을 아는 것으로 나아가게 된다.

개성화 과정에서 일어나는 이러한 두 가지 작업은 불교의 수행과정에서 비추어 볼 수 있다. 전체의 보편적 특징을 아는 것이 견도(見道) 즉 견성(見性)이라고 할 수 있다면, 견도 이후의 수도(修道)에서 지속적으로 번뇌를 제거하는 것이 개별적 의미의 개성화라고 할 수 있다. 견도가 마음의 본래모습을 본다는 의미에서 마음과 관련된다면, 수도

---

68 『육조대사법보단경(六祖大師法寶壇經)』 T48n2008.p13. 善知識！既懺悔已，與善知識發四弘誓願，各須用心正聽。自心眾生無邊誓願度，自心煩惱無邊誓願斷，自性法門無盡誓願學，自性無上佛道誓願成。善知識！大家豈不道，眾生無邊誓願度。恁麼道，且不是惠能度。善知識！心中眾生，所謂邪迷心、誑妄心、不善心、嫉妒心、惡毒心，如是等心，盡是眾生。

는 번뇌를 제거하는 과정이라는 의미에서 마음작용과 관련된다고 할 수 있다. 이러한 두 가지 차원에서 수행이 진행되고, 개성화가 진행된다고 할 수 있다. 개성화는 고유한 번뇌의 제거와 보편적 특징의 자각이라는 두 가지 차원에서 진행되는 융심리학의 궁극의 목표라고 할 수 있다.

본 장은 융심리학과 관련해서 세 가지를 살펴보고 있다. 먼저 콤플렉스라는 개념을 통해서 융심리학 전반을 살펴본다. 자아, 페르조나, 그림자, 원형이 여기에 포함된다. 콤플렉스라는 용어가 어원적으로는 복합체 또는 유위법으로 사용될 수 있고, 좁은 의미에서는 열등의식 또는 번뇌로 사용된다는 것이다. 콤플렉스는 의식과 무의식 전반에 걸쳐서 활동하는 마음작용이다. 그러므로 콤플렉스는 융심리학 전반을 견인하는 핵심개념이라고 할 수 있다.

다음으로 융의 집단적 무의식에서 윤회적 함축을 볼 수 있다는 것이다. 융은 윤회를 심리적 실재로 보고 있고, 붓다가 윤회를 직관함으로써 깨달음으로 나아갈 만큼 불교에서 윤회는 중요한 실재이다. 집단적 무의식의 내용인 원형에 관한 언급에서 융은 윤회를 함의하는 언급을 하고 있는 것을 볼 수 있다. 또한 유식에서 유분식, 이숙식, 유지식과 같은 팔식의 이명에서 무의식과 윤회가 연결되어 있는 것을 볼 수 있다.

마지막으로 융심리학의 목표인 개성화를 개체성과 전체성, 고유성과 보편성의 관점에서 볼 수 있다는 것이다. 이는 개성화가 진정한 개인이면서 전체 자기로 나아가는 것임을 보여준다. 개성화는 개인의 개체성과 전체성을 함께 보여주는 것이다. 이는 자신의 고유한 유위법과 번뇌를 이해하는 것인 동시에 인간의 보편적인 전체성으로서 마음의 본래 모습을 이해하는 것이다. 융심리학의 목표인 개성화는 대승불교의 이상과 궤를 같이하고, 이러한 개성화 과정은 견도에서 수도로 나아가는 수행의 과정이라고 할 수 있다.

참고문헌

M = *Majjhima-Nikāya*, ed. by V. Trenckner and R. Chalmers, London: PTS, 1977-1979.

PED = *The Pali Text Society's Pali-English Dictionary*, PTS.

T = 『大正新脩大藏經』

"Concerning Rebirth" = Jung, C. C., Hull, R. F. C. tr.(1968), "Concerning Rebirth", *The Archetypes and the Collective Unconscious*, New York: Princeton University Press.

「꿈 분석의 실용성」 = 칼 구스타프 융, 한국융연구원 융 저작 번역위원회 옮김(2001), 「꿈의 특성에 관하여」, 『정신요법의 기본문제 - 융 기본 저작집 1』, 서울: 솔출판사.

「꿈에 나타난 개성화 과정의 상징」 = 칼 구스타프 융, 한국융연구원 융 저작 번역위원회 옮김(2002), 「꿈에 나타난 개성화 과정의 상징」, 『꿈에 나타난 개성화 과정의 상징 - 융 기본 저작집 5』, 서울: 솔출판사.

「꿈의 특성에 관하여」 = 칼 구스타프 융, 한국융연구원 융 저작 번역위원회 옮김(2001), 「꿈의 특성에 관하여」, 『정신요법의 기본문제 - 융 기본 저작집 1』, 서울: 솔출판사.

「모성 원형의 심리학적 측면」 = 칼 구스타프 융, 한국융연구원 융 저작 번역위원회 옮김(2002), 「모성 원형의 심리학적 측면」, 『원형과 무의식 - 융 기본 저작집 2』, 서울: 솔출판사.

「아니마 개념을 중심으로 본 원형에 대하여」 = 칼 구스타프 융, 한국융연구원 융 저작 번역위원회 옮김(2002), 「아니마 개념을 중심으로 본 원형에 대하여」, 『원형과 무의식 - 융 기본 저작집 2』, 서울: 솔출판사.

「어린이 원형의 심리학에 대하여」 = 칼 구스타프 융, 한국융연구원 융 저작 번역위원회 옮김(2002),「어린이 원형의 심리학에 대하여」,『원형과 무의식 - 융 기본 저작집 2』, 서울: 솔출판사.

「연금술의 종교 심리학적 문제 서론」 = 칼 구스타프 융, 한국융연구원 융 저작 번역위원회 옮김(2002),「연금술의 종교 심리학적 문제 서론」,『꿈에 나타난 개성화 과정의 상징 - 융 기본 저작집 5』, 서울: 솔출판사.

「정신의 본질에 관한 이론적 고찰」 = 칼 구스타프 융, 한국융연구원 융 저작 번역위원회 옮김(2002),「정신의 본질에 관한 이론적 고찰」,『원형과 무의식 - 융 기본 저작집 2』, 서울: 솔출판사.

「정신치료와 세계관」 = 칼 구스타프 융, 한국융연구원 융 저작 번역위원회 옮김(2001),「정신치료와 세계관」,『정신요법의 기본문제 - 융 기본 저작집 1』, 서울: 솔출판사.

「정신치료의 현재」 = 칼 구스타프 융, 한국융연구원 융 저작 번역위원회 옮김(2001),「정신치료의 현재」,『정신요법의 기본문제 - 융 기본 저작집 1』, 서울: 솔출판사.

「제반응除反應의 치료적 가치」 = 칼 구스타프 융, 한국융연구원 융 저작 번역위원회 옮김(2001),「제반응除反應의 치료적 가치」,『정신요법의 기본문제 - 융 기본 저작집 1』, 서울: 솔출판사.

「집단적 무의식의 개념」 = 칼 구스타프 융, 한국융연구원 융 저작 번역위원회 옮김(2002),「집단적 무의식의 개념」,『원형과 무의식 - 융 기본 저작집 2』, 서울: 솔출판사.

「집단적 무의식의 원형에 관하여」 = 칼 구스타프 융, 한국융연구원 융 저작 번역위원회 옮김(2002),「집단적 무의식의 원형에 관하여」,『원형과 무의식 - 융 기본 저작집 2』, 서울: 솔출판사.

「초월적 기능」 = 칼 구스타프 융, 한국융연구원 융 저작 번역위원회 옮김(2002),「초월적 기능」,『원형과 무의식 - 융 기본 저작집 2』, 서울: 솔출판사.

「콤플렉스 학설의 개요」 = 칼 구스타프 융, 한국융연구원 융 저작 번역위원회 옮김(2001), 「콤플렉스 학설의 개요」, 『정신요법의 기본문제 - 융 기본 저작집 1』, 서울: 솔출판사.

『맛지마 니까야』 = 대림스님 옮김(2012), 『맛지마 니까야』 제1-4권, 울산: 초기불전연구원.

『상징과 리비도』 = 칼 구스타프 융, 한국융연구원 융 저작 번역위원회 옮김(2005), 『상징과 리비도 - 융 기본 저작집 7』, 서울: 솔출판사.

『인격과 전이』 = 칼 구스타프 융, 한국융연구원 융 저작 번역위원회 옮김(2002), 『인격과 전이 - 융 기본 저작집 3』, 서울: 솔출판사.

김재권(2015), 「유식학적 기반으로 본 명상심리의 기초적 연구 - 융의 분석심리학과 관련하여」, 『인도철학』 43, 서울: 인도철학회.

남수영(1995), 「알라야식설과 무의식설 비교고찰 - 유식불교와 분석심리학을 중심으로」, 『인도철학』 5, 서울: 인도철학회.

문진건(2020), 「불교상담에서 자아의 의미와 역할 - 유식과 분석심리학의 자아이론 중심」, 『불교문예연구』 16, 서울 : 동방문화 대학원대학교 불교문예연구소.

서동혁 · 이문성(2015), 『분석심리학과 불교』, 서울: 학지사.

안환기(2009), 「유식불교 '법신(法身)' 개념의 심리학적 의미 - 융의 '자기(self)'와 『攝大乘論』의 '법신'개념을 중심으로 -」, 『불교학연구』 23, 화성: 불교학연구회.

앤드루 새뮤얼 · 바니 쇼터 · 프레드 플라우트, 민혜숙 옮김(2000), 『융분석비평사전』, 서울: 동문선.

윤희조(2018), 「영역과 정의의 관점에서 보는 번뇌의 심리학」, 『동서철학연구』 89, 대전: 한국동서철학회.

이경하(2019), 「唯識學과 분석심리학의 마음구조에 따른 심층심리치료 연구 - 말나식과 Complex를 중심으로 -」, 『불교학보』 88, 서울: 동국대학교 불교문화연구원.

이문성(2017), 『선불교와 분석심리학의 만남』, 서울: 집문당.

이부영(1998), 『분석심리학』, 서울: 일조각.

이부영(1999), 『그림자』, 서울: 한길사.

이부영(2001), 『아니마와 아니무스』, 서울: 한길사.

이부영(2002), 『자기와 자기실현』, 서울: 한길사.

이죽내(2005), 『융심리학과 동양사상』, 서울: 하나의학사.

천성문·장정희(2004), 「불교 유식학과 분석심리학의 마음의 구조와 상담에의 시사점 비교연구」, 『상담학연구』 5(4), 한국상담학회.

https://www.etymonline.com/search?q=animus (2025년 9월 18일 검색)

https://www.etymonline.com/word/mind (2025년 9월 18일 검색)

https://www.etymonline.com/word/complex#etymonline_v_17271 (2025년 9월 18일 검색)

색 인

ㅊ

ㅋ

ㅌ

불교상담 이론과 실제

불교상담학 연구

초판 발행 2025년 10월 10일

지은이 윤희조
펴낸이 김성배

책임편집 최장미
디자인 문정민, 엄해정
제작 김문갑

발행처 도서출판 씨아이알
출판등록 제2-3285호(2001년 3월 19일)
주소 (04626) 서울특별시 중구 필동로8길 43(예장동 1-151)
전화 (02) 2275-8603(대표) | 팩스 (02) 2265-9394
홈페이지 www.circom.co.kr

ISBN 979-11-6856-340-7 (93220)